全球价值链

APEC 主要经济体产业结构和国际竞争力

GLOBAL VALUE CHAINS
THE INDUSTRIAL STRUCTURE
AND INTERNATIONAL COMPETITIVENESS OF
APEC MAJOR ECONOMIES

张亚雄　袁剑琴　尹伟华　著

社会科学文献出版社
SOCIAL SCIENCES ACADEMIC PRESS (CHINA)

目 录

第一章 绪论 ·· 001
    第一节 研究背景 ·· 001
    第二节 文献综述 ·· 003
    第三节 研究内容和框架结构 ··· 012
    第四节 数据说明 ·· 014

第二章 模型与方法 ··· 016
    第一节 基于 KWW 法的出口分解 ··· 016
    第二节 国际竞争力测度方法 ··· 020

第三章 APEC 主要经济体的产业结构、贸易与就业变化 ············· 024
    第一节 APEC 主要经济体的产业结构及贸易结构变化 ················ 024
    第二节 APEC 主要经济体的就业增长与结构变化 ······················ 044

第四章 APEC 主要经济体的国际生产联系和产业分工变化 ········· 055
    第一节 APEC 主要经济体生产联系 ·· 055
    第二节 APEC 主要经济体中间产品贸易 ··································· 075

第五章 APEC 主要经济体参与全球价值链的程度、
          位置与变化 ··· 132
    第一节 APEC 主要经济体参与全球价值链的收益 ······················ 132
    第二节 APEC 主要经济体的产业内贸易变化 ···························· 136
    第三节 APEC 主要经济体在全球价值链的参与程度 ··················· 144
    第四节 APEC 主要经济体制造业在全球价值链的位置分析 ········· 149

第六章　APEC主要经济体产业国际竞争力变化 ······ 152
　　第一节　APEC主要经济体各产业国际市场占有率变化 ······ 152
　　第二节　APEC主要经济体贸易竞争力变化 ······ 159
　　第三节　APEC主要经济体各产业比较优势变化 ······ 166

第七章　中国与典型经济体间的比较分析 ······ 170
　　第一节　中日制造业参与全球价值链模式和地位 ······ 170
　　第二节　中美制造业双边贸易失衡分析 ······ 177

第八章　研究结论和政策建议 ······ 185
　　第一节　研究结论 ······ 185
　　第二节　相关政策建议 ······ 189

附录1：1995~2011年APEC主要经济体贸易增加值及年均增速 ······ 196

附录2：1995~2011年基于贸易增加值的APEC主要经济体
　　　　产业内贸易指数（GL） ······ 200

附录3：1995~2011年基于出口总额的APEC主要经济体
　　　　产业内贸易指数（GL） ······ 210

附录4：1995~2011年APEC主要经济体前向及后向
　　　　垂直专业化率 ······ 220

附录5：1995~2011年APEC主要经济体全球价值链的位置 ······ 240

附录6：1995~2011年基于贸易增加值的APEC主要经济体贸易
　　　　竞争力指数（TC） ······ 271

附录7：1995~2011年基于出口总额的APEC主要经济体贸易
　　　　竞争力指数（TC） ······ 281

附录8：1995~2011年APEC主要经济体出口
　　　　显示性比较优势（RCA） ······ 291

参考文献 ······ 311

第一章 绪论

全球价值链（Global Value Chains，GVC）是当今世界贸易的重要特征。全球价值链的发展改变了国家（或地区）间的贸易、投资和生产模式，进而改变了世界经济的格局。伴随着融入全球生产网络程度的不断加深，亚洲太平洋经济合作组织（以下简称APEC）主要经济体之间的经济联系也越来越密切，进出口贸易增长迅速，贸易结构变化明显，具有显著的垂直专业化分工特征，即进出口贸易中包含大量他国（或地区）创造的价值。那么，如何正确看待APEC主要经济体的进出口贸易规模及结构变化，合理判断APEC主要经济体参与国际分工，国际竞争力及其在全球价值链中所处的位置等，成为当前的重要研究课题。

第一节 研究背景

自20世纪60年代以来，随着经济全球化的不断深入，跨国公司的不断壮大以及交通运输、通信技术的不断发展，促使国际生产活动由一国内部或区域间的分工转变成全球范围内的分工，这种新的国际化生产过程形成了全球价值链。全球价值链是指一个产品的形成过程，经历了研发设计、原材料选配、生产加工、营销物流等若干阶段，经过了国内外市场的多个环节。这些环节前后有序的承接关系形成了链条，每一个环节都有价值创造和利润分配。全球价值链具有三个显著的特征：一是最终产品经过两个或两个以上连续阶段的生产；二是两个或两个以上的国家或地区参与生产过程并在不同阶段实现价值增值；三是至少有一个国家或地区在其生产过程中使用进口投入品。全球价值链成为当今世界贸易和投资领域的主要特征，其不仅改变了世界贸易格局，也改变了国家或地区间的经济、投资和生产模式，同时也让世界各国或地区的经济更加紧密地融合成一体，"全球制造""世界制造"正在取代"美国制造""德国制造""中国制造"

成为新的大趋势。任何一个国家（或地区）一旦游离在全球价值链之外，就必然会丧失发展良机。越来越多的国家（或地区）意识到了全球价值链的重要性，在积极主动地融入全球价值链中，成为新型国际生产分工体系中某些环节的生产者。

全球价值链和产业结构优化升级有着密切的内在联系。产业结构优化升级其实就是产业由低技术水平、低附加价值状态向高技术、高附加价值状态演变的过程。在全球价值链不断深化发展的同时，世界各国或地区的产业结构也在不断地变动，从而在全球价值链国际分工体系中的位置也会发生变化。例如，发达国家或地区的产业结构调整，往往是把它们的相对已失去比较优势的产业或生产环节通过直接投资和技术转让的方式，转移到发展中国家或地区。而发展中国家或地区则利用自身的一些优势和发达国家的资本和技术，来实现自身的产业结构调整。一些发展中国家或地区，利用国内外各种条件，抓住发达国家或地区结构调整和产业转移的机遇，及时进行自身的产业结构调整，提升了原本在全球价值链国际分工体系中的位置，成为新兴工业化国家。因此，产业结构优化升级往往和全球价值链密切联系在一起。全球经济一体化的趋势改变了各国或地区的国际分工，各国或地区都在进行经济结构调整和产业结构调整，产业转移在国家或地区间展开。一般的经验是，发展中国家往往处于价值链的低端环节，占据着"微笑曲线"中间位置；而发达国家或地区则往往处于价值链的高端环节，占据着"微笑曲线"的两端位置。对于发达国家或地区而言，由于其掌握了价值链中关键环节的稀缺资源，正以高科技作为支柱产业，将重点放在设计、研发、品牌、营销等附加值高的核心环节，而将一些附加值低的非核心环节向外转移到生产成本相对较低的发展中国家或地区。为了在这种新的国际分工格局下取得长期的可持续的对外贸易利益，中国和APEC主要经济体都有必要调整产业结构，进行产业升级和提高国际竞争力。

全球价值链虽然对世界经济贸易发展和产业结构优化升级产生了重要影响，但同时也对传统贸易统计方式提出了挑战。在全球价值链国际分工体系下，传统的总量贸易统计方式已经难以反映国际贸易发展的现状和各国或地区在国际贸易利益分配中的地位，无法为各国或地区贸易政策制定者提供有益的参考。由于传统的贸易统计方式是以原产地为基础的总量统计方式，其至少存在两个问题：第一，由于大量中间品贸易的存在，统计跨境总量贸易而非净增加值则会产生大量重复计算；第二，由于没有反映出产品在生产环节上的流动,所以双边贸易统计中包含了他国中间投入品的价值,如在"三角贸易"模式中,中国向美国的出口中就包含了大量从日本、韩国等东亚国家进口的中间投入品。在此背景下,迫切需要新的国际贸易统计方法。当前,一种能够真实反映全球贸易运行和贸易秩序的全新核算方法——贸易增加值(Trade in Value Added,TiVA)统计正在越来越受到关注。由于基于全球价值链的贸易增加值统计方法是在统计各国或地区价值贡献的时候,正确区分了贸易增加值的来源,避免了重复计算。因此,贸易增加值统计方法更加客观真实地反映出各国或地区与主要贸易伙伴之间的真实贸易情况,以及各产业的国际竞争力和在全球价值链中所处的位置,同时还有助于客观认识贸易平衡,还原经济全球化和国际分工下国际贸易的格局,准确反映各国或地区在全球贸易中的获益情况。

全球价值链是经济全球化最重要的特征,更是区域经济一体化背后驱动的重要力量。APEC地区作为一个整体,是全球价值链联系最为密切的地区,货物、服务、物流、设计、创新无不体现了价值链条的整合。同时,产业结构调整和升级也是当前一段时期中国和APEC主要经济体实现经济持续较快发展的关键之一。基于此背景,本课题运用全球价值链的贸易增加值(统计)核算方法测算中国及其他APEC主要经济体之间的产业联系、垂直专业化程度以及国际产业竞争力等,据此为提升APEC主要经济体在全球价值链中的位置及参与水平,促进APEC主要经济体的贸易结构及产业结构升级提供政策参考,同时也为提高中国产业国际竞争力、向全球价值链高端跃升,进而促进产业结构调整和升级提出相关政策建议。

第二节 文献综述

在全球价值链国际分工背景下,如何改进贸易统计方式以准确反映全球价值链的生产过程及不同国家或地区对外贸易的实际状况,如何实现全球价值链低端国家或地区的产业由低附加值向高附加值的升级转换等问题引起了国内外学者的广泛关注和热烈讨论,并取得了丰硕的理论和实证研究成果。

一 全球价值链形成与特点

全球价值链的形成与国际垂直专业化分工的发展密不可分。按照国际经济学理论的划分，国际分工格局随经济全球化的发展大致沿着产业间分工 — 产业内水平分工 — 产业内垂直分工 — 产品内垂直分工的轨迹演进，当垂直分工逐渐跨越国界时便形成了分工领域的国际垂直专业化[①]（宋玉华等，2008）。由于在垂直化分工的生产体系下，产品价值由众多的价值环节构成，处于生产不同环节的企业以及所在国家进行着从设计、产品开发、中间产品及最终产品的制造等各种增值活动，其相应创造的价值也并不均衡，由此产生了全球价值链的概念，部分学者[②]因此也将垂直化分工称为"全球价值链"分工。WTO 和 IDE-JETRO 在其报告（2011）中将全球价值链的兴起概括为几个要素和条件：一是各国的比较优势和资源禀赋差异成为新型国际分工的动力，这种新型分工改变着工业化经济的消费模式，并创造了新的国际需求——中间品交易；二是出口加工区和相关基础设施，以及贸易政策的发展为全球生产网络的形成提供了基础，跨国公司通过离岸外包或 FDI 等价值链分割的执行路径进行跨国生产。Hummels, Rapoport 与 Yi（1998）总结了"全球价值链分工"的三个特点：一是最终产品经过两个或两个以上连续阶段的生产；二是两个或两个以上的国家参与生产过程并在不同阶段实现价值增值；三是至少有一个国家在其生产过程中使用进口投入品，由此得到的产出除用于国内消费与投资外，还有一部分用于出口。

因此，从全球价值链的发展来看，全球价值链的形成是建立在新型国际分工体系基础之上的，相关基础设施、贸易政策及跨国公司的发展也为全球价值链的形成提供了必要条件。在新型的国际分工格局下，全球价值链体现出两大特点：一是各国之间形成了以产品价值链为链接的纽带，并取得相应环节的增值收益；二是跨国分工的形成导致中间投入品贸易的快速增长。据 Yeats（2001）估计，中间投入品贸易已经占世界制造业产品贸易总量的30%。

---

① 早在20世纪60年代就有学者开始关注国际生产和贸易的垂直分工模式。美国经济学家 Balassa（1967）首先提出垂直专业化（Vertical Specialization）的概念，指出它是一种商品的生产过程被分解为多个连续的特殊阶段进行专业化生产，中间产品贸易不断扩大，并形成一个跨越许多国家的垂直贸易链。

② 例如，曹明福、李树民（2006）将"全球价值链分工"定义为"跨国公司出于资源优化配置的考虑，在全球范围内寻找最优越的区位进行相关的产品价值链环节的生产布点，使传统的以产品为界限的国际专业化分工，逐渐演变为同一产品内某个环节或某道工序的专业化分工"。

二　全球价值链的测度

由于全球价值链的形成不仅使产品增值过程不再局限于一国，而且带动了中间投入品贸易的快速增长，联合国贸发会（UNCTAD，2013）报告显示，全球出口中约有28%是进口国仅仅为了将其作为生产某种出口商品或服务的中间产品而进口，在2010年19万亿美元的全球出口中，约有5万亿美元重复核算。因此，传统的以贸易出口值作为衡量一国价值创造标准的统计模式难以准确反映真实的贸易状况。为此，学者们利用中间品贸易数据及投入产出表等数据和方法对传统贸易统计进行了改进，并在此基础上进行了大量实证研究。

（1）全球价值链理论的演进

全球价值链理论根源于20世纪80年代国际商业研究者们提出和发展起来的价值链理论。Poter（1985）在分析公司生产经营活动时最早提出了公司价值链的概念，认为公司的整体经营活动可以分解为一个个单独的、具体的活动，这些活动分处于不同的环节、具有不同的性质和作用并为公司创造价值。这些活动在公司价值创造过程中相互联系，构成公司价值创造的行为链条，这一链条即为公司内的价值链。他进一步认为，一个公司价值链与其他经济单位的价值链也是相连的，各公司价值行为之间的联系组成了更大的价值链体系，各公司在该价值链体系中的地位对公司竞争优势的大小有着至关重要的影响。后来，Kogut（1985）将公司在一个国家中的价值链概念扩展到了全球，他明确提出整个价值链条的各个环节在不同国家和地区之间存在空间的配置，当然这种配置取决于不同国家和地区的比较优势。与Poter相比，Kogut的观点更能反映价值链的垂直分离和全球空间再配置之间的关系，因而对全球价值链理论的形成起到至关重要的作用。进入20世纪90年代，一些学者开始关注全球价值链条的片断化和空间重组问题。Arndt and Kierzkowski（2001）使用了"碎片化"（fragmentization）来描述生产过程的分割现象，并为生产外包和跨国公司的全球采购提供了直接的理论解释。进入21世纪，随着全球一体化进程的不断加深，跨国公司开始将一些非核心的生产和服务环节外包给发展中国家。一方面，这一举措使得这些公司能够将资源集中于自己的核心业务以提高自身的竞争力；另一方面，也使得发展中国家有机会融入全球价值链条中来。

随着全球价值链理论研究的逐步深入，人们开始关注价值链各个环节价值创造与利益分配的测算问题。其中，以国际贸易为依托的价值增值测算理论与方法成为全球价值链研究中的热点（Hummels D et al.，2001；Koopman et al.，2008，2010，2012，2014）。随着以生产的国际分割为特征的全球价值链向深度与广度的不断延伸，国际分工层次已逐渐从产品细化到生产环节，即各国专业化从事的不再是与自身比较优势相符的产品，而是与自身比较优势相符的生产环节。在这种分工背景下，那些主要出口劳动密集型商品的国家（比如中国），实际上出口的是在这些国家完成的劳动密集型生产环节中加工装配的产品。这一环节创造的价值增值较少，但在传统的出口贸易统计中显示出了较大的出口额，即这些国家在仅获取少量加工费的同时却有着大量的贸易顺差，最终导致它们在新型国际分工体系下获得的贸易利益与贸易差额极不匹配。这一传统贸易统计在新型国际分工体系下的不适用性导致的"统计幻象"问题已受到国际社会的广泛关注。OECD 和 WTO（2011）提出了增加值贸易（Trade in Value Added）的概念，旨在全球价值链背景下，将传统的贸易统计理念引向一个更加符合"碎片化"国际分工的贸易利益统计上来。

从宏观层面看，一国价值链的提升是指从产品增加值较低的初级产业提升到增加值较高的产业。从微观视角看，则通常指企业产品制造沿着所谓的"微笑曲线"移动，即从低利润的加工组装等低端环节向两头（研发和营销等环节）发展，而这种生产分工与当前的产品内国际分工是密切相关的。现在的分析日臻完善，所以无论是从出口结构还是从价值链研究国家产业的升级，核心问题还是应该回归到对产品生产附加值的分析之上。这方面的理论研究也在不断跟进，Grossman 和 Rossi-Hansberg（2012）就对上述的任务贸易（Task Trade）进行了分析。近些年的理论进展方面，对中国价值链的研究鲜有从附加值的视角进行准确的测度，多数是从出口贸易结构的优化或者全要素生产率的提升方面研究的。

（2）贸易增加值的理论模型及测算方法

目前学术界改进贸易统计的思路主要是剔除掉传统贸易中重复计算的中间投入品贸易，从而计算一国出口贸易中包含的实际新创造价值，即所谓的"增加值贸易"（Trade in Value Added）[①]。方法上主要有两种。第一

[①] 2011年6月，世界贸易组织（WTO）总干事帕斯卡尔·拉米提出，增加值贸易（Trade in Value Added）是衡量世界贸易更好的一种方法，是真实反映全球贸易运行的新的测度工具。

种方法是利用零部件贸易、加工贸易或中间品进口数据进行度量。如 Feenstra 和 Hanson（1996）用中间品进口占非能源原材料购买总量的比例来测度一国参与垂直专业化的程度。Yeats（2011）分别从狭义和广义两个层面计算了增加值比重。其中，狭义计算指标是从国外同一产业的中间品进口占国内该产业产值的比重，广义指标则包括了该产业从国外进口的所有中间品。我国学者卢峰（2004）以加工贸易占出口额的比重作为衡量指标，计算了我国改革开放以来该指标的变化，并指出中国参与国际垂直专业化的程度在不断提高。总的来看，由于这种计算方法只是基于进口国的角度进行分析，而且中间产品进口也不全为加工贸易生产的产品，因此在对贸易中产品增值程度的测算存在偏差（赵明亮，2011）。第二种方法是利用投入产出表数据进行度量。该方法的本质为建立增加值贸易统计体系，该体系以垂直专业化为前提，通过对指标计算过程中不符合实际的假设条件的修正与放松，形成了以国家间投入产出表为基础的全新的贸易统计框架。由于投入产出表提供了各个产业详细的中间投入、出口和产出数据，利用投入产出表对出口产品在一国内实现的价值增值程度进行测算更为可靠。Campa 和 Goldberg（1997）较早尝试利用投入产出表方法测算了一国参与垂直专业化分工的程度。Hummels、Ishii 和 Yi 等人（简称 HIY，2001）在其研究基础上进一步完善了投入产出分析方法，提出了 HIY 方法，并成为许多国内外学者在实证研究中广泛采用的计算方法。他们将垂直专业化分工定义为出口中包含的进口中间投入品价值，并设计了垂直专业化贸易额（VS）和垂直专业化比率（VSS）两个指标来反映垂直专业化的程度。其中，前者是使用投入产出表和相关进口数据来计算某国或某部门用于出口的产出中所包含的进口投入；后者是一国垂直专业化贸易总额占该国总出口的比重。显然，以 HIY 方法计算的垂直专业化贸易额仅包括进口的中间投入在一国出口中所提供的价值，从而将本国企业创造的增加值剥离出来。

但是，HIY 方法虽可用于分析一国在垂直一体化生产网络中的地位，但使用标准 HIY 方法测算出口的国内增加值需要两个关键假设：一是对于以出口为目的及以满足国内最终需求为目的的货物生产，其进口投入的程度必须是相等的；二是所有进口中间投入 100% 是国外增加值。前一种假设不适用于以加工贸易出口为主的发展中国家，后一种假设不适用于通过第三方转口，且进口中包含极大自身增加值份额的发达国家。为解决 HIY 方法的不足，Daudin、Rifflart 和 Schweisguth（以下简称 DRS，2010）提出测算包含进口品中经过国外加工又返还的国内增加值，即出口品种折返的国内增加值份额。Koopman、Power、Wang 和 Wei（简称 KPWW，2008，2010，2012，2014）在汲取 HIY 方法及 DRS 方法优势的基础上，提出将国民账户核算体系中的增加值统计法（Value Added）与传统通关统计法，即含不同生产链中间投入品贸易的通关统计法（Gross Value）进行整合，通过构建全球多部门投入产出数据库，将国内增加值统计从单一国家拓展至区域乃至全球，全方位地对一国贸易中国内与国外增加值进行估算。另外，KPWW 方法将一国出口按用途区分，测算出一国出口中所折返的增加值，从而避免了贸易增加值的重复计算，有效地改进了贸易统计方法。2011 年，OECD 和 WTO 利用全球投入产出表（WIOT），计算了全球 40 个国家的、剔除了经常项目中"重复核算"部分的贸易数据。

三 全球价值链与产业升级

由于中国在国际垂直专业化分工体系中所处层次较低，因此所获得的价值增值相应较少，贸易的快速发展以及垂直专业化程度的提高并未给中国带来应有的利益。部分学者的研究结果表明，中国的贸易条件呈现出波动中下降的特点。因此，通过产业转型升级以提升在全球价值链中的位势就成了学界研究的重点领域。

（1）如何界定"产业升级"

关于产业升级研究的理论和模型很多，产业升级按研究视角划分可分为全球价值链视角、区域创新网络视角、制度视角和集群升级种类划分视角，其理论依据主要是全球价值链理论与区域创新网络理论。目前，学者对于产业升级的界定一般分为两个层面。第一个是宏观层面。如 Porter（1990）认为，从理论本质上看，产业升级就是当资本（人力和物力）相对于劳动力和其他的资源禀赋更加充裕时，国家在资本和技术密集型产业中发展比较优势。Ernst（2001）较全面地概括了五种产业升级类型：一是产业间升级，即在产业层级中从低附加值产业向高附加值产业的移动；二是要素间升级，即在生产要素层级中从"禀赋资产"或"自然资本"（自然资源和非熟练劳动力）向"创造资产"，也就是物质资本、人力资本和社会资本移动；三是需求升级，即在消费层级中从必需品向便利品，然后是奢侈品移动；四是功能升级，即在价值链层级中，从销售、分配向最终的组装、测试、零部件制造、产品开发和系统整合移动；五是链接上的升级，即在前后链接的层级中，从有形的商品类生产投入到无形的、知识密集的支持性服务。第二个是中观或微观层面。Gereffi（1999）、Poon（2004）认为，产业升级是一个企业或经济体从生产劳动密集型低价值产品向生产更高价值的资本或技术密集型产品这样一种经济角色转移的过程。马涛（2011）从"微笑曲线"的角度，将产业升级定义为企业产品制造从低利润的加工组装等低端环节向两头（研发和营销等环节）发展。可以看出，无论从何种层面定义，其共同之处就是：产业升级是产业由低技术水平、低附加价值状态向高技术、高附加价值状态演变的过程（张向阳、朱有为，2005；孙文远，2006）。

在全球价值链框架中，产业升级也表现为全球价值链的升级，从传统来看，主要分为四种类型（Kaplinsky & Morris，2002）。一是流程升级。当公司或产业能够以更高的效率和更低的缺陷率完成任务，并且与竞争对手相比，能够接下更加复杂的订单时，就实现了流程升级。二是产品升级。当公司或产业凭借高超的熟练技术和品质可以供应比竞争对手更高的价值增加值产品，并且能够以比竞争对手更快的速度推出创新产品时，就实现了产品升级。三是功能升级。当公司或产业能够提供属于全球价值链的新细分市场或活动，并且具有更高的价值增加值的竞争性产品或服务时，就实现了功能升级。对于以前专门从事生产的公司而言，这就意味着在设计或营销的上游或下游活动中更有竞争性。四是供应链升级。当公司或产业利用从当前的供应链中获得的知识和技能，能够参与可生产具有更高价值增加值的产品或服务的新全球价值链时，就实现了价值链升级。此外，Fernandez-Stark et al.（2012）还区分了"终端市场升级"，它是指进入具有更高价值的新终端市场细分部门（从地理位置或行业的角度来看），如纺织品供应商从服装制造进入医疗或建筑行业。

（2）产业升级的路径选择

参与垂直专业化分工是实现产业升级的必要条件。Memedovic（2004）曾指出，亚洲四小龙正是利用垂直专业化分工提供的机遇，通过实施"三角制造策略（Triangle Manufacturing Strategy）"①，与美国、日本等发达经济体以及东盟、中国等发展中经济体进行分工合作，在汽车、电子、计算机、服装等领域完成了从加工组装到原始设备制造，再到自主品牌制造的升级转化。但唐海燕、张会清（2009）也指出，参与垂直专业化分工并不

---

① 该策略是在承接欧、美、日等国订单的同时，逐渐将标准化生产环节转移至亚洲的低工资国家，以便于节约人员和资金用于承接更高技术含量和更高附加值的订单，在此过程中不断向价值链的高端环节升级。

意味着所处的价值链环节和分工地位必然会提升，或者说价值链提升的效率可能并不理想。因为价值链的提升需要多方面的基础条件给予支持，例如人力资源的积累、服务能力的改善、制度环境的激励等，而发展中国家往往侧重于营造低工资、低税率的区位环境和竞争低层次的国际外包业务，却忽视了基础条件的培育，难以承接技术含量较高的国际外包业务，这不仅无助于价值链提升目标的实现，反而有可能落入"比较优势"的分工陷阱，被锁定在全球价值链的低端环节。Lall 等人（2005）的研究结果就表明，南亚地区的巴基斯坦、孟加拉、斯里兰卡等国由于过度依赖纺织品出口，在全球价值链中停留在低端环节，相比东亚、拉丁美洲等地区的发展中国家，其国际分工地位出现较大幅度的下滑。

关于产业升级的具体路径，多数学者从微观视角提出了自己的观点，如 Gereffi（1999）[1]、Humphrey 和 Schmitz（2002）等。孙文远（2006）较为全面地提出了产业升级在三个层面上的路径选择：一是微观层次上企业个体努力；二是中观层次上产业的集体行动；三是宏观层次上政府产业政策的支持，通过不断地嵌入式价值链方式，促进产业实现持续升级。张学敏（2008）也提出了相似的产业升级路径，包括在企业层面培育战略性资源，增强企业核心竞争力；在产业集群层面培育创新性产业集群，促进产业集群升级和竞争力的提升；在国家层面构建国家创新系统，增强产业国家竞争力。

具体到我国来说，学者对我国产业升级路径的观点主要有三种。一是强调产业内升级，如按照 OEM、ODM、DMS 到 EMS[2] 等发展模式，从简

---

[1] Gereffi（1999）认为产业升级可分为四个层次：一是在产品层次上的升级，即从简单到复杂的同类型产品；二是在经济活动层次上的升级，包括不断提升的设计、生产和营销能力；三是在部门内层次上的升级，如从最终环节的制造到更高价值产品和服务的生产，也包括供应链的前向和后向联系；四是在部门间层次上的升级，即从低价值、劳动密集型产业到资本和技术密集型产业。

[2] OEM（Original Equipment Manufacture），原始设备制造，即按原单位（品牌单位）委托合同进行产品开发和制造，用原单位商标，由原单位销售或经营的合作经营生产方式。ODM（Original Design Manufacture），委托设计制造，与 OEM 不同的地方是，除了制造加工外，增加了设计环节，即接受品牌厂商的委托，按其技术要求承担部分设计任务。DMS（Design Manufacture Service），设计、制造、售后服务，是指品牌厂商提出产品诉求和规格、外形设计要求，由代工厂商设计并定牌生产产品的全部或主体，再由品牌厂商根据市场需求作最后配置和最后组装并销售的模式，品牌厂商拥有部分知识产权。EMS（Engineering Manufacture Service），工程、制造、服务，是新近出现的一种模式，是指品牌厂商给出原理和外形设计，委托代工厂商完成产品的工程设计并制造主体部分或产品的全部，再由品牌厂商根据市场需求作最后配置和最后组装并销售的模式，品牌厂商拥有部分知识产权。

单的加工组装活动开始，向上游追溯至研发设计，向下游延伸最终形成自有品牌的市场销售（宋玉华等，2008）。彭兴奎（2009）认为，留在一国的增值环节越多或者分工越细，通过加工贸易实现产品增值可能性就越大，对国民经济越有利。因此，我国产业升级应加大中间产品的内部生产，鼓励企业内部采购零部件组织生产。二是强调产业间升级，如跨过重化工业阶段，通过提高第三产业的比重实现经济结构的调整（李冀申等，2011）。张其仔（2008）指出，前两种观点都是线性升级观。产业升级不一定是线性的，产业在升级的过程中可能发生分岔。中国现阶段仍要实施产业间升级优先分岔战略，其重点仍在于产业间升级，通过产业间升级带动产业内升级。三是强调地域产业转移。如柴斌锋等（2011）认为，可以将东部地区的加工贸易引导至中西部地区，既可实现国内价值链的延伸，同时也可以充分利用当地的剩余劳动力，有利于解决区域发展差距问题，具有一举多得的效果。赵文成等（2008）也提出，应利用产业梯度在我国不同地域的空间布局形成产业价值链的协同机制，加大向劳动力成本低的国家进行产业转移。以上学者对中国产业升级的研究都是基于海关统计口径的贸易数据，不能反映中国贸易的真实所得；其次，缺乏分析产业结构的数量模型及方法来解释中国目前处于国际分工中的哪种形式、判断中国在全球价值中的位置以及参与国际分工的地位。

在全球价值链的现有研究中，主要讨论如何测算真实贸易所得和贸易平衡的调整，或是测算各行业垂直专业化率变化，仅有张亚雄等（2013）和欧盟更深入的分析了国际分工、各产业的竞争优势，以及各产业应如何实现从价值链的低端向高端提升。张亚雄等（2013）基于贸易增加值核算法，采用AIO表，通过比较中国与美国、日本和其他东亚主要国家的贸易、产业结构变化、产业分工水平，认为中国参与国际分工的程度在不断加深，参与国际分工的模式发生了巨大的变化；在全球价值链中，中国与全球贸易的关联越来越紧密。2005年以来，欧盟委员会企业与产业总司每两年发布一次《欧盟产业结构报告》，《2013年欧盟产业结构报告》以全球价值链竞争为主题，将欧盟作为一个整体，采用世界投入产出数据库（WIOD）及相关国际机构数据，基于投入产出模型测算了欧盟的贸易增加值，分析欧盟在全球价值链和国际分工中的地位；通过测算市场份额、垂直专业化率、集中度、相对比较优势以及产品复杂性等指标，分析了欧盟制造业及服务业的结构变化、产业关联及竞争力状况，为欧盟制定产业政策提供决策依据。

第三节 研究内容和框架结构

一 研究内容

针对当前世界贸易形势，本课题基于全球价值链（GVC）视角采用贸易增加值核算方法测算1997~2011年中国以及其他APEC主要经济体之间的产业联系、垂直专业化程度以及国际产业竞争力等，并与传统海关数据的计算结果进行相应的对比分析，以此为提升APEC主要经济体在全球价值链中的位置及参与水平、促进APEC主要经济体的贸易结构及产业结构升级提供政策参考，同时也为提高中国产业国际竞争力、向全球价值链高端跃升，进而促进产业结构调整和升级提出相关政策建议。本课题研究内容主要包括7个部分。

第一部分主要是相关模型与方法介绍。首先，详细介绍贸易增加值核算方法（KWW），将出口总额分解为不同的增加值成分和重复计算项，实现出口贸易总额的完全分解。全球价值链背景下，由于大量中间品贸易存在，造成传统总值贸易统计产生重复计算等问题，而贸易增加值核算方法（KWW），避免了重复计算，进而能够真实反映全球贸易真实状况。其次，基于贸易增加值视角，构建国际竞争力测度方法，包括国际市场占有率、贸易竞争力、显性比较优势。

第二部分主要是APEC主要经济体的产业结构、贸易与就业变化分析。首先，通过对经济增长与产业结构变化、贸易规模与结构变化来分析APEC主要经济体的经济贸易总体发展趋势和特征。其次，通过对不同技术水平的制造业（低技术制造业、中低技术制造业、中高技术制造业、高技术制造业）和服务业的就业增长来分析APEC主要经济体的就业增长与结构变化。

第三部分主要是APEC主要经济体的国际生产联系和产业分工变化分析。首先，通过测算APEC主要经济体之间以及APEC主要经济体与其他主要贸易伙伴之间的前向和后向关联系数来分析APEC主要经济体的国际生产联系程度。其次，通过测算APEC主要经济体之间以及APEC主要经济体与其他贸易伙伴之间的中间产品的进出口贸易总额、增长速度及其比重变化情况来分析APEC主要经济体的中间产品贸易发展趋势和特征。

第四部分主要是 APEC 主要经济体参与全球价值链（GVC）的收益与变化分析。首先，采用贸易增加值核算方法测算 APEC 主要经济体的出口增加值以及出口增加值率，并以此为基础分析 APEC 主要经济体参与全球价值链的收益变化。其次，根据贸易增加值核算方法结果，测算 APEC 主要经济体的产业内贸易变化，并与传统海关数据方法进行比较分析。再次，根据贸易增加值核算方法结果，测算垂直专业化率等指标来分析 APEC 主要经济体生产专业化程度。最后，通过出口增加率、折返增加值率与国外增加值率的分析来判断 APEC 主要经济体各产业在全球价值链中（GVC）的位置。

第五部分主要是 APEC 主要经济体产业国际竞争力变化分析。首先，根据贸易增加值核算方法结果，测算 APEC 主要经济体各产业国际市场占有率的变化，并与传统海关数据方法进行对比分析。其次，基于贸易增加值核算方法，通过测算贸易竞争力指数（TC 指数）来分析 APEC 主要经济体的贸易竞争力变化。再次，基于贸易增加值核算方法，通过测算显性比较优势指数（RCA 指数）来分析 APEC 主要经济体各产业的比较优势变化。

第六部分主要是中国与典型经济体之间的比较分析。首先，中日制造业参与全球价值链分工模式及地位分析。通过构建后向和前向垂直专业化率及全球价值链地位指数，全面地分析中日两国制造业参与全球价值链的程度、模式和地位变化情况。其次，中美制造业双边贸易失衡分析。以总值为基础传统贸易统计方法存在大量重复计算问题，存在夸大和扭曲贸易失衡现象，而基于 GVC 的增加值贸易统计方法是以"价值增值"为统计口径，能够更加真实地反映中美贸易失衡水平。

第七部分主要是 APEC 主要经济体参与全球价值链（GVC）的影响分析和相关政策建议。首先，基于实证分析结果，概括出 APEC 主要经济体参与全球价值链（GVC）的主要影响。其次，根据参与全球价值链（GVC）的影响分析，有针对性地提出促进 APEC 主要经济体参与国际分工、提高产业国际竞争力，以及中国提高国际竞争力和促进产业结构升级的相关政策建议。

二　框架结构

本课题的框架结构图见图 1-1。

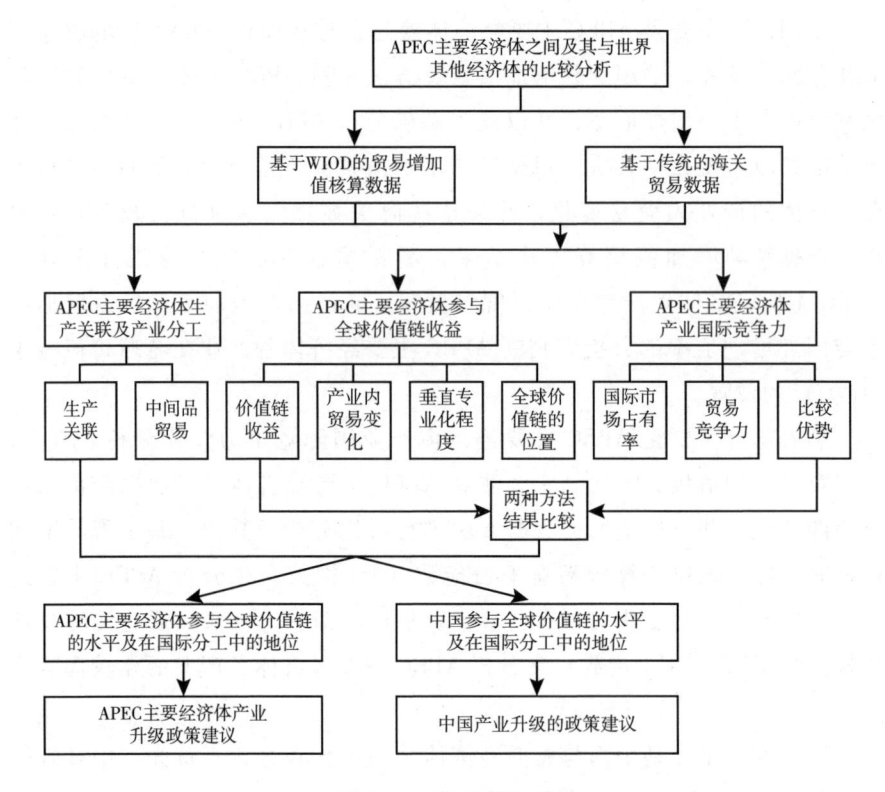

图 1-1 框架结构图

第四节 数据说明

本课题所使用的数据均来自由欧盟委员会的资助——多个机构合作共同研究开发的世界投入产出数据库（World Input-Output Database，WIOD）。WIOD 记录了 40 个经济体、35 个部门 1995～2011 年时间序列的国家间投入产出表，覆盖了全球主要经济体，各经济体 GDP 总和占全球 GDP 的 85% 以上，能够代表全球主要的经济活动，因而被广泛地应用于分析全球贸易模式、环境变化及社会经济问题。由于受到 WIOD 数据库限制，本课题涉及的 APEC 主要经济体具体包括澳大利亚（AUS）、加拿大（CAN）、中国（CHN）、印度尼西亚（IDN）、日本（JPN）、韩国（KOR）、墨西哥（MEX）、俄罗斯（RUS）、中国台湾（TWN）和美国（USA）10 个经济体。同时，本课题以每五年一个研究时点，分别对 1995 年、1997 年、

2002年、2007年和2011年进行测算研究,研究内容和结构设计也参考了《2013年欧盟产业结构报告》中基于贸易增加值核算法分析产业关联及竞争力水平的主要内容和分析方法,但将对象转为针对APEC中10个主要经济体,同时也将APEC作为整体进行研究,构建一个关于APEC的生产联系、国际竞争力和产业升级报告。

第二章 模型与方法

产业结构调整和升级是中国和 APEC 主要经济体实现经济转型的核心和关键问题之一。目前，在全球价值链视角下基于贸易增加值的产业升级研究仍然较少，本课题采用贸易增加值核算方法（KWW，Zhi Wang，Shang-Jin Wei，2013），基于世界投入产出数据库（WIOD）数据，通过测算和分析 1997~2011 年间中国以及其他 APEC 主要经济体之间的产业联系、产业分工、垂直专业化程度以及国际产业竞争力，并与基于传统海关口径数据的计算结果进行比较，为提升 APEC 经济体在全球价值链中的位置和参与国际分工的水平、促进 APEC 主要经济体的贸易结构和产业结构升级提供政策参考；并为提高中国国际竞争力、向全球价值链高端跃升，从而促进产业结构调整和升级提出政策建议。

第一节 基于 KWW 法的出口分解

KWW 法由（KWW，Zhi Wang，Shang-Jin Wei，2010，2013）提出，该方法是一种基于后向关联的测度法，从总出口的视角，将总出口分解为不同的增加值成分和重复计算项，进而实现总出口的完全分解。该方法能够将中间产品贸易分解，进而得到各国在各生产环节的贸易附加，这是其他方法所不具备的特点。贸易增加值的核算方法（KWW，Koopman，2013），将一国的出口分为国内增加值和国外增加值，同时根据投入产出表的行向平衡关系，一国的总产出被用于中间需求和最终消费，并且中间需求可分为国内生产需求和国外生产需求出口，最终消费可分为国内最终消费和国外最终消费出口，再将出口按用途分为以下四大类：（1）用于直接进口国的最终需求；（2）作为中间品用于直接进口国满足自身最终需求的生产；（3）作为中间产品用于直接进口国的再加工，然后出口至第三国；（4）作为中间产品用于直接进口国的再加工，再出口回本国。因此，最终可将一国出口所包含的国内增加值及国外增加值按出口用途细分，并扣除重复计算的国内及国外增加值，最终得到课题所需的国内增加值以及国外增加值的各项结果。

总产出＝中间需求＋国内最终消费＝（国内生产需求＋国外生产需求出口）＋（国内最终消费＋国外最终消费出口）

以两国为例，每个国家都有 N 个部门，用公式表示则为：

$$X^s = A^{ss}X^s + Y^{ss} + A^{sr}X^r + Y^{sr}$$

用矩阵表示则有：

$$\begin{bmatrix} X^s \\ X^r \end{bmatrix} = \begin{bmatrix} A^{ss} & A^{sr} \\ A^{rs} & A^{rr} \end{bmatrix} \begin{bmatrix} X^s \\ X^r \end{bmatrix} + \begin{bmatrix} Y^{ss} + Y^{sr} \\ Y^{rs} + Y^{rr} \end{bmatrix},$$

进一步改写有

$$\begin{bmatrix} X^s \\ X^r \end{bmatrix} = \begin{bmatrix} I - A^{ss} & -A^{sr} \\ -A^{rs} & I - A^{rr} \end{bmatrix}^{-1} \begin{bmatrix} Y^{ss} + Y^{sr} \\ Y^{rs} + Y^{rr} \end{bmatrix} = \begin{bmatrix} B^{ss} & B^{sr} \\ B^{rs} & B^{rr} \end{bmatrix} \begin{bmatrix} Y^s \\ Y^r \end{bmatrix}$$

$X_r = A_{rr}X_r + A_{rs}X_s + Y_{rr} + Y_{rs}$ 同时，假定 V_r, V_s 为 r 国 $1 \times N$ 的直接增加值率系数行向量，因此我们定义 $V = \begin{bmatrix} V_r & 0 \\ 0 & V_s \end{bmatrix}_{2 \times 2N}$ 为两国增加值率系数矩阵。

此时，将增加值系数矩阵与列昂惕夫逆矩阵相乘可得到增加值份额矩阵（VAS）：

$$VAS = VB = \begin{bmatrix} V_r B_{rr} & V_r B_{rs} \\ V_s B_{sr} & V_s B_{ss} \end{bmatrix}$$

其中，$V_r B_{rr}$ 表示在国家 r 生产的产品中，国家 r 的增加值份额；$V_s B_{sr}$ 表示在国家 r 生产的产品中，国家 s 的增加值份额。因此对于 VAS 矩阵的第一列包括国家 r 生产一单位产出的所有增加值，对于第二列同理。根据这个原理，则有：$V_r B_{rr} + V_s B_{sr} = V_r B_{rs} + V_s B_{ss} = u$，$V_1 B_{11} + V_2 B_{21} = V_1 B_{12} + V_2 B_{22} = u$，$u$ 是 $1 \times N$ 的单位向量。

同时，两国的出口矩阵为：

$$E = \begin{bmatrix} E^{rs} & 0 \\ 0 & E^{sr} \end{bmatrix}_{2N \times 2}, \hat{E} = \begin{bmatrix} \hat{E}^{rs} & 0 \\ 0 & \hat{E}^{sr} \end{bmatrix}_{2N \times 2N}$$

其中 $\hat{E}_{rs}$ 和 $\hat{E}_{sr}$ 分别为 E_{rs} 和 E_{sr} 的对角阵，因此，各国各部门在全球价值链上的贸易增加值则表示为：

$$VBE = \begin{bmatrix} V_r B_{rr} & V_r B_{rs} \\ V_s B_{sr} & V_s B_{ss} \end{bmatrix}_{2\times 2N} \begin{bmatrix} \hat{E}_{rs} & 0 \\ 0 & \hat{E}_{sr} \end{bmatrix}_{2N\times 2N} = \begin{bmatrix} V_r B_{rr}\hat{E}_{rs} & V_r B_{rs}\hat{E}_{sr} \\ V_s B_{sr}\hat{E}_{rs} & V_s B_{ss}\hat{E}_{sr} \end{bmatrix}_{2\times 2N}$$

因此，对于国家 r，出口产品中所包含的国内增加值（DV）为 $V_r B_{rr}\hat{E}_{rs}$，国外增加值（FV）为 $V_s B_{sr}\hat{E}_{rs}$，并且二者之和等于该国的总出口；对于国家 s 同理。即 $DV_r + FV_r = E_r$，该式说明，一国的出口并不等于一国的真实收入，它不仅包含本国的增加值，同时也包含其他国家的增加值，只有国内增加值才是出口的真实所得。

为了分析一国出口中国内增加值及国外增加值的含量，需要进一步将出口分解，其中，中间品的分解是关键。根据贸易增加值核算法（KWW, Zhi Wang, Shang-Jin Wei, 2013），具体说来，在 G 个国家 N 个部门的国家间投入产出模型中，E^{s*} 表示 s 国的总出口，Y 表示最终产品向量，A 表示国家间直接消耗系数矩阵，B 表示国家间列昂惕夫逆矩阵，因此，s 国的总出口可以分解为以下九项：

$$uE^{s*} = \underbrace{V^s B^{ss} \sum_{r\neq s}^{G} Y^{sr}}_{(1)} + \underbrace{V^s B^{sr} \sum_{r\neq s}^{G} Y^{rr}}_{(2)} + \underbrace{V^s \sum_{r\neq s}^{G} B^{sr} \sum_{r\neq s,t}^{G} Y^{rt}}_{(3)}$$
$$+ \underbrace{V^s \sum_{r\neq s}^{G} B^{sr} Y^{rs}}_{(4)} + \underbrace{V^s \sum_{r\neq s}^{G} B^{sr} A^{rs} (1-A^{ss})^{-1} Y^{ss}}_{(5)} + \underbrace{V^s \sum_{r\neq s}^{G} B^{sr} A^{rs} (I-A^{ss})^{-1} E^{s*}}_{(6)}$$
$$+ \underbrace{\sum_{t\neq s}^{G} V^t B^{ts} \sum_{r\neq s}^{G} Y^{sr}}_{(7)} + \underbrace{\sum_{t\neq s}^{G} V^t B^{ts} \sum_{r\neq s}^{G} A^{sr} (I-A^{rr})^{-1} Y^{rr}}_{(7)} + \underbrace{\sum_{t\neq s}^{G} V^t B^{ts} \sum_{r\neq s}^{G} A^{sr} (I-A^{rr})^{-1} E^{s*}}_{(8)}$$

其中：

（1）表示最终产品出口到直接进口国的国内增加值（DVA_FIN）；

（2）表示中间产品出口给直接进口国用于生产最终产品的国内增加值（DVA_INT）；

（3）表示中间产品通过直接进口国再出口至第三国的国内增加值（DVA_INTrex），根据（KWW, Zhi Wang, Shang-Jin Wei, 2014），该项又可按出口产品的用途细分为以下三项：中间产品出口到直接进口国后再以中间产品形式出口至第三国用以生产国内最终产品的增加值（DVA_INTrexI1）、中间产品出口到直接进口国用以生产最终产品再出口至第三国的增加值（DVA_INTrexF）和中间产品出口到直接进口国生产中间产品出口至第三国，第三国用以生产最终品再出口回直接进口国的增加值

(DVA_INTrexI2);

（4）表示中间产品出口到国外，经过加工后以最终产品的形式再进口回本国的增加值（RDV_FIN），是折返增加值的一部分，根据（KWW，Zhi Wang, Shang-Jin Wei, 2014），该项又可进一步分解为中间产品出口到直接进口国用于生产最终产品再进口回本国的增加值（RDV_FIN1）和中间产品出口到直接进口国用于生产中间品出口至第三国，第三国用以生产最终产品再出口回本国的增加值（RDV_FIN2）；

（5）表示中间产品出口到国外加工后再以中间产品的形式进口回本国的增加值（RDV_INT），也是折返增加值的一部分；

（6）表示国内增加值中的重复计算部分（DDC），根据（KWW，Zhi Wang, Shang-Jin Wei, 2014），又可以分解为最终产品出口形成的重复计算（DDC_FIN）和中间产品出口形成的重复计算（DDC_INT）；

（7）表示最终产品出口中的国外增加值（FVA_FIN），又可分解为最终产品出口中直接进口国的增加值（MVA_FIN）和最终产品出口中其他国家的增加值（OVA_FIN）；

（8）表示中间产品出口中的国外增加值（FVA_INT），进一步可分解为中间产品出口中直接进口国的增加值（MVA_INT）和中间产品出口中其他国家的增加值（OVA_INT）；

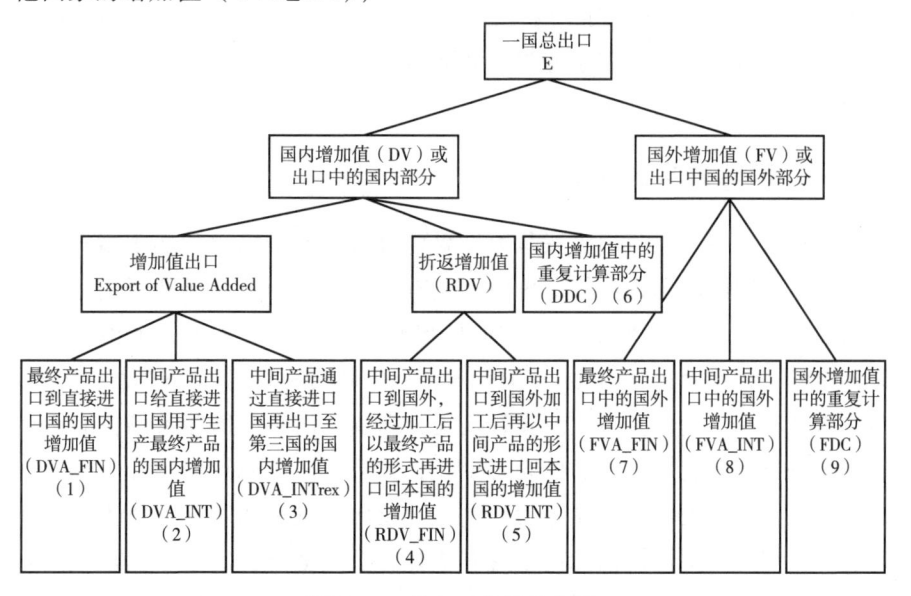

图 2-1 总出口分解示意图

(9) 表示国外增加值中的重复计算部分（FDC），包括直接进口国出口形成的重复计算（MDC）和其他国家出口形成的重复计算（ODC）。

根据 KWW（Zhi Wang，Shang-Jin Wei，2014）将增加值出口、折返以及重复计算部分进行更为细致的分解，则可进一步将以上 9 项分解为 16 项。

从上述分解来看，（1）+（2）+（3）表示增加值出口（Export of Value Added）；（1）+（2）+（3）+（4）+（5）表示出口增加值（Value Added in Export）；（1）+（2）+（3）+（4）+（5）+（6）表示出口中的国内增加值，也即出口中的国内部分（Domestic Concent of Export）；（7）+（8）+（9）表示出口国的国外增加值，也即出口中的国外部分。

第二节 国际竞争力测度方法

国际竞争力是各个国家同类产业或同类企业之间相互比较的生产力，从一个国家特定产业参与国际市场竞争的角度看，特定产业的国际竞争力就是该产业相对于外国竞争对手的生产力的高低。因此，产业国际竞争力实质可以表示为：在国际自由贸易条件下（或在排除了贸易壁垒因素的假设条件下），一个国家特定产业以其相对于其他国家的更高生产力，向国际市场提供符合消费者（或顾客）需求的更多产品，并持续地获得盈利的能力。

一 国际市场占有率

市场占有率是反映国际竞争力结果的最直接和最简单的实现指标，可以表明其在国际和国内市场竞争中所具有的竞争实力，它反映了国际竞争力的实现程度。在自由、良好（WTO 规则）的市场条件下，本国市场和国际市场一样都对外国开放，国际市场占有率反映其国际竞争力的强弱，市场占有率高，国际竞争力就强；反之，则弱。同时，国际市场占有率也可用来分析国际竞争力强弱的动态变化，如果在一定时期内国际市场占有率有所提高，则说明国际竞争力在增强；反之，则说明国际竞争力呈下降趋势。某国某个部门的国际市场占有率计算公式如下：其中，i 表示部门，j 表示国家，E_i^j 表示第 j 国第 i 部门产品的国际市场占有率。

$$R_i^j = \frac{E_i^j}{\sum_j E_i^j}$$

二 贸易竞争力

贸易竞争力指数（TC）是国际竞争力分析时常用的测度指标之一，它等于一国进出口贸易的差额占进出口贸易总额的比重，该指数可以表明某国生产的某种产品是净进口，还是净出口，以及净进口或净出口的相对规模，从而反映某国生产的某种产品相对于世界市场上供应的其他国家的该产品来讲，是处于生产效率的竞争优势还是劣势以及优劣势的程度。指数值在 −1~1，其值越接近于 0 表示生产效率与国际水平相当，其进出口纯属于在国际市场进行品种交换；指数小于 0 时，则进口额大于出口额，表明这一国家此类产品的生产效率低于国际水平，不具有或缺乏国际竞争力；指数为 −1 时，表示该产品只进口不出口，越接近于 −1 表示竞争力越薄弱；指数大于 0 时，则出口额大于进口额，表明这一国家此类产品的生产效率高于国际水平，具有国际竞争力；指数为 1 时，表示该产品只出口不进口，越接近于 1 则表示竞争力越大。因此，贸易竞争力指数又称为"水平分工度指数"，表明各类产品的国际分工状况。贸易竞争力指数的计算公式为：

$$TC_{ij} = \frac{E_{ij} - M_{ij}}{E_{ij} + M_{ij}}$$

三 显示性比较优势

国际上，衡量一国在某种产品出口方面的比较优势，一般用出口显示性比较优势指标来衡量。所谓出口显示性比较优势指数（RCA）是指一个国家某种产品出口额占其出口总值的份额与世界出口总额中该类产品出口额所占份额的比率。其计算公式为：

$$RCA_{ij} = \frac{\dfrac{E_{ij}}{\sum E_{ij}}}{\dfrac{E_{iw}}{\sum E_{iw}}}$$

式中，RCA_{ij} 表示 j 国 i 产品的相对出口优势指数，E_{ij} 表示 j 国 i 产品的出口，$\sum E_{ij}$ 表示 j 国的产品出口总额，E_{iw} 表示世界 i 产品的出口，$\sum E_{iw}$ 表示世界产品的总出口。

一般而言，RCA 值接近 1 表示中性的相对比较利益，无所谓相对优势或劣势可言；RCA 值大于 1，表示该产品在国家中的出口比重大于在世界的出口比重，则该国的此产品在国际市场上具有比较优势，具有一定的国际竞争力。因此，RCA 大于 1 的产业也就意味着是某国具有相对比较优势的产业，反之，则是具有比较劣势的产业，国际竞争力相对较弱。

四 垂直专业化率

在国际分工日益深化的今天，一国或地区既可以从产品生产过程的下游或后端（如加工、组装等环节）参与全球价值链（GVC），也可以从产品生产过程的上游或前端（如研发、设计等环节）参与全球价值链（GVC）。基于此背景，Hummels、Ishil 和 Yi（2001）首次提出了后向垂直专业化率（VS）和前向垂直专业化率（VS1）的概念，进而实现了从进口和出口两个方面来考察一国或地区参与全球价值链（GVC）国际分工的程度。后向垂直专业化率（VS）是指一国或地区生产的出口产品中所包含的进口中间产品的比重，反映了本国出口对进口的依赖程度。前向垂直专业化率（VS1）是指一国或地区生产的出口产品中作为中间产品被他国或地区进口的比重，反映了本国出口对他国或地区供应链的贡献程度。根据上述垂直专业化定义以及全球价值链（GVC）的分解结果，本文构建出相应的后向垂直专业化率（VS）和前向垂直专业化率（VS1）指标。

$$VS = \frac{(FVA\_FIN + FVA\_INT + FDC)}{E}$$

$$VS1 = \frac{(DVA\_REX + RDV + DDC)}{E}$$

五 全球价值链地位指数

Koopman et al.（2010）认为一国或地区在全球价值链中的地位可以通过对该国或地区出口给国外的中间品与其从国外进口的中间品进行判断。一般来说，如果一国或地区在全球价值链中的地位处于上游，它主要是通过向国外提供中间品或原材料参与国际分工，其间接出口增加值（IV，即被进口国生产向第三国出口所吸收的中间品出口国内增加值）占总出口比重要高于国外增加值（FV）比重；如果一国或地区在全球价值链中的地位处于下游，它主要是通过使用国外进口中间品来生产最终产品以参与国际分工，其 FV 比重要高于 IV 比重。基于 Koopman et al.（2010）的全球价值链地位指数定义以及出口贸易总额的分解结果，本文构建出相应的全球价值链地位指数。

$$GVC\_Position = ln\left(1 + \frac{IV}{E}\right) + ln\left(1 + \frac{FV}{E}\right)$$
$$= ln\left(1 + \frac{DVA\_REX}{E}\right) + ln\left(1 + \frac{(FVA\_FIN + FVA\_INT)}{E}\right)$$

GVC_ Position 越大，表明一国或地区越位于全球价值链的上游位置；GVC_ Position 越小，表明一国或地区越位于全球价值链的下游位置。

第三章　APEC主要经济体的产业结构、贸易与就业变化

APEC是亚太地区层级最高、领域最广、最具影响力的经济合作机制，通过推动自由开放的贸易投资，深化区域经济一体化，加强经济技术合作，改善商业环境，已经建立起一个充满活力、和谐共赢的亚太大家庭。自成立以来，特别是在领导人非正式会议成为固定机制之后，APEC在促进区域贸易和投资自由化、便利化等方面不断取得进展，在推动全球和地区经济增长等方面发挥了积极作用。

第一节　APEC主要经济体的产业结构及贸易结构变化

一　经济增长与产业结构变化

（一）经济增长

1995~2011年，APEC主要经济体呈现出较为稳定的经济增长态势。从经济总量来看，APEC主要经济体的GDP由1995年的15.9万亿美元上升到2011年的36.3万亿美元，共增加20.4万亿美元，比2002年APEC主要经济体的GDP总和还要多（见表3-1）。从相对增长速度来看，APEC主要经济体的经济增长速度由1995~1997年（1.4%）、1997~2002年（3.1%）的低速增长，随后转向较快的增长速度，其2002~2007年、2007~2011年的平均增长速度分别高达8.0%、6.8%。

1995~2011年，APEC主要经济体经济总量（GDP）占全球经济总量比重呈现出一定波动的下降趋势，其值由1995年的55.8%上升到2002年的最高点59.6%，然后又呈现下降趋势。但近年来其又呈现出一定的反弹

表 3-1 1995~2011 年 APEC 主要经济体、全球经济 GDP 及增长速度*

年份		1995	1997	2002	2007	2011
APEC 主要经济体	GDP(亿美元)	158972.4	163601.6	190471.0	279230.4	362772.9
	平均增速(%)	—	1.4	3.1	8.0	6.8
全球经济	GDP(亿美元)	284929.9	290780.2	319787.0	527561.9	673963.9
	平均增速(%)	—	1.0	1.9	10.5	6.3
APEC 主要经济体 GDP 占全球比重(%)		55.8	56.3	59.6	52.9	53.8

注：本报告中的相关数据均是基于 WIOD 按照当年价格计算而得。

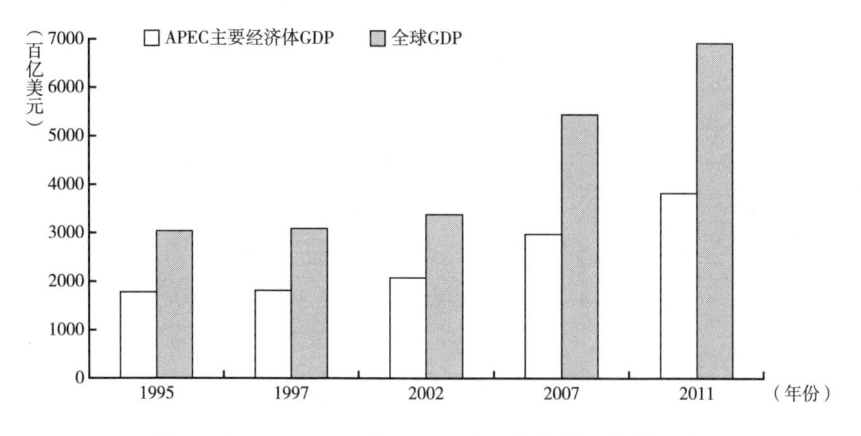

图 3-1 1995~2011 年 APEC 主要经济体及全球 GDP

趋势，由 2007 年的 52.9% 上升到 2011 年的 53.8%。其中，2007 年 APEC 主要经济体的 GDP 比重相对于 2002 年的下降，主要是由于世界第一、第二大经济体的美国、日本的经济增速缓慢所引起，从而导致 APEC 主要经济体的整体增速低于非 APEC 经济体。

1995~2011 年，虽然 APEC 主要经济体中少数国家（或地区）的经济增长呈现出一定的短暂下降趋势（见表 3-2），如 2002 年由于受到亚洲金融危机的影响，亚洲国家（或地区）均表现出一定的经济增速下滑，有的甚至表现为经济停滞或负增长，但从整个时期来看，APEC 主要经济体的经济均仍呈现出一致的增长态势。从经济总量来看，美国和中国的 GDP 增量最多，分别增加了 76667.7 亿美元和 65745.5 亿美元，占 APEC 主要经济体 GDP 增加总量的 37.6% 和 32.3%，且 2011 年中国经济总量超过日

表 3-2 1995~2011 年 APEC 主要经济体 GDP 及增长速度

主要经济体	指标	1995 年	1997 年	2002 年	2007 年	2011 年
澳大利亚	GDP（亿美元）	3521.5	3945.7	3867.4	8739.4	13936.8
	平均增速（%）	—	5.9	-0.4	17.7	12.4
加拿大	GDP（亿美元）	5470.4	5900.3	6811.9	13227.4	16089.1
	平均增速（%）	—	3.9	2.9	14.2	5.0
中国	GDP（亿美元）	7280.0	9526.5	14538.6	34951.4	73025.5
	平均增速（%）	—	14.4	8.8	19.2	20.2
印度尼西亚	GDP（亿美元）	2413.2	2785.1	2049.6	4346.0	8481.3
	平均增速（%）	—	7.4	-5.9	16.2	18.2
日本	GDP（亿美元）	52396.2	42272.5	38864.3	43107.1	58661.0
	平均增速（%）	—	-10.2	-1.7	2.1	8.0
韩国	GDP（亿美元）	4815.0	4855.4	5106.9	9447.6	10065.1
	平均增速（%）	—	0.4	1.0	13.1	1.6
墨西哥	GDP（亿美元）	3096.0	4233.9	6821.3	9932.8	11178.0
	平均增速（%）	—	16.9	10.0	7.8	3.0
俄罗斯	GDP（亿美元）	3150.3	3826.1	3117.2	11143.1	16036.2
	平均增速（%）	—	10.2	-4.0	29.0	9.5
中国台湾	GDP（亿美元）	2616.7	2891.4	2887.4	3737.7	4419.2
	平均增速（%）	—	5.1	0.0	5.3	4.3
美国	GDP（亿美元）	74213.1	83364.6	106406.3	140597.9	150880.8
	平均增速（%）	—	6.0	5.0	5.7	1.8

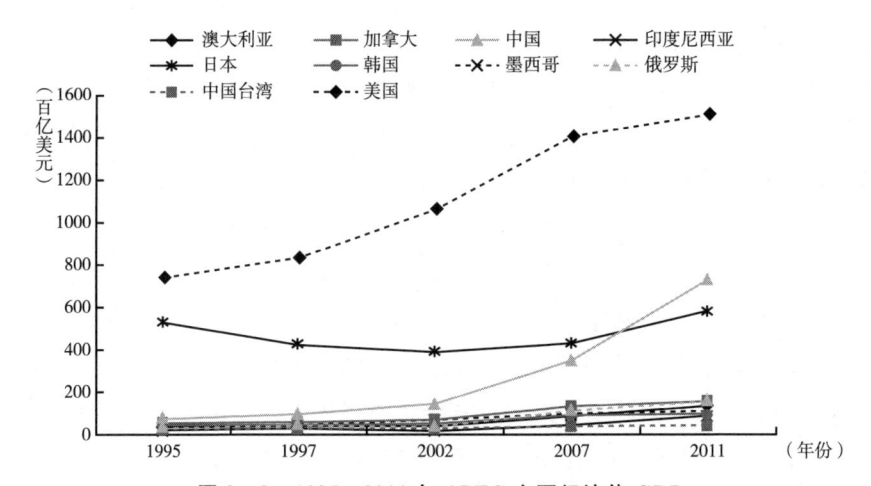

图 3-2 1995~2011 年 APEC 主要经济体 GDP

本,成为世界第二大经济体;其他 GDP 增量较多的还有俄罗斯(12885.9亿美元)、加拿大(10618.7亿美元)、澳大利亚(10415.3亿美元)。从增长速度来看,中国和俄罗斯的经济增长速度最快,其年均增长速度分别高达 15.5% 和 10.7%,澳大利亚、墨西哥和印度尼西亚的经济增长速度也相对较快,其年均增长速度也超过 8%。

(二) 产业结构

为了进一步深入分析 APEC 主要经济体的各产业经济发展情况,我们以 WIOD 为基础,将各经济体国民经济细分为 35 个产业部门(见表 3-3、3-4)。

表 3-3 WIOD 部门代码及名称

部门代码	部门名称
1	农、林、牧、渔业
2	采矿业
3	食品、饮料制造及烟草业
4	纺织业
5	皮革、毛皮、羽毛(绒)及鞋类制品业
6	木材加工及木、竹、藤、棕、草制造业
7	造纸及纸制品业、印刷和记录媒介的复制业
8	石油加工、炼焦及核燃料加工业
9	化学原料及化学制品制造业化学纤维制造业
10	橡胶及塑料制品业
11	非金属矿物制品业
12	金属制品业
13	通用专用设备制造业
14	电气和光学设备制造业
15	交通运输设备制造业
16	其他制造业及废弃资源和旧材料回收加工业
17	电力、煤气及水的生产和供应业
18	建筑业
19	汽车及摩托车的销售业
20	批发业
21	零售及家用产品维修业
22	住宿和餐饮业
23	内陆运输业

续表

部门代码	部门名称
24	水上运输业
25	航空运输业
26	其他运输配套业务及旅行社业务
27	邮政与通信业
28	金融业
29	房地产业
30	租赁及商务服务业
31	公共管理和国防及社会保障业
32	教育
33	卫生和社会工作
34	其他社区、社会及个人服务业
35	私人雇用的家庭服务业

表 3-4 1995~2011 年 APEC 主要经济体各产业增加值

单位：亿美元

产业	1995 年	1997 年	2002 年	2007 年	2011 年
1	4740.5	5012.4	4882.2	7977.7	13356.8
2	2307.4	2643.9	3065.9	8568.1	12880.2
3	3936.0	3915.3	4597.5	6043.3	9080.3
4	1544.5	1558.3	1317.3	1805.0	2893.1
5	180.5	204.3	181.7	287.9	502.5
6	785.8	773.5	710.6	991.1	1359.7
7	2636.9	2586.6	2639.1	3305.5	4173.5
8	1144.2	1263.2	1287.2	3151.5	4365.6
9	3022.0	3009.2	3285.1	4883.0	7004.9
10	1315.3	1355.6	1384.6	1929.9	2615.2
11	1312.0	1357.6	1302.5	2012.2	2821.1
12	4300.5	4212.1	3838.7	6956.2	9430.7
13	2642.6	2645.0	2399.6	4024.8	5682.2
14	4278.9	4358.0	4347.7	7065.8	10226.6
15	3324.0	3386.6	4002.2	5352.8	6055.3
16	847.1	943.4	1063.8	1330.4	1694.5
17	3822.9	3709.2	3952.9	5581.5	7463.2
18	9458.6	9384.6	10368.6	15411.2	19002.2
19	1682.8	1634.1	1773.5	2494.6	2923.7
20	11278.9	11678.0	12364.2	18546.2	24411.2
21	9734.7	9993.6	11411.2	14817.3	17764.8
22	4276.3	4521.5	5482.2	7597.2	9552.9

续表

产业	1995 年	1997 年	2002 年	2007 年	2011 年
23	3935.4	3734.8	4159.3	6123.2	8129.9
24	397.2	373.5	517.1	946.9	1385.4
25	712.5	809.9	779.8	1071.9	1341.6
26	1582.4	1618.1	1705.7	2684.0	3406.2
27	3800.6	4057.8	4914.8	6839.0	8666.8
28	10354.7	10951.5	14388.0	20257.1	25440.1
29	16031.9	16238.8	19972.0	27711.0	33399.7
30	12084.0	13876.0	18810.3	27694.5	33437.4
31	13968.1	14194.4	17638.3	24319.4	30662.4
32	3837.1	3695.1	4265.8	6486.4	9243.8
33	7573.8	7756.6	9964.1	14431.2	19097.9
34	5963.3	5976.8	7477.4	10249.6	12995.9
35	159.1	172.4	220.3	283.5	305.5
总计	158972.4	163601.6	190471.0	279230.4	362772.9

1995~2011 年，APEC 主要经济体的各产业增加值均表现出不同程度的快速增长态势。从增量来看，租赁及商务服务业的增量最多，16 年间共增长了 21353.4 亿美元，其他增量较多的还有房地产业、公共管理和国防及社会保障业、金融业、批发业、卫生和社会工作、采矿业，其分别增加了 17367.8 亿美元、16694.3 亿美元、15085.4 亿美元、13132.3 亿美元、11524.1 亿美元、10572.8 亿美元。除了采矿业外，增量较多的这些产业均属于服务业，表明 APEC 主要经济体中这些服务业增长规模呈现出高于其他产业的发展；而增量较少的有私人雇用的家庭服务业，皮革、毛皮、羽毛（绒）及鞋类制品业，木材加工及木、竹、藤、棕、草制品业，其增量分别为 146.4 亿美元、322.0 亿美元、573.9 亿美元（见表 3-4）。除私人雇用的家庭服务业外，其他产业均为制造业，这表明 APEC 主要经济体中这些制造业增长规模呈现出低于其他产业的发展。从增长速度来看，水上运输业，农、林、牧、渔业，皮革、毛皮、羽毛（绒）及鞋类制品业，租赁及商务服务业，卫生和社会工作，金融业，教育的增长速度相对较高，年均增长速度均高于 5.6%。其中，除了农、林、牧、渔业，皮革、毛皮、羽毛（绒）及鞋类制品业外，增长速度较快的产业也均为服务业；而造纸及纸制品业、印刷和记录媒介的复制业，木材加工及木、竹、藤、棕、草制品业，汽车及摩托车的销售业，交通运输设备制造业的增长速度则相对较低，年均增长速度均低于 3.9%，且这些产业主要为制造业。由此可见，服务业无论

是在规模还是增长速度都表现出快速的发展态势，而制造业则表现出相对缓慢的发展速度（见表3-5）。

表3-5 1995~2011年APEC主要经济体各产业增加值比重

单位：%

产业	1995年	1997年	2002年	2007年	2011年
1	3.0	3.1	2.6	2.9	3.7
2	1.5	1.6	1.6	3.1	3.6
3	2.5	2.4	2.4	2.2	2.5
4	1.0	1.0	0.7	0.6	0.8
5	0.1	0.1	0.1	0.1	0.1
6	0.5	0.5	0.4	0.4	0.4
7	1.7	1.6	1.4	1.2	1.2
8	0.7	0.8	0.7	1.1	1.2
9	1.9	1.8	1.7	1.7	1.9
10	0.8	0.8	0.7	0.7	0.7
11	0.8	0.8	0.7	0.7	0.8
12	2.7	2.6	2.0	2.5	2.6
13	1.7	1.6	1.3	1.4	1.6
14	2.7	2.7	2.3	2.5	2.8
15	2.1	2.1	2.1	1.9	1.7
16	0.5	0.6	0.6	0.5	0.5
17	2.4	2.3	2.1	2.0	2.1
18	5.9	5.7	5.4	5.5	5.2
19	1.1	1.0	0.9	0.9	0.8
20	7.1	7.1	6.5	6.6	6.7
21	6.1	6.1	6.0	5.3	4.9
22	2.7	2.8	2.9	2.7	2.6
23	2.5	2.3	2.2	2.2	2.2
24	0.2	0.2	0.3	0.3	0.4
25	0.4	0.5	0.4	0.4	0.4
26	1.0	1.0	0.9	1.0	0.9
27	2.4	2.5	2.6	2.4	2.4
28	6.5	6.7	7.6	7.3	7.0
29	10.1	9.9	10.5	9.9	9.2
30	7.6	8.5	9.9	9.9	9.2
31	8.8	8.7	9.3	8.7	8.5
32	2.4	2.3	2.2	2.3	2.5
33	4.8	4.7	5.2	5.2	5.3
34	3.8	3.7	3.9	3.7	3.6
35	0.1	0.1	0.1	0.1	0.1
总计	100.0	100.0	100.0	100.0	100.0

1995~2011 年，APEC 主要经济体的各产业增加值比重变动趋势明显。35 个产业中增加值所占比重较大的有租赁及商务服务业、房地产业、公共管理和国防及社会保障业、金融业、批发业、卫生和社会工作、建筑业和零售及家用产品维修业，其比重总和超过 56% 以上，这意味着服务业已经成为 APEC 主要经济体的主导产业。其中，产业增加值所占比重上升的有采矿业，租赁及商务服务业，农、林、牧、渔业，卫生和社会工作，金融业和石油加工、炼焦及核燃料加工业，其上升幅度均超过 0.5 个百分点；产业增加值所占比重下降的有零售及家用产品维修业，房地产业，建筑业和造纸及纸制品业、印刷和记录媒介的复制业，其下降幅度均超过 0.5 个百分点；产业增加值所占比重变化不大的有化学纤维制造业，食品、饮料制造及烟草业，皮革、毛皮、羽毛（绒）及鞋类制品业，非金属矿物制品业，私人雇用的家庭服务业和邮政与通信业。

制造业是国民经济的基础和支柱产业，对综合国力的提高具有举足轻重的作用。为此，我们进一步深入分析 APEC 主要经济体中制造业的经济发展及结构情况。根据欧盟统计局（Eurostat）对制造业技术层次的划分方法，我们将制造业划分为高技术制造业、中高技术制造业、中低技术制造业和低技术制造业四个技术层次。具体制造业产业代码、名称及技术类别分类见表 3-6。

表 3-6 WIOD 制造业部门代码、名称及技术分类

部门代码	NACE 代码	部门名称	技术类别
3	15t16	食品、饮料制造及烟草业	低技术制造业
4	17t18	纺织业	低技术制造业
5	19	皮革、毛皮、羽毛（绒）及鞋类制品业	低技术制造业
6	20	木材加工及木、竹、藤、棕、草制造业	低技术制造业
7	21t22	造纸及纸制品业、印刷和记录媒介的复制业	低技术制造业
8	23	石油加工、炼焦及核燃料加工业	中低技术制造业
9	24	化学原料及化学制品制造业、化学纤维制造业	中高技术制造业
10	25	橡胶及塑料制品业	中低技术制造业
11	26	非金属矿物制品业	中低技术制造业
12	27t28	金属制品业	中低技术制造业
13	29	通用专用设备制造业	中高技术制造业
14	30t33	电气和光学设备制造业	高技术制造业*
15	34t35	交通运输设备制造业	中高技术制造业
16	36t37	其他制造业及废弃资源和旧材料回收加工业	低技术制造业

注：其中 30、32、33 为高技术制造业，31 为中高技术制造业，但由于无法划分，将 30t33 统称为高技术制造业。

表 3-7　1995~2011 年 APEC 主要经济体制造业增加值

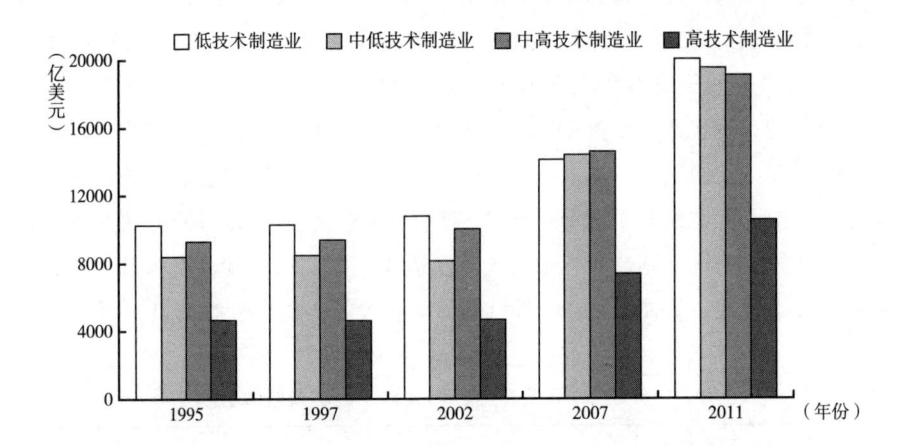

产业	1995 年	1997 年	2002 年	2007 年	2011 年
制造业（亿美元）	31270.1	31568.7	32357.6	49139.2	67905.3
所占比重（%）	100.0	100.0	100.0	100.0	100.0
低技术制造业（亿美元）	9930.7	9981.5	10510.0	13763.0	19703.6
所占比重（%）	31.8	31.6	32.5	28.0	29.0
中低技术制造业（亿美元）	8072.0	8188.5	7813.0	14049.8	19232.7
所占比重（%）	25.8	25.9	24.1	28.6	28.3
中高技术制造业（亿美元）	8988.6	9040.8	9687.0	14260.6	18742.4
所占比重（%）	28.7	28.6	29.9	29.0	27.6
高技术制造业（亿美元）	4278.9	4358.0	4347.7	7065.8	10226.6
所占比重（%）	13.7	13.8	13.4	14.4	15.1

图 3-3　1995~2011 年 APEC 主要经济体制造业增加值

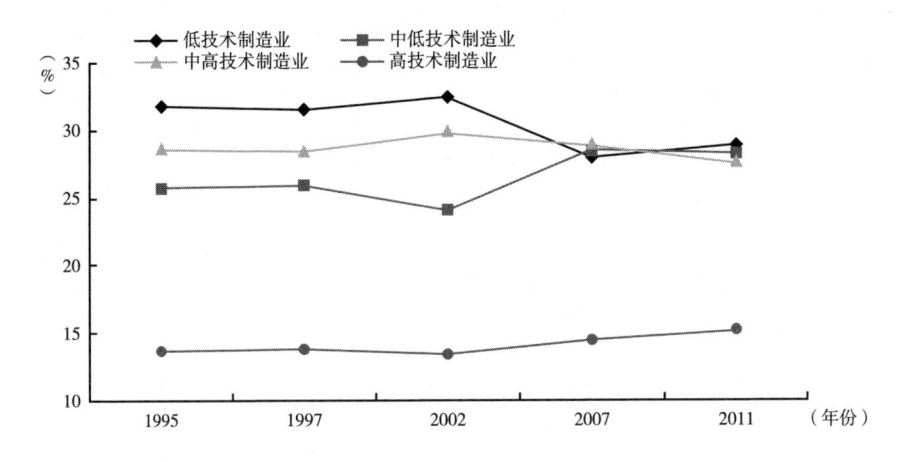

图 3-4　1995~2011 年 APEC 主要经济体制造业增加值比重

1995～2011 年，APEC 主要经济体的制造业（表 3-3，部分代码中 3~16 的产业）增加值呈现出稳定的上升趋势，其值由 1995 年的 31270.1 亿美元上升到 2011 年的 67905.3 亿美元，共增加 36635.2 亿美元，年均增长速度达到 5.0%（见表 3-7）。与此相反，APEC 主要经济体中制造业增加值在所有产业中的比重虽然仍保持较大的比重，但却呈现出一定程度的下降趋势，其值由 1995 年的 19.7% 下降到 2011 年的 18.7%，说明制造业在经济发展中仍处于非常重要的地位，其发展趋势也是与世界产业结构变动趋势相一致的。

从分技术类别来看：低技术制造业、中高技术制造业的增加值虽然呈现上升趋势，但其在制造业中的比重却均呈现出下降趋势，分别由 1995 年的 31.8%、28.7% 下降到 2011 年的 29.0%、27.6%；中低技术制造业、高技术制造业的增加值和在制造业中的比重均呈现出上升趋势，其增加值分别由 1995 年的 8072.0 亿美元、4278.9 亿美元上升到 2011 年的 19232.7 亿美元、10226.6 亿美元，所占比重分别由 1995 年的 25.8%、13.7% 上升到 2011 年的 28.3%、15.1%（见表 3-7）。在 APEC 主要经济体的四类技术制造业中，低技术制造业的比重最高，高技术制造业比重最低，这都意味着 APEC 主要经济体的制造业仍在较大程度上依赖技术较低的传统制造业、原材料粗加工等产业，缺乏一些带动力强、产业链长的深加工、高技术含量等产业，其产业转型发展还是相对缓慢的。由此可见，高新技术制造业是未来 APEC 主要经济体优化产业结构和推动产业转型升级的突破口和方向。

二 贸易规模与结构变化

随着经济全球化和贸易自由化的深入发展，世界各国之间依赖程度不断加强，经济联系也更为紧密，国际贸易规模也呈现出快速扩大的趋势。

（一）贸易规模

1995～2011 年，APEC 主要经济体的进出口总额、出口总额、进口总额均呈现出强劲的增长态势。从贸易总量来看，APEC 主要经济体进出口总额由 1995 年的 42353.8 亿美元上升到 2011 年的 152932.7 亿美元，累计增加 110578.9 亿美元，平均每年增加 6911.2 亿美元。其中，出口总额由 1995 年的 21958.6 亿美元上升到 2011 年的 76665.1 亿美元，累计增加 54706.5 亿美元,平均每年增加3419.2亿美元。但是,出口总额占进出口总额比重却呈现出一定的下降趋势,其数值由1995年的51.8%下降到2002年的49.2%,随后又上升到2007年的50.5%,最后下降到2011年的50.1%;进口总额由1995年的20395.2亿美元上升到2011年的76267.6亿美元,累计增加55872.4亿美元,平均每年增加3492.0亿美元。并且,进口总额占进出口总额比重呈现出一定的上升趋势,其数值由1995年的48.2%上升到2002年的50.8%,而后又由2007年的49.5%上升到2011年49.9%。从增长速度来看,APEC主要经济体的进出口总额由1995~1997年、1997~2002年的6.3%、3.3%的年均增长速度上升到2002~2007年的15.2%,随后又下降到2007~2011年的7.6%。由于受到1997年的亚洲金融危机和2008年的世界金融危机的影响,1997~2002年、2007~2011年的APEC主要经济体的进出口总额呈现出一定波动的下降趋势外,其余均保持稳定快速的上升趋势,且年均增长速度高达8.4%。其中,出口总额由1995~1997年、1997~2002年的6.2%、2.3%的年均增长速度上升到2002~2007年的15.8%,随后又下降到2007~2011年的7.4%,年均增长速度为8.1%;进口总额由1995~1997年、1997~2002年的6.4%、4.4%的年均增长速度上升到2002~2007年的14.6%,随后又下降到2007~2011年的7.8%,年均增长速度为8.6%(见表3-8)。

表3-8 1995~2011年APEC主要经济体进出口贸易总额

年份	1995	1997	2002	2007	2011
进出口总额(亿美元)	42353.8	47827.3	56274.3	114120.5	152932.7
平均增速(%)	—	6.3	3.3	15.2	7.6
出口总额(亿美元)	21958.6	24752.6	27683.8	57613.1	76665.1
平均增速(%)	—	6.2	2.3	15.8	7.4
进口总额(亿美元)	20395.2	23074.7	28590.5	56507.4	76267.6
平均增速(%)	—	6.4	4.4	14.6	7.8

总体来看,1995~2011年虽然APEC主要经济体的出口贸易总额大于进口贸易总额,但其差距并不大。除了2002年受亚洲金融危机的影响,APEC主要经济体的进出口贸易出现逆差外,其余年份均保持贸易顺差。

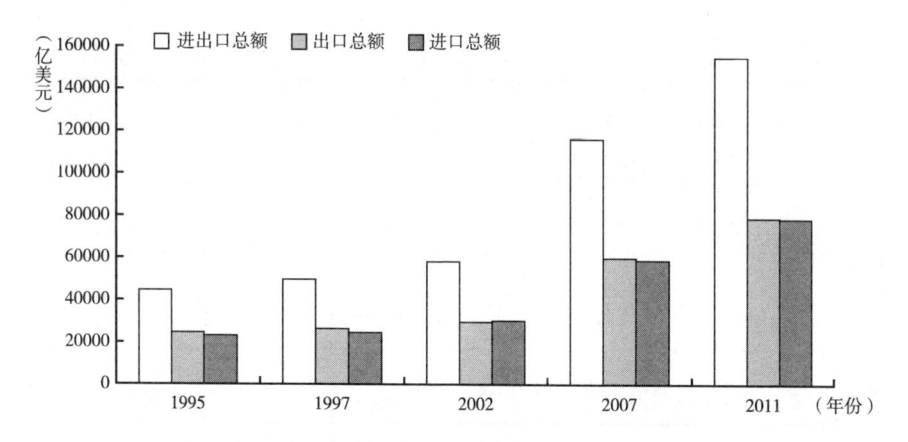

图 3-5 1995~2011 年 APEC 主要经济体的进出口贸易总额

1995~2011 年，APEC 主要经济体中除了印度尼西亚（2002）、日本（1997、2002）的进出口贸易总额出现了短暂的较小幅下降趋势外，其余国家（或地区）都呈现出一致的稳定增长态势。从增量来看，中国、美国的进出口贸易总额增量最多，其间分别增加了 35675.2 亿美元、26385.8 亿美元，占 APEC 主要经济体进出口贸易增加总量的 32.3%、23.9%；其他进出口贸易总额增量较多的还有日本（9207.1 亿美元）、韩国（8768.4 亿美元）、俄罗斯（7007.1 亿美元）、加拿大（6362.1 亿美元）（见表 3-9）。从增长速度来看，中国和俄罗斯的进出口贸易总额年均增长速度最快，分别高达 17.1% 和 11.6%；墨西哥、韩国、澳大利亚的进出口贸易总额年均增长速度也相对较快，超过 9% 以上。

表 3-9 1995~2011 年 APEC 主要经济体进出口贸易总额

主要经济体	指标	1995 年	1997 年	2002 年	2007 年	2011 年
澳大利亚	进出口总额（亿美元）	1444.1	1683.7	1681.6	3989.7	6311.5
	平均增速（%）	—	8.0	0.0	18.9	12.1
加拿大	进出口总额（亿美元）	3962.5	4560.8	5416.1	9097.6	10324.6
	平均增速（%）	—	7.3	3.5	10.9	3.2
中国	进出口总额（亿美元）	3101.2	3597.1	6738.7	23156.3	38776.4
	平均增速（%）	—	7.7	13.4	28.0	13.8
印度尼西亚	进出口总额（亿美元）	1069.9	1245.4	1156.9	2280.5	4147.6
	平均增速（%）	—	7.9	-1.5	14.8	16.1
日本	进出口总额（亿美元）	8454.1	8285.8	7991.8	14111.8	17661.2
	平均增速（%）	—	-1.0	-0.7	12.0	5.8

续表

主要经济体	指标	1995 年	1997 年	2002 年	2007 年	2011 年
韩国	进出口总额(亿美元)	2887.8	3257.3	3508.7	8215.4	11656.2
	平均增速(%)	—	6.2	1.5	18.5	9.1
墨西哥	进出口总额(亿美元)	1524.7	2223.3	3332.8	5533.9	6857.9
	平均增速(%)	—	20.8	8.4	10.7	5.5
俄罗斯	进出口总额(亿美元)	1470.6	1568.8	1747.6	5682.3	8477.7
	平均增速(%)	—	3.3	2.2	26.6	10.5
中国台湾	进出口总额(亿美元)	2424.1	2679.5	2851.5	5129.7	6319.0
	平均增速(%)	—	5.1	1.3	12.5	5.4
美国	进出口总额(亿美元)	16014.8	18725.6	21848.6	36923.3	42400.6
	平均增速(%)	—	8.1	3.1	11.1	3.5

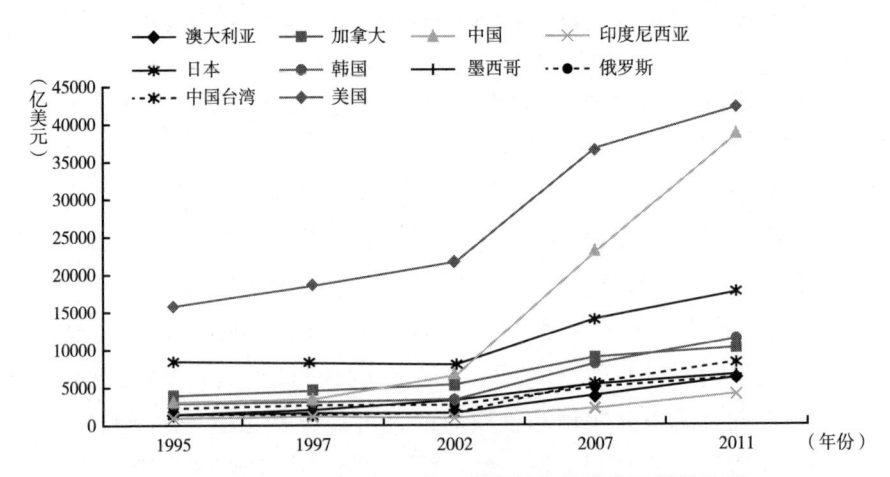

图 3-6 1995~2011 年 APEC 主要经济体进出口贸易总额

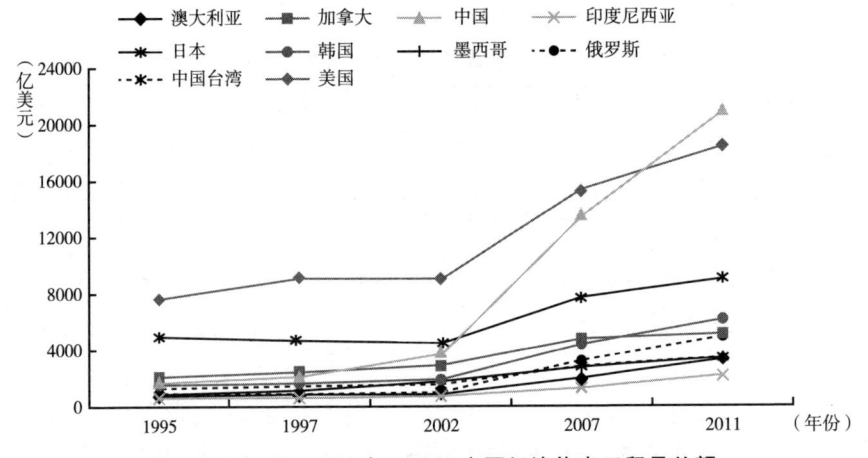

图 3-7 1995~2011 年 APEC 主要经济体出口贸易总额

表 3-10 1995~2011 年 APEC 主要经济体出口贸易总额

主要经济体	指标	1995 年	1997 年	2002 年	2007 年	2011 年
澳大利亚	出口额（亿美元）	739.3	856.6	824.3	1953.6	3268.2
	平均增速（%）	—	7.6	-0.8	18.8	13.7
加拿大	出口额（亿美元）	2125.9	2409.6	2933.4	4797.6	5181.7
	平均增速（%）	—	6.5	4.0	10.3	1.9
中国	出口额（亿美元）	1679.7	2072.4	3654.0	13420.0	20861.9
	平均增速（%）	—	11.1	12.0	29.7	11.7
印度尼西亚	出口额（亿美元）	541.4	644.1	655.3	1254.7	2187.9
	平均增速（%）	—	9.1	0.3	13.9	14.9
日本	出口额（亿美元）	4839.6	4642.9	4460.7	7720.6	8954.9
	平均增速（%）	—	-2.1	-0.8	11.6	3.8
韩国	出口额（亿美元）	1482.0	1680.5	1861.7	4361.5	6126.3
	平均增速（%）	—	6.5	2.1	18.6	8.9
墨西哥	出口额（亿美元）	807.6	1134.0	1650.2	2757.6	3436.3
	平均增速（%）	—	18.5	7.8	10.8	5.7
俄罗斯	出口额（亿美元）	821.7	871.3	1047.0	3267.0	4855.2
	平均增速（%）	—	3.0	3.7	25.6	10.4
中国台湾	出口额（亿美元）	1269.2	1415.6	1565.7	2771.3	3382.1
	平均增速（%）	—	5.6	2.0	12.1	5.1
美国	出口额（亿美元）	7652.3	9025.7	9031.5	15309.3	18410.7
	平均增速（%）	—	8.6	0.0	11.1	4.7

1995~2011 年，APEC 主要经济体中除了澳大利亚（2002）、日本（1997、2002）的出口贸易总额出现了一定的短暂下降趋势外，其余国家（或地区）均呈现出一致的稳定增长态势。从增量来看，1995~2011 年中国、美国的出口总额增加量最多，分别增加了 19182.2 亿美元、10758.4 亿美元，占 APEC 主要经济体出口总额增加总量的 35.1%、19.7%；其他出口贸易总额增加量较多的还有韩国（4644.3 亿美元）、日本（4115.3 亿美元）、俄罗斯（4033.5 亿美元）。从相对增长速度来看，中国、俄罗斯的出口总额年均增长速度最快，其年均增长速度分别高达 17.1%、11.7%，而澳大利亚、墨西哥、韩国、印度尼西亚的出口总额年均增长速度也相对较快，其年均增长速度也超过 9.1%。

1995~2011 年，APEC 主要经济体中除了印度尼西亚（2002）、日本（2002）的进口贸易总额出现了一定幅度的下降趋势外，其余国家（或地区）均呈现出一致的稳定增长态势。从增量来看，1995~2011 年中国、美国的进口总额增加量最多，分别增加了 16493.0 亿美元、15627.4 亿美元，占 APEC 主要经济体进口总额增加总量的 29.5%、28.0%；其他进口总额增加量较多的还有日本（5091.9亿美元）、韩国（4124.1亿美元）、加拿大（3306.2亿美元）。从相对增长速度来看，中国、俄罗斯的进口总额年均增长速度最快，其年均增长速度分别高达17.2%、11.4%，而墨西哥、澳大利亚、韩国的进口总额年均增长速度也相对较快，其年均增长速度也超过8.9%。

表3-11 1995~2011年APEC主要经济体进口贸易总额

主要经济体	指标	1995年	1997年	2002年	2007年	2011年
澳大利亚	进口总额（亿美元）	704.9	827.1	857.3	2036.1	3043.3
	平均增速（%）	—	8.3	0.7	18.9	10.6
加拿大	进口总额（亿美元）	1836.7	2151.1	2482.7	4299.9	5142.9
	平均增速（%）	—	8.2	2.9	11.6	4.6
中国	进口总额（亿美元）	1421.5	1524.7	3084.6	9736.3	17914.5
	平均增速（%）	—	3.6	15.1	25.8	16.5
印度尼西亚	进口总额（亿美元）	528.5	601.3	501.6	1025.8	1959.7
	平均增速（%）	—	6.7	-3.6	15.4	17.6
日本	进口总额（亿美元）	3614.5	3642.9	3531.0	6391.2	8706.4
	平均增速（%）	—	0.4	-0.6	12.6	8.0
韩国	进口总额（亿美元）	1405.8	1576.7	1647.0	3853.8	5529.9
	平均增速（%）	—	5.9	0.9	18.5	9.4
墨西哥	进口总额（亿美元）	717.1	1089.3	1682.7	2776.3	3421.6
	平均增速（%）	—	23.2	9.1	10.5	5.4
俄罗斯	进口总额（亿美元）	648.9	697.4	700.6	2415.3	3622.5
	平均增速（%）	—	3.7	0.1	28.1	10.7
中国台湾	进口总额（亿美元）	1154.9	1264.0	1285.8	2358.5	2936.9
	平均增速（%）	—	4.6	0.3	12.9	5.6
美国	进口总额（亿美元）	8362.5	9699.9	12817.1	21614.0	23989.9
	平均增速（%）	—	7.7	5.7	11.0	2.6

综合APEC主要经济体出口贸易总额、进口贸易总额可知，虽然APEC主要经济体进、出口贸易总额都呈现出增长态势，但两者的总量规模和变化程度却不尽相同。其中，中国、印度尼西亚、日本、韩国、俄罗斯和中国台湾的出口贸易总额要明显大于进口贸易总额，即进出口贸易顺差，而美国的出口贸易总额却明显小于进口贸易总额，即进出口贸易逆差。同时，日本、美国、加拿大、墨西哥的出口贸易总额增长速度要低于进口贸易总额，致使其出口贸易总额占进出口贸易总额的比重呈现出较为明显的下降趋势，其值分别由1995年的57.2%、52.2%、53.6%、53.0%下降到2011年的50.7%、43.4%、50.2%、50.1%，下降了近6.5、8.8个、3.4个、2.9个百分点；印度尼西亚、韩国、俄罗斯、中国台湾的出口

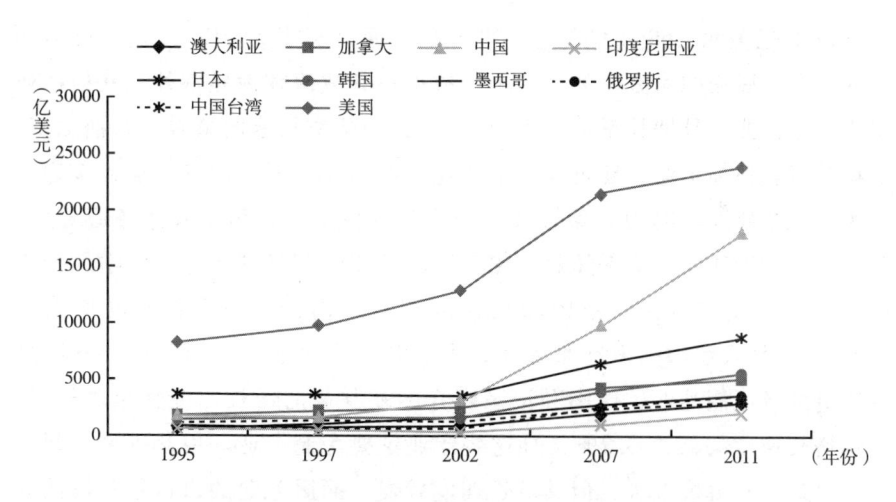

图 3-8　1995~2011 年 APEC 主要经济体进口总额

贸易总额的增长速度要高于进口贸易总额，致使其出口贸易总额占进出口贸易总额的比重呈现出明显的上升趋势，其值分别由 1995 年的 50.6%、51.3%、55.9%、52.4% 上升到 2011 年的 52.8%、52.6%、57.3%、53.5%，上升了近 2.2 个、1.3 个、1.4 个、1.1 个百分点；加拿大和中国的出口贸易总额与进口贸易总额增速相差不大，其出口贸易总额和进口贸易总额比重呈现出一定波动的稳定态势。

（二）贸易结构

随着经济全球化进程的不断深入，APEC 主要经济体的对外贸易发展迅速，贸易规模不断扩大。与此同时，APEC 主要经济体的对外贸易结构也相应地发生了较大的变化。

1995~2011 年，APEC 主要经济体的各产业出口贸易总额均表现出不同程度的增长态势。从增长绝对量来看，电气和光学设备制造业的出口贸易增加量最多，16 年间共增加了 11255.6 亿美元，其他增长量较多还有采矿业，交通运输设备制造业，金属制品业，化学原料及化学制品制造业、化学纤维制造业和通用专用设备制造业，分别增长了 5117.6 亿美元、4944.5 亿美元、4175.1 亿美元、3794.9 亿美元、3287.8 亿美元。除了采矿业外，增长量较多的这些产业均属于制造业。而增长量较少的有私人雇用的家庭服务业，卫生和社会工作，汽车及摩托车的销售业，教育和电力、煤气及水的生产和供应业，其增长量分别为 0.1 亿美元、23.6 亿美元、44.8亿美元、69.4亿美元、79.8亿美元（见表3-12）。由于许多国家缺少私人雇用的家庭服务业的统计数据，其数值较为异常外，其他产业主要为服务业，且增长量均小于80亿美元。从增长速度来看，石油加工、炼焦及核燃料加工业，建筑业，采矿业，汽车及摩托车的销售业，零售及家用产品维修业，电力、煤气及水的生产和供应业，租赁及商务服务业，公共管理和国防及社会保障业，化学原料及化学制品制造业、化学纤维制造业和橡胶及塑料制品业的增长速度相对较高，年均增长速度均高于9.0%。而私人雇用的家庭服务业，木材加工及木、竹、藤、棕、草制品业，造纸及纸制品业、印刷和记录媒介的复制业的增长速度则相对较低，年均增长速度均低于3.2%，且这些产业主要为制造业。由此可见，制造业的出口总额规模较大，但其增长速度较慢，而服务业的出口总额虽然规模相对较小，但其增长速度却相对较快。

表3-12　1995~2011年APEC主要经济体各产业出口贸易总额

单位：亿美元

产业	1995年	1997年	2002年	2007年	2011年
1	574.0	566.6	525.5	841.3	1311.5
2	889.1	1008.2	1177.3	3542.6	6006.7
3	719.8	784.8	783.2	1402.9	2137.8
4	1029.7	1166.5	1228.1	2307.9	3111.3
5	182.9	197.0	197.8	384.0	602.4
6	249.7	275.0	238.8	345.3	337.1
7	600.9	571.6	580.8	849.2	980.5
8	294.5	387.9	478.2	1591.1	3163.8
9	1247.1	1435.3	1624.2	3567.7	5042.0
10	464.5	545.0	627.0	1265.0	1834.7
11	197.0	228.4	224.8	413.0	583.3
12	1585.8	1685.5	1722.1	4505.5	5760.9
13	1604.1	1730.9	1716.6	3744.6	4891.9
14	4074.6	4596.5	5424.4	12110.4	15330.2
15	2827.1	3273.6	3824.9	6664.4	7771.6
16	431.6	493.9	676.2	1195.3	1576.9
17	22.9	26.5	29.8	76.2	102.7
18	13.0	8.5	17.1	65.9	103.9
19	10.6	9.4	12.8	38.6	55.4

续表

产业	1995 年	1997 年	2002 年	2007 年	2011 年
20	1229.3	1647.7	1773.1	3390.8	4047.6
21	104.4	148.8	220.6	410.9	542.5
22	175.5	212.1	223.2	390.5	540.5
23	492.5	529.6	574.5	1244.7	1600.2
24	475.9	522.5	556.8	1148.5	1279.9
25	356.3	419.6	455.4	834.1	1106.6
26	269.1	261.2	254.7	468.2	565.1
27	163.2	189.8	189.7	334.6	406.1
28	577.6	668.3	828.9	1500.7	1860.4
29	31.2	36.0	45.8	86.1	121.1
30	646.0	752.4	973.7	2140.7	2846.4
31	79.4	75.1	93.3	207.3	330.1
32	34.5	39.4	37.4	75.9	103.9
33	8.8	9.4	7.1	22.5	32.4
34	295.7	249.2	339.8	446.1	577.4
35	0.3	0.2	0.1	0.4	0.4
总计	21958.6	24752.6	27683.8	57613.1	76665.1

1995~2011 年，APEC 主要经济体的各产业出口总额占总产业比重变动趋势明显。APEC 主要经济体中出口总额比重最大的两个产业是交通运输设备制造业与电气和光学设备制造业，两产业的出口总额比重累计超过 30%，2002 年比重高达 34%。这两个产业均是制造业（电气和光学设备制造业是高技术制造业、交通运输设备制造业是中高技术制造业），这意味着 APEC 主要经济体出口产业主要是附加值高、技术含量高的产业，该类产业已经成为 APEC 主要经济体出口的主导产业。其中，产业出口总额比重呈上升趋势的有采矿业，石油加工、炼焦及核燃料加工业，电气和光学设备制造业，化学原料及化学制品制造业、化学纤维制造业，租赁及商务服务业，上升幅度均超过 0.7 个百分点；产业出口总额比重下降的有交通运输设备制造业，造纸及纸制品业、印刷和记录媒介的复制业，通用专用设备制造业，农、林、牧、渔业，木材加工及木、竹、藤、棕、草制品业和纺织业，下降幅度均超过 0.6 个百分点；产业出口总额比重变化不大的有卫生和社会工作、私人雇用的家庭服务业、房地产业、汽车及摩托车的销售业和教育（见表 3-13）。

表 3-13 1995~2011 年 APEC 主要经济体各产业出口贸易总额比重

单位：%

产业	1995 年	1997 年	2002 年	2007 年	2011 年
1	2.6	2.3	1.9	1.5	1.7
2	4.0	4.1	4.3	6.1	7.8
3	3.3	3.2	2.8	2.4	2.8
4	4.7	4.7	4.4	4.0	4.1
5	0.8	0.8	0.7	0.7	0.8
6	1.1	1.1	0.9	0.6	0.4
7	2.7	2.3	2.1	1.5	1.3
8	1.3	1.6	1.7	2.8	4.1
9	5.7	5.8	5.9	6.2	6.6
10	2.1	2.2	2.3	2.2	2.4
11	0.9	0.9	0.8	0.7	0.8
12	7.2	6.8	6.2	7.8	7.5
13	7.3	7.0	6.2	6.5	6.4
14	18.6	18.6	19.6	21.0	20.0
15	12.9	13.2	13.8	11.6	10.1
16	2.0	2.0	2.4	2.1	2.1
17	0.1	0.1	0.1	0.1	0.1
18	0.1	0.0	0.1	0.1	0.1
19	0.0	0.0	0.0	0.1	0.1
20	5.6	6.7	6.4	5.9	5.3
21	0.5	0.6	0.8	0.7	0.7
22	0.8	0.9	0.8	0.7	0.7
23	2.2	2.1	2.1	2.2	2.1
24	2.2	2.1	2.0	2.0	1.7
25	1.6	1.7	1.6	1.4	1.4
26	1.2	1.1	0.9	0.8	0.7
27	0.7	0.8	0.7	0.6	0.5
28	2.6	2.7	3.0	2.6	2.4
29	0.1	0.1	0.2	0.1	0.2
30	2.9	3.0	3.5	3.7	3.7
31	0.4	0.3	0.3	0.4	0.4
32	0.2	0.2	0.1	0.1	0.1
33	0.0	0.0	0.0	0.0	0.0
34	1.3	1.0	1.2	0.8	0.8
35	0.0	0.0	0.0	0.0	0.0
总计	100.0	100.0	100.0	100.0	100.0

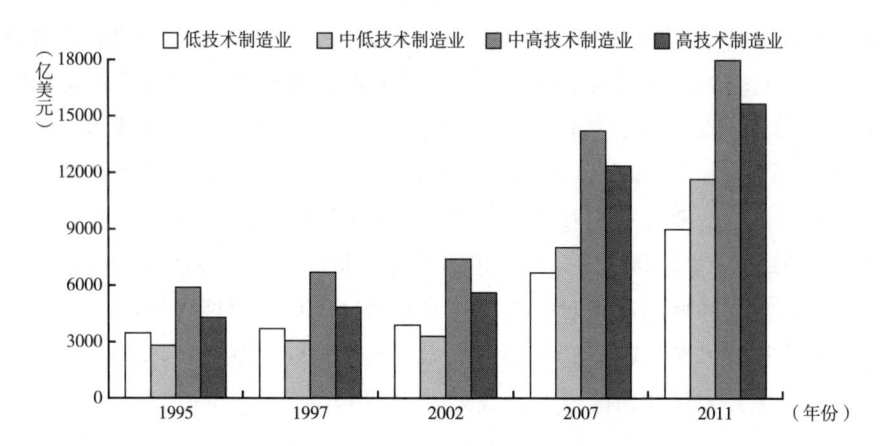

图 3-9 1995~2011 年 APEC 主要经济体制造业出口贸易总额

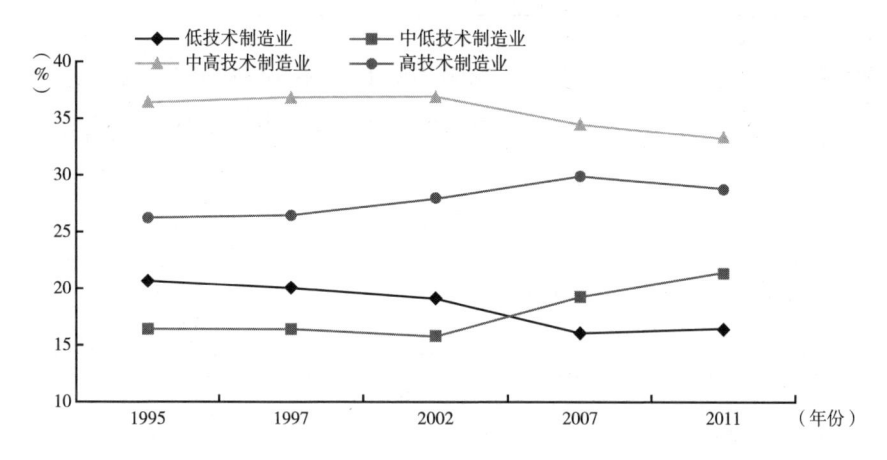

图 3-10 1995~2011 年 APEC 主要经济体制造业出口贸易总额比重

1995~2011 年，APEC 主要经济体的制造业（表 3-3，部门代码 3~16 的产业）出口贸易总额呈现出迅猛的上升趋势，由 1995 年的 15509.3 亿美元上升到 2011 年的 53124.4 亿美元，共增加 37615.1 亿美元，年均增长速度达到 8.0%。APEC 主要经济体的制造业出口贸易总额在产业总体中的比重非常高，基本维持在 70% 左右波动，但总体来看却呈现出一定程度的下降趋势，其值由 1995 年的 70.6% 下降到 2011 年的 69.3%，共减少了 1.3 个百分点，这说明制造业在 APEC 主要经济体的出口中占据主导地位。

从分技术类别来看：低技术制造业、中高技术制造业的出口贸易总额虽然呈现出上升趋势，但是其在制造业总体中的比重却均呈现出不同程度的下降趋势，其值分别由 1995 年的 20.7%、36.6% 下降到 2011 年的 16.5%、33.3%；中低技术制造业、高技术制造业的出口贸易总额均呈现出较快的上升趋势，其出口贸易总额分别由 1995 年的 2541.8 亿美元、4074.6 亿美元上升到 2011 年的 11342.7 亿美元、15330.2 亿美元，且出口贸易总额占制造业总体的比重也分别由 1995 年的 16.4%、26.3% 上升到 2011 年的 21.4%、28.9%。在上述四类技术制造业中，高技术制造业出口贸易总额规模和增速都相对较大，这意味着 APEC 主要经济体的制造业出口主要依靠技术含量较高的产业，成为推动 APEC 主要经济体国际贸易高速发展的主导力量和新的增长点（见表 3-14）。

表 3-14　1995~2011 年 APEC 主要经济体制造业出口贸易总额

产业	1995 年	1997 年	2002 年	2007 年	2011 年
制造业（亿美元）	15509.3	17371.9	19347.1	40346.5	53124.4
所占比重（%）	100.0	100.0	100.0	100.0	100.0
低技术制造业（亿美元）	3214.6	3488.8	3704.9	6484.8	8746.0
所占比重（%）	20.7	20.1	19.1	16.1	16.5
中低技术制造业（亿美元）	2541.8	2846.8	3052.1	7774.6	11342.7
所占比重（%）	16.4	16.4	15.8	19.3	21.4
中高技术制造业（亿美元）	5678.3	6439.8	7165.7	13976.7	17705.5
所占比重（%）	36.6	37.1	37.0	34.6	33.3
高技术制造业（亿美元）	4074.6	4596.5	5424.4	12110.4	15330.2
所占比重（%）	26.3	26.5	28.0	30.0	28.9

第二节　APEC 主要经济体的就业增长与结构变化

经济相互依存的深化对 APEC 主要经济体的就业结构也产生了重大影响。随着 APEC 主要经济体中各国（或地区）参与到国际贸易中来，参与者根据其比较优势专门从事具体技能，带来了"任务贸易"的出现，这就创造了新的贸易和就业机会。

1995~2011 年，APEC 主要经济体的就业人数呈现出较为稳定的增长态势。从就业总量来看，APEC 主要经济体吸纳的就业人数由 1995 年 11.3 亿人上升到 2011 年的 13.2 亿人，16 年间共增加 1.9 亿人。从就业增长速度来看，APEC 主要经济体吸纳的就业人数年均增长速度为 0.98%，具体分别为 1995~1997 年的 1.18%、1997~2002 年的 0.97%、

2002~2007年的1.02%、2007~2011年的0.82%，其中由于受到1998年亚洲金融危机和2008年全球金融危机的影响，1997~2002年和2007~2011的APEC主要经济体的吸纳就业人数表现为相对较低的增长速度（见表3-15）。

表3-15　1995~2011年APEC主要经济体就业人数及年均增长速度

年份	1995	1997	2002	2007	2011
就业人数（亿人）	11.3	11.6	12.1	12.8	13.2
年均增长速度（%）	—	1.18	0.97	1.02	0.82

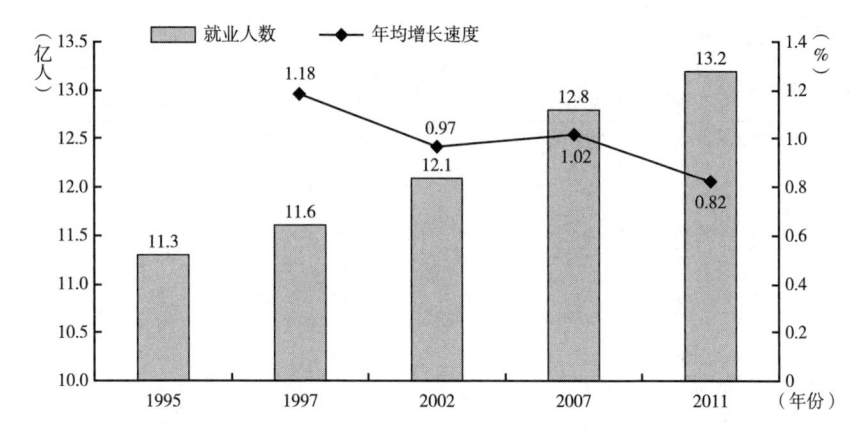

图3-11　1995~2011年APEC主要经济体就业人数及年均增长速度

1995~2011年，APEC主要经济体中除了日本（2002、2011）、俄罗斯（1997、2011）、美国（2011）的就业人数出现了短暂的下降趋势外，其余国家均呈现出一致的稳定增长态势。从总量来看，中国吸纳就业人数最多，就业人数由1995年的6807万人上升到2011年的8086万人，共增加1279万人，占APEC主要经济体新增就业人数的67%以上。其他就业人数较高的还有美国和印度尼西亚，就业人数分别由1995年的1340万人、873万人增加到2011年的1455万人、1147万人，其间共增加115万人、274万人。从增长速度来看，墨西哥、澳大利亚就业人数年均增长速度较快，年均增长速度分别高达2.8%、2.0%，而日本、俄罗斯、美国、中国台湾的就业人数的年均增长速度则相对较慢，均低于1%，日本的就业人数年均增长速度甚至为负值（见表3-16）。

一 不同技术水平的制造业就业增长

表 3-16 1995~2011 年 APEC 主要经济体就业人数及年均增长速度

主要经济体	指标	1995 年	1997 年	2002 年	2007 年	2011 年
澳大利亚	就业人数（百万人）	8.3	8.5	9.4	10.6	11.3
	年均增长速度（%）	—	1.13	2.02	2.42	1.78
加拿大	就业人数（百万人）	13.6	14.0	15.6	17.0	17.6
	年均增长速度（%）	—	1.59	2.11	1.83	0.78
中国	就业人数（百万人）	680.7	698.2	737.4	769.9	808.6
	年均增长速度（%）	—	1.28	1.1	0.87	1.23
印度尼西亚	就业人数（百万人）	87.3	90.2	93.7	103.3	114.7
	年均增长速度（%）	—	1.67	0.75	1.99	2.63
日本	就业人数（百万人）	66.9	67.4	63.7	64.4	57.8
	年均增长速度（%）	—	0.39	-1.1	0.22	-2.69
韩国	就业人数（百万人）	204.0	212.0	221.5	234.2	242.3
	年均增长速度（%）	—	1.95	0.88	1.12	0.85
墨西哥	就业人数（百万人）	33.1	35.2	41.0	46.1	51.4
	年均增长速度（%）	—	3.06	3.08	2.38	2.76
俄罗斯	就业人数（百万人）	75.1	72.8	74.9	78.4	76.4
	年均增长速度（%）	—	-1.55	0.59	0.9	-0.63
中国台湾	就业人数（百万人）	9.4	9.4	9.5	10.3	10.7
	年均增长速度（%）	—	0.12	0.14	1.71	1
美国	就业人数（百万人）	134.0	138.5	145.4	152.6	145.5
	年均增长速度（%）	—	1.69	0.97	0.97	-1.17

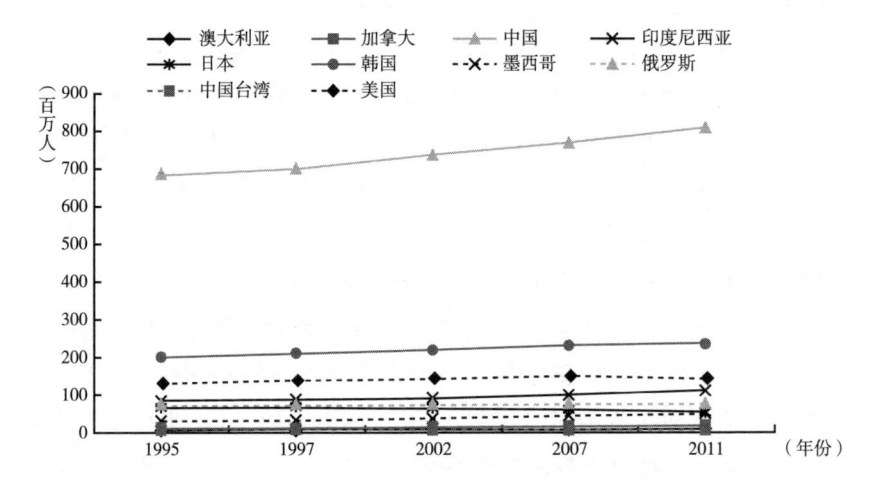

图 3-12 1995~2011 年 APEC 主要经济体就业人数

除了1997年亚洲金融危机和2008年世界金融危机的影响外,APEC主要经济体的经济发展态势总体良好,制造业就业人数也基本呈现出不断上升的趋势。制造业就业人数由1995年的177.6百万人增加到2011年的216.3百万人,共增加了387百万人,年均增长达到1.2%。具体到各产业而言,其增长绝对量和增长相对量(增长速度)不尽相同。从增长绝对量来看,电气和光学设备制造业吸纳的就业人数增长量最多,16年间共增长了10.3百万人,占制造业增加总量的27%。其他就业人数增量较多的还有橡胶及塑料制品业,木材加工及木、竹、藤、棕、草制品业,造纸及纸制品业、印刷和记录媒介的复制业、食品、饮料制造及烟草业,皮革、毛皮、羽毛(绒)及鞋类制品业,分别增加了7.4百万人、7.0百万人、5.8百万人、4.8百万人、4.1百万人;而非金属矿物制品业、其他制造业及废弃资源和旧材料回收加工业、金属制品业的吸纳的就业人数不仅没有增加,反而呈现减少趋势,其间分别减少了5.2百万人、1.5百万人、0.9百万人。从增长相对量来看,皮革、毛皮、羽毛(绒)及鞋类制品业,木材加工及木、竹、藤、棕、草制品业,橡胶及塑料制品业,电气和光学设备制造业的增长速度相对较高,年均增长速度均高于3.2%。除了非金属矿物制品业,其他制造业及废弃资源和旧材料回收加工业与金属制品业的就业人数为负增速外,通用专用设备制造业、化学原料及化学制品制造业、化学纤维制造业、石油加工、炼焦及核燃料加工业与纺织业的增长速度则相对较低,年均增长速度均低于0.9%(见表3-17)。

表3-17 1995~2011年APEC主要经济体制造业就业人数及年均增长速度

产业	指标	1995年	1997年	2002年	2007年	2011年
3	就业人数(百万人)	21.5	23.1	21.3	23.9	26.3
	年均增长速度(%)	—	3.5	-1.6	2.4	2.4
4	就业人数(百万人)	23.3	22.4	22.1	27.8	26.6
	年均增长速度(%)	—	-1.8	-0.3	4.7	-1.0
5	就业人数(百万人)	3.8	4.2	5.0	7.5	7.9
	年均增长速度(%)	—	4.8	3.5	8.4	1.2
6	就业人数(百万人)	7.5	8.5	9.4	13.9	14.5
	年均增长速度(%)	—	6.5	1.9	8.3	0.9
7	就业人数(百万人)	9.7	10.4	11.0	15.8	15.5
	年均增长速度(%)	—	3.7	1.2	7.5	-0.6

续表

产业	指标	1995 年	1997 年	2002 年	2007 年	2011 年
8	就业人数（百万人）	1.5	1.6	1.3	1.6	1.7
	年均增长速度（%）	—	0.4	-3.3	3.8	2.1
9	就业人数（百万人）	10.8	10.9	9.5	10.8	11.7
	年均增长速度（%）	—	0.4	-2.7	2.5	2.1
10	就业人数（百万人）	8.4	9.9	10.8	15.7	15.8
	年均增长速度（%）	—	8.3	1.8	7.7	0.2
11	就业人数（百万人）	17.0	16.9	12.1	12.2	11.8
	年均增长速度（%）	—	-0.4	-6.4	0.0	-0.7
12	就业人数（百万人）	18.1	18.0	15.2	17.0	17.2
	年均增长速度（%）	—	-0.2	-3.3	2.2	0.3
13	就业人数（百万人）	16.6	16.2	13.0	16.5	17.0
	年均增长速度（%）	—	-1.3	-4.3	4.9	0.7
14	就业人数（百万人）	15.3	16.0	15.9	22.3	25.6
	年均增长速度（%）	—	2.2	-0.1	7.1	3.5
15	就业人数（百万人）	11.2	11.4	10.6	12.5	13.8
	年均增长速度（%）	—	0.7	-1.4	3.3	2.5
16	就业人数（百万人）	12.6	12.1	11.1	11.3	11.1
	年均增长速度（%）	—	-2.3	-1.6	0.3	-0.6
制造业	就业人数（百万人）	177.6	181.5	168.4	208.8	216.3
	年均增长速度（%）	—	1.1	-1.5	4.4	0.9

1995～2011 年，APEC 主要经济体制造业吸纳就业人数在总产业中的比重呈现出一定波动的上升趋势，其值由 1995 年的 15.7% 下降到 2002 年的 13.9%，之后又上升到 2011 年的 16.4%。从具体产业来看，制造业中就业人数比重最大的三个产业分别是电气和光学设备制造业，纺织业，食品、饮料制造及烟草业，这三个产业的就业人数占制造业的比重累计超过 33% 以上，2011 年比重甚至高达 36.3%。由于食品、饮料制造及烟草业，纺织业是属于低技术制造业，且吸纳的就业人数比重基本不变，而电气和光学设备制造业属于高技术产业，且出现快速的上升趋势，则意味着高技术产业成为 APEC 主要经济体吸纳新增就业人数的新的增长点。其中，吸纳就业人数比重呈上升趋势的有电气和光学设备制造业，橡胶及塑料制品业，木材加工及木、竹、藤、棕、草制品业，造纸及纸制品业、印刷和记录媒介的复制业，皮革、毛皮、羽毛（绒）及鞋类制品业，上升幅度均超过 0.3 个百分点；吸纳

就业人数比重下降的有非金属矿物制品业、其他制造业及废弃资源和旧材料回收加工业、金属制品业和通用专用设备制造业，下降幅度均超过0.2个百分点；吸纳就业人数比重变化不大的有纺织业，石油加工、炼焦及核燃料加工业和食品、饮料制造及烟草业（见表3-18）。

表3-18 1995~2011年APEC主要经济体制造业就业人数比重

单位：%

产业	1995年	1997年	2002年	2007年	2011年
3	12.1	12.7	12.6	11.5	12.2
4	13.1	12.4	13.1	13.3	12.3
5	2.2	2.3	3.0	3.6	3.6
6	4.2	4.7	5.6	6.7	6.7
7	5.4	5.7	6.5	7.6	7.1
8	0.9	0.9	0.8	0.8	0.8
9	6.1	6.0	5.7	5.2	5.4
10	4.8	5.5	6.4	7.5	7.3
11	9.6	9.3	7.2	5.8	5.5
12	10.2	9.9	9.0	8.1	7.9
13	9.4	8.9	7.7	7.9	7.8
14	8.6	8.8	9.4	10.7	11.8
15	6.3	6.3	6.3	6.0	6.4
16	7.1	6.6	6.6	5.4	5.1
总计	100.0	100.0	100.0	100.0	100.0

从分技术类别来看，除了2002年受亚洲金融危机的影响，APEC主要经济体不同技术类别的制造业吸纳就业人数均呈现出不同程度的上升趋势。具体来说，低技术制造业、中低技术制造业、中高技术制造业、高技术制造业吸纳的就业人数分别由1995年的785万人、451万人、38.7百万人、15.3百万人增加到2011年的101.8百万人、46.5百万人、42.5百万人、25.6百万人，年均增速分别为1.6%、0.2%、0.6%、3.3%（见表3-19）。由此可以看出，在APEC主要经济体的四类技术类别制造业中，低技术制造业吸纳的就业人数总量最多，主要属于一些劳动密集型的制造业，而高技术制造业虽然吸纳的就业人数总量相对最少，但是其增长速度最快，则意味着高技术产业将成为未来APEC主要经济体制造业吸纳新增就业的新的增长点。

表 3-19　1995~2011 年 APEC 主要经济体不同技术类别制造业就业人数

名称	指标	1995 年	1997 年	2002 年	2007 年	2011 年
低技术制造业	就业人数(百万人)	78.5	80.7	79.9	100.3	101.8
	年均增长速度(%)	—	1.4	-0.2	4.7	0.4
中低技术制造业	就业人数(百万人)	45.1	46.3	39.5	46.4	46.5
	年均增长速度(%)	—	1.4	-3.1	3.3	0.1
中高技术制造业	就业人数(百万人)	38.7	38.5	33.1	39.8	42.5
	年均增长速度(%)	—	-0.2	-3.0	3.7	1.7
高技术制造业	就业人数(百万人)	15.3	16.0	15.9	22.3	25.6
	年均增长速度(%)	—	2.2	-0.1	7.1	3.5
制造业总体	就业人数(百万人)	177.6	181.5	168.4	208.8	216.4
	年均增长速度(%)	—	1.1	-1.5	4.4	0.9

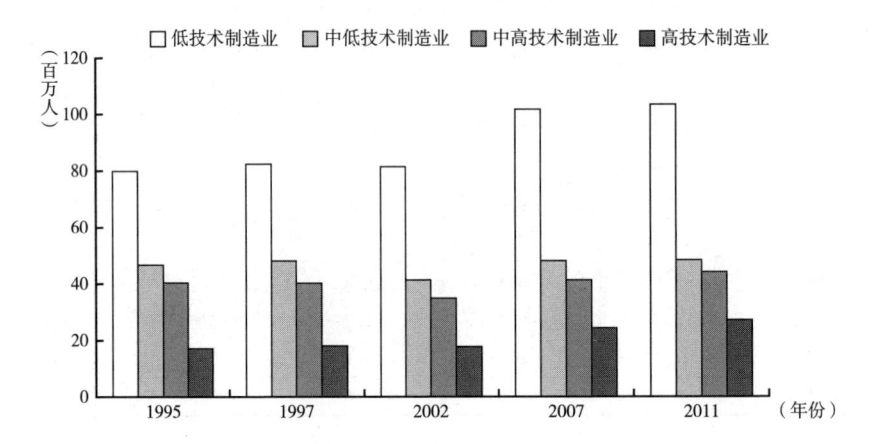

图 3-13　1995~2011 年 APEC 主要经济体中不同技术类别制造业就业人数

1995~2011 年，APEC 主要经济体不同技术类别制造业吸纳的就业人数比重呈现出复杂的变化趋势。具体来说，低技术制造业吸纳的就业人数比重最高，且呈现出一定的上升趋势，其值由 1995 年的 44.2% 上升到 2011 年的 47.0%；中低技术制造业、中高技术制造业吸纳的就业人数比重变化呈现出一定的下降趋势，且变化幅度不大，基本维持在 20%~25%，其值分别由 1995 年的 25.4%、21.8% 下降到 2011 年的 21.5%、19.7%。相对于其他技术类别制造业，高技术制造业吸纳就业人数比重最低，但却呈现出较快的上升趋势，其值由 1995 年的 8.6% 上升到 2011 年的 11.8%（见表 3-20）。

表 3-20　1995~2011 年 APEC 主要经济体不同技术
类别制造业就业人数比重

单位：%

制造业	1995 年	1997 年	2002 年	2007 年	2011 年
低技术制造业	44.2	44.5	47.4	48.0	47.0
中低技术制造业	25.4	25.5	23.5	22.2	21.5
中高技术制造业	21.8	21.2	19.7	19.1	19.7
高技术制造业	8.6	8.8	9.4	10.7	11.8
制造业	100.0	100.0	100.0	100.0	100.0

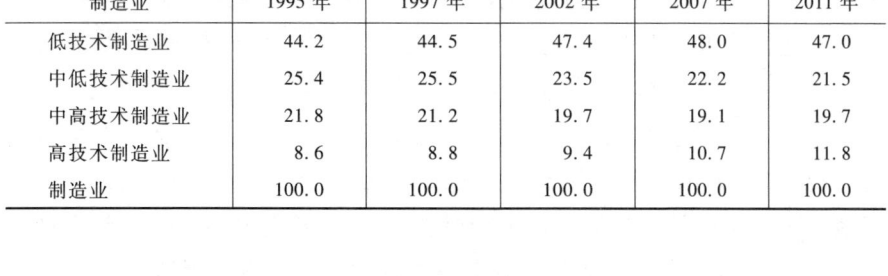

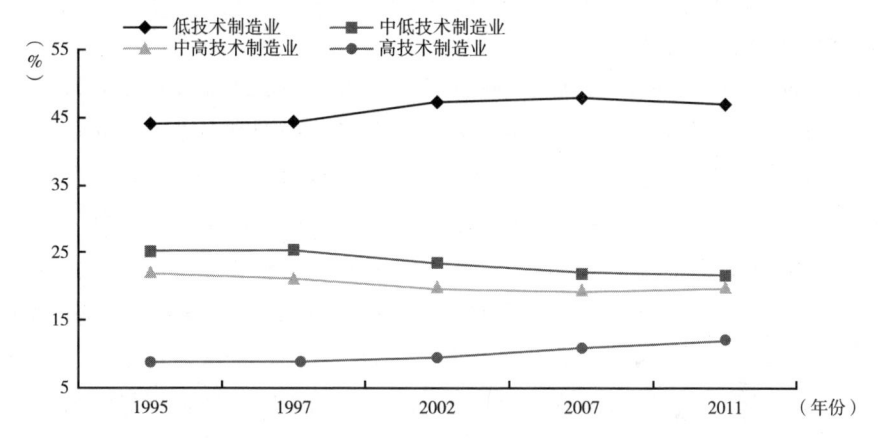

图 3-14　1995~2011 年 APEC 主要经济体不同
技术类别制造业就业人数比重

二　服务业就业增长

服务业的兴旺发达是现代经济的一个重要特征和经济社会发展的一大趋势。20 世纪 60 年代初，世界主要发达经济体的经济重心开始转向服务业，产业结构呈现出"工业型经济"向"服务型经济"转型的总趋势。随着社会分工程度的高度发展和经济转型进程的加快，发达经济体在产业结构调整过程中不断投入技术、知识和人力资本，使产业结构不断地趋向"软化"，实现了经济的高度服务化。服务业为经济体发展提供了更多的就业机会，创造了较高的劳动生产率，使其国际竞争力不断增强，占据全球价值链的高端。

1995～2011 年，APEC 主要经济体服务业就业人数呈现出稳定的快速上升趋势。总体来说，服务业吸纳的就业人数无论是总量规模还是增长速度，都显著高于同期的制造业，这意味着服务业已成为 APEC 主要经济体吸纳就业的主渠道，也是与当前国际产业转移和要素重组的重心由制造业向服务业转移相一致的。服务业吸纳的就业人数由 1995 年的 427.3 百万人一直增加到 2011 年的 622.0 百万人，16 年间共增加了 194.7 百万人，年均增长量高达 12.2 百万人，年均增长速度也高达到 2.4%。具体到各产业而言，增长量和增长速度的变动趋势也是较为复杂多变的。从增长量来看，其他社区、社会及个人服务业的吸纳就业人数增长量最多，16 年间共增长了 59.2 百万人，占服务业新增就业总人数的近 30.4%。其他就业人数增长较多的还有零售及家用产品维修业、住宿和餐饮业，这两个服务业主要属于劳动密集型产业，对就业的吸纳能力较强，新增就业人数分别为 27.2 百万人、22.5 百万人。综合来看，这三个服务业的新增就业人数占服务业新增就业总人数的比重累计高达 55.9%，则意味着这三个服务产业的吸纳就业能力很强，是服务业吸纳新增就业的主导产业。而水上运输业、航空运输业、汽车及摩托车的销售业、私人雇用的家庭服务业的吸纳就业能力相对较少，这几个产业就业的吸纳能力相对较弱，新增就业人数分别为 0.5 百万人、1.1 百万人、1.1 百万人、1.5 百万人。从增长速度来看，其他社区、社会及个人服务业，住宿和餐饮业，航空运输业，邮政与通信业，房地产业的吸纳就业人数的增长速度相对较高，年均增长速度均高于 2.6%，其值分别为 3.6%、3.4%、3.2%、2.8%、2.6%。而水上运输业、内陆运输业的吸纳就业人数的增长速度则相对较低，年均增长速度均低于 1.6%，其值分别为 1.0%、1.5%。由此可以看出，其他社区、社会及个人服务业、住宿和餐饮业吸纳的就业人数不仅具有较大的总量规模，而且增长速度也是非常高的，对拉动就业具有至关重要的作用（见表 3-21）。

1995～2011 年，APEC 主要经济体服务业的吸纳就业人数占总产业的比重均呈现出稳健的不断上升趋势，其值由 1995 年、1997 年、2002 年的 37.9%、39.6%、41.6%上升到 2007 年、2011 年的 44.9%、47.2%，上升了 9.3 个百分点。从各具体服务业来看，APEC 主要经济体就业人数比重最大的三个产业是其他社区、社会及个人服务业，零售及家用产品维修业，公共管理和国防及社会保障业，这三个产业的就业人数占服务业就业

表 3-21　1995~2011 年 APEC 主要经济体服务业就业人数及增长速度

服务业	指标	1995 年	1997 年	2002 年	2007 年	2011 年
19	就业人数(百万人)	3.6	4.0	4.6	4.8	4.7
	年均增长速度(%)	—	5.4	2.6	1.0	-0.4
20	就业人数(百万人)	36.8	40.3	42.1	45.1	48.9
	年均增长速度(%)	—	4.7	0.9	1.4	2.0
21	就业人数(百万人)	66.4	72.1	76.9	83.5	93.6
	年均增长速度(%)	—	4.2	1.3	1.7	2.9
22	就业人数(百万人)	31.5	34.4	37.9	50.4	54.0
	年均增长速度(%)	—	4.6	1.9	5.8	1.8
23	就业人数(百万人)	26.9	28.0	28.6	32.4	33.9
	年均增长速度(%)	—	2.0	0.5	2.5	1.1
24	就业人数(百万人)	3.0	3.1	3.2	3.5	3.5
	年均增长速度(%)	—	2.1	0.5	2.0	-0.5
25	就业人数(百万人)	1.7	1.8	1.9	2.2	2.8
	年均增长速度(%)	—	3.0	1.4	2.9	5.9
26	就业人数(百万人)	5.3	5.7	6.1	6.5	6.9
	年均增长速度(%)	—	3.9	1.3	1.3	1.4
27	就业人数(百万人)	9.1	9.6	10.5	12.8	14.1
	年均增长速度(%)	—	2.8	1.8	4.0	2.4
28	就业人数(百万人)	14.0	14.6	15.6	17.3	18.1
	年均增长速度(%)	—	2.2	1.3	2.1	1.2
29	就业人数(百万人)	5.4	5.7	6.6	7.3	8.2
	年均增长速度(%)	—	2.2	3.2	1.9	3.0
30	就业人数(百万人)	29.7	31.7	35.3	40.9	41.4
	年均增长速度(%)	—	3.4	2.1	3.0	0.3
31	就业人数(百万人)	43.6	45.8	48.6	53.1	57.2
	年均增长速度(%)	—	2.5	1.2	1.8	1.9
32	就业人数(百万人)	37.2	39.1	39.8	44.7	48.9
	年均增长速度(%)	—	2.5	0.3	2.4	2.3
33	就业人数(百万人)	31.0	32.3	35.4	39.6	43.0
	年均增长速度(%)	—	2.1	1.8	2.3	2.1
34	就业人数(百万人)	78.5	85.4	107.4	123.8	137.7
	年均增长速度(%)	—	4.3	4.7	2.9	2.7
35	就业人数(百万人)	3.6	3.6	4.3	4.6	5.1
	年均增长速度(%)	—	0.7	3.5	1.6	2.4
总计	就业人数(百万人)	427.3	457.2	504.8	572.5	622.0
	年均增长速度(%)	—	3.4	2.0	2.5	2.1

人数的比重累计超过44%以上，2011年比重甚至高达近46.4%。其中，其他社区、社会及个人服务业的就业人数占服务业就业人数的比重上升幅度最大，其值由1995年的18.4%上升到2011年的22.1%，上升幅度均超为3.7个百分点；吸纳就业人数比重上升的服务业还有住宿和餐饮业、邮政和通信业、房地产业等；吸纳就业人数比重下降的服务业主要有公共管理和国防及社会保障业、内陆运输业、教育、批发业、零售及家用产品维修业、金融业、卫生和社会工作、租赁及商务服务业；吸纳就业人数比重变化不大的服务业有私人雇用的家庭服务业、汽车及摩托车的销售业、航空运输业等。

表3-22 1995~2011年APEC主要经济体服务业就业人数比重

单位：%

服务业	1995年	1997年	2002年	2007年	2011年
19	0.8	0.9	0.9	0.8	0.8
20	8.6	8.8	8.3	7.9	7.9
21	15.5	15.8	15.2	14.6	15.0
22	7.4	7.5	7.5	8.8	8.7
23	6.3	6.1	5.7	5.7	5.5
24	0.7	0.7	0.6	0.6	0.6
25	0.4	0.4	0.4	0.4	0.5
26	1.2	1.2	1.2	1.1	1.1
27	2.1	2.1	2.1	2.2	2.3
28	3.3	3.2	3.1	3.0	2.9
29	1.3	1.2	1.3	1.3	1.3
30	7.0	6.9	7.0	7.1	6.7
31	10.2	10.0	9.6	9.3	9.2
32	8.7	8.6	7.9	7.8	7.9
33	7.3	7.1	7.0	6.9	6.9
34	18.4	18.7	21.3	21.6	22.1
35	0.8	0.8	0.9	0.8	0.8
总计	100.0	100.0	100.0	100.0	100.0

第四章 APEC 主要经济体的国际生产联系和产业分工变化

在当今生产全球化且垂直专业化特征明显的情况下，国际生产已呈现出典型的网络特征。在该网络中，各国产业间都存在一定程度的直接和间接关联，一国生产过程中任何需求和成本的变化都会影响到关联产业的产出。基于此，利用 WIOD 可以分析垂直专业化分工体系中 APEC 主要经济体的产业关联和分工变化。

第一节 APEC 主要经济体生产联系

一 APEC 主要经济体之间的生产联系

APEC 是亚太区域国家与地区加强多边经济联系、交流与合作的重要组织，其宗旨和目标是"相互依存、共同利益，坚持开放性多边贸易体制和减少区域间贸易壁垒"，这对促进 APEC 经济体中各成员的经济合作和世界经济的发展都起到了重要的作用。

（一）APEC 主要经济体之间的后向联系

根据完全消耗系数矩阵，可计算 1995~2011 年 APEC 主要经济体间的后向关联系数（见表 4-1 至表 4-5）。

在分析 APEC 主要经济体之间的后向关联时，1995~2011 年加拿大、中国、墨西哥和中国台湾的后联程度最大经济体始终没有发生变化，即保持着稳定性，其次为美国、日本、美国和日本，因此反映出在 APEC 主要经济体间的关联中，加拿大、中国、墨西哥和中国台湾通过需求拉动作用对美国、日本的拉动较大。而其他国家（或地区）在这期间存在一定的变动，其中，澳大利亚 1995 年、1997 年和 2002 年与美国的后联程度最

表 4-1　1995 年 APEC 主要经济体间的后向关联系数

主要经济体	澳大利亚	加拿大	中国	印度尼西亚	日本	韩国	墨西哥	俄罗斯	中国台湾	美国
澳大利亚	—	0.0540	0.1257	0.2390	0.0970	0.2462	0.0273	0.0253	0.2657	0.0259
加拿大	0.1056	—	0.0923	0.0837	0.1031	0.1592	0.1376	0.0357	0.1650	0.3984
中国	0.2532	0.1877	—	0.2656	0.1222	0.3794	0.0612	0.0704	0.2474	0.1227
印度尼西亚	0.1524	0.0228	0.1379	—	0.0787	0.1734	0.0155	0.0120	0.2243	0.0250
日本	0.5291	0.3920	0.9115	1.3544	—	1.0609	0.3582	0.1394	1.6343	0.3563
韩国	0.1406	0.1405	0.4625	0.4827	0.1233	—	0.1029	0.0899	0.2928	0.1064
墨西哥	0.0179	0.0796	0.0112	0.0116	0.0124	0.0231	—	0.0101	0.0240	0.1467
俄罗斯	0.0189	0.0270	0.0719	0.0513	0.0265	0.0958	0.0197	—	0.0938	0.0266
中国台湾	0.1382	0.0867	0.4339	0.1897	0.0759	0.0958	0.0628	0.0166	—	0.0863
美国	0.7418	3.3559	0.5301	0.5701	0.3463	1.0676	3.3375	0.2249	1.3416	—

表 4-2　1997 年 APEC 主要经济体间的后向关联系数

主要经济体	澳大利亚	加拿大	中国	印度尼西亚	日本	韩国	墨西哥	俄罗斯	中国台湾	美国
澳大利亚	—	0.0659	0.1374	0.3506	0.1697	0.3203	0.0314	0.0171	0.3973	0.0346
加拿大	0.1369	—	0.0749	0.0856	0.1149	0.1636	0.1560	0.0315	0.1618	0.4185
中国	0.2985	0.2572	—	0.2982	0.1841	0.5813	0.0921	0.0979	0.3454	0.1478
印度尼西亚	0.2438	0.0458	0.1101	—	0.1124	0.2418	0.0201	0.0107	0.2328	0.0281
日本	0.5124	0.3339	0.7973	1.2532	—	0.9904	0.3089	0.1228	1.5610	0.3086
韩国	0.1817	0.1199	0.5075	0.4676	0.1687	—	0.1259	0.0938	0.3948	0.0982
墨西哥	0.0190	0.0990	0.0094	0.0099	0.0181	0.0249	—	0.0097	0.0231	0.1713
俄罗斯	0.0170	0.0322	0.0834	0.0395	0.0332	0.0970	0.0253	—	0.0758	0.0278
中国台湾	0.1520	0.1299	0.4659	0.1870	0.0964	0.1019	0.0717	0.0161	—	0.0881
美国	0.8278	3.6607	0.4989	0.5781	0.4670	1.2112	3.4909	0.2330	1.3599	—

表 4-3　2002 年 APEC 主要经济体间的后向关联系数

主要经济体	澳大利亚	加拿大	中国	印度尼西亚	日本	韩国	墨西哥	俄罗斯	中国台湾	美国
澳大利亚	—	0.0577	0.1043	0.3414	0.1387	0.2706	0.0240	0.0221	0.2933	0.0284
加拿大	0.1356	—	0.0775	0.0940	0.0816	0.1185	0.1734	0.0424	0.1310	0.4432
中国	0.5030	0.3343	—	0.5493	0.2819	0.7726	0.2328	0.2160	0.5207	0.2308
印度尼西亚	0.2008	0.0272	0.0852	—	0.0956	0.2403	0.0226	0.0146	0.2296	0.0190
日本	0.4122	0.2836	0.7317	0.9815	—	0.8914	0.3261	0.1620	1.3370	0.2151
韩国	0.1929	0.1099	0.4361	0.4289	0.1585	—	0.1333	0.1530	0.2909	0.0714

第四章 APEC主要经济体的国际生产联系和产业分工变化 | 057

续表

主要经济体	澳大利亚	加拿大	中国	印度尼西亚	日本	韩国	墨西哥	俄罗斯	中国台湾	美国
墨西哥	0.0236	0.1304	0.0175	0.0126	0.0182	0.0213	—	0.0172	0.0247	0.1905
俄罗斯	0.0288	0.0265	0.1101	0.0905	0.0315	0.1303	0.0262	—	0.1099	0.0337
中国台湾	0.1376	0.0990	0.4526	0.1616	0.1247	0.1146	0.1093	0.0290	—	0.0711
美国	0.7240	3.2735	0.4322	0.4921	0.3977	0.9623	2.7658	0.3124	1.1093	—

表4-4 2007年APEC主要经济体间的后向关联系数

主要经济体	澳大利亚	加拿大	中国	印度尼西亚	日本	韩国	墨西哥	俄罗斯	中国台湾	美国
澳大利亚	—	0.0665	0.1779	0.1970	0.2450	0.3249	0.0380	0.0259	0.4200	0.0436
加拿大	0.1231	—	0.1039	0.0878	0.0936	0.1150	0.2231	0.0346	0.1681	0.5183
中国	0.9127	0.7732	—	0.7013	0.6292	1.4054	0.7013	0.5348	1.1819	0.6089
印度尼西亚	0.1558	0.0242	0.0736	—	0.1278	0.1807	0.0203	0.0132	0.2509	0.0218
日本	0.3581	0.2255	0.7215	0.4856	—	0.9624	0.3284	0.3178	1.7089	0.2245
韩国	0.1947	0.1125	0.5228	0.3157	0.2431	—	0.2096	0.2340	0.4469	0.1146
墨西哥	0.0298	0.1233	0.0295	0.0144	0.0267	0.0315	—	0.0144	0.0339	0.2614
俄罗斯	0.0558	0.0500	0.2021	0.0959	0.1157	0.2209	0.0572	—	0.1524	0.0752
中国台湾	0.1259	0.0768	0.3774	0.1116	0.1446	0.1387	0.1062	0.0314	—	0.0845
美国	0.5864	2.5953	0.5886	0.4230	0.4370	0.8980	2.6082	0.1946	1.0584	—

表4-5 2011年APEC主要经济体间的后向关联系数

主要经济体	澳大利亚	加拿大	中国	印度尼西亚	日本	韩国	墨西哥	俄罗斯	中国台湾	美国
澳大利亚	—	0.0832	0.2696	0.1717	0.3548	0.4669	0.0470	0.0302	0.5207	0.0479
加拿大	0.0686	—	0.0980	0.0724	0.0879	0.1528	0.2465	0.0262	0.1437	0.5262
中国	1.4487	1.0373	—	1.3236	0.9080	2.0781	1.1334	0.7657	1.5087	0.8923
印度尼西亚	0.1607	0.0243	0.0929	—	0.1701	0.2855	0.0276	0.0206	0.3737	0.0300
日本	0.2888	0.1842	0.5171	0.5002	—	0.8966	0.2917	0.2671	1.6504	0.2269
韩国	0.1845	0.1118	0.4294	0.4411	0.2896	—	0.2491	0.2536	0.5010	0.1348
墨西哥	0.0536	0.1519	0.0281	0.0134	0.0164	0.0314	—	0.0129	0.0288	0.2896
俄罗斯	0.0959	0.0731	0.2392	0.1370	0.1831	0.3111	0.0801	—	0.2404	0.1200
中国台湾	0.1003	0.0648	0.2550	0.1423	0.1084	0.1567	0.1009	0.0278	—	0.0833
美国	0.5134	2.3403	0.5047	0.3274	0.3455	0.8969	2.5867	0.1624	0.9158	—

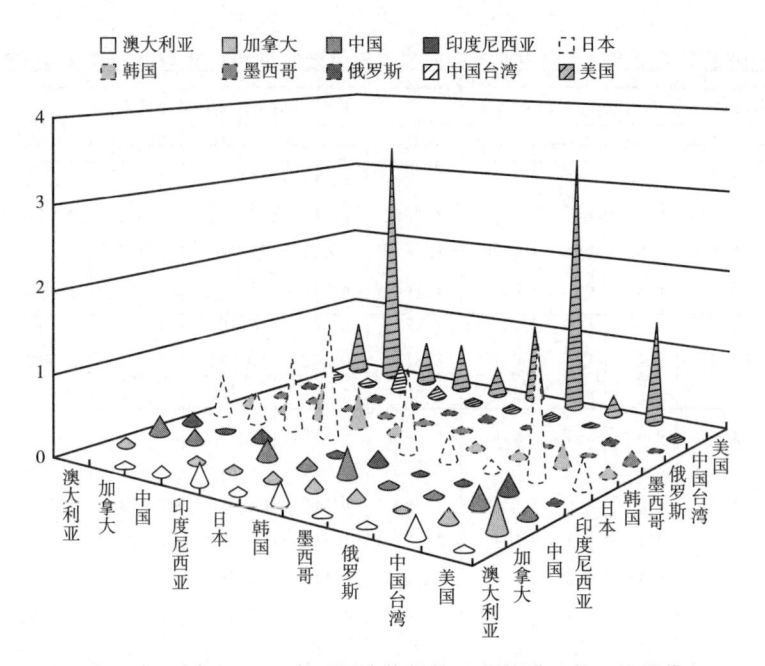

图 4-1　1995 年 APEC 主要经济体间的后向关联系数三维圆锥图

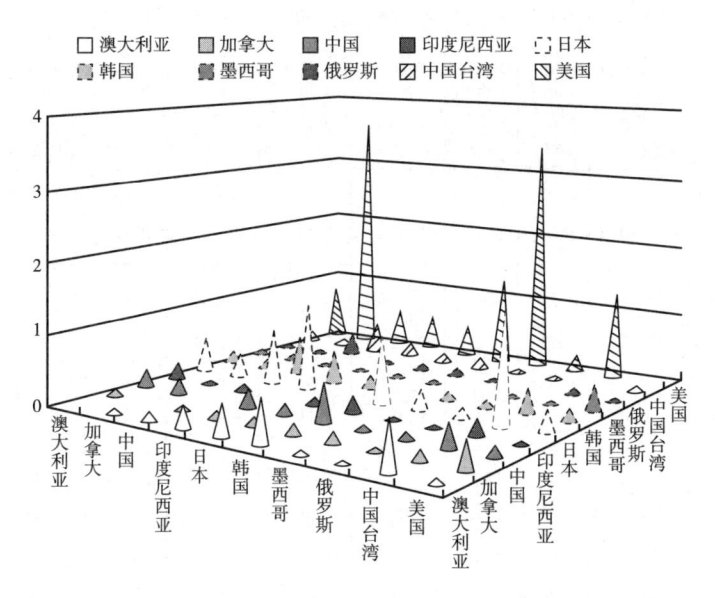

图 4-2　1997 年 APEC 主要经济体间的后向关联系数三维圆锥图

大，2007 年转向了中国，且与中国的后联程度呈现出不断上升的趋势，从 2007 年的 0.9127 上升到 2011 年的 1.4487；印度尼西亚 1995 年、

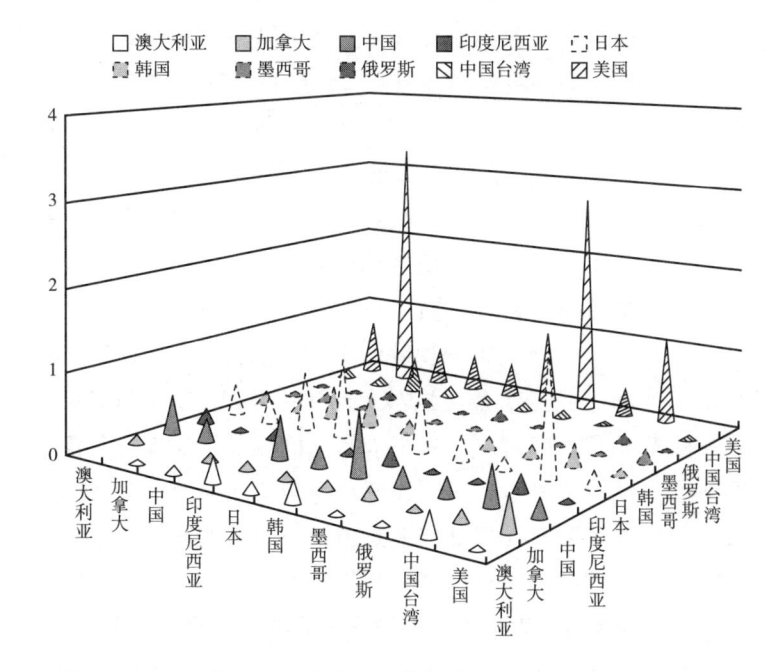

第四章 APEC主要经济体的国际生产联系和产业分工变化 | 059

图4-3 2002年APEC主要经济体间的后向关联系数三维圆锥图

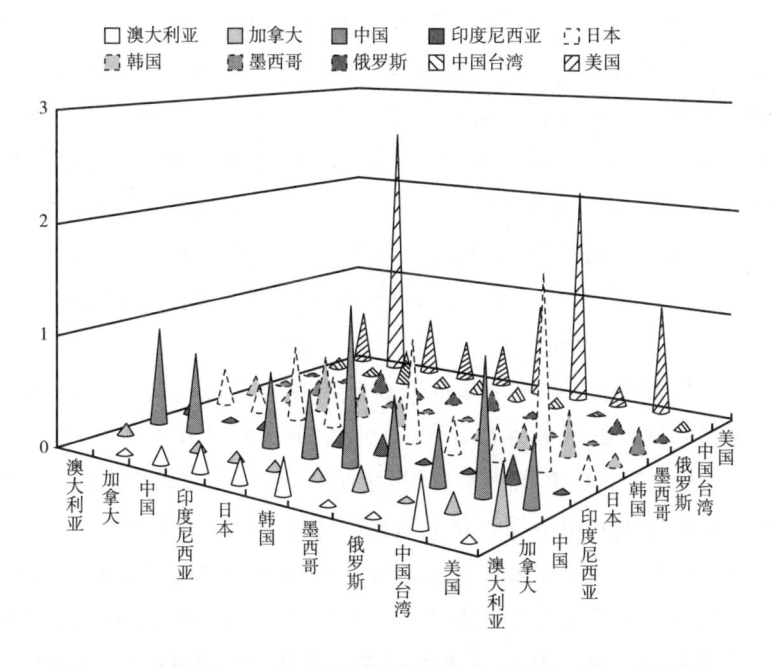

图4-4 2007年APEC主要经济体间的后向关联系数三维圆锥图

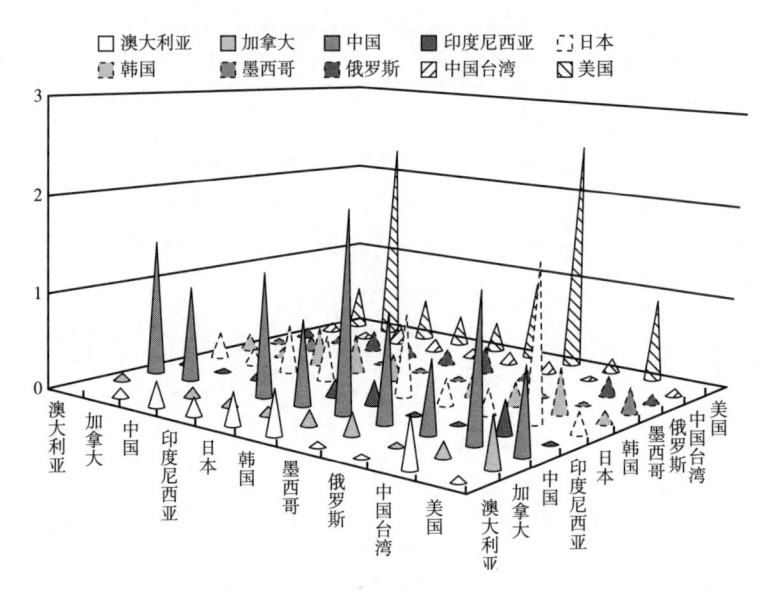

060 | 全球价值链：APEC 主要经济体产业结构和国际竞争力

图 4-5　2011 年 APEC 主要经济体间的后向关联系数三维圆锥图

1997 年和 2002 年后联程度最大经济体是日本，而 2007 年、2011 年则稳定为中国；1995 年、1997 年和 2002 年这 3 年美国一直是日本、韩国和俄罗斯后联程度最大经济体，但自 2007 年起中国替代了美国成为日本、韩国和俄罗斯后联程度最大的经济体，且与中国的关联程度呈上升趋势，分别从 2007 年的 0.6292、1.4054 和 0.5348 上升到 2011 年的 0.9080、2.0781 和 0.7657；美国 1995 年、1997 年和 2002 年后联程度最大的经济体是加拿大，而自 2007 年起由中国替代了加拿大，同时与中国的关联程度也是呈上升趋势，由 2007 年的 0.6089 增加到 2011 年的 0.8923（见表 4-1 至表 4-5）。

从 APEC 主要经济体之间后向联系分析可以看出：第一，伴随着中国中间产品贸易规模的越来越大，参与全球价值链程度在不断地提高，中国与 APEC 其他主要经济体的后联程度呈现出不断上升的趋势；第二，APEC 主要经济体中各国（或地区）最大后联经济体具有一定的集中性，主要集中于美国、日本和中国三国；第三，1995~2011 年后联程度最大的经济体在具有一定稳定性的同时，也出现了一定的波动，这个波动即为自 2007 年起中国出现在后联程度最大经济体之中，尤其是在 2011 年，中国在各国（或地区）最大关联中均居于非常显著的地位。

（二）APEC 主要经济体之间的前向联系

根据完全分配系数矩阵，可计算 1995～2011 年 APEC 主要经济体间的前向关联系数（见表 4-6 至表 4-10）。

表 4-6 1995 年 APEC 主要经济体间的前向关联系数

主要经济体	澳大利亚	加拿大	中国	印度尼西亚	日本	韩国	墨西哥	俄罗斯	中国台湾	美国
澳大利亚	—	0.0816	0.1380	0.2839	0.0495	0.0794	0.0305	0.0234	0.1779	0.0477
加拿大	0.0653	—	0.0749	0.0355	0.0424	0.1001	0.1547	0.0325	0.1289	0.3085
中国	0.4335	0.2125	—	0.4318	0.2135	0.8590	0.0418	0.2378	1.3693	0.1021
印度尼西亚	0.1707	0.0405	0.0719	—	0.0666	0.2448	0.0106	0.0320	0.1321	0.0223
日本	1.0127	0.9539	0.6089	1.5818	—	1.1672	0.1841	0.3105	1.5890	0.3285
韩国	0.4562	0.2016	0.2461	0.3918	0.1718	—	0.0519	0.1652	0.1866	0.1243
墨西哥	0.0204	0.0900	0.0165	0.0185	0.0198	0.0446	—	0.0174	0.0455	0.1725
俄罗斯	0.0193	0.0235	0.0153	0.0110	0.0095	0.0447	0.0116	—	0.0110	0.0124
中国台湾	0.2127	0.1008	0.0833	0.2103	0.1309	0.1725	0.0298	0.1027	—	0.0822
美国	0.4372	4.8954	0.6078	0.6057	0.4299	0.9689	3.1991	0.4036	1.6432	—

表 4-7 1997 年 APEC 主要经济体间的前向关联系数

主要经济体	澳大利亚	加拿大	中国	印度尼西亚	日本	韩国	墨西哥	俄罗斯	中国台湾	美国
澳大利亚	—	0.1038	0.1238	0.3591	0.0666	0.1059	0.0235	0.0183	0.1803	0.0542
加拿大	0.0878	—	0.0935	0.0568	0.0517	0.0940	0.1481	0.0388	0.2391	0.3368
中国	0.5516	0.2122	—	0.4392	0.3084	1.2072	0.0326	0.3000	1.8319	0.1120
印度尼西亚	0.2715	0.0492	0.0711	—	0.0917	0.2962	0.0086	0.0259	0.1667	0.0251
日本	1.2462	0.8262	0.5351	1.4228	—	1.1705	0.1596	0.2899	1.4007	0.3191
韩国	0.5371	0.1910	0.2985	0.4670	0.1915	—	0.0413	0.1504	0.1859	0.1254
墨西哥	0.0358	0.1309	0.0262	0.0268	0.0306	0.0773	—	0.0265	0.0700	0.2475
俄罗斯	0.0166	0.0238	0.0203	0.0113	0.0120	0.0531	0.0090	—	0.0125	0.0142
中国台湾	0.2820	0.0917	0.0980	0.2099	0.1581	0.2166	0.0222	0.0740	—	0.0762
美国	0.5762	5.1899	0.5979	0.5680	0.5357	1.0274	2.8738	0.3988	1.6643	—

表4-8 2002年APEC主要经济体间的前向关联系数

主要经济体	澳大利亚	加拿大	中国	印度尼西亚	日本	韩国	墨西哥	俄罗斯	中国台湾	美国
澳大利亚	—	0.0781	0.0947	0.3704	0.0610	0.0899	0.0148	0.0305	0.1793	0.0380
加拿大	0.0938	—	0.0911	0.0718	0.0611	0.0972	0.1590	0.0441	0.2358	0.3224
中国	0.6968	0.3200	—	0.7886	0.5844	1.4621	0.0639	0.6818	2.7957	0.1513
印度尼西亚	0.2048	0.0304	0.0552	—	0.0629	0.1815	0.0041	0.0454	0.1070	0.0144
日本	1.0027	0.4761	0.4329	1.2812	—	0.8977	0.1039	0.2649	1.5246	0.2129
韩国	0.4646	0.1206	0.2739	0.6123	0.2379	—	0.0261	0.2089	0.2383	0.0985
墨西哥	0.0466	0.1858	0.0602	0.0658	0.0609	0.1094	—	0.0438	0.1525	0.2657
俄罗斯	0.0187	0.0227	0.0220	0.0162	0.0133	0.0560	0.0104	—	0.0198	0.0145
中国台湾	0.1981	0.0567	0.0898	0.2322	0.1473	0.1533	0.0170	0.0896	—	0.0526
美国	0.5246	5.1929	0.7527	0.6255	0.5269	0.8011	2.5282	0.5539	1.7075	—

表4-9 2007年APEC主要经济体间的前向关联系数

主要经济体	澳大利亚	加拿大	中国	印度尼西亚	日本	韩国	墨西哥	俄罗斯	中国台湾	美国
澳大利亚	—	0.0849	0.1536	0.3575	0.0880	0.1172	0.0265	0.0280	0.2156	0.0495
加拿大	0.0944	—	0.1113	0.0658	0.0684	0.0909	0.1728	0.0393	0.2017	0.3324
中国	1.4308	0.5977	—	0.9839	1.3047	2.4518	0.2814	0.7671	4.1085	0.4329
印度尼西亚	0.1201	0.0354	0.0491	—	0.0599	0.1300	0.0068	0.0279	0.0899	0.0211
日本	0.8718	0.3066	0.4382	1.1411	—	0.8062	0.1298	0.2889	1.4428	0.2023
韩国	0.4660	0.1255	0.3515	0.4858	0.4048	—	0.0602	0.1929	0.3695	0.1399
墨西哥	0.0456	0.1943	0.0901	0.0434	0.0725	0.1229	—	0.0341	0.1472	0.2612
俄罗斯	0.0310	0.0370	0.0684	0.0304	0.0622	0.1472	0.0156	—	0.0509	0.0219
中国台湾	0.1907	0.0559	0.1008	0.1952	0.2311	0.1917	0.0245	0.0586	—	0.0584
美国	0.5517	4.3945	0.9322	0.4877	0.5591	0.7860	2.8854	0.4369	1.7572	—

表4-10 2011年APEC主要经济体间的前向关联系数

主要经济体	澳大利亚	加拿大	中国	印度尼西亚	日本	韩国	墨西哥	俄罗斯	中国台湾	美国
澳大利亚	—	0.0566	0.2192	0.3021	0.0721	0.1182	0.0491	0.0450	0.2086	0.0681
加拿大	0.0907	—	0.1055	0.0495	0.0650	0.0926	0.2517	0.0490	0.1642	0.4033
中国	2.1774	0.9208	—	1.2426	1.5037	3.2875	0.4474	1.3102	4.8429	0.6995
印度尼西亚	0.1402	0.0399	0.0859	—	0.0891	0.2703	0.0103	0.0509	0.2296	0.0277
日本	0.8946	0.2759	0.4142	0.9342	—	0.9831	0.0927	0.3713	1.1959	0.1909
韩国	0.5062	0.1427	0.3058	0.3975	0.3691	—	0.0609	0.2192	0.4184	0.1356
墨西哥	0.0304	0.1697	0.0761	0.0353	0.0550	0.1229	—	0.0358	0.1264	0.2800
俄罗斯	0.0298	0.0302	0.0640	0.0340	0.0630	0.2255	0.0173	—	0.0580	0.0253
中国台湾	0.1683	0.0476	0.0743	0.1681	0.1985	0.1776	0.0178	0.0616	—	0.0524
美国	0.4076	3.4245	0.6831	0.3878	0.4358	0.7175	2.5760	0.4772	1.3736	—

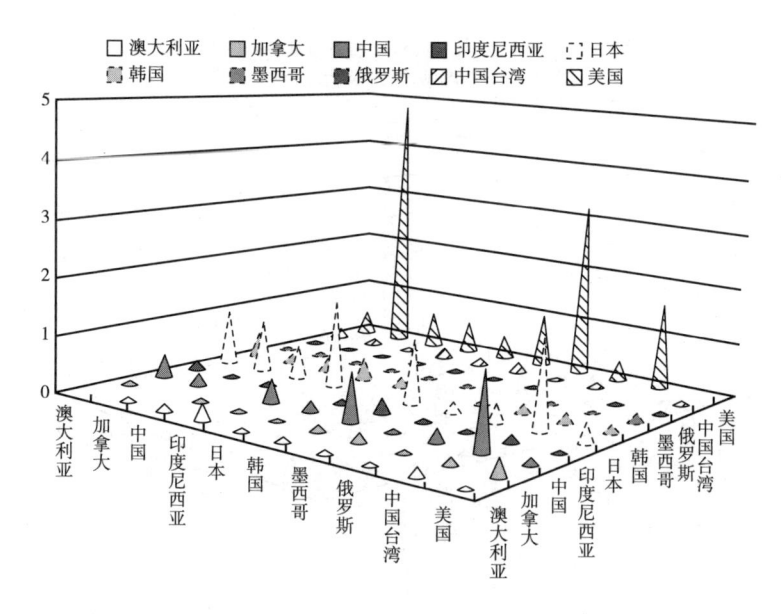

第四章　APEC 主要经济体的国际生产联系和产业分工变化 | 063

图 4-6　1995 年 APEC 主要经济体间的前向关联系数三维圆锥图

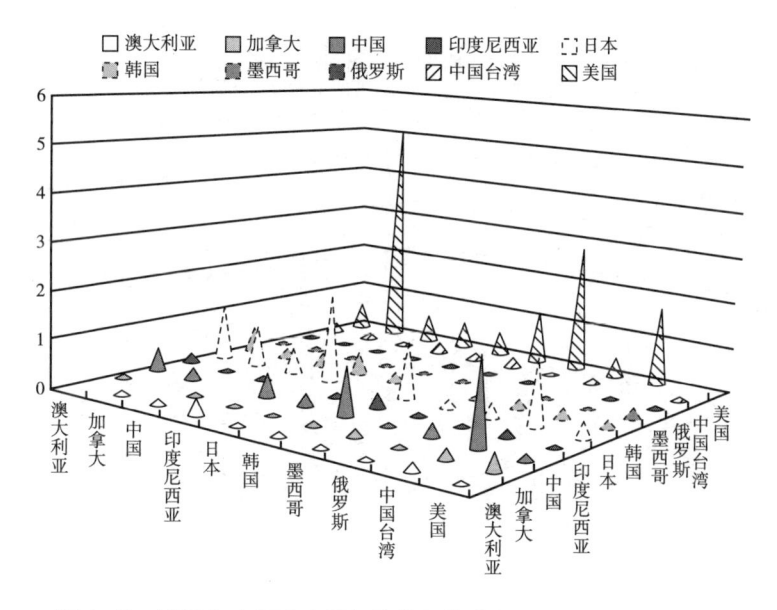

图 4-7　1997 年 APEC 主要经济体间的前向关联系数三维圆锥图

在分析 APEC 主要经济体之间的前向关联时，1995~2011 年只有加拿大、墨西哥的前联程度最大经济体始终保持着稳定性，其前联程度最大经济体均为美国。这表明在通过成本推动效益影响 APEC 主要经济体中各国

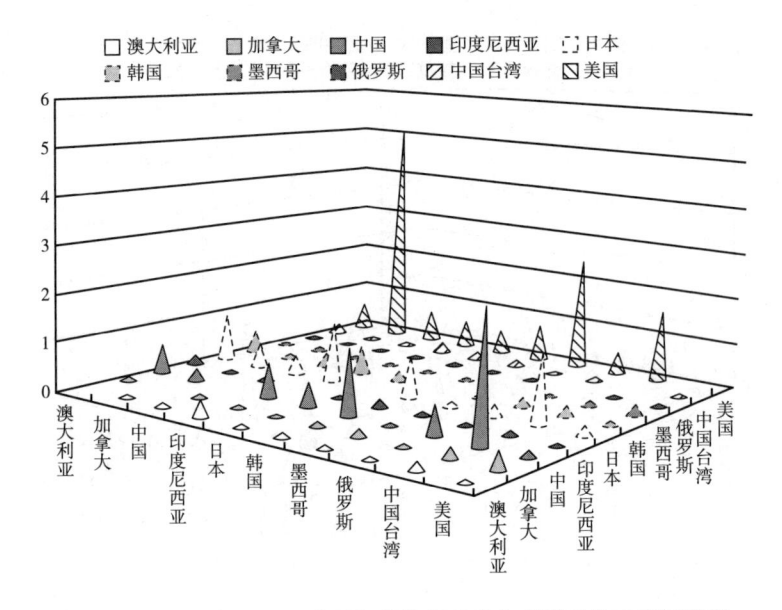

064 | 全球价值链：APEC 主要经济体产业结构和国际竞争力

图 4–8 2002 年 APEC 主要经济体间的前向关联系数三维圆锥图

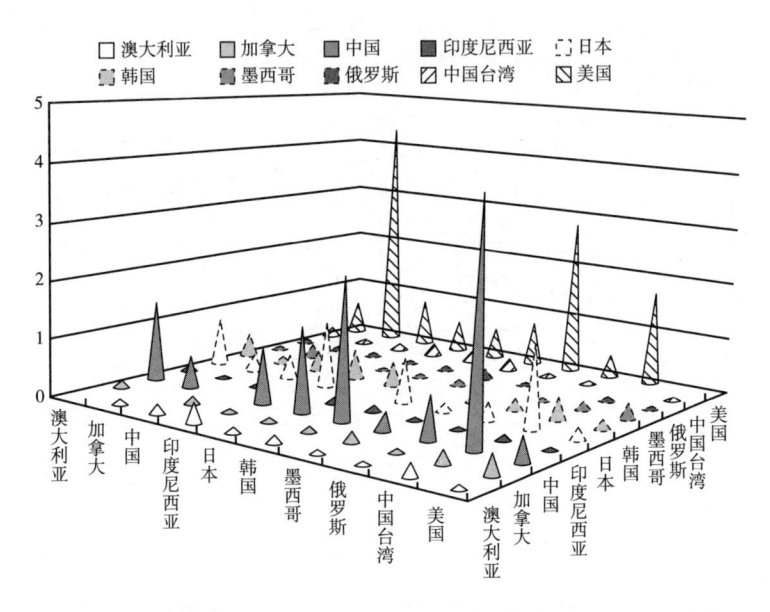

图 4–9 2007 年 APEC 主要经济体间的前向关联系数三维圆锥图

（或地区）间的产出水平时，加拿大、墨西哥对美国产出水平影响较大。而其他国家（或地区）的最大前联经济体在这期间存在变动，其中，澳大利亚 1995 年、1997 年、2002 年和日本的前联程度最大，而 2007 年、2011

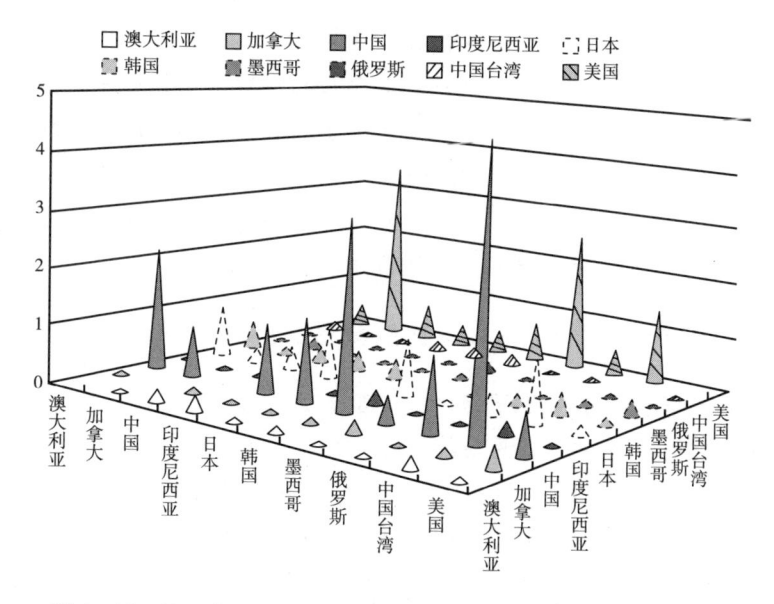

图 4-10　2011 年 APEC 主要经济体间的前向关联系数三维圆锥图

年最大前联经济体为中国；除了 1995 年日本是中国最大前联经济体外，其余年份中国的最大前联经济体一直是美国，且在 1997 年、2002 年和 2007 年期间的关联程度呈现出上升趋势，关联系数分别由 1997 年、2002 年的 0.5979、0.7527 上升到 2007 年的 0.9322，但 2011 年有所下降；印度尼西亚 1995 年、1997 年、2002 年和 2007 年这 4 年期间最大前联经济体一直是日本，但 2011 年则转为中国；1995 年和 1997 年日本、俄罗斯最大前联经济体均为美国，而 2002 年之后中国则一直是日本、俄罗斯最大前联经济体，而且关联系数稳步上升，分别从 2002 年的 0.5844、0.6818 上升到 2011 年的 1.5037、1.3102；除 1995 年外（这年日本是韩国最大前联经济体），中国一直是韩国的最大前联经济体，且关联程度呈现出稳定的快速上升趋势，关联系数分别由 1997 年、2002 年的 1.2072、1.4621 上升到 2007 年、2011 年的 2.4518、3.2875；1995 年中国台湾和美国的前联程度最大，但 1997 年、2002 年、2007 年和 2011 年则转为中国，且关联程度也呈现出快速稳定上升的趋势，关联系数由 1997 年的 1.8319 上升到 2011 年的 4.8429；1995 年日本是美国最大前联经济体，1997 年和 2002 年美国最大前联经济体转为加拿大，2007 年和 2011 年又再次转为中国，且与中国的关联程度呈现出不断的上升态势，关联系数由 2007 年的 0.4329 上升到

2011年的0.6995（见表4-6至表4-10）。

从APEC主要经济体之间的前向联系分析可以看出：第一，伴随着中国经济的飞快发展和全球经济一体化的不断推进，中国在国际贸易中的地位越来越重要，大部分国家（或地区）的最大前联经济体最终都指向了中国；第二，APEC主要经济体各国（或地区）间最大前联经济体也具有一定的集中性，主要集中于美国、日本和中国三国。

二 APEC主要经济体与其他贸易伙伴之间的生产联系

随着全球经济一体化和贸易自由化进程的不断加快，不仅APEC经济体之间的联系越来越紧密，而且与其他贸易伙伴之间的联系也在日益加强。同时，为了深入分析APEC主要经济体与其他贸易伙伴之间的生产联系，进一步将其他贸易伙伴细分为欧盟（EU）和其他地区（ROW）两大经济体①。

（一）APEC主要经济体与其他贸易伙伴之间的后向联系

根据完全消耗系数矩阵，可计算1995~2011年APEC主要经济体与其他贸易伙伴之间的后向关联系数（见表4-11至表4-15）。

表4-11 1995年APEC主要经济体与其他贸易伙伴间的后向关联系数

主要经济体	澳大利亚	加拿大	中国	印度尼西亚	日本	韩国	墨西哥	俄罗斯	中国台湾	美国
欧盟	1.0319	0.9320	0.5840	1.1761	0.2363	0.7053	0.7074	1.3231	1.2045	0.5731
其他地区	1.4606	0.9979	1.1890	1.2257	0.7133	2.0608	0.5802	1.2674	2.1291	0.9459

表4-12 1997年APEC主要经济体与其他贸易伙伴间的后向关联系数

主要经济体	澳大利亚	加拿大	中国	印度尼西亚	日本	韩国	墨西哥	俄罗斯	中国台湾	美国
欧盟	0.8818	0.8852	0.5428	1.0536	0.2539	0.6921	0.6829	1.2531	1.0437	0.5620
其他地区	1.3236	1.0405	0.9782	1.2884	0.8365	2.2391	0.5508	1.0725	1.9181	0.9500

---

① 欧盟主要包括奥地利、比利时、塞浦路斯、德国、西班牙、爱沙尼亚、芬兰、法国、希腊、爱尔兰、意大利、卢森堡、马耳他、荷兰、葡萄牙、斯洛伐克共和国、斯洛文尼亚，其他地区是指除了APEC主要经济体和欧盟之外的其他国家（或地区）。

表 4-13　2002 年 APEC 主要经济体与其他贸易伙伴间的后向关联系数

主要经济体	澳大利亚	加拿大	中国	印度尼西亚	日本	韩国	墨西哥	俄罗斯	中国台湾	美国
欧盟	0.8215	0.7964	0.6980	0.8328	0.2615	0.6893	0.7026	1.5430	0.9398	0.5639
其他地区	1.5566	1.2516	1.4716	2.2428	1.0422	2.2648	0.7959	1.3932	2.7469	1.0689

表 4-14　2007 年 APEC 主要经济体与其他贸易伙伴间的后向关联系数

主要经济体	澳大利亚	加拿大	中国	印度尼西亚	日本	韩国	墨西哥	俄罗斯	中国台湾	美国
欧盟	0.7931	0.7173	0.8939	0.7458	0.4262	0.8708	0.8456	1.2373	1.1042	0.6576
其他地区	1.9831	1.3728	2.1747	2.4413	1.9530	3.0658	1.0482	1.1282	3.8175	1.5590

表 4-15　2011 年 APEC 主要经济体与其他贸易伙伴间的后向关联系数

主要经济体	澳大利亚	加拿大	中国	印度尼西亚	日本	韩国	墨西哥	俄罗斯	中国台湾	美国
欧盟	0.6203	0.6357	0.6958	0.5328	0.3047	0.7896	0.7536	1.1375	0.9966	0.6402
其他地区	1.8593	1.2709	2.2225	2.2658	2.0137	3.8529	1.0784	1.1031	4.2179	1.6031

在分析 APEC 主要经济体与其他贸易伙伴之间的后联程度最大经济体变动时，1995～2011 年澳大利亚、加拿大、中国、印度尼西亚、日本、韩国、中国台湾和美国的后联程度最大经济体始终为其他地区，而俄罗斯后联程度最大经济体始终为欧盟。这些反映出在 APEC 主要经济体各国（或地区）与其他贸易伙伴之间的关联中，澳大利亚、加拿大、中国、印度尼西亚、日本、韩国、中国台湾和美国通过需求拉动作用对其他地区的影响最大，而俄罗斯的需求拉动作用对欧盟的影响最大。在 APEC 主要经济体中的大部分国家（或地区）的后联程度最大经济体为其他地区，其中一部分原因是其他地区所覆盖的国家（或地区）数量较多，国际贸易总量显著高于欧盟。墨西哥 1995 年、1997 年后联程度最大经济体是欧盟，而 2002 年、2007 年、2011 年则稳定保持为其他地区，且与其他地区间的后联程度呈现出不断上升的趋势，从 2002 年的 0.7959 上升到 2011 年的 1.0784。

从 APEC 主要经济体与其他贸易伙伴之间的后向联系分析可以看出：

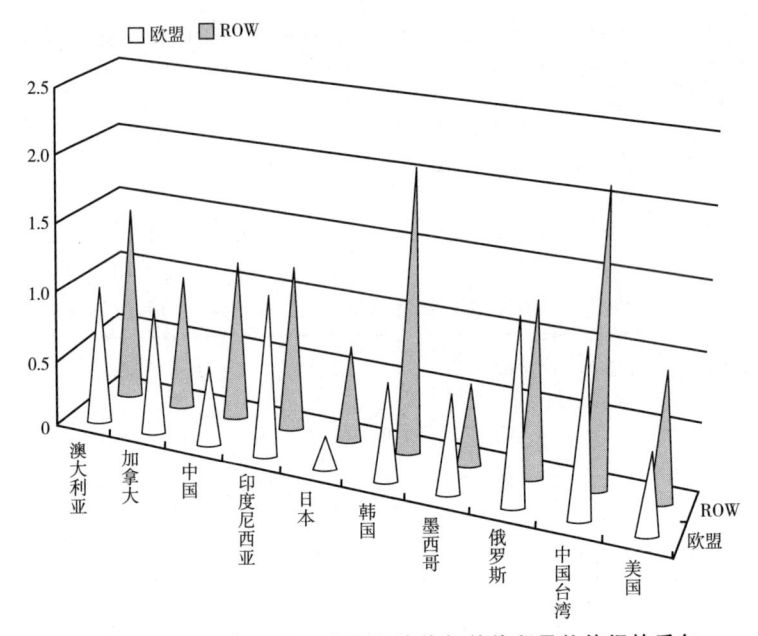

068 | 全球价值链：APEC 主要经济体产业结构和国际竞争力

图 4-11 1995 年 APEC 主要经济体与其他贸易伙伴间的后向
关联系数三维圆锥图

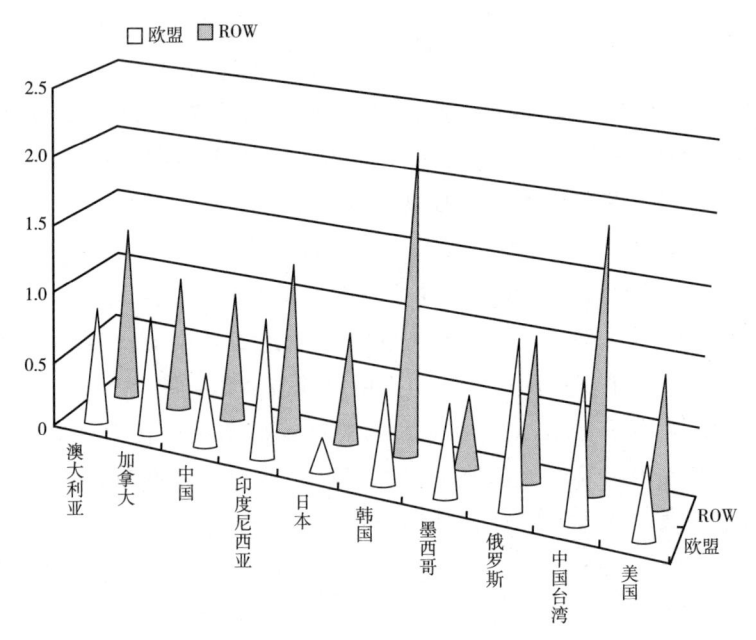

图 4-12 1997 年 APEC 主要经济体与其他贸易伙伴间的后向
关联系数三维圆锥图

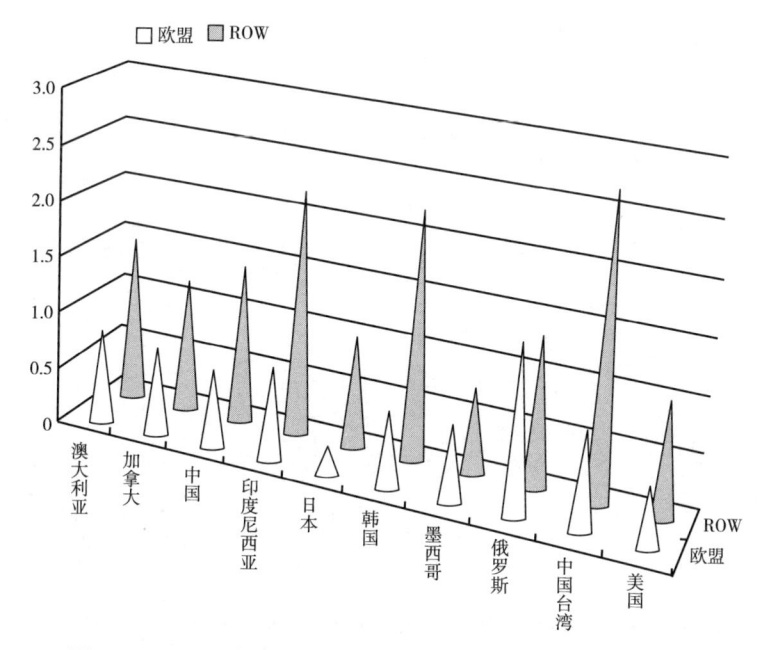

图 4-13　2002 年 APEC 主要经济体与其他贸易伙伴间的后向
关联系数三维圆锥图

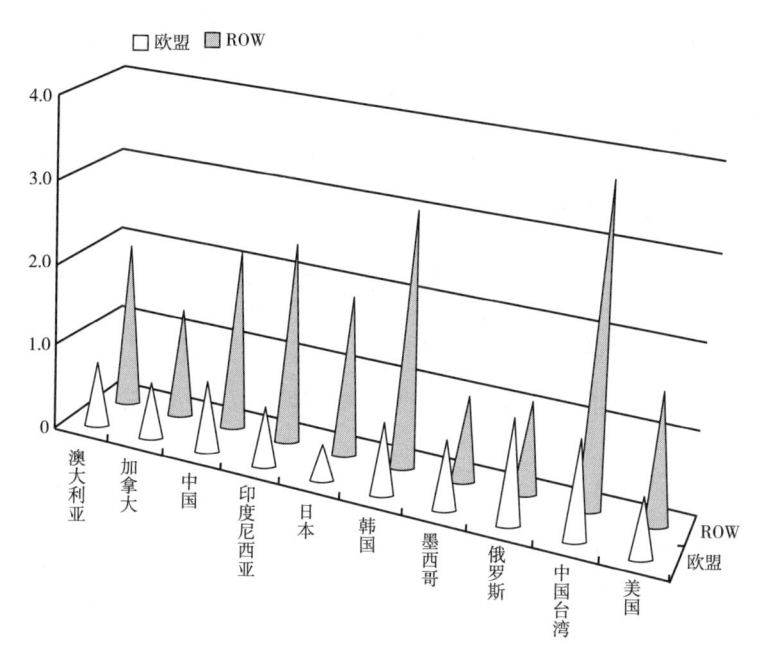

图 4-14　2007 年 APEC 主要经济体与其他贸易伙伴间的后向
关联系数三维圆锥图

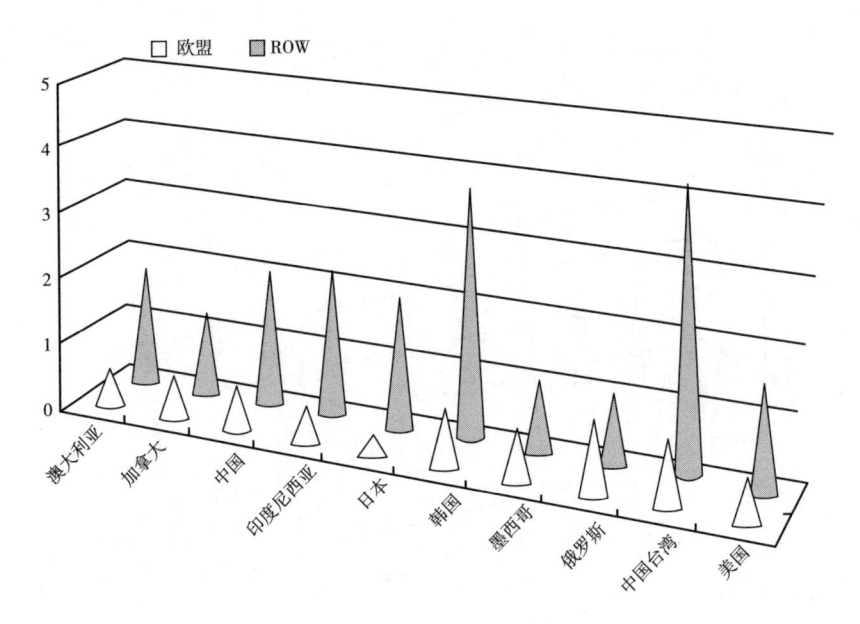

图 4-15 2011 年 APEC 主要经济体与其他贸易伙伴间的后向
关联系数三维圆锥图

第一，APEC 主要经济体各国（或地区）与其他贸易伙伴的后联程度最大经济体具有很强的集中性，主要集中于其他地区；第二，1995～2011 年后联程度最大经济体在具有一定稳定的同时，也出现了一定波动，如墨西哥在 1995～1997 年后联程度最大经济体为欧盟，而 2002 年以后后联程度最大经济体则转为其他地区，且关联程度不断上升。

（二）APEC 主要经济体与其他贸易伙伴之间的前向联系

根据完全分配系数矩阵，可计算 1995～2011 年 APEC 主要经济体与其他贸易伙伴之间的前向关联系数（见表 4-16 至表 4-20）。

表 4-16 1995 年 APEC 主要经济体与其他贸易伙伴间的前向关联系数

主要经济体	澳大利亚	加拿大	中国	印度尼西亚	日本	韩国	墨西哥	俄罗斯	中国台湾	美国
欧盟	0.7305	0.9233	0.6549	0.7586	0.2640	0.6448	0.6284	2.7078	0.9102	0.5041
其他地区	2.2514	1.4662	1.1532	1.1019	1.1731	1.6299	0.8589	2.1773	1.6303	1.3552

表 4-17　1997 年 APEC 主要经济体与其他贸易伙伴间的前向关联系数

主要经济体	澳大利亚	加拿大	中国	印度尼西亚	日本	韩国	墨西哥	俄罗斯	中国台湾	美国
欧盟	0.7449	0.8349	0.5607	0.6884	0.2881	0.5973	0.4022	2.3823	0.7920	0.4955
其他地区	1.9768	1.4142	1.1398	1.0793	1.3171	1.8383	0.7306	2.0071	1.8147	1.3237

表 4-18　2002 年 APEC 主要经济体与其他贸易伙伴间的前向关联系数

主要经济体	澳大利亚	加拿大	中国	印度尼西亚	日本	韩国	墨西哥	俄罗斯	中国台湾	美国
欧盟	0.6616	0.7277	0.6157	0.8858	0.3420	0.6051	0.3983	2.8540	1.0523	0.4567
其他地区	2.2571	1.3688	1.3028	1.6908	1.3112	1.8352	0.6115	3.8531	2.0695	1.1119

表 4-19　2007 年 APEC 主要经济体与其他贸易伙伴间的前向关联系数

主要经济体	澳大利亚	加拿大	中国	印度尼西亚	日本	韩国	墨西哥	俄罗斯	中国台湾	美国
欧盟	0.6457	0.7553	0.9026	0.9178	0.5234	0.8140	0.6293	2.3934	1.3380	0.5275
其他地区	2.4220	1.3952	1.9317	2.4793	1.8115	2.5835	0.8229	2.9521	3.1010	1.4624

表 4-20　2011 年 APEC 主要经济体与其他贸易伙伴间的前向关联系数

主要经济体	澳大利亚	加拿大	中国	印度尼西亚	日本	韩国	墨西哥	俄罗斯	中国台湾	美国
欧盟	0.5526	0.7283	0.6931	0.9685	0.3938	1.0085	0.5327	2.0178	1.3169	0.6167
其他地区	1.5642	1.4138	1.5008	2.2499	1.7948	2.4155	0.9430	3.0976	2.8928	1.3330

在分析 APEC 主要经济体与其他贸易伙伴之间的前联程度最大经济体的变动时，1995~2011 年澳大利亚、加拿大、中国、印度尼西亚、日本、韩国、墨西哥、中国台湾和美国的前联程度最大经济体始终为其他地区。这些反映出在通过成本推动效益影响 APEC 主要经济体各国（或地区）的产出水平时，其他地区对澳大利亚、加拿大、中国、印度尼西亚、日本、韩国、墨西哥、中国台湾和美国的产出水平影响相对较大。在 APEC 主要经济体中的大部分国家（或地区）的前联程度最大经济体为其他地区，其中一部分原因同样是由于其他地区所覆盖的国家（或地区）数量较多，国际贸易总量显著

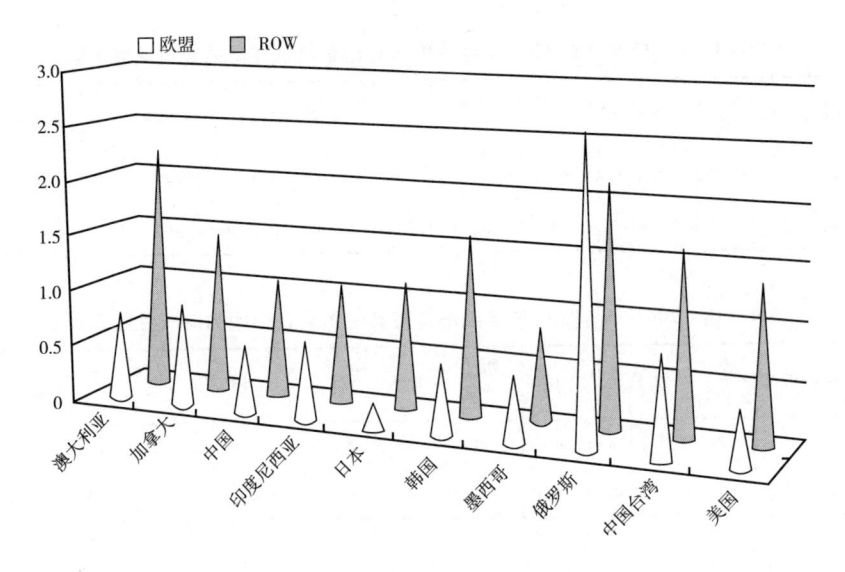

图 4-16　1995 年 APEC 主要经济体与其他贸易伙伴间的前向
关联系数三维圆锥图

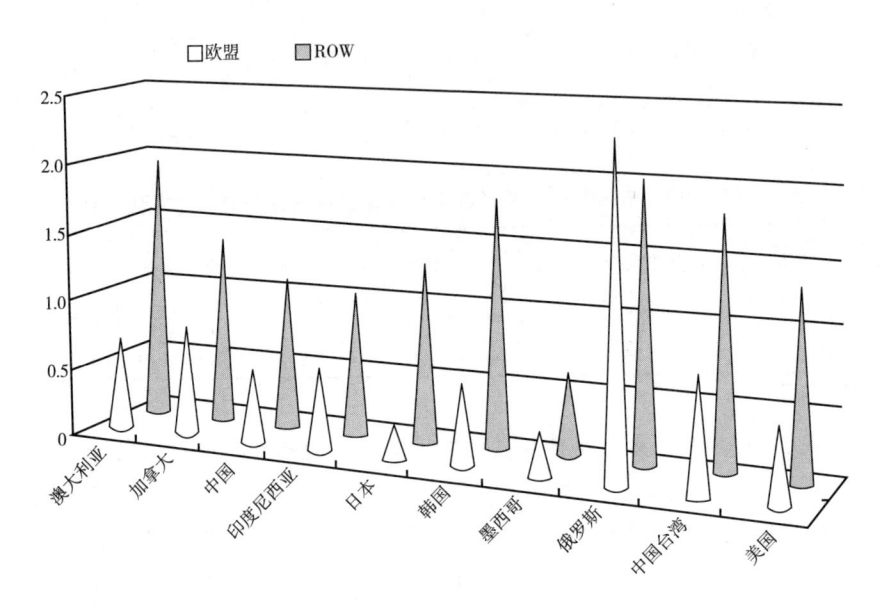

图 4-17　1997 年 APEC 主要经济体与其他贸易伙伴间的前向
关联系数三维圆锥图

高于欧盟所致。俄罗斯 1995 年、1997 年前联程度最大经济体是欧盟，而 2002 年、2007 年、2011 年则稳定保持为其他地区，但前联程度却呈现出一

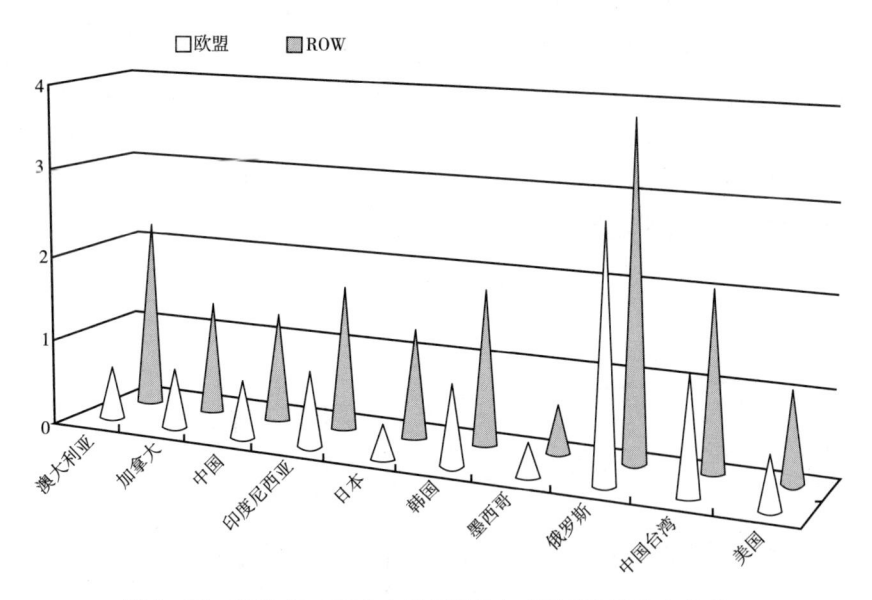

图 4-18　2002 年 APEC 主要经济体与其他贸易伙伴间的前向
关联系数三维圆锥图

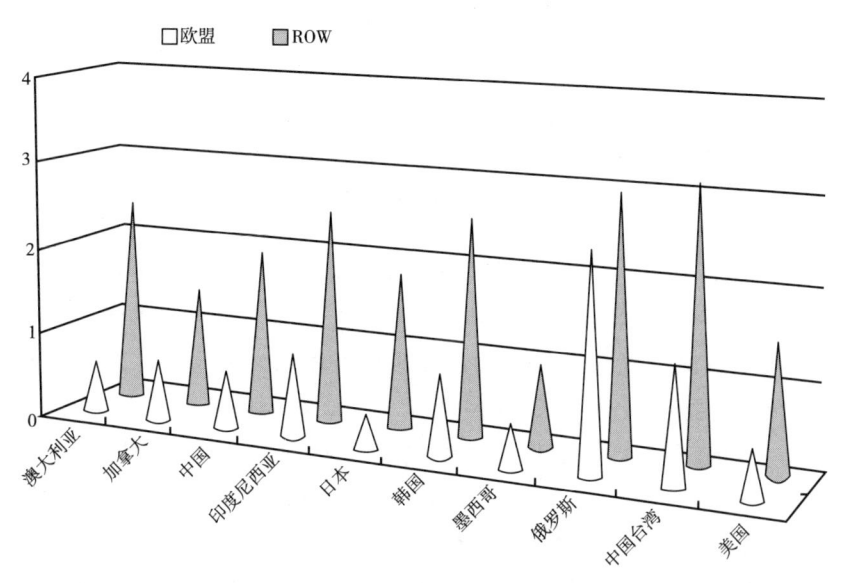

图 4-19　2007 年 APEC 主要经济体与其他贸易伙伴间的前向
关联系数三维圆锥图

定的下降趋势，前联系数由 2002 年的 3.8531 下降到 2011 年的 3.0976。

从 APEC 主要经济体与其他贸易伙伴之间的前向联系分析可以看出：

第一，APEC 主要经济体各国（或地区）与其他贸易伙伴的前联程度最大经济体具有很强的集中性，主要集中于其他地区；第二，1995～2011 年前联程度最大经济体在具有稳定性的同时，也出现了一定波动，如俄罗斯在 1995 年和 1997 年前联程度最大经济体为欧盟，而 2002 年以后前联程度最大经济体则转为其他地区。

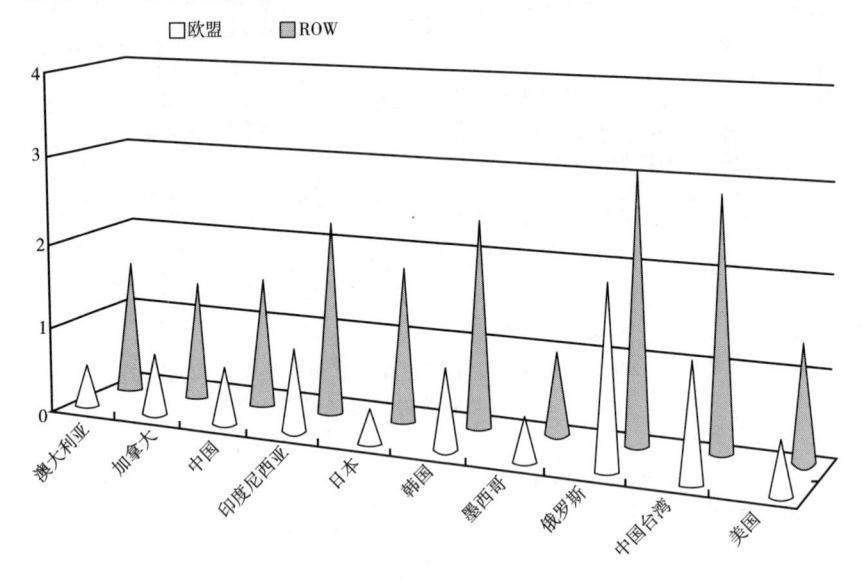

图 4 - 20　2011 年 APEC 主要经济体与其他贸易伙伴间的前向关联系数三维圆锥图

基于上述 APEC 主要经济体的国际生产联系，为了后文分析方便，本课题将 APEC 主要经济体进行相应的分类。一方面，全世界的经济体从经济发展水平来说可以分为两大类：发达经济体和发展中经济体。据此标准，APEC 主要经济体中的澳大利亚（AUS）、加拿大（CAN）、日本（JPN）、美国（USA）属于发达经济体，中国（CHN）、印度尼西亚（IDN）、韩国（KOR）、墨西哥（MEX）、俄罗斯（RUS）、中国台湾（TWN）属于发展中经济体。经济合作与发展组织（OECD）进一步把发展中经济体分为低收入经济体、中等收入经济体和新兴工业化经济体。其中，新兴工业化经济体是指工业迅速发展、产业结构变化显著、制成品在出口所占比重迅速上升、经济发展速度较快、人均收入较高的发展中经济体。按照此标准，APEC 主要经济体中的中国（CHN）、韩国（KOR）、墨西哥（MEX）、中国台湾（TWN）主要属于新兴工业化经济体。另一方面，根据 APEC 主要经济体生产联系（后向关联和前向关联）大小，还将日本（JPN）、美国（USA）定义为关联程度较大的发达经济体，澳大利亚（AUS）、加拿大（CAN）定义为关联程度较小的发达经济体。同时，由于俄罗斯（RUS）、澳大利亚（AUS）、加拿大（CAN）、印度尼西亚（IDN）同属于资源型经济体，且生产联系非常类似。基于此，本课题将 APEC 主要经济体分为三类：日本（JPN）、美国（USA）归为发达经济体；中国（CHN）、韩国（KOR）、墨西哥（MEX）、中国台湾（TWN）归为新兴工业化经济体；俄罗斯（RUS）、澳大利亚（AUS）、加拿大（CAN）、印度尼西亚（IDN）归为资源型经济体。

第二节　APEC 主要经济体中间产品贸易

随着 APEC 主要经济体各国融入国际垂直专业化分工程度的加深，中间产品贸易成为各国对外贸易的主导力量，即中间产品贸易成为世界贸易的主流。

一　APEC 主要经济体之间的中间产品贸易

表 4-21　1995~2011 年 APEC 主要经济体之间的中间产品贸易额及增长速度

指标	1995 年	1997 年	2002 年	2007 年	2011 年
中间产品进出口额(亿美元)	13261.2	16069.6	17148.0	36289.8	53689.4
中间产品出口(或进口)额(亿美元)*	6630.6	8034.8	8574.0	18144.9	26844.7
中间产品贸易年均增长速度(%)	—	10.1	1.3	16.2	10.3

* 中间产品出口等于中间产品进口。

1995~2011 年，APEC 主要经济体之间的中间产品贸易呈现出快速的发展趋势。APEC 主要经济体之间的中间产品进出口贸易总额由 1995 年的 13261.2 亿美元快速上升到 1997 年的 16069.6 亿美元，之后由于受到 1997 年亚洲金融危机的影响，APEC 主要经济体之间的中间产品进出口贸易总额呈现出相对低速的增长态势，上升到 2002 年的 17148.0 亿美元。然后，随着全球贸易自由一体化的进一步加深，2002~2007 年 APEC 主要经济体之间的中间产品进出口贸易总额又呈现出高速的增长态势，由 2002 年的 17148.0 亿美元上升到 2007 年的 36289.8 亿美元。同样，由于受到 2008 年

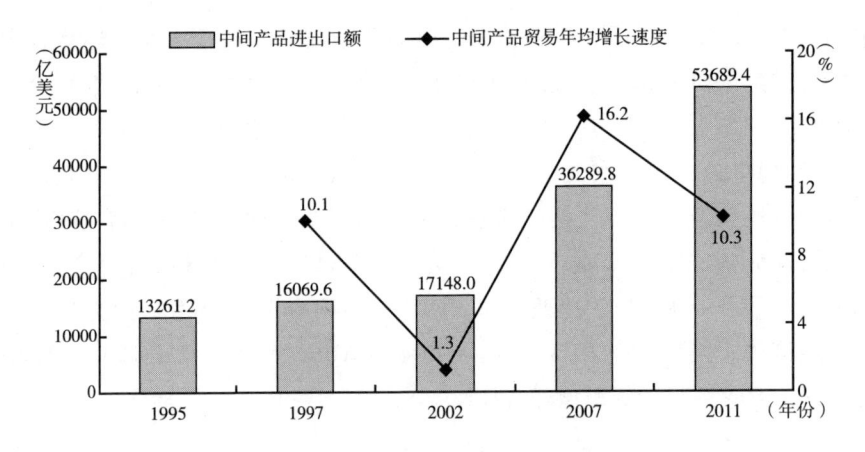

图 4-21 1995~2011 年 APEC 主要经济体之间的中间产品
贸易额及增长速度

全球金融危机的影响，2007~2011 年 APEC 主要经济体之间的中间产品进出口贸易总额增速也呈现出一定的下滑趋势，但年均增长速度仍高达 10.3%（见表 4-21）。

表 4-22　1995~2011 年 APEC 主要经济体之间的中间产品进出口额及比重

指标	1995 年	1997 年	2002 年	2007 年	2011 年
中间产品进出口额（亿美元）	13261.2	16069.6	17148.0	36289.8	53689.4
进出口总额（亿美元）	22421.8	26745.3	30232.6	57087.4	80523.6
中间产品占进出口总额比重（%）	59.1	60.1	56.7	63.6	66.7

特别分析出，相对于进出口总额而言，APEC 主要经济体之间的中间品进出口贸易额的年均增长速度（9.1%）要明显快于进出口总额的年均增长速度（8.3%）。中间产品占进出口总额比重不仅呈现出快速上升的趋势，且数值相对较高，均超过 56%。中间产品占进出口总额比重由 1995 年的 59.1% 上升到 2011 年的 66.7%，提升了 7.6 个百分点。APEC 主要经济体之间的中间产品贸易的大量增加，体现了 APEC 主要经济体各国（或地区）之间的经济联系在不断加强，即各国融入国际垂直专业化分工体系的程度在不断加深（见表 4-22）。

1995~2011 年，APEC 主要经济体中的亚洲国家（或地区）由于受到 1997 年亚洲金融危机的影响，除澳大利亚（2002）、印度尼西亚（2002）、

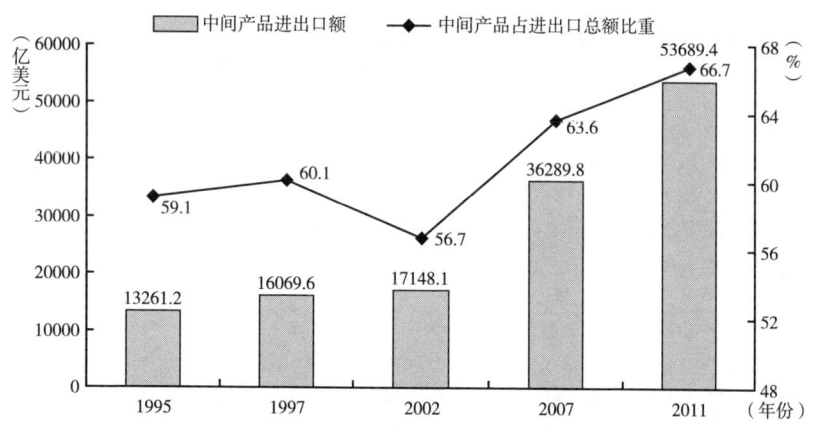

图 4-22 1995~2011 年 APEC 主要经济体之间的中间产品进出口额及比重

日本（2002）和韩国（2002）与其他 APEC 主要经济体的中间产品进出口额出现过一定的短暂下降趋势外，其余都呈现出一致的稳定增长态势。从总量来看，美国进出口其他 APEC 主要经济体的中间产品贸易额始终非常高，进出口额由 1995 年的 4100.8 亿美元增加到 2011 年的 12439.2 亿美元，这表明美国中间产品贸易非常活跃，这也是与现实相一致的。中国、日本、韩国和加拿大进出口其他 APEC 主要经济体的中间产品贸易额也相对较大，其值分别由 1995 年的 1013.6 亿美元、2446.8 亿美元、1134.4 亿美元和 1832.3 亿美元增加到 2011 年的 12637.0 亿美元、6241.9 亿美元、4991.5 亿美元和 4746.9 亿美元。特别分析出，2011 年中国进出口其他 APEC 主要经济体的中间产品贸易额最高，跃居 APEC 主要经济体第一位。从增量来看，中国和美国的中间产品进出口贸易额增加量最多，分别增加了 11623.4 亿美元和 8338.4 亿美元，占 APEC 主要经济体中间产品进出口额增加总量的 28.8% 和 20.6%；中间产品进出口额增加量较多的还有韩国（3857.1 亿美元）、日本（3795.1 亿美元）和加拿大（2914.6 亿美元）。再从增长速度来看，中国、俄罗斯和澳大利亚的中间产品进出口贸易额的年均增长速度最快，其年均增长速度分别高达 17.1%、16.0% 和 12.5%；墨西哥、韩国和印度尼西亚的年均增长速度也相对较快，年均增长速度超过 8.4%（见表 4-23）。同时，由图 4-22 可以看出，随着全球化经济一体化进程的加快，近年来 APEC 主要经济体之间的中间产品进出口贸易表现出更为强劲的增长态势。

表4-23 1995~2011年APEC主要经济体之间的中间产品进出口额及比重

经济体	指标	1995年	1997年	2002年	2007年	2011年
澳大利亚	中间产品进出口额（亿美元）	457.2	620.2	535.6	1409.3	2992.3
	进出口总额（亿美元）	677.6	913.3	824.6	1974.1	3924.2
	中间产品占进出口总额比重（%）	67.5	67.9	65.0	71.4	76.3
加拿大	中间产品进出口额（亿美元）	1832.3	2157.7	2430.3	4085.0	4746.9
	进出口总额（亿美元）	3079.3	3632.7	4208.4	6723.5	7545.4
	中间产品占进出口总额比重（%）	59.5	59.4	57.7	60.8	62.9
中国	中间产品进出口额（亿美元）	1013.6	1309.1	2049.1	6975.3	12637.0
	进出口总额（亿美元）	1819.2	2206.4	3620.2	11029.2	18847.0
	中间产品占进出口总额比重（%）	55.7	59.3	56.6	63.2	67.1
印度尼西亚	中间产品进出口额（亿美元）	460.7	563.8	452.0	756.2	1676.0
	进出口总额（亿美元）	640.0	775.2	634.8	992.3	2140.0
	中间产品占进出口总额比重（%）	72.0	72.7	71.2	76.2	78.3
日本	中间产品进出口额（亿美元）	2446.8	2666.0	2328.8	4490.1	6241.9
	进出口总额（亿美元）	4237.8	4488.2	4206.9	7123.8	9492.7
	中间产品占进出口总额比重（%）	57.7	59.4	55.4	63.0	65.8
韩国	中间产品进出口额（亿美元）	1134.4	1359.5	1302.7	3195.2	4991.5
	进出口总额（亿美元）	1683.0	1938.8	2017.2	4331.7	6634.3
	中间产品占进出口总额比重（%）	67.4	70.1	64.6	73.8	75.2
墨西哥	中间产品进出口额（亿美元）	744.2	1104.5	1462.5	2653.2	3383.6
	进出口总额（亿美元）	1165.5	1785.0	2575.7	4055.7	5290.2
	中间产品占进出口总额比重（%）	63.8	61.9	56.8	65.4	64.0
俄罗斯	中间产品进出口额（亿美元）	140.0	169.0	179.0	741.3	1500.1
	进出口总额（亿美元）	219.8	251.7	268.1	1178.9	2285.4
	中间产品占进出口总额比重（%）	63.7	67.1	66.8	62.9	65.6
中国台湾	中间产品进出口额（亿美元）	931.2	1122.0	1138.6	2358.2	3081.0
	进出口总额（亿美元）	1508.9	1738.9	1763.4	3068.7	3946.7
	中间产品占进出口总额比重（%）	61.7	64.5	64.6	76.8	78.1
美国	中间产品进出口额（亿美元）	4100.8	4997.8	5269.4	9625.9	12439.2
	进出口总额（亿美元）	7390.4	9014.8	10113.2	16609.6	20417.5
	中间产品占进出口总额比重（%）	55.5	55.4	52.1	58.0	60.9

1995~2011年，APEC主要经济体之间的中间产品进出口额年均增速均在不同程度上高于进出口总额的年均增速，致使中间产品占进出口总额的比重呈现出不同程度的上升态势。同时，APEC主要经济体中间产品占进出口总额的比重也比较高，再次表明了APEC主要经济体之间联系是非常密切的，且越来越紧密。其中，印度尼西亚的中间产品占进出口总额比重最高，其值由1995年的72.0%上升到2011年的78.3%，上升了6.3个百分点；澳大利

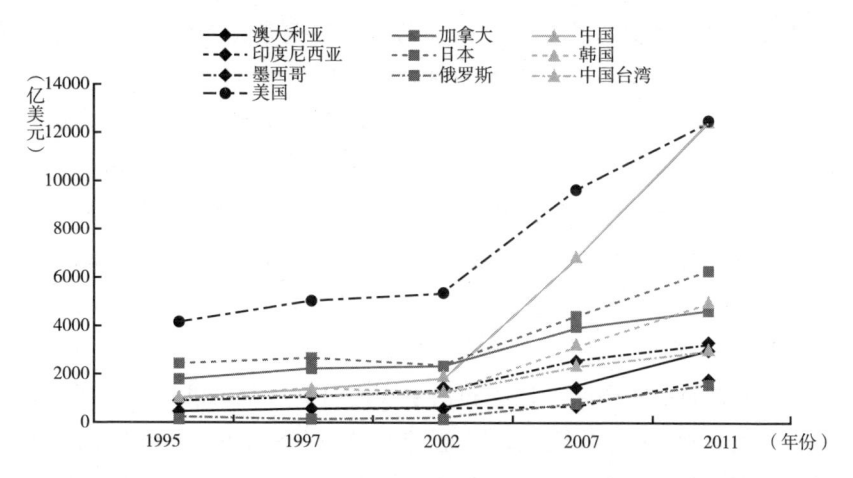

图 4-23　1995~2011 年 APEC 主要经济体之间的中间产品进出口额

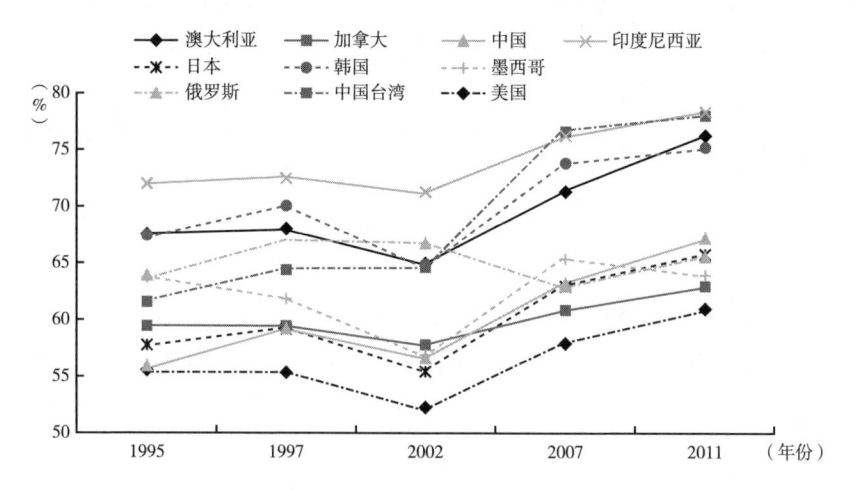

图 4-24　1995~2011 年 APEC 主要经济体之间的中间产品占进出口总额比重

亚和韩国的中间产品占进出口总额比重也相对较高，其值分别由 1995 年的 67.5% 和 67.4% 上升到 2011 年的 76.3% 和 75.2%；中国的中间产品占进出口总额比重虽然较低，但上升幅度却较大，其值由 1995 年的 55.7% 上升到 2011 年的 67.1%，上升了 11.4 个百分点；中国台湾的中间产品占进出口总额比重上升幅度最大，其值由 1995 年的 61.7% 上升到 2011 年的 78.1%，上升了 16.4 个百分点；墨西哥和俄罗斯的中间产品占进出口总额比重上升幅度相对较小，其值分别由 1995 年的 63.8% 和 63.7% 上升到 2011 年的 64.0% 和 65.6%，仅上升了 0.2 个百分点和 1.9 个百分点；日本和美国的中间产品占进出口总额比重也保持稳定上升的态势，其值分别由 1995 年的 57.7% 和 55.5% 上升到 2011 年的 65.8% 和 60.9%（见表 4-23）。

1995~2011 年，APEC 主要经济体中除了澳大利亚（2002）、印度尼西亚（2002）、日本（2002）、韩国（2002）和美国（2002）出口到其他 APEC 主要经济体的中间产品贸易额出现了一定的短暂下降趋势外，其余均呈现出稳定增长态势。从出口总量来看，美国出口到其他 APEC 主要经济体的中间产品贸易额始终最高，由 1995 年的 1951.8 亿美元增加到 2011 年的 5411.9 亿美元，这表明美国处于全球价值链的上游，其生产的产品主要是用于出口的中间产品。日本和加拿大出口到其他 APEC 主要经济体的中间产品贸易额也相对较大，其值分别由 1995 年的 1304.9 亿美元和 1028.7 亿美元增加到 2011 年的 3173.5 亿美元和 2693.4 亿美元。特别分析出，2011 年中国出口到其他 APEC 主要经济体的中间产品贸易额为 5317.1 亿美元，跃居 APEC 主要经济体第二位，仅次于美国。从增量来看，中国和美国的中间产品出口额增加量最多，分别增加了 4927.5 亿美元和 3460.1 亿美元，占 APEC 主要经济体中间产品出口额增加总量的 24.4% 和 17.1%；出口额增加量较多的还有韩国（2043.7 亿美元）、日本（1868.6 亿美元）和澳大利亚（1849.0 亿美元）（见表 4-24）。从相对增长速度来看，中国和俄罗斯的中间产品出口额年均增长速度最快，其年均增长速度分别高达 17.7% 和 15.9%；澳大利亚、墨西哥和韩国的中间产品出口额年均增长速度也相对较快，增长速度超过 10.2%。同样，由图 4-25 可以看出，近年来 APEC 主要经济体之间的中间产品出口贸易表现出更强劲的增长态势。

1995~2011 年，APEC 主要经济体之间的中间产品占出口总额比重均呈现出明显的上升趋势，且上升幅度较大。其中，澳大利亚和俄罗斯的中间产品占出口总额比重相对较高，均超过 74%，其值分别由 1995 年的 74.8% 和 83.8% 上升到 2011 年的 89.7% 和 93.8%，分别上升了 14.9 个百分点和 10 个百分点；中国的中间产品出口占出口总额比重最小，但上升幅度相对较高，其值由 1995 年的最小值 40.1% 上升到 2011 年的 52.2%，上升了 12.1 个百分点；中国台湾和印度尼西亚的中间产品占出口总额比重上升幅度较大，其值分别由 1995 年的 55.6% 和 69.7% 上升到 2011 年的 80.0% 和 81.8%，上升了 24.4 个和 12.1 个百分点；加拿大、日本、韩国、墨西哥和美国的中间产品占出口总额比重稳步上升，其值分别由 1995 年的

60.7%、56.5%、65.0%、55.1%和62.3%上升到2011年的69.1%、66.2%、72.7%、60.6%和66.6%（见表4-24）。

表4-24 1995~2011年APEC主要经济体之间的中间产品出口额及比重

经济体	指标	1995年	1997年	2002年	2007年	2011年
澳大利亚	中间产品出口额（亿美元）	271.7	387.8	330.7	939.0	2120.7
	出口总额（亿美元）	363.0	497.5	427.4	1098.9	2363.5
	中间产品占出口总额比重（%）	74.8	78.0	77.4	85.5	89.7
加拿大	中间产品出口额（亿美元）	1028.7	1183.1	1373.0	2401.7	2693.4
	出口总额（亿美元）	1695.8	1961.9	2389.5	3721.7	3895.9
	中间产品占出口总额比重（%）	60.7	60.3	57.5	64.5	69.1
中国	中间产品出口额（亿美元）	389.6	525.5	855.3	3015.0	5317.1
	出口总额（亿美元）	970.6	1225.6	1998.4	6358.6	10179.1
	中间产品占出口总额比重（%）	40.1	42.9	42.8	47.4	52.2
印度尼西亚	中间产品出口额（亿美元）	242.7	300.8	268.2	480.8	967.0
	出口总额（亿美元）	348.2	431.5	396.0	613.1	1181.7
	中间产品占出口总额比重（%）	69.7	69.7	67.7	78.4	81.8
日本	中间产品出口额（亿美元）	1304.9	1352.4	1284.2	2507.2	3173.5
	出口总额（亿美元）	2309.1	2367.3	2411.3	4013.3	4793.1
	中间产品占出口总额比重（%）	56.5	57.1	53.3	62.5	66.2
韩国	中间产品出口额（亿美元）	552.6	671.5	625.6	1632.3	2596.3
	出口总额（亿美元）	850.7	987.5	1090.8	2271.1	3571.7
	中间产品占出口总额比重（%）	65.0	68.0	57.4	71.9	72.7
墨西哥	中间产品出口额（亿美元）	327.6	451.5	600.9	1284.0	1623.4
	出口总额（亿美元）	595.0	894.6	1331.9	2092.0	2676.9
	中间产品占出口总额比重（%）	55.1	50.5	45.1	61.4	60.6
俄罗斯	中间产品出口额（亿美元）	102.3	116.7	119.6	461.4	1077.0
	出口总额（亿美元）	122.0	136.1	137.9	485.7	1148.8
	中间产品占出口总额比重（%）	83.8	85.7	86.7	95.0	93.8
中国台湾	中间产品出口额（亿美元）	458.5	574.0	681.8	1405.6	1864.5
	出口总额（亿美元）	824.4	934.4	1072.5	1779.7	2331.1
	中间产品占出口总额比重（%）	55.6	61.4	63.6	79.0	80.0
美国	中间产品出口额（亿美元）	1951.8	2471.6	2434.8	4017.9	5411.9
	出口总额（亿美元）	3132.1	3936.2	3860.6	6109.5	8120.2
	中间产品占出口总额比重（%）	62.3	62.8	63.1	65.8	66.6

1995~2011年，APEC主要经济体中除了澳大利亚（2002）、印度尼西亚（2002）、日本（2002）、韩国（2002）和中国台湾（2002）从其他APEC主要经济体进口的中间产品贸易额出现了短暂下降趋势外，其余国

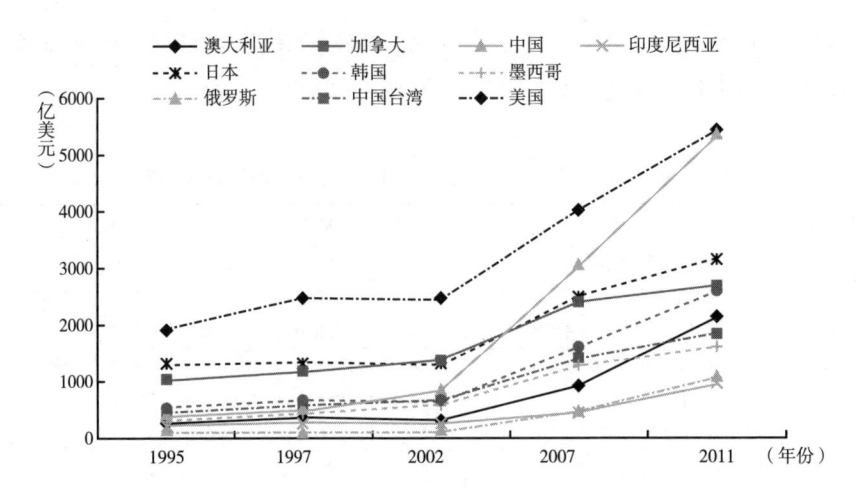

图 4-25　1995~2011 年 APEC 主要经济体之间的中间产品出口额

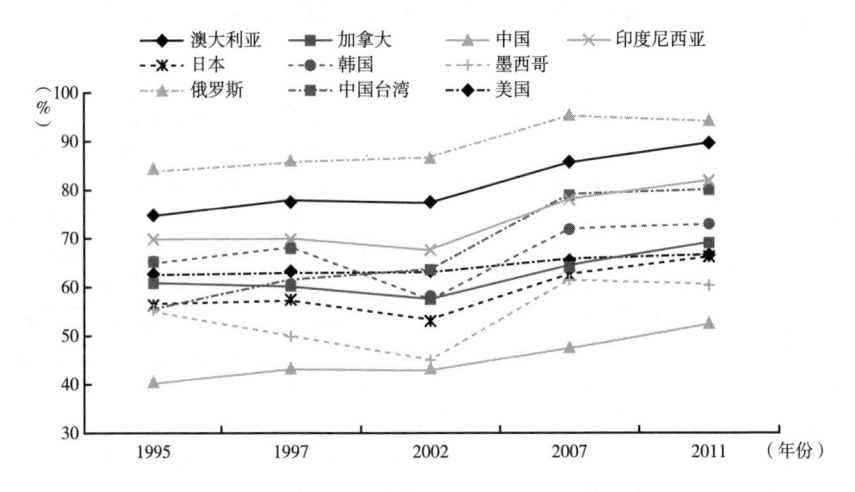

图 4-26　1995~2011 年 APEC 主要经济体之间的中间产品占出口总额比重

家都呈现出一致的稳定增长态势。从进口总量来看，美国除了 2011 年从其他 APEC 主要经济体进口的中间产品贸易额略低于中国外，其余年份均高于其他国家（或地区），进口额由 1995 年的 2149.0 亿美元增加到 2011 年的 7027.2 亿美元，再次表明美国的中间产品贸易是非常活跃的。日本、加拿大、中国和韩国从其他 APEC 主要经济体进口的中间产品贸易额也相对加大，其值分别由 1995 年的 1141.9 亿美元、803.6 亿美元、624.0 亿美元和 581.7 亿美元增加到 2011 年的 3068.4 亿美元、2053.5 亿美元、7319.9 亿美元和 2395.2 亿美元（见表 4-25）。特别分析出，2011 年中国从其他

表 4-25 1995~2011 年 APEC 主要经济体间的中间产品进口额及比重

经济体	指标	1995 年	1997 年	2002 年	2007 年	2011 年
澳大利亚	中间产品进口额（亿美元）	185.5	232.4	205.0	470.2	871.6
	进口总额（亿美元）	314.6	415.8	397.2	875.2	1560.7
	中间产品占进口总额比重(%)	59.0	55.9	51.6	53.7	55.8
加拿大	中间产品进口额（亿美元）	803.6	974.5	1057.3	1683.3	2053.5
	进口总额（亿美元）	1383.5	1670.8	1818.8	3001.8	3649.5
	中间产品占进口总额比重(%)	58.1	58.3	58.1	56.1	56.3
中国	中间产品进口额（亿美元）	624.0	783.6	1193.8	3960.3	7319.9
	进口总额（亿美元）	848.7	980.8	1621.7	4670.6	8668.0
	中间产品占进口总额比重(%)	73.5	79.9	73.6	84.8	84.4
印度尼西亚	中间产品进口额（亿美元）	218.0	263.1	183.8	275.4	709.0
	进口总额（亿美元）	291.9	343.7	238.8	379.2	958.3
	中间产品占进口总额比重(%)	74.7	76.5	77.0	72.6	74.0
日本	中间产品进口额（亿美元）	1141.9	1313.6	1044.6	1983.0	3068.4
	进口总额（亿美元）	1928.7	2120.9	1795.7	3110.5	4699.6
	中间产品占进口总额比重(%)	59.2	61.9	58.2	63.8	65.3
韩国	中间产品进口额（亿美元）	581.7	688.1	677.1	1562.9	2395.2
	进口总额（亿美元）	832.3	951.3	926.4	2060.5	3062.7
	中间产品占进口总额比重(%)	69.9	72.3	73.1	75.9	78.2
墨西哥	中间产品进口额（亿美元）	416.5	653.0	861.6	1369.2	1760.1
	进口总额（亿美元）	570.5	890.5	1243.8	1963.7	2613.4
	中间产品占进口总额比重(%)	73.0	73.3	69.3	69.7	67.4
俄罗斯	中间产品进口额（亿美元）	37.8	52.4	59.4	279.9	423.1
	进口总额（亿美元）	97.9	115.7	130.2	693.1	1136.6
	中间产品占进口总额比重(%)	38.6	45.3	45.6	40.4	37.2
中国台湾	中间产品进口额（亿美元）	472.7	548.0	456.8	952.6	1216.6
	进口总额（亿美元）	684.5	804.5	690.9	1289.0	1615.6
	中间产品占进口总额比重(%)	69.0	68.1	66.1	73.9	75.3
美国	中间产品进口额（亿美元）	2149.0	2526.2	2834.6	5608.0	7027.2
	进口总额（亿美元）	4258.4	5078.6	6252.7	10500.1	12297.3
	中间产品占进口总额比重(%)	50.5	49.7	45.3	53.4	57.1

APEC 主要经济体进口的中间产品贸易额超过美国，跃居 APEC 主要经济体中间产品进口第一位。从增量来看，中国进口的中间产品贸易额增加量最多，共增加了 6695.9 亿美元，占 APEC 主要经济体中间产品进口额增加总量的 33.1%；进口额增加量较多的还有美国（4878.2 亿美元）、日本

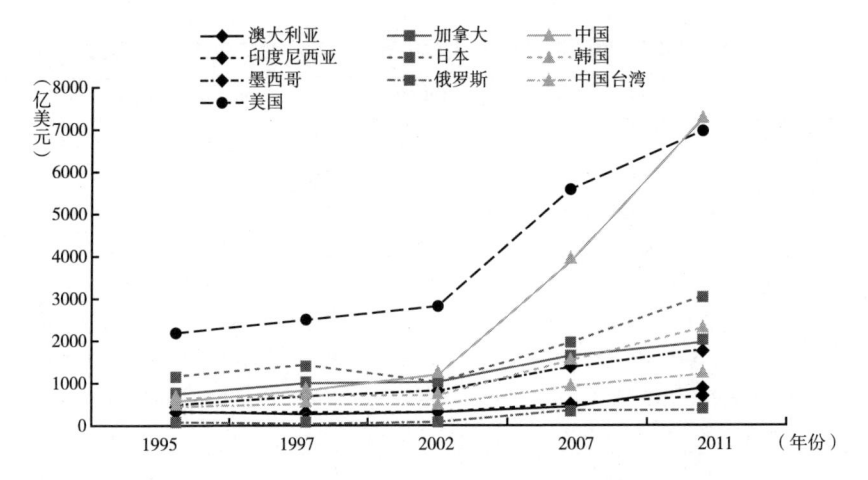

图 4-27　1995~2011 年 APEC 主要经济体间的中间产品进口额

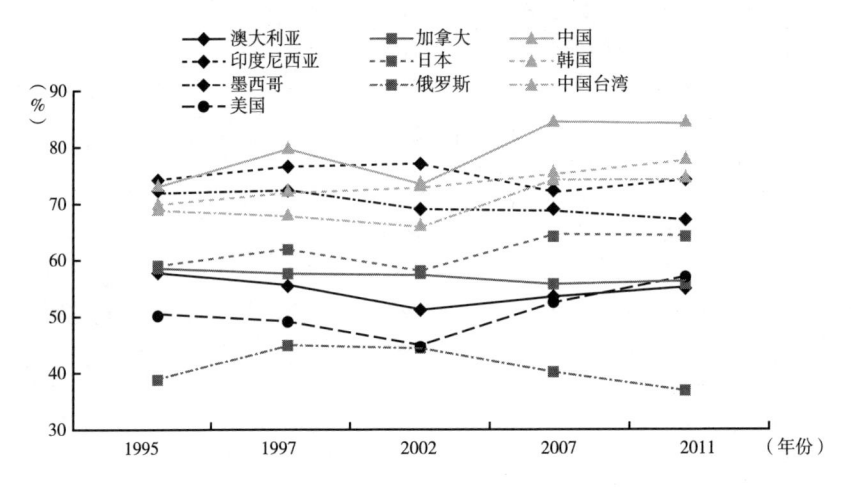

图 4-28　1995~2011 年 APEC 主要经济体间的中间产品占进口总额比重

（1926.5 亿美元）和韩国（1813.5 亿美元）。从相对增长速度来看，中国和俄罗斯的中间产品进口额年均增长速度最快，增长速度分别高达 16.6%和 16.3%；澳大利亚、墨西哥和韩国的中间产品进口额年均增长速度也相对较快，增长速度超过 9.2%。同样，近年来 APEC 主要经济体之间的中间产品进口额呈现出更快的增长速度。

1995~2011 年，APEC 主要经济体之间的中间产品占进口总额比重变化趋势较为多变。中国、印度尼西亚、韩国、墨西哥和中国台湾的中间产品占进口总额比重相对较高，而俄罗斯却相对最低。其中，澳大利亚、加拿大、印度尼西亚、墨西哥和俄罗斯的中间产品占进口总额比重呈现出下降趋势，其值分别由 1995 年的 59.0%、58.1%、74.7%、73.0% 和 38.6% 下降到 2011 年的 55.8%、56.3%、74.0%、67.4% 和 37.2%；中国的中间产品占进口总额比重上升幅度最高，其值由 1995 年的 73.5% 上升到 2011 年的 84.4%，上升了 10.9 个百分点；韩国、美国、中国台湾和日本的中间产品占进口总额比重也保持较高的上升幅度，其值分别由 1995 年的 69.9%、50.5%、69.0% 和 59.2% 上升到 2011 年的 78.2%、57.1%、75.3% 和 65.3%，分别上升了 8.3 个百分点、6.6 个百分点、6.3 个百分点和 6.1 个百分点（见表 4 - 25）。

1995~2011 年，APEC 主要经济体之间各产业的中间产品进出口贸易额均表现出不同程度的增长态势。从总量来看，电气和光学设备制造业的中间产品进出口额最高，由 1995 年的 2129.3 亿美元增加到 2011 年的 9048.0 亿美元，16 年间共增长 6918.7 亿美元。中间产品进出口额较高的还有金属制品业，采矿业，交通运输设备制造业和化学原料及化学制品制造业、化学纤维制造业，其值分别由 1995 年的 1443.3 亿美元、480.4 亿美元、1369.0 亿美元和 932.2 亿美元增加到 2011 年的 6388.9 亿美元、4597.2 亿美元、4036.4 亿美元和 3952.1 亿美元，分别增长 4945.6 亿美元、4116.8 亿美元、2667.4 亿美元和 3019.9 亿美元（见表 4 - 26）。上述产业除了采矿业不是制造业外，其余均属于制造业，这意味着 APEC 主要经济体中制造业是中间产品进出口贸易中最活跃、跨国专业化程度最深的。私人雇用的家庭服务业，皮革、毛皮、羽毛（绒）及鞋类制品业，其他运输配套业务及旅行社业务，汽车及摩托车的销售业，教育和房地产业的中间产品进出口额相对较低，且这些产业主要是服务业，这意味着 APEC 主要经济体中服务业的中间产品进出口贸易才刚刚兴起、跨国的专业化程度不深，具有较大潜力。从增长速度来看，采矿业，石油加工、炼焦及核燃料加工业，电力、煤气及水的生产和供应业，租赁及商务服务业，水上运输业，邮政与通信业，公共管理和国防及社会保障业的增长速度相对较高，年均增长速度均高于 10.2%，且这些产业主要是服务业。而木材加工及木、竹、藤、棕、草制品业，皮革、毛皮、羽毛（绒）及鞋类制品业，造纸及纸制品业、印刷和记录媒介的复制业和纺织业的增长速度则相对较低，年均增长速度均低于 4%，且这些产业主要为制造业。由此可见，制造业的中间产品进出口额虽然规模较大，但其增长速度较低，而服务业的

表4-26　1995~2011年APEC主要经济体间各产业中间产品进出口额及结构分析

产业	进出口额(亿美元)					产业比重(%)				
	1995年	1997年	2002年	2007年	2011年	1995年	1997年	2002年	2007年	2011年
1	451.7	496.4	418.9	690.4	1143.0	3.4	3.1	2.4	1.9	2.1
2	480.4	692.1	727.6	2283.2	4597.2	3.6	4.3	4.2	6.3	8.6
3	413.8	485.8	413.6	714.7	1133.2	3.1	3.0	2.4	2.0	2.1
4	521.0	578.2	555.9	622.9	965.5	3.9	3.6	3.2	1.7	1.8
5	80.8	91.6	70.9	89.1	128.7	0.6	0.6	0.4	0.2	0.2
6	281.9	314.1	265.5	342.2	356.4	2.1	2.0	1.5	0.9	0.7
7	554.1	545.7	554.5	798.5	975.2	4.2	3.4	3.2	2.2	1.8
8	321.3	491.7	565.1	1500.4	2948.0	2.4	3.1	3.3	4.1	5.5
9	932.2	1130.0	1207.7	2699.2	3952.1	7.0	7.0	7.0	7.4	7.4
10	373.7	465.0	512.9	997.3	1436.5	2.8	2.9	3.0	2.7	2.7
11	184.4	226.1	230.6	398.8	608.6	1.4	1.4	1.3	1.1	1.1
12	1443.3	1706.8	1622.2	4135.4	6388.9	10.9	10.6	9.5	11.4	11.9
13	582.4	727.7	694.1	1711.6	2408.9	4.4	4.5	4.0	4.7	4.5
14	2129.3	2589.8	2784.5	7062.4	9048.0	16.1	16.1	16.2	19.5	16.9
15	1369.0	1651.7	1946.8	3321.6	4036.4	10.3	10.3	11.4	9.2	7.5
16	187.4	227.0	256.6	391.0	391.5	1.4	1.4	1.5	1.1	0.7
17	106.8	150.5	200.7	458.5	764.9	0.8	0.9	1.2	1.3	1.4
18	574.0	695.0	743.8	1402.3	1912.9	4.3	4.3	4.3	3.9	3.6
19	77.2	86.1	96.5	160.4	218.0	0.6	0.5	0.6	0.4	0.4
20	199.2	272.4	297.8	541.3	896.6	1.5	1.7	1.7	1.5	1.7
21	109.0	134.8	162.7	292.7	445.8	0.8	0.8	0.9	0.8	0.8
22	126.5	176.4	162.3	290.0	420.8	1.0	1.1	0.9	0.8	0.8
23	143.1	183.2	213.3	408.6	676.7	1.1	1.1	1.2	1.1	1.3
24	103.2	138.1	178.0	415.0	601.7	0.8	0.9	1.0	1.1	1.1
25	170.7	207.4	227.2	438.1	693.1	1.3	1.3	1.3	1.2	1.3
26	75.3	85.5	85.9	145.6	214.7	0.6	0.5	0.5	0.4	0.4
27	93.1	119.8	156.2	318.0	472.5	0.7	0.7	0.9	0.9	0.9
28	197.4	242.7	312.1	505.8	852.0	1.5	1.5	1.8	1.4	1.6
29	56.8	68.8	90.7	149.9	239.0	0.4	0.4	0.5	0.4	0.4
30	347.1	438.1	589.0	1343.8	2184.4	2.6	2.7	3.4	3.7	4.1
31	239.1	271.3	346.1	739.6	1182.9	1.8	1.7	2.0	2.0	2.2
32	47.9	49.4	51.3	134.1	218.1	0.4	0.3	0.3	0.4	0.4
33	123.9	155.6	189.7	373.3	551.5	0.9	1.0	1.1	1.0	1.0
34	164.2	174.7	217.1	414.2	625.2	1.2	1.1	1.3	1.1	1.2
35	0.1	0.1	0.1	0.2	0.2	0.0	0.0	0.0	0.0	0.0
总计	13261.2	16069.6	17148.0	36289.8	53689.4	100.0	100.0	100.0	100.0	100.0

中间产品进出口额虽然规模相对较小，但其增长速度却相对较高，意味着服务业全球化的不断发展将是未来推动全球经济自由化、世界贸易增长的突破口和新的增长点。

1995~2011年，APEC主要经济体之间各产业、化学纤维制造业的中间产品进出口额占所有产业比重变化趋势不尽相同。具体来说，电气和光学设备制造业，金属制品业，采矿业，交通运输设备制造业和化学原料及化学制品制造业、化学纤维制造业的中间产品进出口额比重相对较高，这5个产业的比重累计均高达50%左右，其值由1995年的47.9%上升到2011的最高点52.2%，2007年甚至高达53.7%。而私人雇用的家庭服务业，皮革、毛皮、羽毛（绒）及鞋类制品业，其他运输配套业务及旅行社业务，汽车及摩托车的销售业，教育，房地产业的中间产品进出口总额比重相对较低，均不超过0.61%。交通运输设备制造业，造纸及纸制品业、印刷和记录媒介的复制业，纺织业，木材加工及木、竹、藤、棕、草制品业的中间产品进出口额比重下降幅度较大，均超过1.5个百分点。采矿业，石油加工、炼焦及核燃料加工业，租赁及商务服务业，金属制品业，电气和光学设备制造业的中间产品进出口额比重上升幅度较大，均超过0.8个百分点。航空运输业、私人雇用的家庭服务业、零售及家用产品维修业、房地产业和教育的中间产品进出口总额比重基本不变。

1995~2011年，APEC主要经济体之间不同类别的制造业（低技术制造业、中低技术制造业、中高技术制造业和高技术制造业）的中间产品进出口贸易额均呈现出相似的不断增长趋势，1995~2002年呈现出相对较慢的增长态势，而2002~2011年则呈现出井喷式的增长态势。总体来看，制造业的中间产品进出口额由1995年的9374.6亿美元上升到2011年的34777.9亿美元，16年间年均增加量高达1587.7亿美元，年均增长速度高达8.5%。虽然APEC主要经济体之间制造业中间产品进出口额在所有产业中的比重占据绝对优势，始终保持在64%以上，但其趋势却呈现出一定程度的下滑，其值由1995年的70.7%下降到2011年的64.8%，共减少了5.9个百分点，这主要是由于同期的服务业增速要高于制造业，从而导致了制造业比重的下滑。从分技术类别来看：低技术制造业和中高技术制造业的发展趋势与制造业总体基本一致，其中间产品进出口额虽然也呈现上升趋势，但是在制造业中的比重却均呈现出一定程度的下降趋势，其值由1995年的21.8%和30.8%下降到2011年的11.4%和29.9%，下降了10.4

个百分点和 0.9 个百分点,且年均增长速度也低于制造业平均水平。特别分析出,低技术制造业的年均增速仅为 4.2%;中低技术制造业和高技术制造业的中间产品进出口额和在制造业中的比重均呈现出上升趋势,其进出口额分别由 1995 年的 2322.7 亿美元和 2129.3 亿美元上升到 2011 年 11382.0 亿美元和 9048.0 亿美元,比重也分别由 1995 年的 24.8% 和 22.7% 上升到 2011 年的 32.7% 和 26.0%,年均增长速度分别高达 10.4% 和 9.5%(见表 4-27)。在四类技术类别的制造业中,低技术制造业的中间产品进出口额及比重都是最低的,而技术类别相对较高的制造业中间产品进出口额及比重相对较高,且增长较快,意味着 APEC 主要经济体制造业的中间产品进出口贸易越来越依赖产业链上的深加工、技术含量较高的产业,从而其国际竞争力也越来越强。

表 4-27　1995~2011 年 APEC 主要经济体之间制造业中间产品进出口额及结构分析

产业	指标	1995 年	1997 年	2002 年	2007 年	2011 年
制造业	中间产品进出口额(亿美元)	9374.6	11231.2	11681.1	24785.1	34777.9
	占所有产业比重(%)	70.7	69.9	68.1	68.3	64.8
低技术制造业	中间产品进出口额(亿美元)	2039.0	2242.4	2117.2	2958.4	3950.5
	占制造业比重(%)	21.8	20.0	18.1	11.9	11.4
中低技术制造业	中间产品进出口额(亿美元)	2322.7	2889.6	2930.8	7031.9	11382.0
	占制造业比重(%)	24.8	25.7	25.1	28.4	32.7
中高技术制造业	中间产品进出口额(亿美元)	2883.6	3509.4	3848.6	7732.4	10397.4
	占制造业比重(%)	30.8	31.2	32.9	31.2	29.9
高技术制造业	中间产品进出口额(亿美元)	2129.3	2589.8	2784.5	7062.4	9048.0
	占制造业比重(%)	22.7	23.1	23.8	28.5	26.0

1995~2011 年,APEC 主要经济体之间各产业的中间产品出口额均表现出不同程度的增长态势。从总量来看,电气和光学设备制造业的中间产品出口额最高,由 1995 年的 1259.7 亿美元增加到 2011 年的 5368.9 亿美元,16 年间共增长 4109.2 亿美元。中间产品出口额较高的还有采矿业,金属制品业,化学原料及化学制品制造业、化学纤维制造业和交通运输设备制造业分别由 1995 年的 400.4 亿美元、879.4 亿美元、615.9 亿美元和 618.8 亿美元增加到 2011 年的 3984.5 亿美元、3196.7 亿美元、2523.0 亿

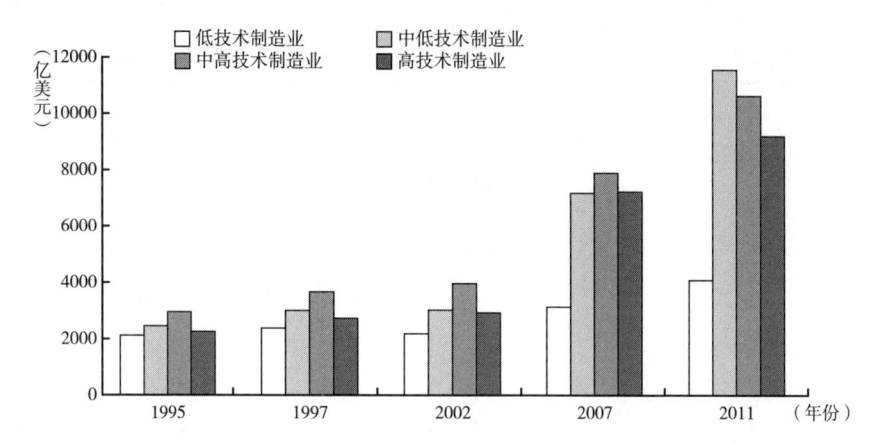

图 4-29　1995~2011 年 APEC 主要经济体之间制造业中间产品进出口额

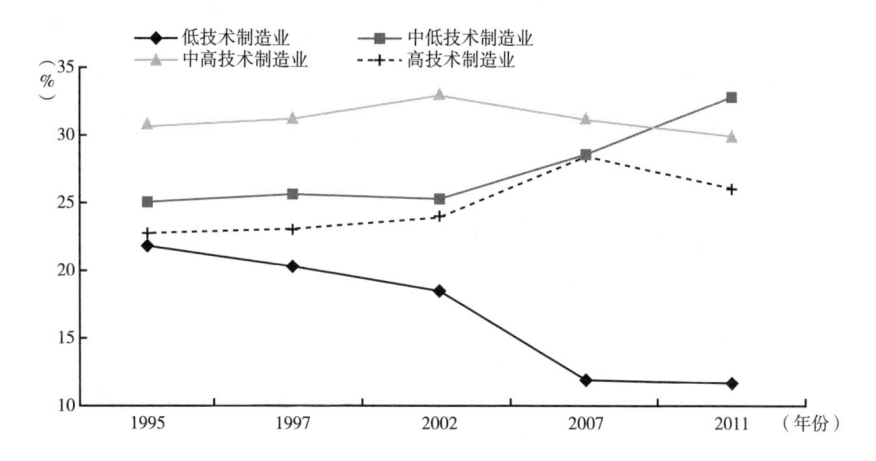

图 4-30　1995~2011 年 APEC 主要经济体之间制造业中间产品进出额比重

美元和 1740.0 亿美元，共增长 3584.1 亿美元、2317.3 亿美元、1907.1 亿美元和 1121.2 亿美元（见表 4-28）。上述产业除了采矿业不是制造业外，其余均属于制造业，意味着在 APEC 主要经济体中制造业同样是中间产品出口贸易中最活跃、跨国的专业化程度最深的。而私人雇用的家庭服务业，汽车及摩托车的销售业，卫生和社会工作，电力、煤气及水的生产和供应业的中间产品出口额相对较低，且这些产业主要是服务业，这意味着 APEC 主要经济体中服务业的中间产品出口贸易的跨国专业化程度不深，具有较大的潜力。从增长速度来看，建筑业，公共管理和国防及社会保障业，采矿业，零售及家用产品维修业，批发业，石油加工、炼焦及核燃料

表 4-28 1995~2011 年 APEC 主要经济体之间各产业中间产品出口额及结构分析

产业	出口额（亿美元）					产业比重（%）				
	1995年	1997年	2002年	2007年	2011年	1995年	1997年	2002年	2007年	2011年
1	291.8	311.1	258.2	416.2	691.6	4.4	3.9	3.0	2.3	2.6
2	400.4	588.4	624.7	1953.4	3984.5	6.0	7.3	7.3	10.8	14.8
3	87.0	111.8	76.7	152.1	235.2	1.3	1.4	0.9	0.8	0.9
4	260.9	290.9	292.2	313.3	501.7	3.9	3.6	3.4	1.7	1.9
5	47.5	53.7	37.2	52.3	77.4	0.7	0.7	0.4	0.3	0.3
6	189.7	214.5	187.0	222.0	218.8	2.9	2.7	2.2	1.2	0.8
7	318.5	312.6	322.8	436.8	490.2	4.8	3.9	3.8	2.4	1.8
8	127.4	183.1	203.5	423.5	1087.4	1.9	2.3	2.4	2.3	4.1
9	615.9	752.4	818.6	1778.1	2523.0	9.3	9.4	9.5	9.8	9.4
10	217.8	277.3	320.5	591.4	844.5	3.3	3.5	3.7	3.3	3.1
11	96.2	121.3	135.9	211.7	297.1	1.5	1.5	1.6	1.2	1.1
12	879.4	1039.8	1032.5	2337.5	3196.7	13.3	12.9	12.0	12.9	11.9
13	292.1	375.6	348.2	864.1	1237.3	4.4	4.7	4.1	4.8	4.6
14	1259.7	1502.0	1632.4	4129.1	5368.9	19.0	18.7	19.0	22.8	20.0
15	618.8	737.0	906.6	1510.1	1740.6	9.3	9.2	10.6	8.3	6.5
16	93.3	112.8	137.7	204.6	157.0	1.4	1.4	1.6	1.1	0.6
17	4.9	6.2	6.8	17.9	19.3	0.1	0.1	0.1	0.1	0.1
18	0.5	0.8	1.9	12.6	9.2	0.0	0.0	0.0	0.1	0.0
19	2.8	1.9	1.9	2.9	4.1	0.0	0.0	0.0	0.0	0.0
20	36.0	81.8	73.6	165.3	309.6	0.5	1.0	0.9	0.9	1.2
21	7.0	18.9	29.6	45.5	62.9	0.1	0.2	0.3	0.3	0.2
22	35.9	66.8	54.3	111.4	146.6	0.5	0.8	0.6	0.6	0.5
23	58.5	72.6	89.6	185.2	322.3	0.9	0.9	1.0	1.0	1.2
24	59.2	75.3	96.9	228.0	326.2	0.9	0.9	1.1	1.3	1.2
25	129.1	152.1	170.3	332.7	527.8	1.9	1.9	2.0	1.8	2.0
26	50.6	56.1	53.0	73.4	101.1	0.8	0.7	0.6	0.4	0.4
27	38.9	45.5	46.4	94.3	132.7	0.6	0.6	0.5	0.5	0.5
28	109.0	141.3	183.2	244.6	443.5	1.6	1.8	2.1	1.3	1.7
29	5.1	6.9	13.8	12.4	22.0	0.1	0.1	0.2	0.1	0.1
30	195.7	243.1	331.4	769.1	1311.3	3.0	3.0	3.9	4.2	4.9
31	13.6	16.5	20.6	101.7	205.7	0.2	0.2	0.2	0.6	0.8
32	14.8	14.1	12.5	36.7	57.7	0.2	0.2	0.1	0.2	0.2
33	2.8	2.9	2.3	6.5	10.1	0.0	0.0	0.0	0.0	0.0
34	69.6	47.6	51.2	108.6	181.1	1.0	0.6	0.6	0.6	0.7
35	0.1	0.1	0.1	0.2	0.2	0.0	0.0	0.0	0.0	0.0
总计	6630.6	8034.8	8574.0	18144.9	26844.7	100.0	100.0	100.0	100.0	100.0

加工业，租赁及商务服务业，水上运输业和内陆运输业的增长速度相对较高，年均增长速度均高于11.3%，且这些产业主要是服务业。而木材加工及木、竹、藤、棕、草制品业，汽车及摩托车的销售业，造纸及纸制品业、印刷和记录媒介的复制业，皮革、毛皮、羽毛（绒）及鞋类制品业，其他制造业及废弃资源和旧材料回收加工业的增长速度则相对较低，年均增长速度均低于3.4%，且这些产业主要为制造业。由此可见，制造业的中间产品出口额虽然规模较大，但增长速度较慢，而服务业的中间出口总额虽然规模相对较小，但增长速度却相对较快。

1995~2011年，APEC主要经济体之间各产业的中间产品出口额占所有产业比重变化趋势不尽相同。具体来说，电气和光学设备制造业，采矿业，金属制品业，化学原料及化学制品制造业、化学纤维制造业和交通运输设备制造业的中间产品出口额比重相对较高，这四个产业的比重累计均高达56%以上，其值由1995年的56.9%上升到2011的最高点62.6%，2007年甚至高达64.6%。而汽车及摩托车的销售业，私人雇用的家庭服务业，卫生和社会工作，建筑业，电力、煤气及水的生产和供应业的中间产品出口额比重相对较低，均不超过0.2%。造纸及纸制品业、印刷和记录媒介的复制业，交通运输设备制造业，木材加工及木、竹、藤、棕、草制品业，纺织业，农、林、牧、渔业，金属制品业的中间产品出口额比重下降幅度较大，均超过1.4个百分点。而采矿业，石油加工、炼焦及核燃料加工业，租赁及商务服务业，电气和光学设备制造业的中间产品出口额比重上升幅度较大，均超过1.0个百分点。汽车及摩托车的销售业，私人雇用的家庭服务业，卫生和社会工作，建筑业，电力、煤气及水的生产和供应业，房地产业，教育，住宿和餐饮业的中间产品出口总额比重基本不变。

1995~2011年，APEC主要经济体之间制造业的中间产品出口贸易额呈现出稳定上升的趋势，其值由1995年的5104.2亿美元上升到2011年的17975.2亿美元，共增加12871.0亿美元，年均增长速度达到8.2%。与此相反，APEC主要经济体之间制造业中间产品出口额在所有产业中的比重虽然保持非常大的比重，但却呈现出一定程度的下降趋势，其值由1995年的77.0%下降到2011年的67.0%，共减少了10个百分点，这主要是由于同期的服务业增速高于制造业，从而导致制造业比重的下滑。从分技术类别来看：低技术制造业的发展趋势与制造业总体相一致，其中间产品出口额虽然也呈现上升趋势,但是在制造业中的比重却均呈现下降趋势,其值由1995年的19.5%下降到2011年的9.3%;中低技术制造业、中高技术制造业和高技术制造业的中间产品出口额和在制造业中的比重均呈现出上升趋势,出口额分别由1995年的1320.8亿美元、1526.8亿美元和1259.7亿美元上升到2011年5425.7亿美元、5500.3亿美元和5368.9亿美元,比重也分别由1995年的25.9%、29.9%和24.7%上升到2011年的30.2%、30.6%和29.9%(见表4-29)。在这四类技术制造业中,低技术制造业的中间产品出口额及比重都是最低的,而技术类别相对较高的制造业中间产品出口额及比重相对较高,且增长较快,意味着APEC主要经济体制造业的中间产品出口越来越依赖产业链长的深加工、技术含量较高的产业。

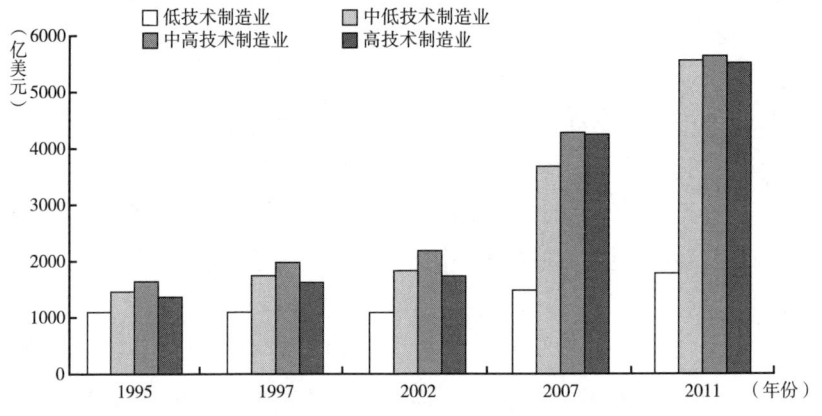

表4-29 1995~2011年APEC主要经济体之间制造业中间产品出口额及结构分析

产业	指标	1995年	1997年	2002年	2007年	2011年
制造业	中间产品出口额(亿美元)	5104.2	6084.8	6451.8	13226.6	17975.2
	占所有产业比重(%)	77.0	75.7	75.2	72.9	67.0
低技术制造业	中间产品出口额(亿美元)	996.9	1096.3	1053.6	1381.1	1680.3
	占制造业比重(%)	19.5	18.0	16.3	10.4	9.3
中低技术制造业	中间产品出口额(亿美元)	1320.8	1621.5	1692.4	3564.1	5425.7
	占制造业比重(%)	25.9	26.6	26.2	26.9	30.2
中高技术制造业	中间产品出口额(亿美元)	1526.8	1865.0	2073.4	4152.3	5500.3
	占制造业比重(%)	29.9	30.7	32.1	31.4	30.6
高技术制造业	中间产品出口额(亿美元)	1259.7	1502.0	1632.4	4129.1	5368.9
	占制造业比重(%)	24.7	24.7	25.3	31.2	29.9

图4-31 1995~2011年APEC主要经济体之间制造业中间产品出口额

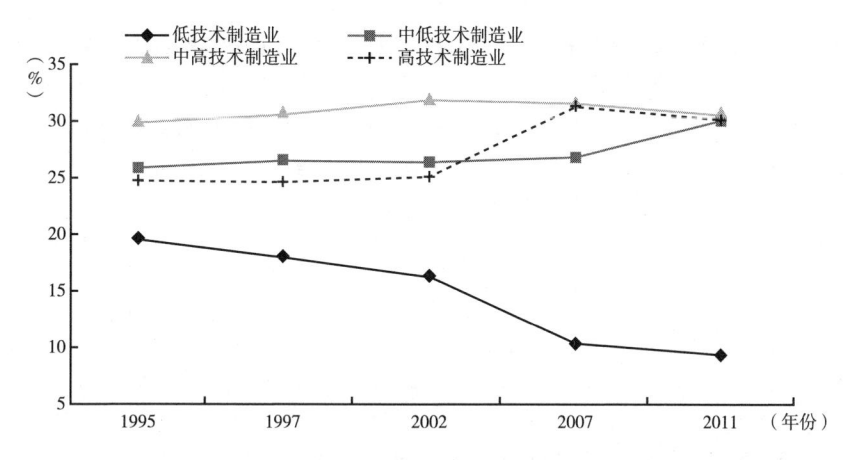

图 4-32　1995~2011 年 APEC 主要经济体之间制造业中间产品出口额比重

1995~2011 年，APEC 主要经济体之间 35 个产业部门的中间产品进口额均表现出不同程度的增长态势。从总量规模来看，电气和光学设备制造业的中间产品进口总额最高，由 1995 年的 869.6 亿美元增加到 2011 年的 3679.1 亿美元，16 年间共增长 2809.5 亿美元。中间产品进口额较高的还有金属制品业，交通运输设备制造业，建筑业，石油加工、炼焦及核燃料加工业和化学原料及化学制品制造业、化学纤维制造业，其值分别由 1995 年的 563.9 亿美元、750.2 亿美元、573.5 亿美元、193.9 亿美元和 316.3 亿美元增加到 2011 年的 3192.2 亿美元、2296.4 亿美元、1903.7 亿美元、1860.6 亿美元和 1429.1 亿美元，共增长 2628.3 亿美元、1546.2 亿美元、1330.2 亿美元、1666.7 亿美元和 1112.8 亿美元（见表 4-30）。上述产业除了建筑业不是制造业外，其余均属于制造业，意味着 APEC 主要经济体制造业是中间产品进口贸易最活跃的。而私人雇用的家庭服务业，皮革、毛皮、羽毛（绒）及鞋类制品业，其他运输配套业务及旅行社业务和木材加工及木、竹、藤、棕、草制品业的中间产品进口额则相对较低。从增长速度来看，石油加工、炼焦及核燃料加工业，采矿业，电力、煤气及水的生产和供应业，邮政与通信业，水上运输业，租赁及商务服务业，金属制品业，教育，其他社区、社会及个人服务业，金融业和其他运输配套业务及旅行社业务的增长速度相对较高，年均增长速度均高于 10%，且这些产业主要是服务业。而私人雇用的家庭服务业，木材加工及木、竹、藤、棕、草制品业，皮革、毛皮、羽毛（绒）及鞋类制品业，纺织业，造纸及

表4-30　1995~2011年APEC主要经济体之间各产业中间产品进口额及结构分析

产业	进口额(亿美元)					产业比重(%)				
	1995年	1997年	2002年	2007年	2011年	1995年	1997年	2002年	2007年	2011年
1	159.9	185.3	160.7	274.2	451.4	2.4	2.3	1.9	1.5	1.7
2	80.0	103.7	102.9	329.8	612.7	1.2	1.3	1.2	1.8	2.3
3	326.8	374.0	336.9	562.6	898.0	4.9	4.7	3.9	3.1	3.3
4	260.1	287.3	263.7	309.6	463.8	3.9	3.6	3.1	1.7	1.7
5	33.3	37.9	33.7	36.8	51.3	0.5	0.5	0.4	0.2	0.2
6	92.2	99.6	78.5	120.2	137.6	1.4	1.2	0.9	0.7	0.5
7	235.6	233.1	231.7	361.7	485.0	3.6	2.9	2.7	2.0	1.8
8	193.9	308.6	361.6	1076.9	1860.6	2.9	3.8	4.2	5.9	6.9
9	316.3	377.6	389.1	921.0	1429.1	4.8	4.7	4.5	5.1	5.3
10	155.9	187.7	192.4	405.9	592.0	2.4	2.3	2.2	2.2	2.2
11	88.2	104.8	94.2	187.1	311.5	1.3	1.3	1.1	1.0	1.2
12	563.9	667.0	589.7	1797.9	3192.2	8.5	8.3	6.9	9.9	11.9
13	290.3	352.1	345.9	847.5	1171.6	4.4	4.4	4.0	4.7	4.4
14	869.6	1087.8	1152.1	2933.3	3679.1	13.1	13.5	13.4	16.2	13.7
15	750.2	914.7	1040.2	1811.5	2296.4	11.3	11.4	12.1	10.0	8.6
16	94.1	114.2	119.1	186.4	234.5	1.4	1.4	1.4	1.0	0.9
17	101.9	144.3	193.9	440.6	745.6	1.5	1.8	2.3	2.4	2.8
18	573.5	694.2	741.9	1389.7	1903.7	8.6	8.6	8.7	7.7	7.1
19	74.4	84.2	94.6	157.5	213.9	1.1	1.0	1.1	0.9	0.8
20	163.2	190.6	224.2	376.0	587.0	2.5	2.4	2.6	2.1	2.2
21	102.0	115.9	133.1	247.2	382.9	1.5	1.4	1.6	1.4	1.4
22	90.6	109.6	108.2	178.6	274.2	1.4	1.4	1.3	1.0	1.0
23	84.6	110.6	123.7	223.4	354.4	1.3	1.4	1.4	1.2	1.3
24	44.0	62.8	81.1	187.0	275.5	0.7	0.8	0.9	1.0	1.0
25	41.6	55.3	56.9	105.4	165.3	0.6	0.7	0.7	0.6	0.6
26	24.7	29.4	32.9	72.2	113.6	0.4	0.4	0.4	0.4	0.4
27	54.2	74.3	109.8	223.7	339.8	0.8	0.9	1.3	1.2	1.3
28	88.4	101.4	128.9	261.2	408.5	1.3	1.3	1.5	1.4	1.5
29	51.7	61.9	76.9	137.6	217.0	0.8	0.8	0.9	0.8	0.8
30	151.4	195.0	257.6	574.7	873.1	2.3	2.4	3.0	3.2	3.3
31	225.5	254.8	325.5	637.9	977.2	3.4	3.2	3.8	3.5	3.6
32	33.1	35.3	38.8	97.4	160.4	0.5	0.4	0.5	0.5	0.6
33	121.1	152.7	187.4	366.8	541.4	1.8	1.9	2.2	2.0	2.0
34	94.6	127.1	165.9	305.6	444.1	1.4	1.6	1.9	1.7	1.7
35	0.0	0.0	0.0	0.0	0.0	0.0	0.0	0.0	0.0	0.0
总计	6630.6	8034.8	8574.0	18144.9	26844.7	100.0	100.0	100.0	100.0	100.0

纸制品业、印刷和记录媒介的复制业的增长速度则相对较低，年均增长速度均低于4.7%，且这些产业主要为制造业。由此可见，制造业的中间产品进口额虽然规模较大，但增长速度较慢，而服务业的中间产品进口额增长速度却相对较快。

1995~2011年，APEC主要经济体之间各产业的中间产品进口额占所有产业比重变动趋势明显。具体来说，电气和光学设备制造业、金属制品业、交通运输设备制造业和建筑业的中间产品进口额比重相对较高，这四个产业的比重累计维持在41%左右。特别分析出，电气和光学设备制造业的中间产品进口总额比重最高，其值由1995年的13.1%上升到2011年的13.7%（见表4-30）。而私人雇用的家庭服务业，皮革、毛皮、羽毛（绒）及鞋类制品业，其他运输配套业务及旅行社业务，航空运输业，教育，房地产业的中间产品进口额比重相对较低，均不超过1.2%。交通运输设备制造业，纺织业，造纸及纸制品业、印刷和记录媒介的复制业，食品、饮料制造及烟草业和建筑业的中间产品进口额比重下降幅度较大，均超过1.5个百分点。而石油加工、炼焦及核燃料加工业，金属制品业，电力、煤气及水的生产和供应业，采矿业，租赁及商务服务业的中间产品进口额比重上升幅度较大，均超过1.0个百分点。其他运输配套业务及旅行社业务、私人雇用的家庭服务业、航空运输业、房地产业、内陆运输业和通用专用设备制造业的中间产品进口额比重变化不大。

1995~2011年，APEC主要经济体之间制造业的中间产品进口额呈现出稳定上升的趋势，其值由1995年的4270.4亿美元上升到2011年的16802.7亿美元，共增加12532.3亿美元，年均增长速度达到8.9%。虽然中间产品进口额在所有产业中的比重非常大，但却呈现出一定程度的下降趋势，其值由1995年的64.4%下降到2011年的62.6%，共减少了1.8个百分点。从分技术类别来看：低技术制造业和中高技术制造业的发展趋势与制造业总体相一致，其中间产品进口额虽然也呈现上升趋势，但是在制造业中的比重却均呈现下降趋势，分别由1995年的24.4%和31.8%下降到2011年的13.5%和29.1%；中低技术制造业和高技术制造业的中间产品进口额和在制造业中的比重均呈现出上升趋势，进口额分别由1995年的1001.9亿美元和869.6亿美元上升到2011年5956.3亿美元和3679.1亿美元，比重也分别由1995年的23.5%和20.4%上升到2011年的35.4%和21.9%（见表4-31）。

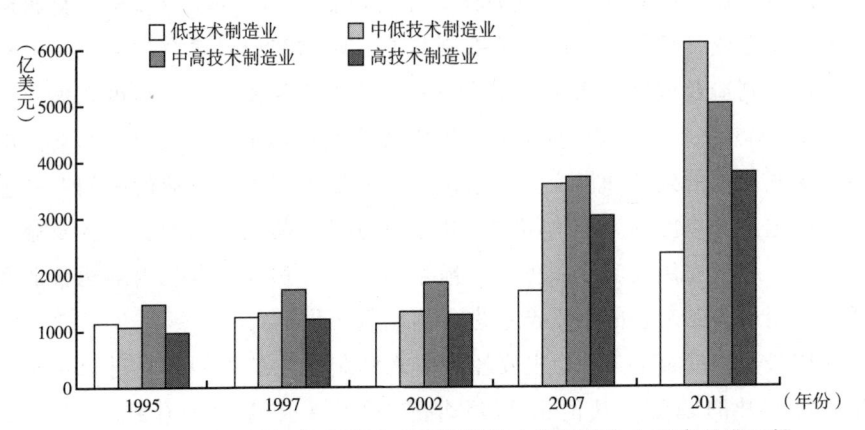

表 4-31　1995~2011 年 APEC 主要经济体之间制造业中间产品进口额及结构分析

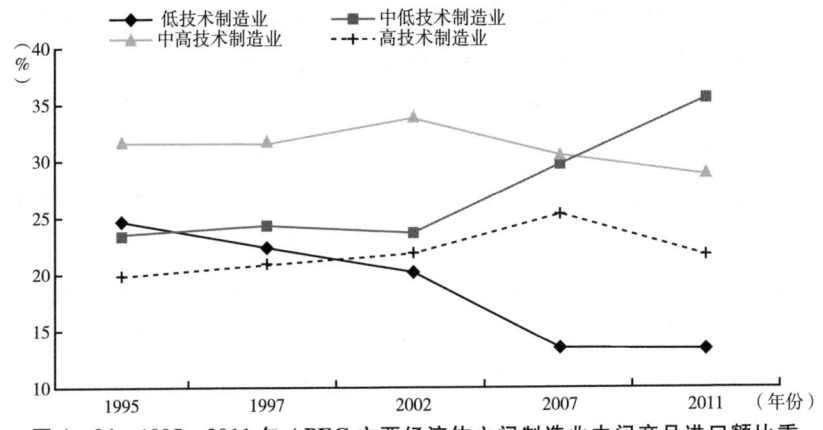

产业	指标	1995 年	1997 年	2002 年	2007 年	2011 年
制造业	中间产品进口额（亿美元）	4270.4	5146.4	5229.3	11558.5	16802.7
	占所有产业比重（%）	64.4	64.1	61.0	63.7	62.6
低技术制造业	中间产品进口额（亿美元）	1042.1	1146.1	1063.6	1577.3	2270.2
	占制造业比重（%）	24.4	22.3	20.3	13.6	13.5
中低技术制造业	中间产品进口额（亿美元）	1001.9	1268.1	1238.4	3467.8	5956.3
	占制造业比重（%）	23.5	24.6	23.7	30.0	35.4
中高技术制造业	中间产品进口额（亿美元）	1356.8	1644.4	1775.2	3580.1	4897.1
	占制造业比重（%）	31.8	32.0	33.9	31.0	29.1
高技术制造业	中间产品进口额（亿美元）	869.6	1087.8	1152.1	2933.3	3679.1
	占制造业比重（%）	20.4	21.1	22.0	25.4	21.9

图 4-33　1995~2011 年 APEC 主要经济体之间制造业中间产品进口额

图 4-34　1995~2011 年 APEC 主要经济体之间制造业中间产品进口额比重

二 APEC主要经济体与其他贸易伙伴的中间产品贸易

随着经济全球化的加深，国际分工进一步细化，APEC主要经济体与其他贸易伙伴国的中间产品贸易也发展迅速，中间产品贸易同样成为APEC主要经济体与其他贸易伙伴之间进出口贸易的重要组成部分。

1995～2011年，APEC主要经济体与其他贸易伙伴的中间产品进出口贸易规模呈现出不断上升的趋势，进出口贸易额由1995年的13132.7亿美元增加到2011年的49850.0亿美元，年均增长量高达2294.8亿美元。APEC主要经济体与其他贸易伙伴的中间产品进出口贸易增长速度也相对较快，2002～2007年的增长速度竟高达18.4%，但是由于受到1997年亚洲金融危机和2008年全球金融危机的影响，其增速也呈现出一定程度的放缓。1995～2011年，APEC主要经济体与其他贸易伙伴的中间产品进出口额增长速度（8.7%）要明显高于进出口总额增长速度（8.4%），致使中间产品占进出口总额比重呈现出上升趋势，其值由1995年的65.9%上升到2011年的68.8%，提升了2.9个百分点（见表4-32）。APEC主要经济体与其他贸易伙伴的中间产品进出口贸易的大量增加体现了APEC主要经济体与其他贸易伙伴之间的经济联系在不断加强，即参与全球产业分工的程度在不断加深。

从分区域来看，APEC主要经济体与欧盟、其他地区的中间产品进出口贸易规模均呈现出不同程度的快速上升态势。其中，APEC主要经济体与欧盟的中间产品进出口贸易额由1995年的4109.1亿美元增加到2011年的13556.8亿美元，共增加9447.7亿美元；APEC主要经济体与其他地区的中间产品进出口贸易额由1995年的9023.6亿美元增加到2011年的36293.2亿美元，共增加了27269.7亿美元，约是欧盟增加量的2.9倍。虽然2007年以前APEC主要经济体与欧盟的中间产品进出口贸易年均增速相对较小，但是2007～2011年年均增速要显著高于APEC主要经济体与其他地区的中间产品进出口贸易增速，表明近年来APEC主要经济体与欧盟的经济联系越来越密切。1995～2011年，APEC主要经济体与欧盟的中间产品占进出口总额比重由1995年的61.1%上升到2011年的63.5%，提升了2.4个百分点；APEC主要经济体与其他地区的中间产品占进出口总额比重相对较高，均超过67%以上，其值由1995年的68.3%上升到2011年的71.1%（见表4-33、表4-34）。

表 4-32　1995~2011 年 APEC 主要经济体与其他贸易伙伴的中间产品进出口额及比重

指标	1995 年	1997 年	2002 年	2007 年	2011 年
中间产品进出口额（亿美元）	13132.7	13968.9	16906.7	39413.7	49850.0
进出口总额（亿美元）	19932.0	21082.0	26041.7	57033.1	72409.1
中间产品占进出口总额比重（%）	65.9	66.3	64.9	69.1	68.8

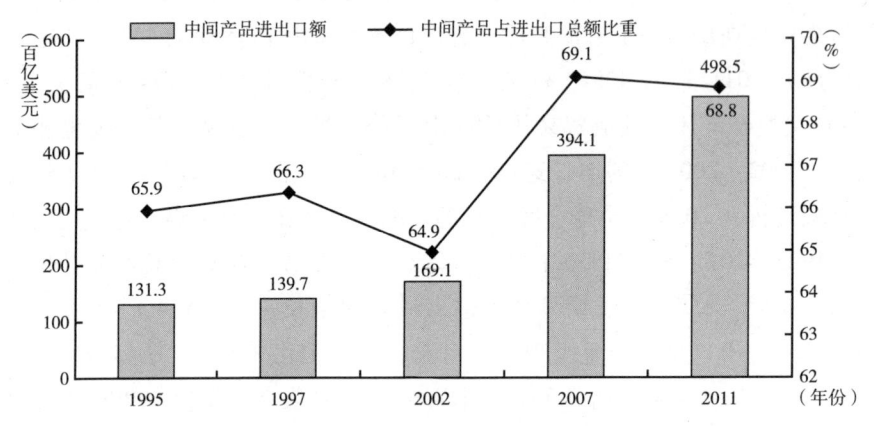

图 4-35　1995~2011 年 APEC 主要经济体与其他贸易伙伴的
中间产品进出口额及比重

表 4-33　1995~2011 年 APEC 主要经济体与欧盟的中间产品进出口额及比重

指标	1995 年	1997 年	2002 年	2007 年	2011 年
中间产品进出口额（亿美元）	4109.1	4387.0	4941.8	10091.7	13556.8
进出口总额（亿美元）	6722.9	7208.9	8365.5	16428.0	21347.6
中间产品占进出口总额比重（%）	61.1	60.9	59.1	61.4	63.5

表 4-34　1995~2011 年 APEC 主要经济体与其他地区的
中间产品进出口额及比重*

指标	1995 年	1997 年	2002 年	2007 年	2011 年
中间产品进出口额（亿美元）	9023.6	9581.9	11964.9	29322.0	36293.2
进出口总额（亿美元）	13209.1	13873.1	17676.2	40605.0	51061.4
中间产品占进出口总额比重（%）	68.3	69.1	67.7	72.2	71.1

注：*其他地区是指除了 APEC 主要经济体和欧盟之外的其他所有国家或地区。

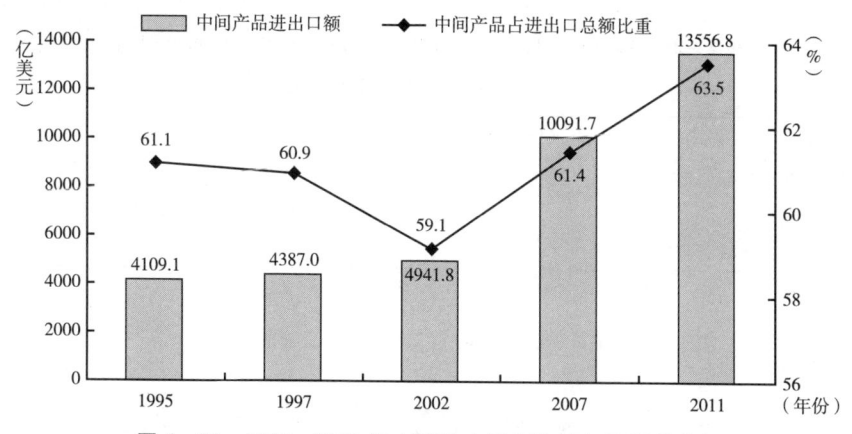

图 4-36　1995~2011 年 APEC 主要经济体与欧盟的中间
产品进出口额及比重

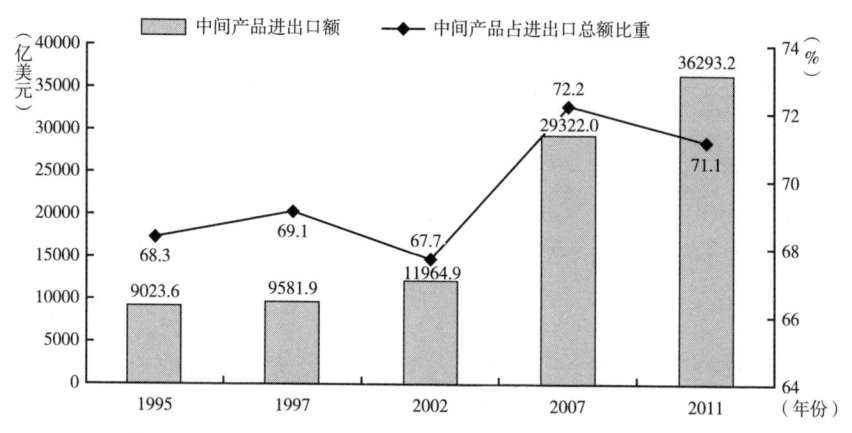

图 4-37　1995~2011 年 APEC 主要经济体与其他地区的
中间产品进出口额及比重

1995~2011 年，APEC 主要经济体与其他贸易伙伴的中间产品出口额与进出口额发展趋势非常相似，其值由 1995 年的 7474.6 亿美元增加到 2011 年的 25013.0 亿美元，共增加了 17538.4 亿美元。相对于中间产品进口贸易而言，APEC 主要经济体与其他贸易伙伴的中间产品出口贸易规模相对较大，但这种差距却呈现出缩小的趋势，即 APEC 主要经济体与其他贸易伙伴的中间产品呈贸易顺差缩小的趋势。APEC 主要经济体与其他贸易伙伴的中间产品占出口总额比重相对较高，其值由 1995 年的 69.5% 上升到 2007 年的 70.3%，之后受 2008 全球金融危机的影响又有所下降，下降到 2011 年的 68.7%（见表 4-35）。

表 4-35　1995~2011 年 APEC 主要经济体与其他贸易伙伴的
中间产品出口额及比重

指标	1995 年	1997 年	2002 年	2007 年	2011 年
中间产品出口额（亿美元）	7474.6	7910.6	8797.2	20431.9	25013.0
出口总额（亿美元）	10747.7	11380.0	12567.5	29069.4	36403.3
中间产品占出口总额比重（%）	69.5	69.5	70.0	70.3	68.7

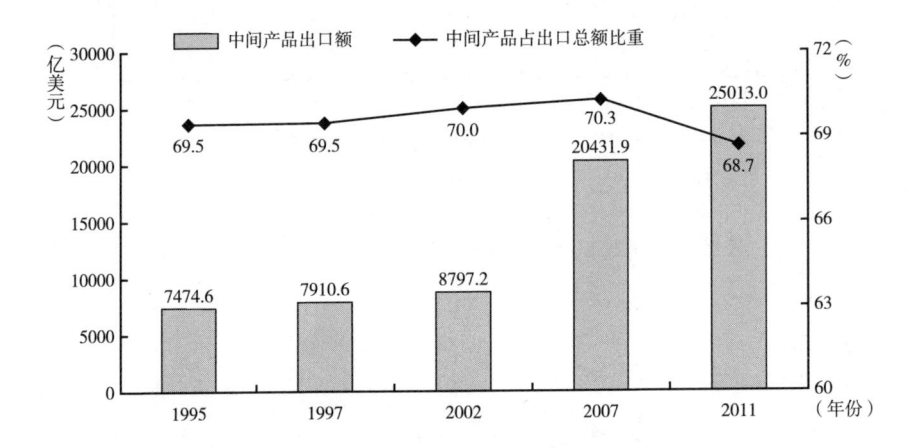

图 4-38　1995~2011 年 APEC 主要经济体与其他贸易伙伴的
中间产品出口额及比重

从分区域来看，1995~2011 年 APEC 主要经济体与其他地区贸易伙伴的中间产品出口额显著大于其与欧盟的数额，基本维持在 2.5 倍左右。APEC 主要经济体与欧盟的中间产品出口贸易额由 1995 年的 2160.2 亿美元增加到 2011 年的 7654.4 亿美元，共增加了 5494.2 亿美元；APEC 主要经济体与其他地区的中间产品出口贸易额由 1995 年的 5314.4 亿美元增加到 2011 年的 17358.6 亿美元，共增加 12044.2 亿美元。但是，近年来 APEC 主要经济体与欧盟的中间产品出口额增速明显加快，其值显著高于 APEC 主要经济体与其他地区的数额。APEC 主要经济体与欧盟的中间产品占出口总额比重呈现出快速上升的趋势，其值由 1995 年 66.5% 上升到 2011 年的 69.3%，提升了 2.8 个百分点；APEC 主要经济体与其他地区的中间产品占出口总额比重相对较高，其值由 1995 年的 70.9% 上升到 2007 年的 71.8%，而后又有所下降，下降到 2011 年的 68.5%（见表 4-36、表 4-37）。

表4-36　1995~2011年APEC主要经济体与欧盟的中间产品出口额及比重

指标	1995年	1997年	2002年	2007年	2011年
中间产品出口额(亿美元)	2160.2	2272.5	2543.4	5481.9	7654.4
出口总额(亿美元)	3249.3	3442.5	3826.7	8255.5	11046.2
中间产品占出口总额比重(%)	66.5	66.0	66.5	66.4	69.3

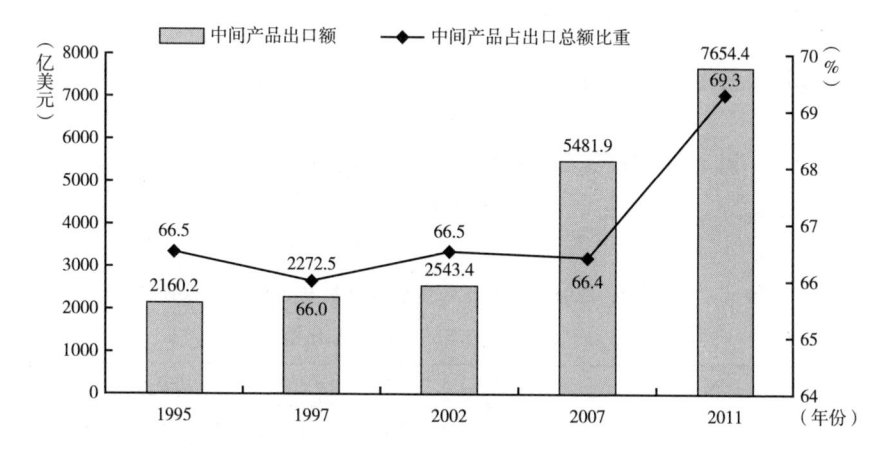

图4-39　1995~2011年APEC主要经济体与欧盟的中间产品出口额及比重

表4-37　1995~2011年APEC主要经济体与其他
地区的中间产品出口额及比重

指标	1995年	1997年	2002年	2007年	2011年
中间产品出口额(亿美元)	5314.4	5638.1	6253.8	14950.0	17358.6
出口总额(亿美元)	7498.4	7937.4	8740.8	20813.9	25357.1
中间产品占出口总额比重(%)	70.9	71.0	71.5	71.8	68.5

　　1995~2011年，APEC主要经济体与其他贸易伙伴的中间产品进口贸易额呈现出快速增长的趋势，其值由1995年的5658.1亿美元增加到2011年的24837.1亿美元，共增加了19179.0亿美元。APEC主要经济体与其他贸易伙伴的中间产品占进口总额比重大幅度提升，其值由1995年的61.6%上升到69.0%，提升了7.4个百分点（见表4-38）。

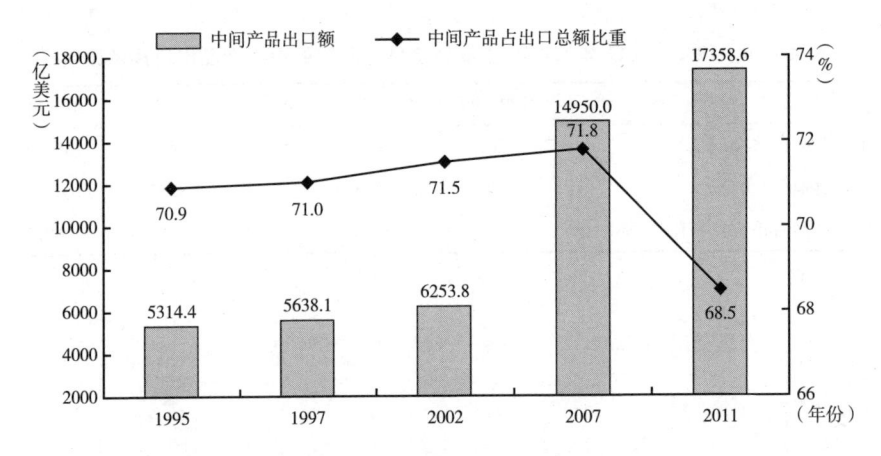

102 | 全球价值链：APEC主要经济体产业结构和国际竞争力

图 4-40　1995~2011 年 APEC 主要经济体与其他地区的中间产品出口额及比重

表 4-38　1995~2011 年 APEC 主要经济体与其他贸易伙伴的中间产品进口额及比重

指标	1995 年	1997 年	2002 年	2007 年	2011 年
中间产品进口额（亿美元）	5658.1	6058.3	8109.5	18981.8	24837.1
进口总额（亿美元）	9184.3	9702.1	13474.2	27963.7	36005.8
中间产品占进口总额比重（%）	61.6	62.4	60.2	67.9	69.0

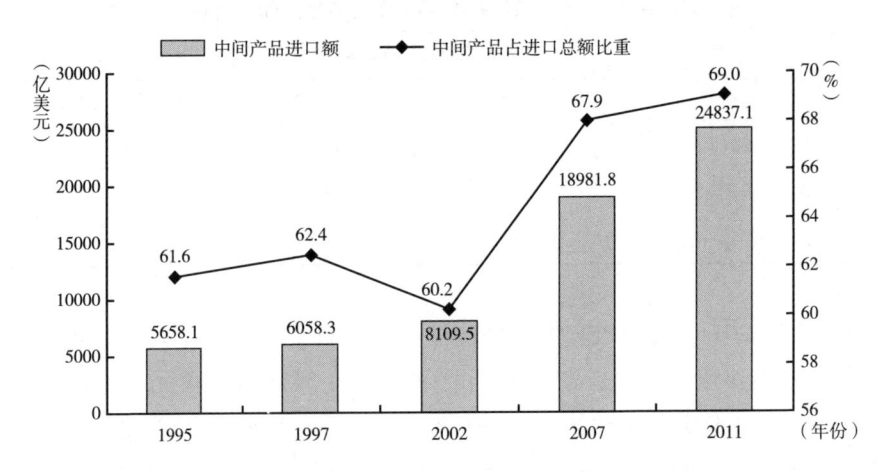

图 4-41　1995~2011 年 APEC 主要经济体与其他贸易伙伴的中间产品进口额及比重

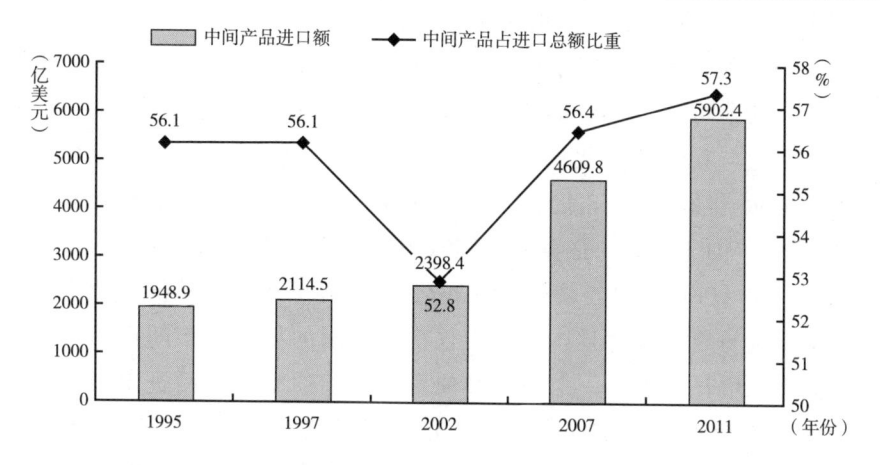

第四章 APEC主要经济体的国际生产联系和产业分工变化 | 103

从分区域来看，1995~2011年APEC主要经济体与欧盟的中间产品进口额由1995年的1948.9亿美元增加到2011年的5902.4亿美元，年均增速为7.2%；APEC主要经济体与其他地区的中间产品进口额由1995年的3709.2亿美元增加到2011年的18934.7亿美元，年均增速高达10.7%。APEC主要经济体与欧盟的中间产品占进口总额比重相对较小，其值由1995年的56.1%上升到2011年的57.3%；APEC主要经济体与其他地区的中间产品占进口总额比重由1995年的65.0%上升了2011年的73.7%，提升了8.7个百分点（见表4-39、表4-40）。

表4-39 1995~2011年APEC主要经济体与欧盟的中间产品进口额及比重

指标	1995年	1997年	2002年	2007年	2011年
中间产品进口额（亿美元）	1948.9	2114.5	2398.4	4609.8	5902.4
进口总额（亿美元）	3473.6	3766.4	4538.9	8172.5	10301.4
中间产品占进口总额比重（%）	56.1	56.1	52.8	56.4	57.3

图4-42 1995~2011年APEC主要经济体与欧盟的中间产品进口额及比重

表4-40 1995~2011年APEC主要经济体与其他地区的中间产品进口额及比重

指标	1995年	1997年	2002年	2007年	2011年
中间产品进口额（亿美元）	3709.2	3943.8	5711.1	14372.0	18934.7
进口总额（亿美元）	5710.7	5935.6	8935.4	19791.2	25704.4
中间产品占进口总额比重（%）	65.0	66.4	63.9	72.6	73.7

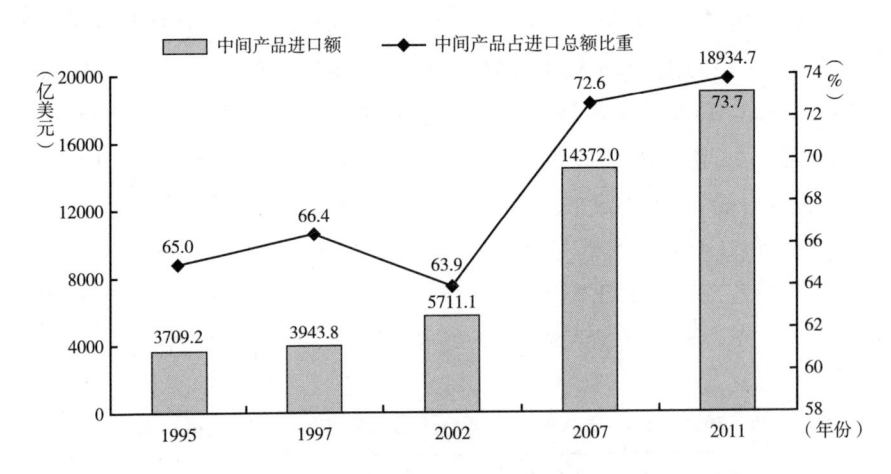

图 4-43　1995~2011 年 APEC 主要经济体与其他地区的中间产品进口额及比重

1995~2011 年，APEC 主要经济体中的极少数亚洲国家（或地区）受到 1997 年亚洲金融危机的影响，除澳大利亚（1997）、日本（1997、2002）与其他贸易伙伴的中间产品进出口额出现过一定程度的短暂下降趋势外，其余均呈现一致的稳定增长态势。从进出口总量来看，美国、日本、中国与其他贸易伙伴的中间产品进出口贸易规模占据绝对优势，其值由 1995 年的 5712.8 亿美元、2719.4 亿美元和 740.0 亿美元分别增加到 2011 年的 14842.3 亿美元、5661.9 亿美元和 13513.9 亿美元。特别分析出，在 APEC 主要经济体中，2011 年中国与其他贸易伙伴的中间产品进出口贸易规模超过日本，成为仅次于美国的第二大中间产品进出口贸易国。从增长量来看，中国与其他贸易伙伴的中间产品进出口贸易增量最多，16 年间共增加了 12773.9 亿美元，其次是美国（9129.5 亿美元）。增长量较多的还有俄罗斯（3491.0 亿美元）、韩国（2883.7 亿美元）和日本（2942.5 亿美元）（见表 4-41）。从增长速度来看，中国、俄罗斯、印度尼西亚与其他贸易伙伴的中间产品进出口贸易额增速较快，年均增长速度分别高达 19.9%、10.9% 和 10.7%，而日本、美国和澳大利亚的进出口贸易额年均增长速度相对较慢，年均增长速度不超过 6.9%。同时，由图 4-44 可以看出，随着全球化经济一体化的加快，近年来 APEC 主要经济体与其他贸易伙伴的中间产品进出口贸易均表现出更为强劲的增长态势。

表4-41 1995~2011年APEC主要经济体与其他贸易伙伴的中间产品进出口额及比重

主要经济体	指标	1995年	1997年	2002年	2007年	2011年
澳大利亚	中间产品进出口额(亿美元)	544.7	513.9	542.9	1350.8	1558.8
	进出口总额(亿美元)	766.5	770.4	857.0	2015.7	2387.3
	中间产品占进出口总额比重(%)	71.1	66.7	63.4	67.0	65.3
加拿大	中间产品进出口额(亿美元)	607.0	647.0	823.3	1639.0	1858.7
	进出口总额(亿美元)	883.2	928.0	1207.8	2374.1	2779.2
	中间产品占进出口总额比重(%)	68.7	69.7	68.2	69.0	66.9
中国	中间产品进出口额(亿美元)	740.0	869.9	2053.6	8252.4	13513.9
	进出口总额(亿美元)	1282.0	1390.7	3118.5	12127.2	19929.4
	中间产品占进出口总额比重(%)	57.7	62.6	65.9	68.0	67.8
印度尼西亚	中间产品进出口额(亿美元)	304.5	340.6	391.8	985.4	1552.8
	进出口总额(亿美元)	429.8	470.1	522.1	1288.2	2007.6
	中间产品占进出口总额比重(%)	70.8	72.4	75.0	76.5	77.3
日本	中间产品进出口额(亿美元)	2719.4	2487.6	2420.4	4959.7	5661.9
	进出口总额(亿美元)	4216.3	3797.7	3784.9	6988.1	8168.5
	中间产品占进出口总额比重(%)	64.5	65.5	64.0	71.0	69.3
韩国	中间产品进出口额(亿美元)	811.2	900.4	1000.6	2836.1	3694.9
	进出口总额(亿美元)	1204.8	1318.4	1491.5	3883.7	5021.9
	中间产品占进出口总额比重(%)	67.3	68.3	67.1	73.0	73.6
墨西哥	中间产品进出口额(亿美元)	270.8	312.3	530.3	1004.4	1016.5
	进出口总额(亿美元)	359.2	438.3	757.2	1478.2	1567.7
	中间产品占进出口总额比重(%)	75.4	71.3	70.0	67.9	64.8
俄罗斯	中间产品进出口额(亿美元)	823.7	884.8	1051.5	3207.9	4314.7
	进出口总额(亿美元)	1250.8	1317.0	1479.5	4503.4	6192.2
	中间产品占进出口总额比重(%)	65.9	67.2	71.1	71.2	69.7
中国台湾	中间产品进出口额(亿美元)	598.6	626.0	773.3	1617.8	1835.6
	进出口总额(亿美元)	915.2	940.6	1088.1	2061.0	2372.2
	中间产品占进出口总额比重(%)	65.4	66.5	71.1	78.5	77.4
美国	中间产品进出口额(亿美元)	5712.8	6386.3	7319.0	13560.4	14842.3
	进出口总额(亿美元)	8624.3	9710.8	11735.3	20313.7	21983.1
	中间产品占进出口总额比重(%)	66.2	65.8	62.4	66.8	67.5

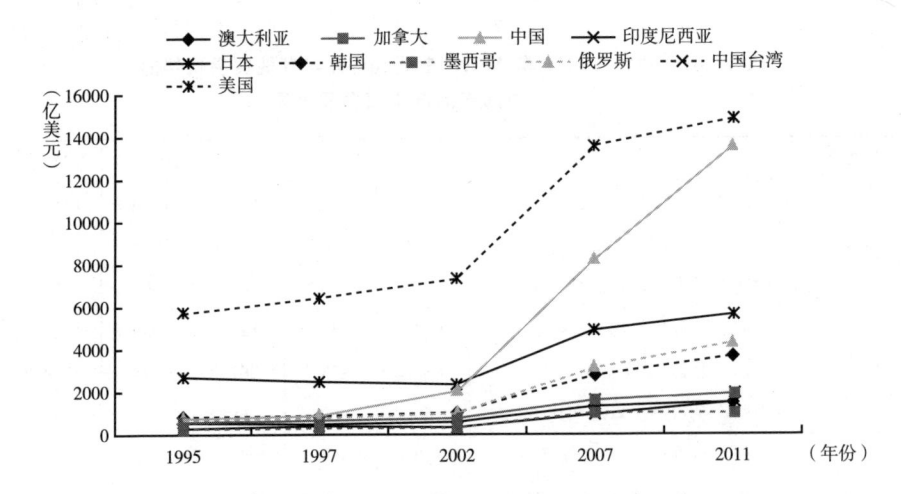

图 4-44　1995~2011 年 APEC 主要经济体与其他贸易伙伴的
中间产品进出口额

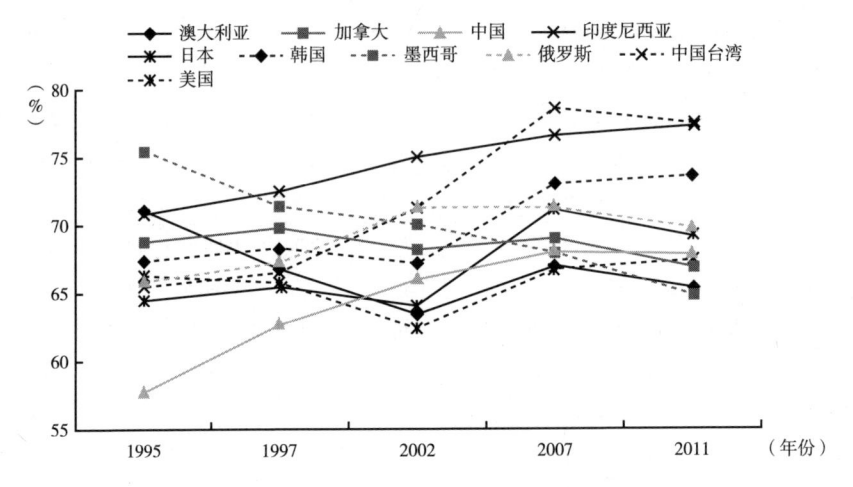

图 4-45　1995~2011 年 APEC 主要经济体与其他贸易伙伴的
中间产品进出口额比重

1995~2011 年，APEC 主要经济体与其他贸易伙伴的中间产品占进出口总额比重相对较高，均超过 55%，表明 APEC 主要经济体与其他贸易伙伴之间的联系是非常紧密的。其中，澳大利亚、加拿大和墨西哥的中间产品占进出口总额比重呈现下降趋势，其值分别由 1995 年的 71.1%、68.7%、75.4% 下降到 2011 年的 65.3%、66.9% 和 64.8%；印度尼西亚的中间产品占进出口总额比重最高，其值由 1995 年的 70.8% 上升到 2011

年的77.3%，上升了6.5个百分点；中国的中间产品占进出口总额比重相对较小，但其值由1995年的57.7%快速上升到2011年的67.8%，上升幅度高达10.1个百分点；中国台湾的中间产品占进出口总额比重上升幅度最大，其值由1995年的65.4%上升到2011年的77.4%，上升了12个百分点；日本、韩国、俄罗斯和美国的中间产品占进出口总额比重也保持稳定的上升态势，其值分别由1995年的64.5%、67.3%、65.9%和66.2%上升到2011年的69.3%、73.6%、69.7%和67.5%（见表4-41）。

从分区域来看，1995~2011年APEC主要经济体与欧盟、其他地区的中间产品进出口贸易额变动趋势类似，均呈现出稳定的增长态势。特别是2002年、2007年、2011年的增长速度更加明显。1995~2011年APEC主要经济体与欧盟的中间产品进出口贸易额均明显小于其他地区，且年均增长速度均小于其他地区，由此可以看出，APEC主要经济体进出口贸易额的快速提升，主要是由于APEC主要经济体与其他地区的中间产品进出口贸易更频繁，联系更紧密。

表4-42 1995~2011年APEC主要经济体与欧盟、
其他地区的中间产品进出口额

单位：亿美元

主要经济体	1995年 欧盟	1995年 其他地区	1997年 欧盟	1997年 其他地区	2002年 欧盟	2002年 其他地区	2007年 欧盟	2007年 其他地区	2011年 欧盟	2011年 其他地区
澳大利亚	157.7	387.0	155.6	358.3	125.6	417.2	255.9	1094.9	347.4	1211.3
加拿大	257.9	349.0	268.4	378.6	278.3	545.1	512.1	1127.0	631.1	1227.6
中国	233.9	506.1	282.0	587.9	560.8	1492.8	2155.9	6096.4	3559.5	9954.4
印度尼西亚	138.1	166.4	151.5	189.1	102.4	289.4	183.7	801.7	291.2	1261.6
日本	504.7	2214.8	455.9	2031.7	393.3	2027.2	700.0	4259.7	675.9	4985.9
韩国	214.4	596.7	205.2	695.2	201.9	798.7	514.6	2321.4	715.9	2978.9
墨西哥	131.7	139.1	147.1	165.2	225.1	305.3	443.6	560.7	425.0	591.5
俄罗斯	462.5	361.1	513.9	370.8	469.2	582.3	1554.7	1653.2	1951.0	2363.6
中国台湾	202.1	396.5	198.2	427.7	172.1	601.2	294.9	1322.8	337.1	1498.5
美国	1805.9	3906.8	2009.2	4377.1	2413.2	4905.6	3476.4	10084.0	4622.5	10219.8

除了1997年的澳大利亚和日本外，APEC主要经济体与其他贸易伙伴的中间产品出口贸易额均呈现出稳定上升的趋势。从出口总量来看，美国、中国、俄罗斯、日本与其他贸易伙伴的中间产品出口贸易规模相对较

大，其值分别由 1995 年的 3256.0 亿美元、372.8 亿美元、594.8 亿美元和 1667.2 亿美元增加到 2011 年的 7364.0 亿美元、6068.1 亿美元、3353.7 亿美元和 2768.2 亿美元。虽然中国和俄罗斯刚开始的中间产品出口贸易规模相对较小，但是近年来发展迅速，已经赶超日本。从增长总量来看，中国与其他贸易伙伴的中间产品出口贸易增长量最多，其间共增加了 5695.3 亿美元，相当于 1995 年的 15.3 倍，占 APEC 主要经济体增长总量的 32.5%。增长量较多的还有美国（4108.0 亿美元）、俄罗斯（2758.9 亿美元）、韩国（1270.2 亿美元）和日本（1101.0 亿美元）（见表 4-43）。从相对增长速度来看，中国、俄罗斯、印度尼西亚与其他贸易伙伴的中间产品出口贸易额增速较快，年均增长速度分别高达 19.0%、11.4% 和 11.4%，而日本的中间产品出口贸易额年均增长速度相对最低，年均增长速度只有 3.29%。同时，由图 4-46 可以看出，自 2002 以来，APEC 主要经济体与其他贸易伙伴的中间产品出口贸易表现出更为强劲的增长态势。

表 4-43　1995~2011 年 APEC 主要经济体与其他贸易伙伴的中间产品出口额及比重

主要经济体	指标	1995 年	1997 年	2002 年	2007 年	2011 年
澳大利亚	中间产品出口额（亿美元）	291.3	268.6	292.6	688.2	693.0
	出口总额（亿美元）	376.2	359.0	396.9	854.7	904.7
	中间产品占出口总额比重（%）	77.4	74.8	73.7	80.5	76.6
加拿大	中间产品出口额（亿美元）	338.8	351.1	427.8	853.1	1012.8
	出口总额（亿美元）	430.1	447.7	543.9	1075.9	1285.8
	中间产品占出口总额比重（%）	78.8	78.4	78.7	79.3	78.8
中国	中间产品出口额（亿美元）	372.8	485.1	1018.0	4044.7	6068.1
	出口总额（亿美元）	709.2	846.8	1655.6	7061.4	10682.8
	中间产品占出口总额比重（%）	52.6	57.3	61.5	57.3	56.8
印度尼西亚	中间产品出口额（亿美元）	140.0	149.8	193.8	505.7	785.4
	出口总额（亿美元）	193.2	212.5	259.3	641.5	1006.2
	中间产品占出口总额比重（%）	72.5	70.5	74.7	78.8	78.1
日本	中间产品出口额（亿美元）	1667.2	1519.4	1343.0	2538.3	2768.2
	出口总额（亿美元）	2530.5	2275.6	2049.5	3707.3	4161.7
	中间产品占出口总额比重（%）	65.9	66.8	65.5	68.5	66.5

续表

主要经济体	指标	1995年	1997年	2002年	2007年	2011年
韩国	中间产品出口额（亿美元）	389.2	415.7	452.1	1390.9	1659.4
	出口总额（亿美元）	631.2	693.0	770.9	2090.4	2554.6
	中间产品占出口总额比重（%）	61.7	60.0	58.6	66.5	65.0
墨西哥	中间产品出口额（亿美元）	162.2	166.0	242.1	489.4	508.2
	出口总额（亿美元）	212.5	239.4	318.3	665.6	759.4
	中间产品占出口总额比重（%）	76.3	69.2	76.1	73.5	66.9
俄罗斯	中间产品出口额（亿美元）	594.8	621.5	792.9	2479.9	3353.7
	出口总额（亿美元）	699.8	735.2	909.1	2781.2	3706.4
	中间产品占出口总额比重（%）	85.0	84.5	87.2	89.2	90.5
中国台湾	中间产品出口额（亿美元）	262.2	304.6	330.4	765.2	800.2
	出口总额（亿美元）	444.8	481.1	493.2	991.5	1051.0
	中间产品占出口总额比重（%）	59.0	63.3	67.0	77.2	76.1
美国	中间产品出口额（亿美元）	3256.0	3629.0	3704.6	6676.5	7364.0
	出口总额（亿美元）	4520.2	5089.5	5170.9	9199.8	10290.6
	中间产品占出口总额比重（%）	72.0	71.3	71.6	72.6	71.6

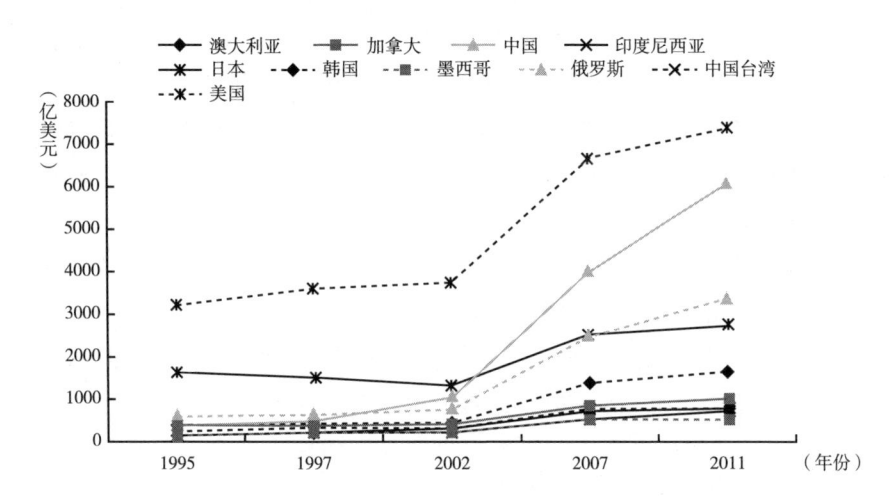

图 4-46　1995~2011 年 APEC 主要经济体与其他贸易伙伴的中间产品出口额

1995~2011 年，APEC 主要经济体与其他贸易伙伴的中间产品占出口总额比重相对较高，但呈现出复杂的变动态势。其中，墨西哥、澳大利亚和美国的中间产品占出口总额比重呈现出一定的下降趋势，其值分别由

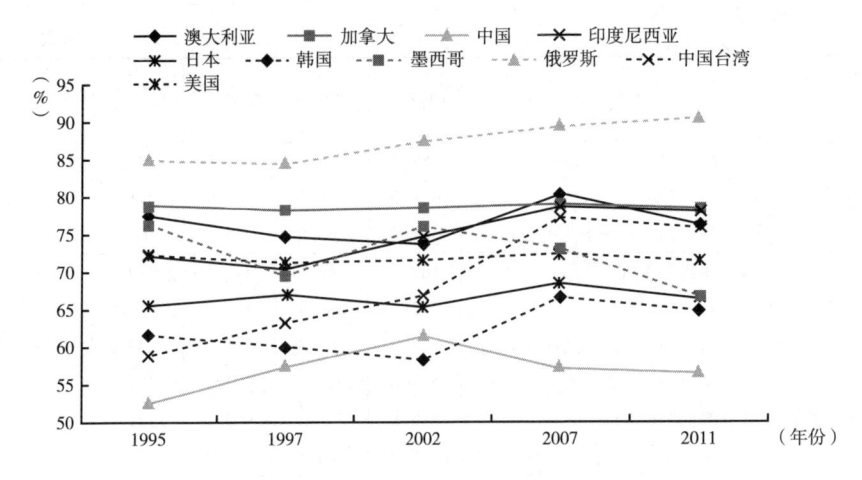

图 4-47　1995~2011 年 APEC 主要经济体与其他贸易伙伴的
中间产品出口额比重

1995 年的 76.3%、77.4% 和 72.0% 下降到 2011 年的 66.9%、76.6% 和 71.6%；中国、俄罗斯和印度尼西亚的中间产品占出口总额比重却呈现出较大幅度的上升趋势，其值分别由 1995 年的 52.6%、85.0% 和 72.5% 上升到 2011 年的 56.8%、90.5% 和 78.1%，分别上升了 4.2 个百分点、5.5 个百分点和 5.6 个百分点；日本和韩国的中间产品占出口总额比重也保持稳定上升，其值分别由 1995 年的 65.9% 和 61.7% 上升到 2011 年的 66.5% 和 65.0%（见表 4-43）；加拿大的中间产品占出口总额比重保持相对稳定，基本没有发生变化。

从分区域来看，1995~2011 年 APEC 主要经济体与欧盟、其他地区的中间产品出口贸易额的变动趋势类似，基本呈现出稳定的增长态势。除了 1995 年、1997 年的俄罗斯外，其余年份的 APEC 主要经济体与欧盟的中间产品出口贸易额均明显小于其他地区，且这种差距呈逐步扩大的趋势，由此可以看出，APEC 主要经济体的出口贸易额的快速提升，主要是由于与其他地区中间产品出口贸易的扩大。

1995~2011 年，APEC 主要经济体与其他贸易伙伴的中间产品进口贸易额基本呈现不断上升的趋势。从进口总量来看，美国和中国与其他贸易伙伴的中间产品进口贸易规模相对较大，且大致相当。虽然 1995 年中国与其他贸易伙伴的中间产品进口贸易规模只约为美国的七分之一，但是由于发展速度较快，2011 年基本与美国相当，高达 7445.8 亿美元，而同期的美国为 7478.3 亿美元。规模较大的还有日本和韩国，其值分别由 1995 年的 1052.2 亿美元和 421.9 亿美元增加到 2011 年的 2893.7 亿美元和 2035.4 亿美元（见表 4-45）。从相对增长速度来看，中国、韩国和印度尼西亚与其他贸易伙伴的中间产品进口贸易增速较快，年均增长速度分别高达 20.7%、10.3% 和 10.1%，而日本、美国和中国台湾的中间产品进口贸易年均增长速度相对较低，其年均增长速度不超过 7.3%。

表 4-44 1995~2011 年 APEC 主要经济体与欧盟、其他地区的中间产品出口额

单位：亿美元

主要经济体	1995 年 欧盟	1995 年 其他地区	1997 年 欧盟	1997 年 其他地区	2002 年 欧盟	2002 年 其他地区	2007 年 欧盟	2007 年 其他地区	2011 年 欧盟	2011 年 其他地区
澳大利亚	56.2	235.1	60.8	207.7	52.6	240	114.2	574	160.8	532.2
加拿大	136.2	202.5	135.2	215.9	133.9	294	277.4	575.7	358.4	654.4
中国	126.2	246.6	147.6	337.5	268.7	749.3	1125.3	2919.4	1823.8	4244.3
印度尼西亚	57.3	82.8	64.3	85.5	60.6	133.1	107.2	398.5	197.9	587.5
日本	273.8	1393.4	255.4	1263.9	228.8	1114.2	398.8	2139.5	398.9	2369.3
韩国	107.5	281.7	94.2	321.5	95.3	356.8	247.2	1143.6	420.9	1238.5
墨西哥	69.9	92.4	59.5	106.4	98.1	144	213.2	276.2	189	319.5
俄罗斯	357.3	237.5	380.8	240.6	344.7	448.2	1202.6	1277.3	1482.2	1871.4
中国台湾	78.6	183.6	79.5	225	79.9	250.5	149.4	615.8	182	618.2
美国	897.1	2358.8	995.1	2633.9	1180.8	2523.8	1646.7	5029.8	2440.5	4923.5

表 4-45 1995~2011 年 APEC 主要经济体与其他贸易伙伴的中间产品进口额及比重

主要经济体	指标	1995 年	1997 年	2002 年	2007 年	2011 年
澳大利亚	中间产品进口额（亿美元）	253.4	245.4	250.2	662.6	865.8
澳大利亚	进口总额（亿美元）	390.3	411.3	460.0	1161.0	1482.6
澳大利亚	中间产品占进口总额比重（%）	64.9	59.7	54.4	57.1	58.4
加拿大	中间产品进口额（亿美元）	268.2	295.9	395.5	785.9	845.9
加拿大	进口总额（亿美元）	453.2	480.3	663.9	1298.2	1493.3
加拿大	中间产品占进口总额比重（%）	59.2	61.6	59.6	60.5	56.6
中国	中间产品进口额（亿美元）	367.2	384.8	1035.6	4207.7	7445.8
中国	进口总额（亿美元）	572.8	543.9	1462.9	5065.7	9246.6
中国	中间产品占进口总额比重（%）	64.1	70.8	70.8	83.9	80.5

续表

主要经济体	指标	1995年	1997年	2002年	2007年	2011年
印度尼西亚	中间产品进口额(亿美元)	164.5	190.8	198.1	479.7	767.4
	进口总额(亿美元)	236.6	257.6	262.8	646.6	1001.4
	中间产品占进口总额比重(%)	69.5	74.1	75.4	74.2	76.6
日本	中间产品进口额(亿美元)	1052.2	968.3	1077.5	2421.4	2893.7
	进口总额(亿美元)	1685.7	1522.1	1735.4	3280.8	4006.8
	中间产品占进口总额比重(%)	62.4	63.6	62.1	73.8	72.2
韩国	中间产品进口额(亿美元)	421.9	484.7	548.5	1445.2	2035.4
	进口总额(亿美元)	573.5	625.4	720.6	1793.3	2467.2
	中间产品占进口总额比重(%)	73.6	77.5	76.1	80.6	82.5
墨西哥	中间产品进口额(亿美元)	108.6	146.4	288.2	514.9	508.3
	进口总额(亿美元)	146.6	198.9	438.9	812.6	808.3
	中间产品占进口总额比重(%)	74.0	73.6	65.7	63.4	62.9
俄罗斯	中间产品进口额(亿美元)	228.8	263.3	258.6	728.0	961.1
	进口总额(亿美元)	551.0	581.8	570.5	1722.2	2485.8
	中间产品占进口总额比重(%)	41.5	45.2	45.3	42.3	38.7
中国台湾	中间产品进口额(亿美元)	336.4	321.4	442.9	852.6	1035.4
	进口总额(亿美元)	470.4	459.5	594.9	1069.5	1321.2
	中间产品占进口总额比重(%)	71.5	69.9	74.5	79.7	78.4
美国	中间产品进口额(亿美元)	2456.8	2757.3	3614.4	6883.8	7478.3
	进口总额(亿美元)	4104.2	4621.3	6564.4	11113.9	11692.5
	中间产品占进口总额比重(%)	59.9	59.7	55.1	61.9	64.0

1995～2011年，APEC主要经济体与其他贸易伙伴的中间产品占进口总额比重呈现出不同的变化态势。总体来说，韩国、中国台湾、印度尼西亚和中国与其他贸易伙伴的中间产品占进口总额比重相对较高，而俄罗斯与其他贸易伙伴的中间产品占进口总额比重始终最低。其中，墨西哥、澳大利亚、俄罗斯和加拿大的中间产品占进口总额比重呈现出一定程度的下降趋势，其值分别由1995年的74.0%、64.9%、41.5%和59.2%下降到2011年的62.9%、58.4%、38.7%和56.6%；中国、韩国和日本的中间产品占进口总额比重却呈现出较大幅度的上升趋势，其值分别由1995年的64.1%、73.6%和62.4%上升到2011年的80.5%、82.5%和72.2%，分别上升了16.4个百分点、8.9个百分点和9.8个百分点；印度尼西亚、中国台湾和美国的中间产品占进口总额比重也保持稳定上升，其值分别由1995年的69.5%、71.5%和59.9%上升到2011年的76.6%、78.4%和64.0%（见表4-45）。

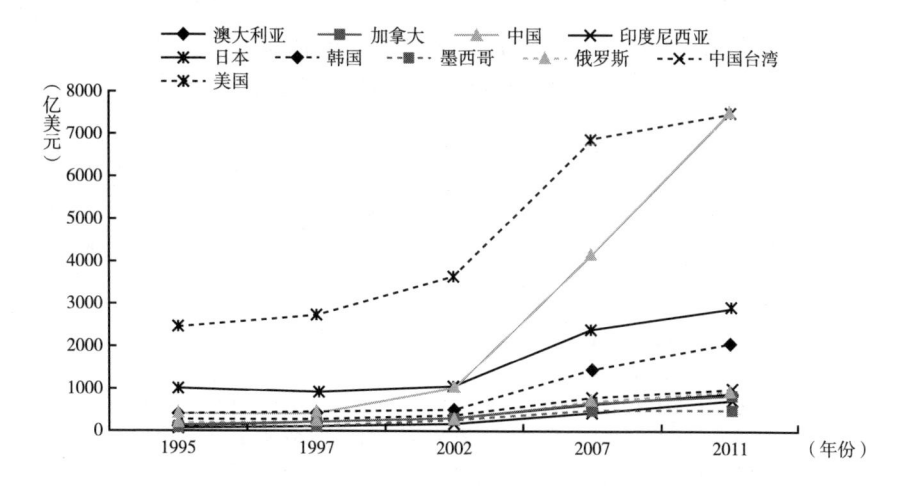

图 4-48 1995~2011 年 APEC 主要经济体与其他贸易伙伴的中间产品进口额

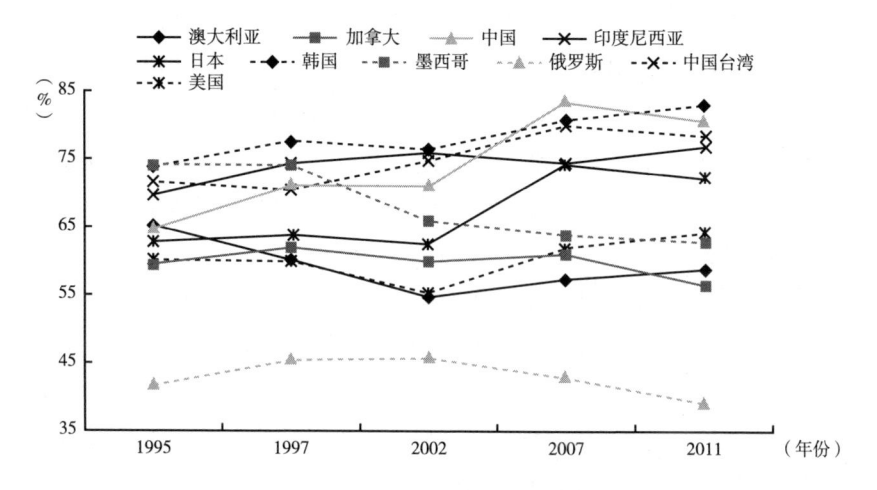

图 4-49 1995~2011 年 APEC 主要经济体与其他贸易伙伴的中间产品进口额比重

从分区域来看，1995~2011 年 APEC 主要经济体与欧盟、其他地区的中间产品进口贸易额基本呈现出不断的增长态势。除墨西哥（1995、1997）和俄罗斯（1997）的部分年份外，其余年份 APEC 主要经济体与欧盟的中间产品进口贸易额均明显小于其他地区，且这种差距也是在逐步扩大的，由此可以看出，APEC 主要经济体进口贸易额的快速提升，主要是由于与其他地区中间产品进口贸易的扩大。

表 4-46　1995~2011 年 APEC 主要经济体与欧盟、
其他地区的中间产品进口额

单位：亿美元

主要经济体	1995 年 欧盟	1995 年 其他地区	1997 年 欧盟	1997 年 其他地区	2002 年 欧盟	2002 年 其他地区	2007 年 欧盟	2007 年 其他地区	2011 年 欧盟	2011 年 其他地区
澳大利亚	101.5	151.9	94.8	150.6	73.0	177.2	141.7	520.9	186.6	679.1
加拿大	121.7	146.5	133.2	162.7	144.4	251.1	234.7	551.3	272.7	573.2
中国	107.7	259.5	134.4	250.4	292.1	743.5	1030.6	3177.0	1735.7	5710.1
印度尼西亚	80.9	83.6	87.2	103.6	41.8	156.3	76.5	403.2	93.3	674.1
日本	230.9	821.4	200.5	767.8	164.5	913.0	301.2	2120.2	277.0	2616.6
韩国	106.9	315.0	111.0	373.7	106.6	441.9	267.4	1177.8	295.0	1740.4
墨西哥	61.8	46.7	87.6	58.8	127.0	161.3	230.4	284.5	236.0	272.3
俄罗斯	105.2	123.6	133.1	130.2	124.5	134.1	352.1	375.9	468.8	492.2
中国台湾	123.5	212.9	118.7	202.7	92.2	350.7	145.5	707.0	155.1	880.3
美国	908.8	1548.0	1014.1	1743.2	1232.4	2382.0	1829.7	5054.2	2182.0	5296.3

1995~2011 年，APEC 主要经济体中各产业与其他贸易伙伴的中间产品进出口额均表现出不同程度的增长态势。从总量规模来看，石油加工、炼焦及核燃料加工业，电气和光学设备制造业，金属制品业，批发业，化学原料及化学制品制造业、化学纤维制造业，采矿业和交通运输设备制造业的中间产品进出口贸易额相对较高，其 2011 年的进出口贸易额分别为 6259.0 亿美元、5597.8 亿美元、4389.3 亿美元、3440.9 亿美元、3358.0 亿美元、2782.7 亿美元和 2780.8 亿美元（见表 4-47）。这些产业中除了批发业和采矿业外，其余均为制造业，由此可以看出制造业的中间产品进出口贸易在 APEC 主要经济体的各产业与其他贸易伙伴之间的进出口贸易中是最活跃的。而私人雇用的家庭服务业，皮革、毛皮、羽毛（绒）及鞋类制品业，汽车及摩托车的销售业，教育和房地产业的中间产品进出口贸易规模相对较低，且这些产业主要是服务业，表明服务业的中间产品进出口贸易在 APEC 主要经济体的各产业与其他贸易伙伴之间的进出口贸易中并不发达，其贸易规模相对较小。从增长速度来看，石油加工、炼焦及核燃料加工业，其他制造业及废弃资源和旧材料回收加工业，电力、煤气及水的生产和供应业，采矿和教育的增长速度都相对较高，年均增长速度均高于 10.2%，而造纸及纸制品业、印刷和记录媒介的复制业，私人雇用的家庭服务业，木材加工及木、竹、藤、棕、草制品业，水上运输业和其

他运输配套业务及旅行社业务的增长速度则相对较低,年均增长速度均低于 5.7%。

表 4-47　1995~2011 年 APEC 主要经济体与其他贸易伙伴间各产业中间产品进出口额及结构分析

产业	进出口额(亿美元)					产业比重(%)				
	1995 年	1997 年	2002 年	2007 年	2011 年	1995 年	1997 年	2002 年	2007 年	2011 年
1	298.9	284.6	293.4	568.9	874.0	2.3	2.0	1.7	1.4	1.8
2	570.8	508.9	671.2	2034.1	2782.7	4.3	3.6	4.0	5.2	5.6
3	332.0	335.0	379.2	816.6	1324.3	2.5	2.4	2.2	2.1	2.7
4	311.3	343.8	320.8	658.5	928.6	2.4	2.5	1.9	1.7	1.9
5	34.6	34.0	35.4	61.5	85.9	0.3	0.2	0.2	0.2	0.2
6	108.0	102.4	99.9	221.2	244.6	0.8	0.7	0.6	0.6	0.5
7	336.5	297.8	324.4	534.9	650.5	2.6	2.1	1.9	1.4	1.3
8	747.1	881.1	1247.8	4302.5	6259.0	5.7	6.3	7.4	10.9	12.6
9	767.7	786.7	956.1	2263.3	3358.0	5.8	5.6	5.7	5.7	6.7
10	265.1	262.9	317.0	708.4	1049.5	2.0	1.9	1.9	1.8	2.1
11	151.0	148.4	150.4	351.7	507.0	1.1	1.1	0.9	0.9	1.0
12	963.3	863.0	980.5	3551.9	4389.3	7.3	6.2	5.8	9.0	8.8
13	445.4	497.4	495.0	1372.1	1680.9	3.4	3.6	2.9	3.5	3.4
14	1526.1	1578.1	2068.8	4847.2	5597.8	11.6	11.3	12.2	12.3	11.2
15	933.3	1026.5	1134.5	2332.0	2780.8	7.1	7.3	6.7	5.9	5.6
16	98.9	101.7	151.0	342.9	572.0	0.8	0.7	0.9	0.9	1.1
17	219.1	257.9	384.0	956.2	1266.6	1.7	1.8	2.3	2.4	2.5
18	436.4	464.2	579.4	1184.3	1454.9	3.3	3.3	3.4	3.0	2.9
19	42.7	41.6	55.3	117.5	136.5	0.3	0.3	0.3	0.3	0.3
20	1155.3	1447.9	1644.9	3090.9	3440.9	8.8	10.4	9.7	7.8	6.9
21	152.7	157.7	210.4	368.3	429.8	1.2	1.1	1.2	0.9	0.9
22	144.9	154.5	190.1	346.7	436.6	1.1	1.1	1.1	0.9	0.9
23	428.2	452.7	502.8	1169.7	1425.2	3.3	3.2	3.0	3.0	2.9
24	327.9	360.0	378.0	801.6	785.4	2.5	2.6	2.2	2.0	1.6
25	152.0	181.4	166.8	374.6	389.2	1.2	1.3	1.0	1.0	0.8
26	205.7	194.2	191.7	416.3	494.5	1.6	1.4	1.1	1.1	1.0
27	149.3	177.4	224.0	357.7	416.6	1.1	1.3	1.3	0.9	0.8
28	505.9	561.7	742.2	1479.8	1633.6	3.9	4.0	4.4	3.8	3.3
29	86.5	93.9	123.9	254.8	306.9	0.7	0.7	0.7	0.6	0.6
30	554.6	634.5	839.6	1739.6	1893.3	4.2	4.5	5.0	4.4	3.8
31	273.1	305.6	410.9	726.2	945.4	2.1	2.2	2.4	1.8	1.9
32	33.5	37.4	53.3	115.3	159.7	0.3	0.3	0.3	0.3	0.3
33	139.6	153.1	240.0	422.0	557.3	1.1	1.1	1.4	1.1	1.1
34	235.2	241.0	342.9	524.6	592.8	1.8	1.7	2.0	1.3	1.2
35	0.1	0.1	0.1	0.2	0.2	0.0	0.0	0.0	0.0	0.0
总计	13132.7	13968.9	16906.7	39413.7	49850.0	100.0	100.0	100.0	100.0	100.0

1995～2011年，APEC主要经济体的各产业与其他贸易伙伴的中间产品进出口额在所有产业中比重变化趋势不尽相同。具体来说，石油加工、炼焦及核燃料加工业，电气和光学设备制造业，金属制品业，批发业，化学原料及化学制品制造业、化学纤维制造业，采矿业和交通运输设备制造业的中间产品进出口额在所有产业中的比重相对较高，这些产业的比重累计高达50%以上，其值由1995年的50.7%上升到2011的最高点57.4%。而私人雇用的家庭服务业，皮革、毛皮、羽毛（绒）及鞋类制品业，汽车及摩托车的销售业和教育的中间产品进出口额在所有产业中的比重相对较低，均不超过0.4%。石油加工、炼焦及核燃料加工业的中间产品进出口额在所有产业中的比重增幅最大，由1995年的5.7%上升到12.6%，增加了6.9个百分点。增幅相对较高的还有金属制品业，采矿业，化学原料及化学制品制造业、化学纤维制造业，电力、煤气及水的生产和供应业，其上升幅度均超过0.9个百分点。而批发业，交通运输设备制造业，造纸及纸制品业、印刷和记录媒介的复制业和水上运输业的中间产品进出口额在所有产业中的比重下降幅度较大，均超过0.9个百分点。私人雇用的家庭服务业、通用专用设备制造业和房地产业的中间产品占进出口总额比重基本不变。

表4-48　1995～2011年APEC主要经济体与其他贸易伙伴间制造业中间产品进出口额及结构分析

产业	指标	1995年	1997年	2002年	2007年	2011年
制造业	中间产品进出口额（亿美元）	7020.3	7258.8	8661.7	22364.7	29428.2
	占所有产业比重(%)	53.5	52.0	51.2	56.7	59.0
低技术制造业	中间产品进出口额（亿美元）	1221.3	1214.1	1310.7	2635.6	3805.9
	占制造业比重(%)	17.4	16.7	15.1	11.8	12.9
中低技术制造业	中间产品进出口额（亿美元）	2126.5	2155.4	2696.6	8914.5	12204.8
	占制造业比重(%)	30.3	29.7	31.1	39.9	41.5
中高技术制造业	中间产品进出口额（亿美元）	2146.4	2310.6	2585.6	5967.4	7819.7
	占制造业比重(%)	30.6	31.8	29.9	26.7	26.6
高技术制造业	中间产品进出口额（亿美元）	1526.1	1578.1	2068.8	4847.2	5597.8
	占制造业比重(%)	21.7	21.7	23.9	21.7	19.0

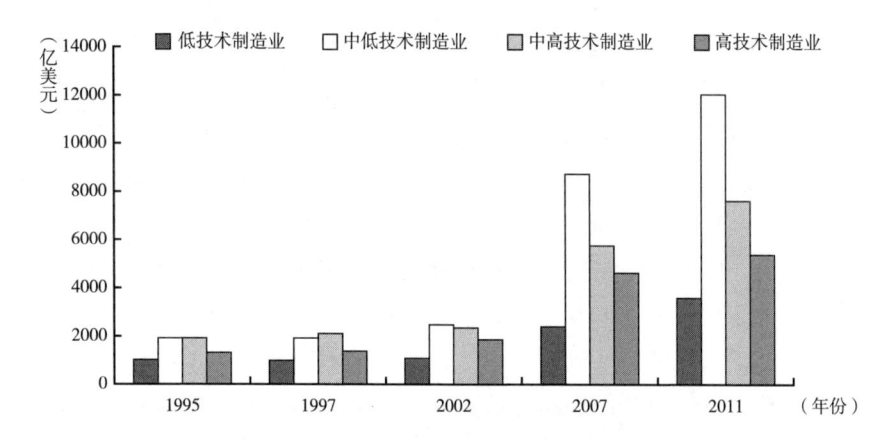

图 4-50　1995~2011 年 APEC 主要经济体与其他贸易伙伴间
制造业中间产品进出口额

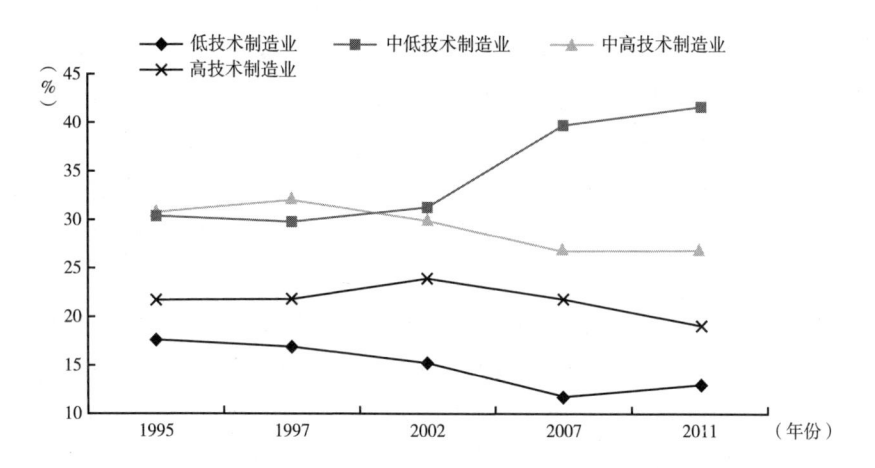

图 4-51　1995~2011 年 APEC 主要经济体与其他贸易伙伴间
制造业中间产品进出口额比重

1995~2011 年，APEC 主要经济体与其他贸易伙伴的制造业（低技术制造业、中低技术制造业、中高技术制造业、高技术制造业）的中间产品进出口贸易额均呈现出相似的不断上升趋势，1995~2002 年呈现出相对平缓的上升态势，而 2002~2011 年则呈现出相对较快的增长态势。总体来看，制造业中间产品进出口贸易额由 1995 年的 7020.3 亿美元上升到 2011 年的 29428.2 亿美元，16 年间共增长 22407.9 亿美元，年均增长速度也高达 9.4%。APEC 主要经济体与其他贸易伙伴的制造业的中间产品进出口额在所有产业中的比重呈现出一定的上升趋势，其值由 1995 年的 53.5% 上升到 2011 年的 59.0%。从分技术类别来看：低技术制造业的中间产品进出口额虽然呈现上升趋势，但是年均增长速度却相对较低，且在制造业中的比重却呈现出一定程度的下降趋势，其值由 1995 年的 17.4% 下降到 2011 年的 12.9%，下降了 4.5 个百分点；中低技术制造业、中高技术制造业、高技术制造业的中间产品进出口额和在制造业中的比重均相对较大。特别分析出，中低技术制造业的发展最快，年均增速高达 11.5%，致使其 2011 年的中间产品进出口贸易额和比重在四类技术制造业中达到最大，其值分别为 12204.8 亿美元和 41.5%。在四类技术制造业中，低技术制造业的中间产品进出口额及比重都是最低的，而技术类别相对较高的制造业中间产品进出口额及比重相对较高，且增长较快，意味着 APEC 主要经济体中的制造业与其他贸易伙伴的中间产品进出口贸易越来越依赖技术含量较高的产业。

1995~2011 年，APEC 主要经济体中各产业与欧盟、其他地区的中间产品进出口贸易额增长趋势非常类似，均呈现不断上升态势。并且，除了少数年份的服务业外，如 1995 年和 2011 年的房地产业、租赁及商务服务业，2011 年的邮政与通信业等，其余年份 APEC 主要经济体各产业与欧盟的中间产品进出口贸易额要显著低于其他地区。具体来看，APEC 主要经济体中各产业与欧盟的中间产品进出口贸易规模较大的有电气和光学设备制造业，采矿业，租赁及商务服务业，交通运输设备制造业和化学原料及化学制品制造业、化学纤维制造业，2011 年的进出口贸易规模分别高达 1426.1 亿美元、1170.1 亿美元、1052.6 亿美元、946.3 亿美元和 906.3 亿美元（见表 4-49），而私人雇用的家庭服务业，皮革、毛皮、羽毛（绒）及鞋类制品业，木材加工及木、竹、藤、棕、草制品业，汽车及摩托车的销售业，教育，其他制造业及废弃资源和旧材料回收加工业的中间产品进出口贸易规模则相对较小。APEC 主要经济体各产业与欧盟的中间产品进出口贸易增速较大的有石油加工、炼焦及核燃料加工业，水上运输业，采矿业，教育，电力、煤气及水的生产和供应业，其年均增长速度均超过 10.5%，而造纸及纸制品业、印刷和记录媒介的复制业，皮革、毛皮、羽毛（绒）及鞋类制品业，私人雇用的家庭服务业，木材加工及木、竹、藤、棕、草制品业和农、林、牧、渔业的增速则相对较低，其年均增长速度均低于 3.8%

表4-49 1995~2011年APEC主要经济体与欧盟、其他地区间各产业中间产品进出口额

单位：亿美元

产业	1995年 欧盟	1995年 其他地区	1997年 欧盟	1997年 其他地区	2002年 欧盟	2002年 其他地区	2007年 欧盟	2007年 其他地区	2011年 欧盟	2011年 其他地区
1	112.0	186.9	120.1	164.5	83.4	209.9	134.3	434.6	200.7	673.2
2	213.6	357.2	236.9	272.0	242.0	429.2	867.5	1166.6	1170.1	1612.7
3	92.6	239.4	100.1	234.9	89.1	290.1	149.5	667.1	201.7	1122.6
4	102.0	209.2	107.8	236.0	101.6	219.1	164.5	494.0	217.7	710.9
5	17.4	17.2	17.1	16.9	14.8	20.6	22.2	39.3	28.6	57.4
6	35.0	73.0	37.1	65.4	33.5	66.4	65.4	155.9	61.0	183.6
7	135.3	201.2	121.8	176.0	118.8	205.6	162.0	372.9	191.7	458.8
8	45.7	701.3	45.1	836.1	42.3	1205.6	139.7	4162.8	394.1	5864.9
9	275.6	492.1	316.4	470.3	340.1	616.6	666.3	1597.6	906.3	2451.7
10	95.3	169.9	104.0	158.9	108.0	209.8	210.6	497.8	296.4	753.1
11	38.7	112.3	39.6	108.8	42.9	107.5	87.3	264.4	112.2	394.8
12	246.0	717.3	243.5	619.8	208.0	772.5	714.2	2837.6	804.8	3584.6
13	156.7	288.7	180.0	317.4	180.2	314.2	454.1	917.9	579.7	1101.2
14	455.0	1071.1	472.9	1105.2	486.2	1582.7	1173.2	3674.0	1426.1	4171.7
15	274.8	658.5	322.6	703.9	399.7	734.8	758.2	1573.8	946.3	1834.5
16	37.2	61.7	43.4	58.4	49.7	101.3	70.6	272.5	77.5	494.6
17	25.4	193.7	28.7	229.1	36.8	347.2	88.0	868.2	126.5	1140.2
18	176.8	259.6	197.5	266.7	217.9	361.5	420.8	763.5	510.1	944.8
19	20.6	22.2	19.6	22.1	21.3	34.1	41.4	76.1	46.6	90.0
20	215.0	940.3	244.2	1203.7	310.9	1334.0	547.6	2543.3	835.1	2605.8
21	65.0	87.7	59.2	98.6	73.8	136.7	126.3	242.1	147.0	282.8
22	57.6	87.3	50.7	103.7	70.2	119.8	83.3	263.3	116.8	319.8
23	144.3	283.8	157.5	295.2	166.0	336.9	411.9	757.8	541.6	883.6
24	20.8	307.0	26.3	333.7	30.9	347.1	83.4	717.7	132.6	652.4
25	50.5	101.5	64.6	116.8	61.2	105.6	116.1	258.5	181.8	207.4
26	58.5	147.2	63.7	130.5	81.3	110.3	167.2	249.2	214.9	280.1
27	71.6	77.7	80.8	96.6	101.5	122.5	159.1	198.5	213.7	202.9
28	176.2	329.7	136.4	424.9	286.2	456.1	387.4	1092.5	731.2	902.4
29	46.8	39.7	46.9	46.9	60.2	63.7	114.8	140.0	154.5	152.4
30	328.3	226.3	359.2	275.3	435.8	403.7	822.1	917.5	1052.6	840.7
31	118.4	154.7	131.4	174.2	167.2	243.2	270.7	455.5	366.8	578.6
32	11.8	21.7	12.5	24.9	15.0	38.3	40.0	75.4	61.4	98.3
33	65.3	74.3	72.8	80.3	104.1	136.0	163.2	258.8	229.1	328.2
34	123.2	111.9	126.3	114.7	160.0	182.9	209.0	315.7	280.1	312.7
35	0.1	0.0	0.1	0.0	0.0	0.1	0.1	0.1	0.1	0.1
总计	4109.1	9023.6	4387.0	9581.9	4941.8	11964.9	10091.7	29322.0	13556.8	36293.2

APEC主要经济体中各产业与其他地区的中间产品进出口贸易规模较大的产业有石油加工、炼焦及核燃料加工业，电气和光学设备制造业，金属制品业，批发业和化学原料及化学制品制造业、化学纤维制造业，2011年的进出口贸易规模分别高达5864.9亿美元、4171.7亿美元、3584.6亿美元、2605.8亿美元和2451.7亿美元（见表4－49），而私人雇用的家庭服务业，皮革、毛皮、羽毛（绒）及鞋类制品业，木材加工及木、竹、藤、棕、草制品业，汽车及摩托车的销售业和教育的进出口贸易规模则相对较小。APEC主要经济体中各产业与其他地区的中间产品进出口贸易增速较大的有石油加工、炼焦及核燃料加工业，其他制造业及废弃资源和旧材料回收加工业，电力、煤气及水的生产和供应业，金属制品业，化学原料及化学制品制造业、化学纤维制造业和食品、饮料制造及烟草业，其年均增长速度均超过10.1%，而其他运输配套业务及旅行社业务、航空运输业和水上运输业的增速相对较低，其年均增长速度均低于4.9%。

1995~2011年，APEC主要经济体与欧盟间制造业（低技术制造业、中低技术制造业、中高技术制造业、高技术制造业）的中间产品进出口贸易额相对较小，但呈现出不断上升趋势，1995~2002年呈现出相对平缓的上升态势，而2002~2011年则呈现出相对较快的增长态势。总体来看，制造业中间产品进出口额由1995年的2007.3亿美元上升到2011年的6244.1亿美元，年均增长速度为7.4%。APEC主要经济体与欧盟制造业中间产品进出口额在所有产业中的比重呈现出一定的下降趋势，其值由1995年的48.9%下降到2011年的46.1%。从分技术类别来看：低技术制造业的中间产品进出口额虽然呈现上升趋势，但是年均增长速度却相对较低，仅为3.9%，且在制造业中的比重呈现出明显的下降趋势，其值由1995年的20.9%下降到2011年的12.5%，下降了8.4个百分点；中高技术制造业的中间产品进出口额增长速度以及在制造业中的比重均相对较大，其年均增速为8.0%，2011年在制造业中的比重高达39.0%。中低技术制造业也呈现出快速的增长趋势，其在制造业中的比重由1995年的21.2%上升到2011年的25.7%（见表4－50）。

相对于欧盟，1995~2011年APEC主要经济体与其他地区间制造业（低技术制造业、中低技术制造业、中高技术制造业、高技术制造业）的中间产品进出口贸易额相对较大，且增速也明显快于欧盟。总体来看，制

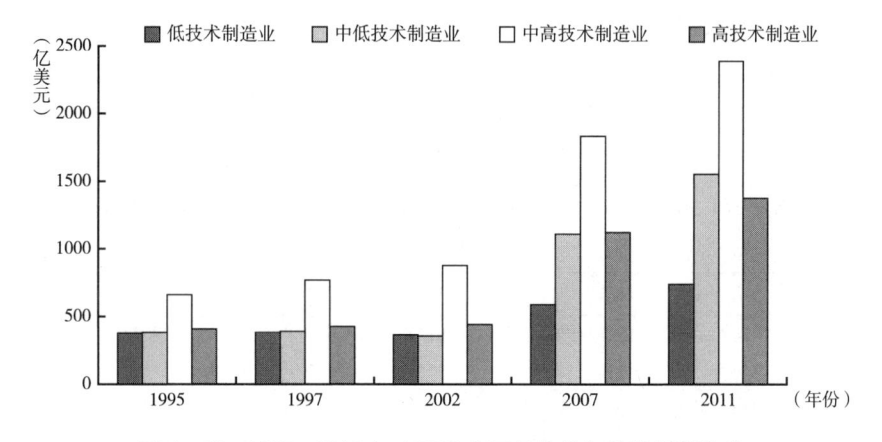

表 4-50 1995~2011 年 APEC 主要经济体与欧盟间制造业中间产品
进出口额及结构分析

产业	指标	1995 年	1997 年	2002 年	2007 年	2011 年
制造业	中间产品进出口额（亿美元）	2007.3	2151.4	2215.5	4837.6	6244.1
	占所有产业比重(%)	48.9	49.0	44.8	47.9	46.1
低技术制造业	中间产品进出口额（亿美元）	419.5	427.3	407.5	634.0	778.2
	占制造业比重(%)	20.9	19.9	18.4	13.1	12.5
中低技术制造业	中间产品进出口额（亿美元）	425.7	432.2	401.2	1151.8	1607.5
	占制造业比重(%)	21.2	20.1	18.1	23.8	25.7
中高技术制造业	中间产品进出口额（亿美元）	707.1	819.0	920.6	1878.6	2432.3
	占制造业比重(%)	35.2	38.1	41.6	38.8	39.0
高技术制造业	中间产品进出口额（亿美元）	455.0	472.9	486.4	1173.2	1426.1
	占制造业比重(%)	22.7	22.0	21.9	24.3	22.8

图 4-52 1995~2011 年 APEC 主要经济体与欧盟间制造业
中间产品进出口额

造业中间产品进出口贸易额由 1995 年的 5012.9 亿美元上升到 2011 年的 23184.4 亿美元，年均增长量高达 1135.7 亿美元。与欧盟相反，APEC 主要经济体与其他地区间制造业中间产品进出口额在所有产业中的比重呈现快速上升的趋势，其值由 1995 年的 55.6% 上升到 2011 年的 63.9%，上升了 8.3 个百分点。从分技术类别来看：低技术制造业的中间产品进出口额虽然呈现上升趋势，但其规模最小，且在制造业中的比重呈现出明显的下降趋势，其值由 1995 年的 16.0% 下降到 2011 年的 13.1%；中低技术制造业、中高技术制造业和高技术制造业的中间产品进出口贸易规模都相对较

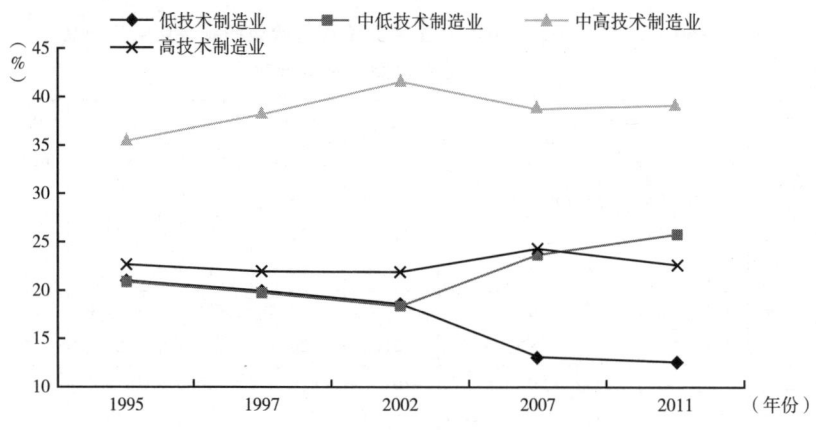

图 4-53　1995~2011 年 APEC 主要经济体与欧盟间制造业中间产品进出口额比重

大。其中，中低技术制造业规模最大，2011 年的进出口贸易额在制造业中的比重竟高达 45.7%，而中高技术制造业、高技术制造业的比重虽然相对较高，但却呈现出一定程度的下降（见表 4-51）。

表 4-51　1995~2011 年 APEC 主要经济体与其他地区间制造业中间产品进出口额及结构分析

产业	指标	1995 年	1997 年	2002 年	2007 年	2011 年
制造业	中间产品进出口额（亿美元）	5012.9	5107.7	6446.2	17527	23184.4
	占所有产业比重（%）	55.6	53.3	53.9	59.8	63.9
低技术制造业	中间产品进出口额（亿美元）	801.7	787.6	903.1	2001.7	3027.9
	占制造业比重（%）	16.0	15.4	14.0	11.4	13.1
中低技术制造业	中间产品进出口额（亿美元）	1700.8	1723.3	2295.4	7762.6	10597.4
	占制造业比重（%）	33.9	33.7	35.6	44.3	45.7
中高技术制造业	中间产品进出口额（亿美元）	1439.3	1491.6	1665.0	4088.7	5387.4
	占制造业比重（%）	28.7	29.2	25.8	23.3	23.2
高技术制造业	中间产品进出口额（亿美元）	1071.1	1105.2	1582.7	3674.0	4171.7
	占制造业比重（%）	21.4	21.6	24.6	21.0	18.0

1995~2011 年 APEC 主要经济体中各产业与其他贸易伙伴的中间产品出口贸易额均表现出不同程度的增长态势。电气和光学设备制造业，批发业，金属制品业，采矿业，化学原料及化学制品制造业、化学纤维制造业，交通运输设备制造业和石油加工、炼焦及核燃料加工业的中间产品出

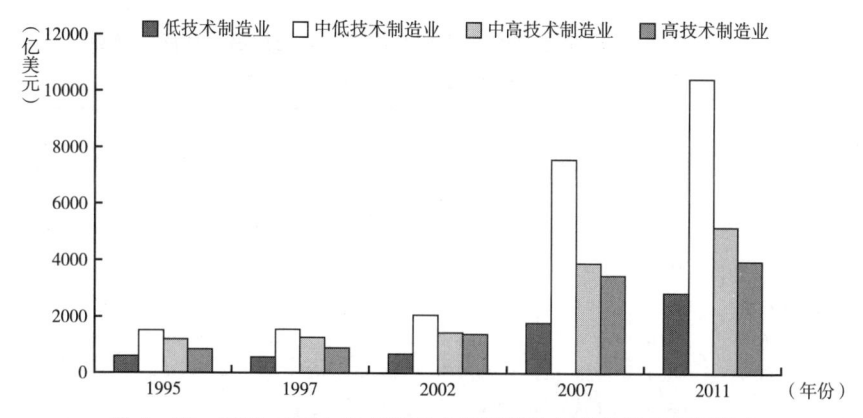

图 4-54　1995~2011 年 APEC 主要经济体与其他地区间制造业中间产品进出口额

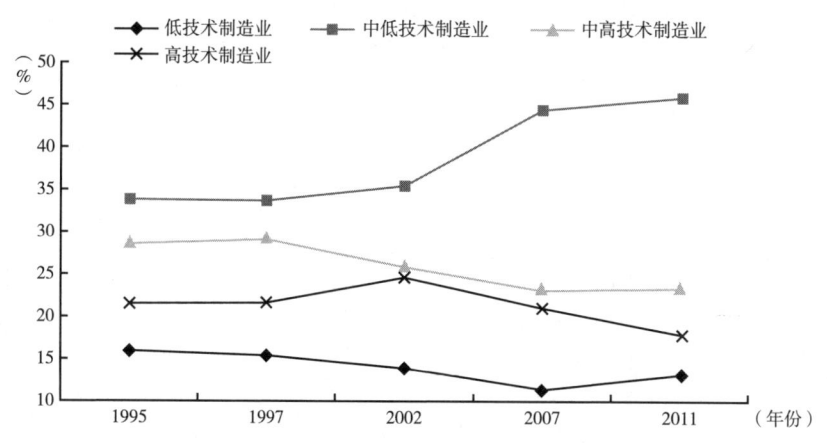

图 4-55　1995~2011 年 APEC 主要经济体与其他地区间制造业中间产品进出口额比重

口贸易规模和增长量都相对较高，其 2011 年的出口贸易额分别为 3667.1 亿美元、2967.2 亿美元、2142.5 亿美元、1977.4 亿美元、1663.8 亿美元、1640.2 亿美元和 1230.7 亿美元（见表 4-52）。在这些产业中，除了批发业、采矿业外，其余均为制造业。而私人雇用的家庭服务业、卫生和社会工作和教育的中间产品出口贸易额相对较低，且这些产业主要是服务业。从增长速度来看，石油加工、炼焦及核燃料加工业，其他制造业及废弃资源和旧材料回收加工业，汽车及摩托车的销售业，建筑业，食品、饮料制造及烟草业，电力、煤气及水的生产和供应业的增长速度都相对较高，年均增长速度均高于 10.3%，而造纸及纸制品业、印刷和记录媒介的复制

表 4-52　1995~2011 年 APEC 主要经济体与其他贸易伙伴间各产业中间产品出口额及结构分析

产业	出口额（亿美元）					产业比重（%）				
	1995 年	1997 年	2002 年	2007 年	2011 年	1995 年	1997 年	2002 年	2007 年	2011 年
1	151.9	134.9	132.7	232.3	302.4	2.0	1.7	1.5	1.1	1.2
2	462.3	392.3	530.4	1505.0	1977.4	6.2	5.0	6.0	7.4	7.9
3	70.8	71.2	91.5	233.3	411.7	0.9	0.9	1.0	1.1	1.6
4	192.4	228.9	193.1	476.4	673.1	2.6	2.9	2.2	2.3	2.7
5	6.5	7.6	6.4	14.4	21.3	0.1	0.1	0.1	0.1	0.1
6	38.9	35.4	38.1	95.7	88.2	0.5	0.4	0.4	0.5	0.4
7	196.7	166.6	168.4	274.5	319.4	2.6	2.1	1.9	1.3	1.3
8	92.0	105.7	150.7	781.7	1230.7	1.2	1.3	1.7	3.8	4.9
9	449.3	455.0	490.8	1147.3	1663.8	6.0	5.8	5.6	5.6	6.7
10	145.0	142.4	149.9	381.3	603.4	1.9	1.8	1.7	1.9	2.4
11	67.9	67.7	60.0	158.4	220.0	0.9	0.9	0.7	0.8	0.9
12	529.4	467.1	521.5	1832.4	2142.5	7.1	5.9	5.9	9.0	8.6
13	246.7	293.1	247.7	725.3	914.4	3.3	3.7	2.8	3.5	3.7
14	1032.0	1072.5	1229.2	3088.2	3667.1	13.8	13.6	14.0	15.1	14.7
15	621.1	666.7	672.5	1342.6	1640.2	8.3	8.4	7.6	6.6	6.6
16	38.5	37.0	62.0	204.6	416.3	0.5	0.5	0.7	1.0	1.7
17	12.6	14.0	16.4	41.0	60.6	0.2	0.2	0.2	0.2	0.2
18	7.4	4.3	9.5	31.8	44.0	0.1	0.1	0.1	0.2	0.2
19	5.1	4.9	7.6	26.1	37.3	0.1	0.1	0.1	0.1	0.1
20	1019.5	1314.8	1457.1	2742.5	2967.2	13.6	16.6	16.6	13.4	11.9
21	51.4	52.5	83.4	138.2	131.0	0.7	0.7	0.9	0.7	0.5
22	48.5	53.8	68.5	112.0	123.1	0.6	0.7	0.8	0.5	0.5
23	351.3	368.6	394.9	893.5	1090.4	4.7	4.7	4.5	4.4	4.4
24	302.8	329.6	342.4	699.5	702.1	4.1	4.2	3.9	3.4	2.8
25	118.6	138.1	118.2	259.9	249.7	1.6	1.7	1.3	1.3	1.0
26	178.3	167.0	160.6	335.3	387.5	2.4	2.1	1.8	1.6	1.5
27	96.0	110.2	112.0	189.1	212.2	1.3	1.4	1.3	0.9	0.8
28	375.9	419.2	515.6	1001.9	1122.7	5.0	5.3	5.9	4.9	4.5
29	18.8	20.5	22.6	55.1	73.8	0.3	0.3	0.3	0.3	0.3
30	367.7	405.9	521.1	1131.8	1215.5	4.9	5.1	5.9	5.5	4.9
31	30.7	25.7	30.3	49.4	53.6	0.4	0.3	0.3	0.2	0.2
32	4.9	6.1	12.2	12.9	9.6	0.1	0.1	0.1	0.1	0.0
33	1.7	2.0	1.6	5.2	5.9	0.0	0.0	0.0	0.0	0.0
34	141.9	129.2	178.3	213.1	234.8	1.9	1.6	2.0	1.0	0.9
35	0.1	0.1	0.1	0.2	0.2	0.0	0.0	0.0	0.0	0.0
总计	7474.6	7910.6	8797.2	20431.9	25013.0	100.0	100.0	100.0	100.0	100.0

业，其他社区、社会及个人服务业，公共管理和国防及社会保障业，教育和农、林、牧、渔业的增长速度则相对较低，年均增长速度均低于4.5%。

1995~2011年，APEC主要经济体中各产业与其他贸易伙伴的中间产品出口额在所有产业中的比重变化趋势也不尽相同。具体来说，电气和光学设备制造业，批发业，金属制品业，采矿业，化学原料及化学制品制造业、化学纤维制造业和交通运输设备制造业的中间产品出口额在所有产业中的比重相对较高，这些产业的比重累计均高达55%以上，而私人雇用的家庭服务业，卫生和社会工作，教育，皮革、毛皮、羽毛（绒）及鞋类制品业和汽车及摩托车的销售业的中间产品出口额在所有产业中的比重相对较低，均不超过0.1%。石油加工、炼焦及核燃料加工业的中间产品出口额在所有产业中的比重增幅最大，由1995年的1.2%上升到4.9%，增加了3.7个百分点。增幅相对较高的还有采矿业、金属制品业、其他制造业及废弃资源和旧材料回收加工业、电气和光学设备制造业，其上升幅度均超过0.9个百分点。而批发业，交通运输设备制造业，造纸及纸制品业、印刷和记录媒介的复制业，水上运输业和其他社区、社会及个人服务业的中间产品出口额在所有产业中的比重下降幅度较大，均超过1.0个百分点。非金属矿物制品业，私人雇用的家庭服务业，皮革、毛皮、羽毛（绒）及鞋类制品业，教育，卫生和社会工作与房地产业的中间产品出口额在所有产业中的比重变化不大（见表4-52）。

1995~2011年，APEC主要经济体中各产业与欧盟、其他地区的中间产品出口贸易额增长趋势也是非常类似的，且均呈现出不断上升的态势。除了少数服务业外，如电力、煤气及水的生产和供应业，建筑业，房地产业，租赁及商务服务业，其他社区、社会及个人服务业和私人雇用的家庭服务业等，其余的APEC主要经济体各产业与欧盟的中间产品出口贸易额要明显低于其他地区。具体区域来看，APEC主要经济体中各产业与欧盟的中间产品出口贸易规模较大的有采矿业，电气和光学设备制造业，租赁及商务服务业和批发业，2011年的出口贸易规模分别高达1019.4亿美元、964.6亿美元、745.2亿美元和615.9亿美元，而私人雇用的家庭服务业、卫生和社会工作、教育、汽车及摩托车的销售业的出口贸易规模则相对较小。APEC主要经济体中各产业与欧盟的中间产品出口贸易增速较大的有石油加工、炼焦及核燃料加工业，水上运输业，采矿业，汽车及摩托车的销售业和建筑业，其年均增长速度均超过9.5%，而造纸及纸制品业、印刷和记录媒介的复制业，农、林、牧、渔业，住宿和餐饮业，卫生和社会工作与零售及家用产品维修业的增速则相对较低，其年均增长速度均低于2.8%。

APEC主要经济体中各产业与其他地区的中间产品出口贸易规模较大的有电气和光学设备制造业，批发业，金属制品业，交通运输设备制造业和化学原料及化学制品制造业、化学纤维制造业，2011年的进出口规模分别高达2702.5亿美元、2351.3亿美元、1672.2亿美元、1263.5亿美元和1188.3亿美元，而私人雇用的家庭服务业、卫生和社会工作与教育的出口贸易规模则相对较小。APEC主要经济体中各产业与其他地区的中间产品出口贸易增速较大的有建筑业，其他制造业及废弃资源和旧材料回收加工业，石油加工、炼焦及核燃料加工业，汽车及摩托车的销售业，皮革、毛皮、羽毛（绒）及鞋类制品业，食品、饮料制造及烟草业，电力、煤气及水的生产和供应业，卫生和社会工作，其年均增长速度均超过10.0%，而公共管理和国防及社会保障业，航空运输业和其他社区、社会及个人服务业的增速相对较低，其年均增长速度均低于2.2%（见表4-53）。

表4-53 1995~2011年APEC主要经济体与欧盟、其他地区间各产业中间产品出口额

单位：亿美元

产业	1995年 欧盟	1995年 其他地区	1997年 欧盟	1997年 其他地区	2002年 欧盟	2002年 其他地区	2007年 欧盟	2007年 其他地区	2011年 欧盟	2011年 其他地区
1	63.1	88.8	65.9	69.0	35.6	97.1	49.9	182.4	71.4	230.9
2	186.0	276.3	204.9	187.4	208.5	321.9	764.1	740.9	1019.6	957.8
3	18.6	52.2	22.7	48.5	15.2	76.3	29.2	204.0	46.7	365.0
4	37.8	154.6	46.5	182.4	43.0	150.1	92.5	383.9	135.5	537.6
5	4.9	1.5	5.7	1.9	3.5	2.8	8.0	6.4	10.1	11.2
6	20.1	18.8	19.9	15.6	16.2	22.0	37.4	58.3	33.7	54.5
7	71.1	125.6	59.3	107.3	53.4	115.0	65.9	208.5	76.0	243.5
8	22.1	69.9	26.5	79.1	24.1	126.6	93.4	688.3	335.0	895.6
9	137.6	311.7	165.1	289.9	163.8	327.0	330.4	816.9	475.5	1188.3
10	38.9	106.1	43.2	99.2	39.0	110.9	90.3	291.0	144.4	459.0
11	15.7	52.1	15.4	52.2	16.2	43.8	37.3	121.0	52.0	168.0
12	132.9	396.5	124.6	342.5	103.1	418.3	433.8	1398.6	470.3	1672.2
13	64.2	182.5	73.4	219.7	79.8	167.8	179.1	546.2	232.8	681.7
14	300.0	731.9	293.5	778.9	293.0	936.2	774.4	2313.8	964.6	2702.5
15	113.6	507.6	135.4	531.3	169.6	502.8	289.7	1053.0	376.7	1263.5

续表

产业	1995年 欧盟	1995年 其他地区	1997年 欧盟	1997年 其他地区	2002年 欧盟	2002年 其他地区	2007年 欧盟	2007年 其他地区	2011年 欧盟	2011年 其他地区
16	14.1	24.4	16.0	20.9	18.4	43.6	27.9	176.7	32.5	383.9
17	9.4	3.3	9.4	4.6	11.0	5.4	26.6	14.4	39.5	21.1
18	7.1	0.3	3.9	0.3	8.1	1.4	22.4	9.4	30.5	13.5
19	0.5	4.6	0.3	4.7	0.3	7.3	2.7	23.4	2.3	35.0
20	147.4	872.1	181.3	1133.5	233.3	1223.8	399.0	2343.5	615.9	2351.3
21	19.2	32.2	13.5	39.0	24.8	58.6	43.4	94.8	29.5	101.4
22	25.8	22.7	19.0	34.9	34.8	33.6	27.2	84.8	36.6	86.5
23	110.9	240.4	123.9	244.7	126.5	268.3	327.7	565.7	441.4	649.0
24	8.5	294.3	13.7	316.0	17.4	325.0	38.6	660.9	107.6	594.4
25	34.9	83.7	46.2	91.9	41.0	77.2	79.1	180.8	133.5	116.1
26	45.6	132.8	51.8	115.2	68.8	91.8	137.6	197.7	173.5	213.9
27	47.7	48.4	52.0	58.7	61.5	50.4	98.9	90.2	126.8	85.3
28	115.5	260.4	74.9	344.3	190.4	325.2	204.5	797.4	470.1	652.6
29	13.1	5.7	12.3	8.2	17.7	5.0	40.7	14.3	52.3	21.5
30	244.7	122.9	263.4	142.5	315.0	206.1	603.2	528.6	745.2	470.3
31	7.4	23.3	7.8	17.9	6.9	23.4	12.6	36.7	21.5	32.1
32	0.5	4.3	0.6	5.5	0.9	11.3	1.4	11.5	1.7	7.9
33	0.7	1.1	0.6	1.4	0.6	1.0	0.9	4.4	1.0	4.9
34	80.4	61.5	79.7	49.5	101.7	76.6	111.9	101.2	148.4	86.3
35	0.1	0.0	0.1	0.0	0.0	0.0	0.1	0.1	0.1	0.1
总计	2160.2	5314.4	2272.5	5638.1	2543.4	6253.8	5481.9	14950.0	7654.4	17358.6

1995～2011年，APEC主要经济体各产业与其他贸易伙伴的中间产品进口贸易额都表现出不同程度的增长态势。石油加工、炼焦及核燃料加工业，金属制品业，电气和光学设备制造业，化学原料及化学制品制造业、化学纤维制造业和建筑业的中间产品进口贸易规模和增长量都相对较高，其2011年的进口贸易额分别为5028.3亿美元、2246.8美元、1930.7亿美元、1694.2亿美元和1410.9亿美元（见表4-54）。在这些产业中除了建筑业外，其余均为制造业。而私人雇用的家庭服务业，皮革、毛皮、羽毛（绒）及鞋类制品业，水上运输业，汽车及摩托车的销售业，其他运输配套业务及旅行社业务的中间产品进口贸易额相对较低，且这些产业主要是服务业。从增长速度来看，石油加工、炼焦及核燃料加工业，采矿业，电力、煤气及水的生产和供应业，化学原料及化学制品制造业、化学纤维制造业，教育和金属制品业的增长速度都相对较高，年均增长速度均高

128 | 全球价值链：APEC主要经济体产业结构和国际竞争力

表4-54 1995~2011年APEC主要经济体与其他贸易伙伴间各产业中间产品进口额及结构分析

产业	进出口额（亿美元）					产业比重（%）				
	1995年	1997年	2002年	2007年	2011年	1995年	1997年	2002年	2007年	2011年
1	147.0	149.7	160.7	336.6	571.6	2.6	2.5	2.0	1.8	2.3
2	108.5	116.5	140.8	529.1	805.3	1.9	1.9	1.7	2.8	3.2
3	261.2	263.8	287.7	583.3	912.6	4.6	4.4	3.5	3.1	3.7
4	118.9	114.9	127.6	182.1	255.5	2.1	1.9	1.6	1.0	1.0
5	28.1	26.4	29.0	47.1	64.6	0.5	0.4	0.4	0.2	0.3
6	69.2	67.0	61.8	125.5	156.4	1.2	1.1	0.8	0.7	0.6
7	139.8	131.2	156.0	260.4	331.1	2.5	2.2	1.9	1.4	1.3
8	655.0	775.4	1097.1	3520.8	5028.3	11.6	12.8	13.5	18.5	20.2
9	318.4	331.8	465.3	1116.0	1694.2	5.6	5.5	5.7	5.9	6.8
10	120.1	120.5	168.0	327.1	446.1	2.1	2.0	2.1	1.7	1.8
11	83.1	80.7	90.4	193.3	287.0	1.5	1.3	1.1	1.0	1.2
12	433.9	396.0	459.0	1719.5	2246.8	7.7	6.5	5.7	9.1	9.0
13	198.7	204.2	247.3	646.8	766.5	3.5	3.4	3.0	3.4	3.1
14	494.2	505.6	839.6	1759.0	1930.7	8.7	8.3	10.4	9.3	7.8
15	312.2	359.8	462.0	989.4	1140.6	5.5	5.9	5.7	5.2	4.6
16	60.4	64.8	89.0	138.3	155.7	1.1	1.1	1.1	0.7	0.6
17	206.5	243.9	367.6	915.2	1206.0	3.6	4.0	4.5	4.8	4.9
18	429.0	459.9	570.0	1152.6	1410.9	7.6	7.6	7.0	6.1	5.7
19	37.6	36.7	47.7	91.4	99.3	0.7	0.6	0.6	0.5	0.4
20	135.8	133.1	187.7	348.4	473.7	2.4	2.2	2.3	1.8	1.9
21	101.3	105.2	127.0	230.1	298.8	1.8	1.7	1.6	1.2	1.2
22	96.4	100.6	121.6	234.7	313.4	1.7	1.7	1.5	1.2	1.3
23	76.9	84.1	108.0	276.2	334.8	1.4	1.4	1.3	1.5	1.3
24	25.1	30.3	35.6	101.7	83.0	0.4	0.5	0.4	0.5	0.3
25	33.4	43.2	48.6	114.7	139.5	0.6	0.7	0.6	0.6	0.6
26	27.3	27.2	31.1	81.0	107.1	0.5	0.4	0.4	0.4	0.4
27	53.2	67.2	112.0	168.6	204.4	0.9	1.1	1.4	0.9	0.8
28	130.1	142.5	226.6	477.9	510.9	2.3	2.4	2.8	2.5	2.1
29	67.7	73.4	101.3	199.7	233.1	1.2	1.2	1.2	1.1	0.9
30	186.9	228.6	318.5	607.8	677.7	3.3	3.8	3.9	3.2	2.7
31	242.4	279.9	380.6	676.8	891.8	4.3	4.6	4.7	3.6	3.6
32	28.7	31.4	41.1	102.4	150.1	0.5	0.5	0.5	0.5	0.6
33	137.9	151.0	238.5	416.8	551.4	2.4	2.5	2.9	2.2	2.2
34	93.3	111.7	164.7	311.5	358.1	1.6	1.8	2.0	1.6	1.4
35	0.0	0.0	0.0	0.0	0.0	0.0	0.0	0.0	0.0	0.0
总计	5658.1	6058.3	8109.5	18981.8	24837.1	100.0	100.0	100.0	100.0	100.0

于 10.8%，而私人雇用的家庭服务业，纺织业，木材加工及木、竹、藤、棕、草制品业，皮革、毛皮、羽毛（绒）及鞋类制品业，造纸及纸制品业、印刷和记录媒介的复制业的增长速度则相对较低，年均增长速度均低于 5.6%。

1995~2011 年，APEC 主要经济体各产业与其他贸易伙伴的中间产品进口额在所有产业中的比重变化趋势也不尽相同。具体来说，石油加工、炼焦及核燃料加工业，金属制品业，电气和光学设备制造业，化学原料及化学制品制造业、化学纤维制造业和建筑业的中间产品进口额在所有产业中的比重相对较高，这些产业的累计比重均高达 41% 以上。特别分析出，2011 年石油加工、炼焦及核燃料加工业的比重竟高达 20.2%。而私人雇用的家庭服务业，皮革、毛皮、羽毛（绒）及鞋类制品业，水上运输业，汽车及摩托车的销售业和其他运输配套业务及旅行社业务的中间产品进口额在所有产业中的比重相对较低。石油加工、炼焦及核燃料加工业，金属制品业，采矿业，电力、煤气及水的生产和供应业和化学原料及化学制品制造业、化学纤维制造业的中间产品进口额在所有产业中的比重增幅较大，均超过 1.2 个百分点，而建筑业，造纸及纸制品业、印刷和记录媒介的复制业，纺织业，电气和光学设备制造业的中间产品进口额在所有产业中的比重下降幅度较大，降幅均超过 1.0 个百分点。航空运输业、内陆运输业、私人雇用的家庭服务业、教育、其他运输配套业务及旅行社业务、纺织业和邮政与通信业的中间产品进口额在所有产业中的比重变化不大。

1995~2011 年，APEC 主要经济体各产业与欧盟、其他地区的中间产品进口贸易额增长趋势是非常类似的，基本均呈现出不断的上升态势（除了数据异常的私人雇用的家庭服务业）。除了少数年份外，APEC 主要经济体各产业与欧盟的中间产品进口贸易额明显低于其他地区，且增长速度是明显较低的。具体区域来看，APEC 主要经济体各产业与欧盟的中间产品进口贸易规模较大的有交通运输设备制造业，建筑业，电气和光学设备制造业，化学原料及化学制品制造业、化学纤维制造业，而私人雇用的家庭服务业，皮革、毛皮、羽毛（绒）及鞋类制品业，水上运输业，木材加工及木、竹、藤、棕、草制品业，其他运输配套业务及旅行社业务，汽车及摩托车的销售业，其他制造业及废弃资源和旧材料回收加工业和航空运输业的进口贸易规模则相对较小。APEC 主要经济体各产业与欧盟的中间产

表 4-55 1995~2011 年 APEC 主要经济体与欧盟、其他地区间各产业中间产品进口额

单位：亿美元

产业	1995年 欧盟	1995年 其他地区	1997年 欧盟	1997年 其他地区	2002年 欧盟	2002年 其他地区	2007年 欧盟	2007年 其他地区	2011年 欧盟	2011年 其他地区
1	48.9	98.1	54.2	95.5	47.8	112.9	84.4	252.2	129.3	442.3
2	27.6	80.9	31.9	84.6	33.5	107.3	103.4	425.7	150.5	654.8
3	74.0	187.2	77.4	186.5	73.9	213.8	120.3	463.0	155.0	757.7
4	64.3	54.6	61.4	53.6	58.6	69.1	72.0	110.1	82.2	173.3
5	12.4	15.7	11.4	15.0	11.2	17.8	14.2	32.9	18.5	46.2
6	14.9	54.2	17.2	49.8	17.4	44.4	27.9	97.5	27.3	129.1
7	64.2	75.5	62.5	68.7	65.4	90.6	96.1	164.4	115.7	215.4
8	23.6	631.4	18.5	756.9	18.1	1079.0	46.3	3474.5	59.1	4969.2
9	138.0	180.4	151.4	180.4	176.3	289.0	335.9	780.1	430.8	1263.4
10	56.3	63.8	60.8	59.7	69.0	99.0	120.3	206.8	152.0	294.1
11	22.9	60.2	24.2	56.5	26.7	63.7	50.0	143.4	60.2	226.8
12	113.1	320.8	118.9	277.1	104.9	354.1	280.4	1439.0	334.5	1912.3
13	92.5	106.5	106.6	97.7	100.9	146.3	275.0	371.7	346.9	419.5
14	155.0	339.1	179.4	326.3	193.1	646.5	398.8	1360.2	461.5	1469.2
15	161.2	150.9	187.2	172.6	230.1	231.9	468.5	520.8	569.6	571.0
16	23.1	37.3	27.3	37.5	31.3	57.8	42.5	95.8	45.0	110.7
17	16.0	190.5	19.3	224.5	25.8	341.8	61.4	853.8	87.0	1119.0
18	169.7	259.3	193.6	266.3	209.8	360.1	398.4	754.1	479.6	931.3
19	20.1	17.6	19.3	17.4	21.0	26.7	38.7	52.7	44.3	55.0
20	67.6	68.2	62.8	70.2	77.6	110.2	148.7	199.7	219.2	254.5
21	45.8	55.5	45.6	59.6	48.9	78.1	82.8	147.3	117.5	181.4
22	31.8	64.6	31.7	68.9	35.3	86.2	56.2	178.5	80.1	233.3
23	33.4	43.5	33.6	50.5	39.4	68.5	84.2	192.1	100.2	234.6
24	12.3	12.8	12.7	17.7	13.5	22.0	44.9	56.9	25.0	58.0
25	15.6	17.8	18.4	24.8	20.2	28.4	37.0	77.7	48.2	91.3
26	12.9	14.5	11.9	15.3	12.6	18.5	29.5	51.5	40.9	66.2
27	23.9	29.3	28.9	38.3	39.9	72.1	60.3	108.3	86.9	117.5
28	60.7	69.3	61.9	80.6	95.8	130.8	183.0	294.9	261.1	249.8
29	33.7	34.1	34.6	38.8	42.5	58.7	74.0	125.7	102.2	130.8
30	83.5	103.4	95.8	132.8	120.5	197.6	218.9	388.9	307.3	370.4
31	111.0	131.4	123.6	156.3	160.8	219.7	258.0	418.8	345.4	546.5
32	11.3	17.4	12.0	19.4	14.1	27.0	38.6	63.9	59.7	90.4
33	64.6	73.3	72.2	78.8	103.5	135.2	162.4	254.5	228.1	323.2
34	42.9	50.5	46.5	65.2	58.3	106.3	97.1	214.4	131.7	226.4
35	0.0	0.0	0.0	0.0	0.0	0.0	0.0	0.0	0.0	0.0
总计	1948.9	3709.2	2114.5	3943.8	2398.4	5711.1	4609.8	14372.0	5902.4	18934.7

品进口贸易增速较大的有采矿业、化学纤维制造业，电力、煤气及水的生产和供应业，教育和金融业，其年均增长速度均超过 9.5%，而纺织业，皮革、毛皮、羽毛（绒）及鞋类制品业，木材加工及木、竹、藤、棕、草制品业，造纸及纸制品业、印刷和记录媒介的复制业的增速则相对较低，其年均增长速度均低于 3.9%。

APEC 主要经济体各产业与其他地区的中间产品进口贸易规模较大的有石油加工、炼焦及核燃料加工业，金属制品业，电气和光学设备制造业，化学原料及化学制品制造业、化学纤维制造业，电力、煤气及水的生产和供应业，而私人雇用的家庭服务业，皮革、毛皮、羽毛（绒）及鞋类制品业，汽车及摩托车的销售业，水上运输业和教育的进口贸易规模则相对较小。APEC 主要经济体各产业与其他地区的中间产品进口贸易增速较大的有采矿业、石油加工、炼焦及核燃料加工业，化学原料及化学制品制造业、化学纤维制造业，金属制品业，电力、煤气及水的生产和供应业，内陆运输业，教育和航空运输业，其年均增长速度均超过 10.8%，而私人雇用的家庭服务业，皮革、毛皮、羽毛（绒）及鞋类制品业，木材加工及木、竹、藤、棕、草制品业，造纸及纸制品业、印刷和记录媒介的复制业的增速相对较低，其年均增长速度均低于 7.0%。

第五章 APEC 主要经济体参与全球价值链的程度、位置与变化

第一节 APEC 主要经济体参与全球价值链的收益

（1）APEC 主要经济体贸易增加值规模高于欧盟及世界其他地区，并保持较快增长。APEC 主要经济体贸易增加值在 1995~2011 年从 18154.58 亿美元上升至 58565.97 亿美元，同时，全球贸易增加值则从 43150.09 亿美元上升至 133248.86 亿美元。截止到 2011 年，APEC 主要经济体的贸易增加值占全球贸易增加值总额的 44%，比欧盟高出 19 个百分点。2002~2007 年，与欧盟相比，APEC 主要经济体的贸易增加值增长较快，年均增速 14.8%，但较全球增长速度低 0.4 个百分点；到 2011 年，APEC 整体贸易增加值增速放缓，仅为 6.0%，却高于全球增速 1.7 个百分点。

（2）中国逐步超越日本和美国，成为 APEC 主要经济体中贸易增加值最大的经济体。从 APEC 各经济体来看，发达经济体如美国和日本的贸易增加值总体高于其他经济体，美国和日本 1995~2011 年的贸易增加值分别为 6319.98 亿美元、7398.93 亿美元、7245.46 亿美元、12058.49 亿美元、14551.91 亿美元和 4444.79 亿美元、4191.69 亿美元、3974.77 亿美元、6399.76 亿美元、7298.21 亿美元。在经济体新兴工业化经济体中，中国的贸易增加值较其他经济体高，特别是在 2002 年之后，中国贸易增加值超越了日本和美国，成为 APEC 成员国中贸易增加值最大的经济体。1995~2011 年，中国的出口增加值分别为 1404.29 亿美元、1766.99 亿美元、2951.23 亿美元、9810.27 亿美元、15744.22 亿美元。其他新兴工业化经济体如韩国、中国台湾和墨西哥及资源型经济体的出口增加值虽然在 2002 年之后增长较快，但总体仍然较低。

（3）APEC 主要经济体每出口 1000 美元带来的国内增加值逐年下降，新兴工业化经济体每出口 1000 美元所得的增加值低于发达经济体和资源型

表 5-1　1995~2011 年 APEC 主要经济体贸易增加值

单位：百万美元

主要经济体	1995 年	1997 年	2002 年	2007 年	2011 年
澳大利亚	64647	74570	71599	164382	279366
加 拿 大	157038	174918	216112	362095	406304
中　　国	140429	176699	295123	981027	1574422
印度尼西亚	45646	54224	53392	104955	185519
日　　本	444479	419169	397477	639976	729821
韩　　国	111846	120385	132661	282878	362168
墨 西 哥	59343	80960	114488	191991	236528
俄 罗 斯	75464	80347	94751	301264	450607
中国台湾	84566	94251	101025	148512	176671
美　　国	631998	739893	724546	1205849	1455191
APEC	1815458	2015416	2201174	4382927	5856597
欧　　盟	1446908	1441411	1638287	3121108	3311507
其他地区	1052642	1097784	1479482	3295503	4156781
全　　球	4315009	4554611	5318943	10799538	13324886

表 5-2　1995~2011 年 APEC 主要经济体每出口 1000 美元所得国内增加值

单位：美元

经济体	1995 年	1997 年	2002 年	2007 年	2011 年
澳大利亚	874	871	869	841	855
加 拿 大	739	726	737	755	784
中　　国	836	853	808	731	755
印度尼西亚	843	842	815	837	848
日　　本	918	903	891	829	815
韩　　国	755	716	713	649	591
墨 西 哥	735	714	694	696	688
俄 罗 斯	918	922	905	922	928
中国台湾	666	666	645	536	522
美　　国	826	820	802	788	790
APEC	827	814	795	761	764
欧　　盟	750	742	722	674	660
其他地区	760	774	729	688	728
全　　球	783	781	753	711	724

经济体。对 APEC 整体，1995~2007 年每出口 1000 美元所得的增加值逐年递减，1995 年 APEC 整体每出口 1000 美元所得增加值为 827 美元，2007 年下降至 761 美元，2011 年略有上升，为 764 美元。

在新兴工业化经济体中，中国每出口 1000 美元带来的国内增加值略高于中国台湾、韩国和墨西哥，但总体仍呈现下降的趋势。1995~2011 年每出口 1000 美元带来的国内增加值分别为 836 美元、853 美元、808 美元、731 美元及 755 美元，而 2011 年中国台湾、韩国和墨西哥每出口 1000 美元带来的国内增加值仅为 522 美元、591 美元和 688 美元；对于资源型经济体，每出口 1000 美元带来的国内增加值都较高，如俄罗斯每出口 1000 美元带来的国内增加值在 APEC 主要经济体中最高，且呈现逐年上升的趋势，1995 年为 918 美元，2011 年上升至 928 美元；澳大利亚每出口 1000 美元带来的国内增加值则次之，位居 APEC 主要经济体第二，2011 年为 855 美元。

在 APEC 主要经济体中，日本每出口 1000 美元带来的国内增加值高于美国。1995～2011 年日本和美国每出口 1000 美元带来的国内增加值分别为 918 美元、903 美元、891 美元、829 美元、815 美元和 826 美元、820 美元、802 美元、788 美元和 790 美元。

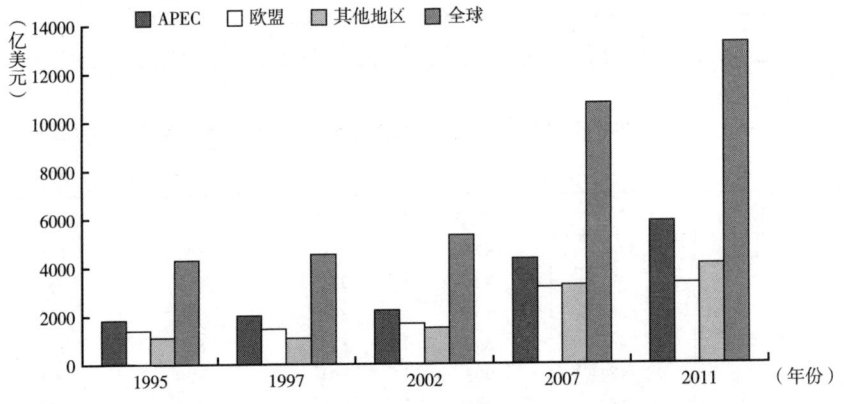

图 5－1　1995～2011 年全球主要经济体贸易增加值

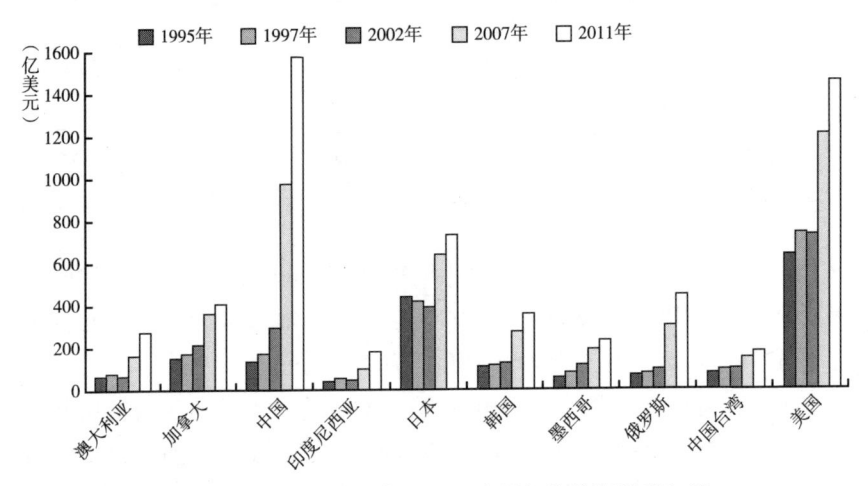

图 5－2　1995～2011 年 APEC 主要经济体贸易增加值

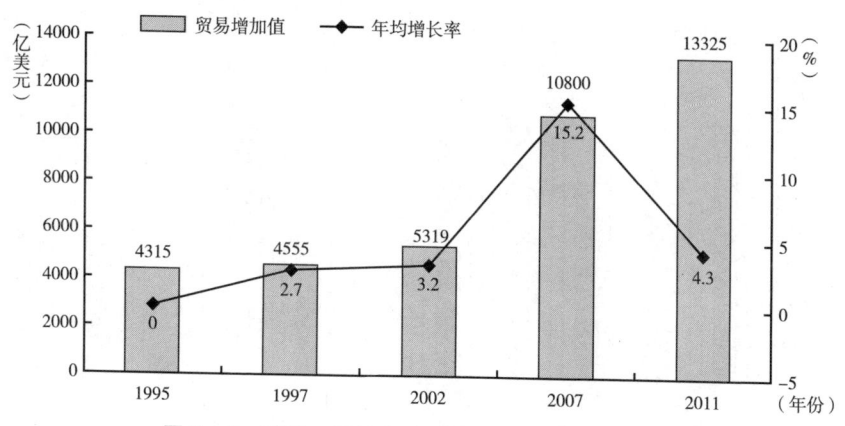

第五章　APEC主要经济体参与全球价值链的程度、位置与变化 | 135

图 5-3　1995~2011年全球贸易增加值及年均增速

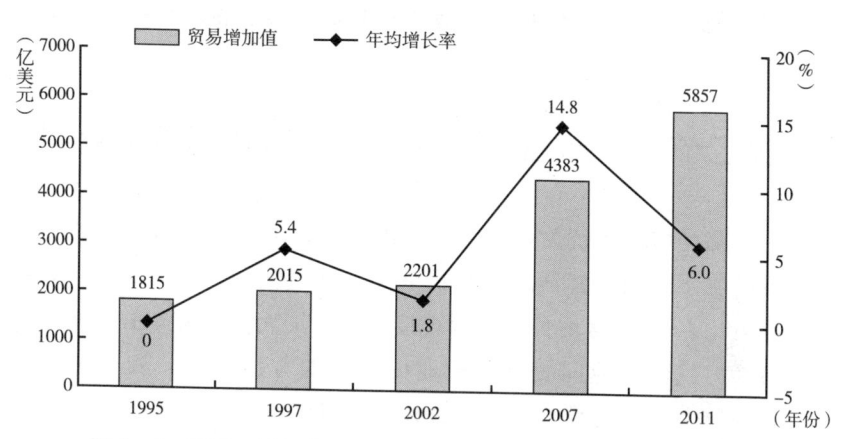

图 5-4　1995~2011年APEC主要经济体贸易增加值及年均增速

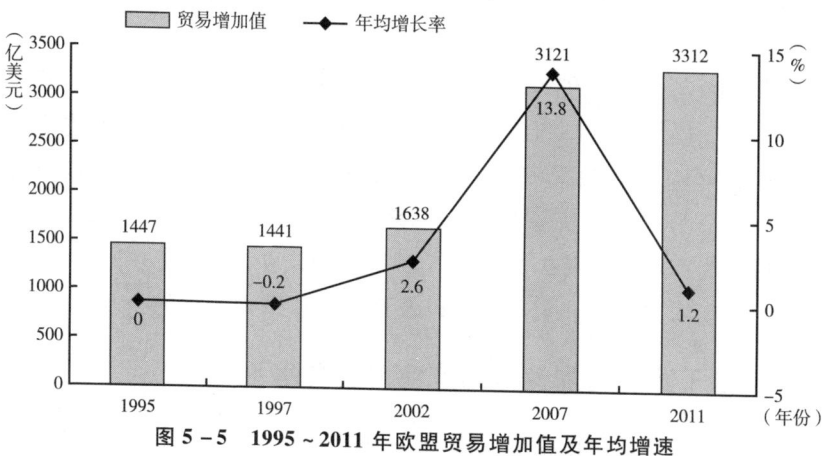

图 5-5　1995~2011年欧盟贸易增加值及年均增速

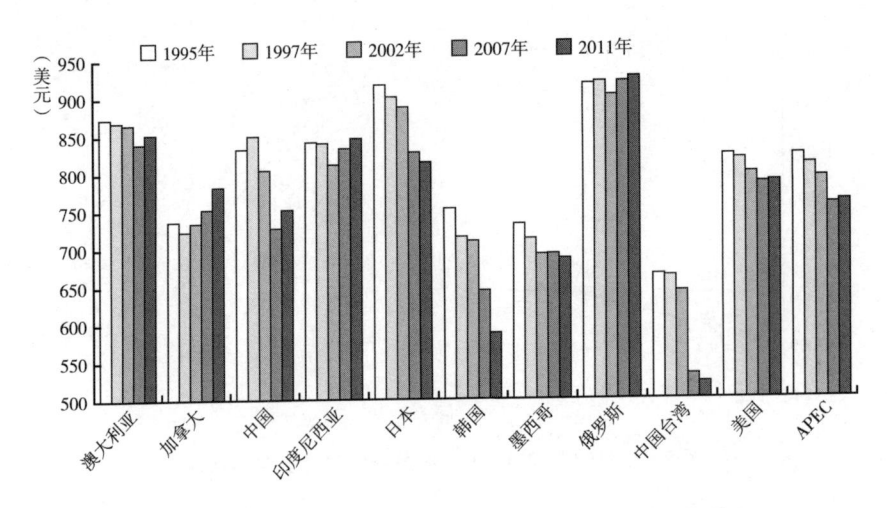

图 5-6　APEC 主要经济体每出口 1000 美元所得增加值

第二节　APEC 主要经济体的产业内贸易变化

国际贸易是国际经济关系的主要载体之一，国际贸易形式由国际分工决定，并随着国际分工特征的变化而变化。20 世纪 60 年代以后，随着发展中国家人均 GDP 快速增长和外国直接投资的扩大，国际分工向纵深方向发展，贸易方式由产业间贸易向产业内贸易的方向发展，从表现形式上看，在宏观层次上，正经历从生产的分工向研发与生产的分工发展，从制造业与初级产品的分工向高技术产品与传统工业的分工转变；在微观层次上，国际分工正向产品（尤其是同一产业内的差异产品）分工、零部件分工、生产工艺分工发展。

产业内贸易，是指在一定时期内某一产业内商品同时发生输入和输出的活动，即一国同时进口和出口同一产业的产品。国际上通常使用格鲁贝尔 - 劳埃德（GL）指数来衡量，指数取值范围为 [0, 1]，该指数的特点是将贸易划分为产业间贸易与产业内贸易两部分，当 GL 小于 0.5 时，表示贸易形式为产业间贸易，大于 0.5 时，则为产业内贸易。产业内贸易水平可作为衡量国家或产业贸易水平以及评判产业结构差异的一个标准。

一　基于贸易增加值法的产业内贸易水平

从贸易增加值的角度来看，1995～2011 年间，产业内贸易是 APEC 主要经济体的主要贸易方式，总体贸易水平较高，但各国贸易水平的发展趋势以及产业结构的贸易水平存在较大的差异。

（1）总体来看，1995~2002年，发达经济体的产业内贸易水平远远高于新兴工业化经济体，自2002年，新兴工业化经济体产业内贸易发展迅速，产业内贸易指数高于发达经济体及资源型经济体，特别是韩国、墨西哥和中国台湾，2002~2011年的综合产业内贸易指数明显高于其他经济体且总体保持稳定。

（2）发达经济体中，美国产业内贸易发展程度高的产业主要为高技术及中高技术制造业，日本的产业内贸易主要依靠中低技术制造业，高技术和中高技术制造业则以产业间贸易为主。美国产业内贸易水平自2002年下降后缓慢上升，但仍远低于1995年及1997年。1995年和1997年美国的产业内贸易水平为0.992和0.999，2002年，则明显下降为0.863，之后缓慢增长到2011年的0.905。尽管近十年美国产业内贸易指数不断下降，但伴随着美国"再工业化"战略的实施，制造业尤其是高新技术制造业在产品研发、专利申请、品牌打造、核心零部件生产和营销渠道建设方面得到快速发展，进而促进了高技术及中高技术制造业的对外贸易。美国高技术及中高技术产业的产业内贸易水平高于全国总体水平，产业内贸易指数高于其他产业。如1995~2011年，高技术制造业-电气和光学设备制造业的产业内贸易指数为0.869、0.941、0.852、0.842和0.835，中高技术制造业中化学原料及化学制品制造业、化学纤维制造业的产业内贸易指数为0.979、0.985、0.821、0.876和0.870，通用专用设备制造业的产业内贸易指数为0.953、0.913、0.977、0.991和0.964，交通运输设备制造业的产业内贸易指数则为0.850、0.931、0.760、0.872和0.884，低技术及中低技术制造业整体的产业内贸易水平显著低于高技术和中高技术制造业，部分低技术制造业以产业间贸易为主，如纺织业和皮革、毛皮、羽毛（绒）及鞋类制品业，1995~2011年产业内贸易指数分别为0.430、0.424、0.310、0.251、0.236和0.101、0.112、0.085、0.061、0.059。对于日本而言，随着经济的发展和海外直接投资的加速，产业内贸易程度不断提高，2011年，日本综合产业内贸易水平超过美国。1995~2011年日本基于贸易增加值的产业内贸易指数为0.793、0.827、0.819、0.852和0.955。尽管总体上日本的产业内贸易水平呈现上升趋势，但产业内贸易水平的提升主要依靠中低技术产业及服务业。1995~2011年，高技术制造业-电气和光学设备制造业由产业间贸易向产业内贸易转变，但产业内贸易程度较低，产业内贸易指数为0.408、0.487、0.556、0.580

和 0.690。而对于中高技术制造业，除化学原料及化学制品制造业、化学纤维制造业的产业内贸易程度较高外，其他产业均以产业间贸易为主，产业内贸易水平极低，通用专用设备制造业的产业内贸易指数为 0.273、0.331、0.385、0.424 和 0.441，交通运输设备制造业的产业内贸易指数为 0.228、0.232、0.215、0.198 和 0.195（见表 5-3、附录 2）。

表 5-3 1995~2011 年基于贸易增加值的 APEC 主要成员国产业内贸易指数（GL）

主要经济体	1995 年	1997 年	2002 年	2007 年	2011 年
澳大利亚	0.937	0.952	0.965	0.942	0.897
加拿大	0.914	0.936	0.896	0.909	0.955
中国	0.886	0.803	0.868	0.805	0.905
印度尼西亚	0.969	0.951	0.845	0.826	0.871
日本	0.793	0.827	0.819	0.852	0.955
韩国	0.987	0.968	0.982	0.994	0.932
墨西哥	0.922	0.971	0.993	0.978	0.981
俄罗斯	0.801	0.807	0.719	0.724	0.737
中国台湾	0.960	0.973	0.975	0.963	0.928
美国	0.992	0.999	0.863	0.876	0.905

（3）新兴工业化经济体中，韩国、墨西哥和中国台湾的产业内贸易发展程度较高且总体水平相近，中国的产业内贸易程度则相对较低且发展不稳定。1995~2011 年，墨西哥的产业内贸易水平呈现逐年上升的趋势，其产业内贸易指数为 0.922、0.971、0.993、0.978 和 0.981，而韩国和中国台湾则是上升至 2002 年后再下降，其产业内贸易指数分别为 0.987、0.968、0.982、0.994、0.932 和 0.960、0.973、0.975、0.963、0.928。从部门来看，墨西哥产业内贸易的发展主要依靠中低技术制造业，主要为纺织业、非金属矿物制品业和金属制品业，且这些行业的产业内贸易水平总体呈上升趋势。而高技术制造业-电气和光学设备制造业的产业内贸易程度总体水平较低且呈下降趋势，1995~2011 年电气和光学设备制造业的产业内贸易指数为 0.849、0.917、0.860、0.853 和 0.691，而对于中高技术制造业则以产业间贸易为主，其产业内贸易指数较低，通用专用设备制造业的产业内贸易指数为 0.338、0.328、0.404、0.420 和 0.498。韩国和中国台湾的产业内贸易水平较高的部门则主要为中低及中高技术制造业。与韩国、中国台湾等新兴工业化经济体相比，中国的产业内贸易的发展则相对不稳定，且整体发展水平相对较低，1995~2011 年综合产业内贸易指

数为0.886、0.803、0.868、0.805和0.905（见表5-3、附录2）。

从部门来看，1995~2011年，中国中高技术制造业的产业内贸易水平明显上升，中高技术制造业中的化学原料及化学制品制造业、化学纤维制造业和通用专用设备制造业的贸易方式从产业间贸易转变为产业内贸易，并且在2002~2007年产业内贸易程度明显加深，1995~2011年产业内贸易指数分别为0.404、0.740、0.619、0.820、0.863和0.452、0.536、0.642、0.946、0.995。交通运输设备制造业的产业内贸易指数则为0.608、0.862、0.826、0.876和0.934。从产业内贸易指数可以看出，由于中国加入WTO后经济的更加开放，对高技术行业的国外对华直接投资（FDI）也逐渐增多，使得中高技术制造业的产业内贸易水平在2002~2007年上升较快；而对于高技术制造业-电气和光学设备制造业，产业内贸易水平则自2002年之后有所下降，1995~2011年中国的产业内贸易指数为0.886、0.803、0.868、0.805和0.905。

（4）资源型经济体除俄罗斯外，其他三国的产业内贸易水平都较高。1995~2011年澳大利亚的产业内贸易指数略有下降，但整体比较平稳，综合产业内贸易水平为：0.937、0.952、0.965、0.942和0.897，加拿大和俄罗斯在1995~1997年缓慢上升后急速下降，2002~2011年又快速上升，综合产业内贸易水平分别为0.914、0.936、0.896、0.909、0.955和0.801、0.807、0.719、0.724、0.737，此外，印度尼西亚的综合产业内贸易水平为0.969、0.951、0.845、0.826和0.871（见附录2）。

二 基于传统数据方法的产业内贸易水平

从出口总额的角度来看，1995~2011年间，产业内贸易也是APEC主要经济体的主要贸易方式，但各国发展水平以及产业内贸易结构也存在较大的差异。

（1）从各经济体总体来看，1995~2011年新兴工业化经济体的综合产业内贸易水平不断提高，达到发达经济体的水平。

（2）发达经济体中，美国产业内贸易水平高的产业也主要为高技术及中高技术产业，日本的产业内贸易主要依靠中低技术制造业，其中高技术制造业则以产业间贸易为主。美国综合产业内贸易水平变化与贸易增加值法的发展趋势一致，自2002年明显下降后缓慢上升，但仍低于1995年及1997年。1995年和1997年美国的产业内贸易水平为0.956和0.964，2002年，则明显下降为 0.827，之后缓慢增长到 2011 年的 0.868。分行业看，高技术及中高技术制造业的产业内贸易水平最高，如 1995~2011 年，电气和光学设备制造业的产业内贸易指数为 0.940、0.987、0.845、0.850 及 0.896，化学原料及化学制品制造业、化学纤维制造业的产业内贸易指数为 0.794、0.827、0.996、0.975 及 0.973，通用专用设备制造业的产业内贸易指数为 0.963、0.923、0.975、0.965 及 0.973；此外，其他社区、社会及个人服务业的产业内贸易水平也高于全国总体水平，其产业内贸易指数为 0.837、0.907、0.946、0.935 及 0.913。对于日本而言，经济发展与对外开放水平的提升，使其产业内贸易程度不断提高，2011 年，日本产业内贸易水平超过美国，1995~2011 年产业内贸易指数为 0.855、0.879、0.884、0.906 和 0.986。尽管日本总体的产业内贸易水平呈现上升趋势，但产业内贸易水平的提升主要依靠中低技术产业及服务业，如非金属矿物制品业、金属制品业、零售业及家用产品维修业、租赁及商务服务业、住宿和餐饮业；高技术制造业－电气和光学设备制造业的产业内贸易程度虽然也逐年上升，但总体较低，1995~2011 年的产业内贸易指数为 0.501、0.576、0.651、0.672 和 0.755；而中高技术制造业则以产业间贸易为主，其产业内贸易水平整体较低且增长缓慢，如 1995~2011 年，化学原料及化学制品制造业、化学纤维制造业的产业内贸易指数为 0.637、0.655、0.634、0.723 和 0.851，通用专用设备制造业的产业内贸易指数为 0.404、0.466、0.546、0.623 和 0.590，交通运输设备制造业的产业内贸易指数则为 0.321、0.344、0.319、0.334 和 0.343（见附录 3）。

表 5-4　1995~2011 年基于出口总额的 APEC 主要成员国产业内贸易指数（GL）

主要经济体	1995 年	1997 年	2002 年	2007 年	2011 年
澳大利亚	0.976	0.983	0.980	0.979	0.964
加 拿 大	0.927	0.943	0.917	0.945	0.996
中　　国	0.917	0.848	0.916	0.841	0.924
印度尼西亚	0.988	0.966	0.867	0.900	0.945
日　　本	0.855	0.879	0.884	0.906	0.986
韩　　国	0.974	0.968	0.939	0.938	0.949
墨 西 哥	0.941	0.980	0.990	0.997	0.998
俄 罗 斯	0.882	0.889	0.802	0.850	0.855
中 国 台 湾	0.953	0.943	0.902	0.920	0.930
美　　国	0.956	0.964	0.827	0.829	0.868

(3) 新兴工业化经济体中，韩国、墨西哥和中国台湾的产业内贸易发展程度较高且总体水平相近，中国的产业内贸易程度则相对较低且发展不稳定。1995~2011年，墨西哥的产业内贸易水平呈现逐年上升的趋势，其产业内贸易指数为 0.941、0.980、0.990、0.997 和 0.998，而韩国和中国台湾则是下降至 2002 年后再上升，其产业内贸易指数分别为 0.974、0.968、0.939、0.938、0.949 和 0.953、0.943、0.902、0.920、0.930。从行业来看，墨西哥产业内贸易的发展主要依靠其高技术制造业和中高技术制造业 - 电气和光学设备制造业与交通运输设备制造业，它们为墨西哥对外贸易规模最大的两个行业。1995~2011 年电气和光学设备制造业与交通运输设备制造业的产业内贸易指数分别为 0.968、0.946、0.951、0.956、0.994 与 0.739、0.814、0.885、0.893、0.800。而中高技术制造业中的化学原料及化学制品制造业、化学纤维制造业的产业内贸易水平呈现下降趋势，通用专用设备制造业则由产业间贸易向产业内贸易转变，其产业内贸易指数为 0.467、0.439、0.519、0.525 和 0.607。韩国和中国台湾的产业内贸易则分别主要依靠中低及中高技术制造业。

与贸易增加值法的发展趋势一致，中国1995~2011年产业内贸易指数为 0.917、0.848、0.916、0.841 和 0.924。受 1997 年亚洲金融危机的影响，中国出口大幅下降，从而导致 1997 年中国产业内贸易水平的下降，2002 年随着中国加入 WTO 后经济更加开放，外国对华的直接投资（FDI）不断增多，中国收入水平的提高，极大地促进了产业内贸易的发展；然而，2007 年，全球金融危机的到来，导致全球经济低迷和国际贸易环境的变化，中国出口风险的增强以及规模的大幅下降，进而使得产业内贸易水平再次下降。从部门来看，1995~2011 年，中国中高技术制造业的产业内贸易水平明显上升，中高技术制造业中通用专用设备制造业的贸易方式从产业间贸易转变为产业内贸易，并且在 2002~2007 年产业内贸易程度明显加深，其 1995~2011 年产业内贸易指数为 0.420、0.626、0.583、0.926 和 0.973，中高技术制造业化学原料及化学制品制造业、化学纤维制造业和交通运输设备制造业的产业内贸易指数则分别为 0.651、0.944、0.915、0.951、0.918 和 0.561、0.725、0.740、0.978、0.933。从产业内贸易指数可以看出，中高技术制造业的产业内贸易水平总体在 2002~2007 年上升较快，这是由于 2002 年中国加入世界贸易组织后，很好地履行了入世承诺，经济对外更加开放，国外对华直接投资（FDI）也不再局限于劳动密集型制造业，对高技术行业的投资也逐渐增多。而对于高技术制造业－电气和光学设备制造业，其产业内贸易水平则自2002年之后明显下降，1995～2011年产业内贸易指数为0.804、0.764、0.904、0.697和0.685。

（4）资源型经济体除俄罗斯外，其他经济体的产业内贸易水平都较高。从变化趋势来看，1995～2011年澳大利亚的产业内贸易指数略微下降，但整体较平稳，加拿大和俄罗斯在1995～1992年缓慢上升后急速下降，2002～2011年又快速上升，产业内贸易指数分别为0.927、0.943、0.917、0.945、0.996和0.882、0.889、0.802、0.805、0.855。印度尼西亚的产业内贸易程度在1995～2002年则持续下降，2002～2011年又快速上升，其产业内贸易指数为0.988、0.966、0.867、0.900和0.945（见表5－4）。

三　两种方法结果比较

（1）两种方法结果都显示，1995～2011年APEC主要经济体的产业内贸易水平都在不断上升，特别是新兴工业化经济体的产业内贸易发展速度要高于发达经济体以及资源型经济体。在全球经济贸易一体化的背景下，基于产品零部件的专业化生产将更多的发展中国家融入国际分工和生产体系中，零部件贸易和中间产品贸易的迅速增长，以及相应而生的最终产品贸易的增长，是APEC主要经济体产业内贸易水平提高的主要因素，也是新兴工业化国家产业内贸易快速发展的重要原因。

（2）从总体上来看，与基于贸易增加值的测算方法相比，基于出口总额的测算方式高估大部分经济体的产业内贸易水平，但低估了美国、中国台湾和韩国的产业内贸易水平。对外开放的不断加深和外商直接投资的快速增长，带来了中国对外贸易快速增长，然而，从现实情况来看，外商直接投资对我国贸易的影响主要体现在加工贸易方面，尽管近年来我国加工贸易的比重有所下降，但仍然占据我国对外贸易的半壁江山。在加工贸易过程中，中国从发达经济体及资源型经济体中进口中间产品，经过加工组装再出口到发达经济体，在整个过程中中国只赚取微薄的加工组装费用，出口中的绝大多数收益仍然属于发达经济体和资源型经济体，因此，加工贸易则极大地高估了中国出口的真实所得，因此，基于总体法的测算结果将高估中国的产业内贸易水平，特别是制造业的产业内贸易水平；对于美国而言，正是由于新兴工业化经济体以加工制造业的角色进入国际分工，美国等发达经济体则更好地专注于技术的革新和产品的创新，从根本上掌握了产品的绝大多数收益,尽管从总额角度来看美国等发达经济体为贸易逆差,但从增加值角度来看,却为贸易顺差,因此,总额角度的测算将低估美国等发达经济体的产业内贸易水平。对于新兴工业化经济体的中国台湾和韩国,由于近年来其制造业的转型升级,大多数低附加值的制造业外移到中国大陆及其他发展中经济体,但仍保持其制造业强大的研发能力,因此,其出口仍具有较大的优势,其总额结果也低估其产业内贸易水平,这也解释了2002年以后中国台湾和韩国基于贸易增加值方法测算的产业内贸易水平呈上升趋势,而基于总额法测算的产业内贸易水平却呈下降趋势。

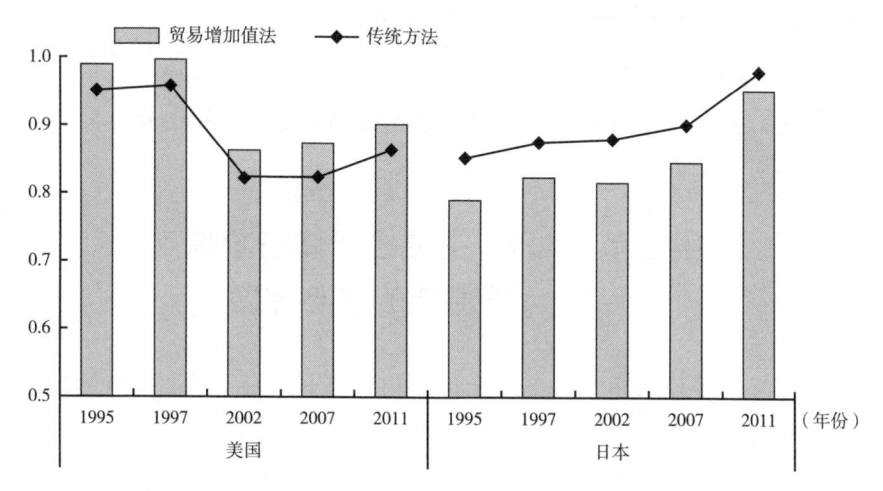

图 5-7　1995~2011 年 APEC 发达经济体的产业内贸易水平

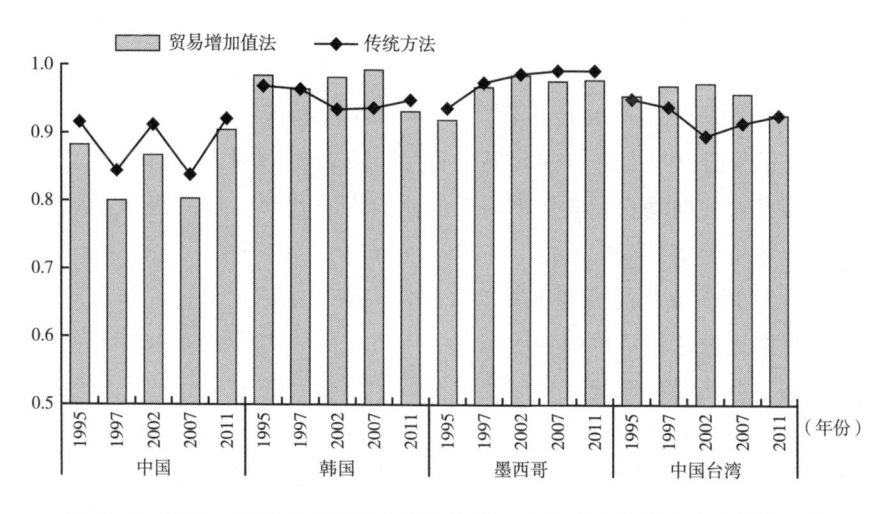

图 5-8　1995~2011 年 APEC 经济体新兴工业化经济体的产业内贸易水平

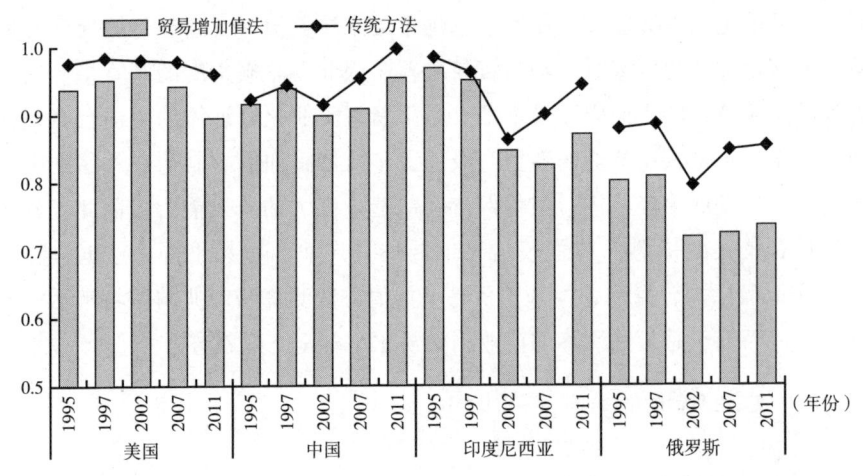

图 5-9 1995~2011 年 APEC 资源型经济体和地区的产业内贸易水平

第三节 APEC 主要经济体在全球价值链的参与程度

与参与国际分工相比，参与全球价值链不仅包括产品生产过程的参与，同时也包括产品生产前端研究、设计以及后端营销、售后服务等的参与，因此，全球价值链的参与程度能更加全面地反映出一国参与国际分工的程度。我们将全球价值链的参与区分为前向参与和后向参与，分别用指标前向垂直专业化率（VS1）和后向垂直专业化率（VS）来衡量。所谓前向垂直专业化率（VS1）是指一国出口中作为中间品被其他国家进口的比重，反映出本国产品对其他国家供应链的贡献程度；后向垂直专业化率（VS）是指一国出口中进口中间品的比重，反映出本国出口对进口的依赖程度，因此，前向垂直专业化率与后向垂直专业化率可以综合地反映出一国参与全球价值链分工的程度。

（1）新兴工业化经济体主要以后向方式参与全球价值链，其后向垂直专业化程度比发达经济体和资源型经济体高，且呈现不断加深的趋势。

新兴工业化经济体处在全球生产链的中下游，主要进行加工组装或贴牌生产，以后向方式参与到全球价值链中，对进口中间品的依赖性较强，表现出后向垂直专业化率高。作为亚洲生产网络的主要经济体，韩国和中国台湾的后向垂直专业化程度始终高于亚洲其他经济体，1995~2011 年，

表 5-5　1995~2011 年 APEC 主要成员国后向垂直专业化率（VS）

单位：%

经济体	1995 年	1997 年	2002 年	2007 年	2011 年
澳大利亚	12.2	12.6	12.7	15.2	13.7
加拿大	25.1	26.2	25.3	23.3	20.2
中国	15.8	14.1	17.9	24.7	21.8
印度尼西亚	15.4	15.5	18.2	16.0	14.6
日本	6.3	8.1	9.2	15.4	17.0
韩国	24.0	27.8	28.2	34.3	40.3
墨西哥	26.1	28.0	30.0	29.5	30.0
俄罗斯	7.4	6.9	9.0	6.9	6.2
中国台湾	33.0	33.0	34.9	45.8	47.3
美国	9.6	9.6	9.4	13.3	14.9

表 5-6　1995~2011 年 APEC 主要成员国前向垂直专业化率（VS1）

单位：%

主要经济体	1995 年	1997 年	2002 年	2007 年	2011 年
澳大利亚	16.8	15.8	19.2	25.0	24.8
加拿大	10.2	10.0	9.6	13.3	18.0
中国	10.9	12.0	14.7	15.4	15.6
印度尼西亚	14.1	14.8	18.2	23.9	15.4
日本	16.3	15.8	19.4	22.4	22.5
韩国	14.5	13.8	15.0	18.4	15.4
墨西哥	10.8	9.4	9.5	13.7	16.1
俄罗斯	25.2	27.0	31.5	39.7	12.4
中国台湾	10.9	12.3	15.8	19.7	15.9
美国	20.0	19.9	24.6	24.4	18.5

中国台湾和韩国的后向垂直专业化率分别为 33.0%、33.0%、34.9%、45.8%、47.3% 和 24.0%、27.8%、28.2%、34.3%、40.3%；同时，作为北美生产网络的重要基地，墨西哥后向参与全球价值链的程度也较高，其后向垂直专业化率为 26.1%、28.0%、30.0%、29.5% 和 30.0%。中国的后向垂直专业化率在 APEC 主要经济体中位居第四，且增长较快，特别是在 2002~2007 年，中国参与全球价值链的程度明显加深，后向垂直专业

化率上涨 6.8 个百分点，到 2007 年达到 24.7%，2011 年有小幅下降。1995~2011 年中国的后向垂直专业化率为 15.8%、14.1%、17.9%、24.7% 和 21.8%。对于发达经济体和资源型经济体，其后向垂直专业化程度较低，呈现上升的趋势但增长较慢，如美国、日本 1995~2011 年的后向垂直专业化率仅分别为 9.6%、9.6%、9.4%、13.3%、14.9% 和 6.3%、8.1%、9.2%、15.4%、17.0%。

（2）从行业结构来看，对于传统的中低技术制造业，中国中高技术制造业也通过后向方式参与全球价值链，并且参与程度不断提升。1995~2011 年，中国传统制造业如造纸及纸制品业、印刷和记录媒介的复制业，橡胶及塑料制品业和金属制品业的后向垂直专业化程度不断加深；虽然电气和光学设备制造业与化学原料及化学制品制造业、化学纤维制造业等中高技术制造业的后向垂直专业化程度低于传统的中低技术制造业，但呈现加速上升的趋势，1995~2011 年其后向垂直专业化率分别为 22.1%、20.3%、28.2%、34.7%、28.9% 与 15.3%、14.9%、17.8%、24.2%、23.9%（见附录 4）。

韩国、中国台湾和墨西哥低技术制造业比高技术制造业后向全球价值链的程度比中国更深，但不同部门存在较大的差异。韩国后向方式参与全球价值链较深的部门主要为低技术制造业，如采矿业，造纸及纸制品业、印刷和记录媒介的复制业，金属制品业，而高技术制造业电气和光学设备制造业后向参与全球价值链的程度相对较低且总体上在减弱，1995~2011 年后向垂直专业化为 27.8%、34.0%、33.5%、35.0% 和 36.8%。中国台湾大部分制造业的后向垂直专业化程度都较高，也集中在中低技术制造业中，其中石油加工、炼焦及核燃料加工业 2011 年的后向垂直专业化率甚至达到 78.9%，1995~2007 年的后向垂直专业化率为 43.0%、44.1%、57.1% 和 70.5%；此外，金属制品业的后向垂直专业化率也相对较高，1995~2011 年分别为 33.2%、31.0%、32.8%、45.2% 和 49.8%。墨西哥后向垂直专业化程度最高的为电气和光学设备制造业，1995~2011 年后向垂直专业化率为 54.2%、51.0%、53.7%、57.4% 和 61.0%，其他后向垂直专业化较高的部门为通用专用设备制造业、橡胶及塑料制品业和金属制品业。

（3）发达经济体和资源型经济体主要以前向方式参与全球价值链，其前向垂直专业化程度比新兴工业化经济体高且呈现不断加深的趋势。资源型经济体如俄罗斯、澳大利亚 1995~2011 年前向垂直专业化率分别为

25.2%、27.0%、31.5%、39.4%、12.4%和16.8%、15.8%、19.2%、25.0%、24.8%，发达经济体美国和日本的前向垂直专业化水平在总体上呈上升趋势，但美国2011年有小幅下降，前向垂直专业化率分别为20.0%、19.9%、24.6%、24.2%、18.5%和16.3%、15.8%、19.4%、22.4%和22.5%。新兴工业化经济体的前向垂直专业化程度整体较低，但也呈现出上升的趋势，如中国，1995~2011年的前向垂直专业化率为10.9%、12.0%、14.7%、15.4%和15.6%（见表5-6）。

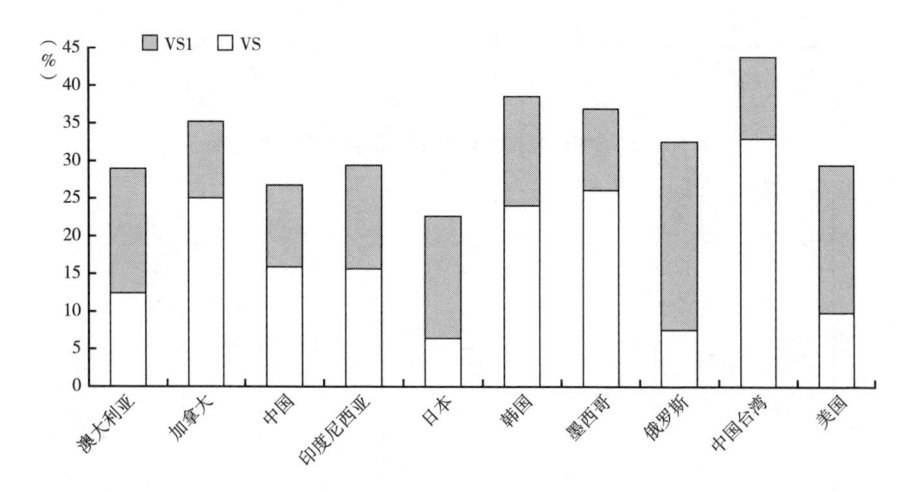

图5-10 1995年APEC主要经济体GVC参与度

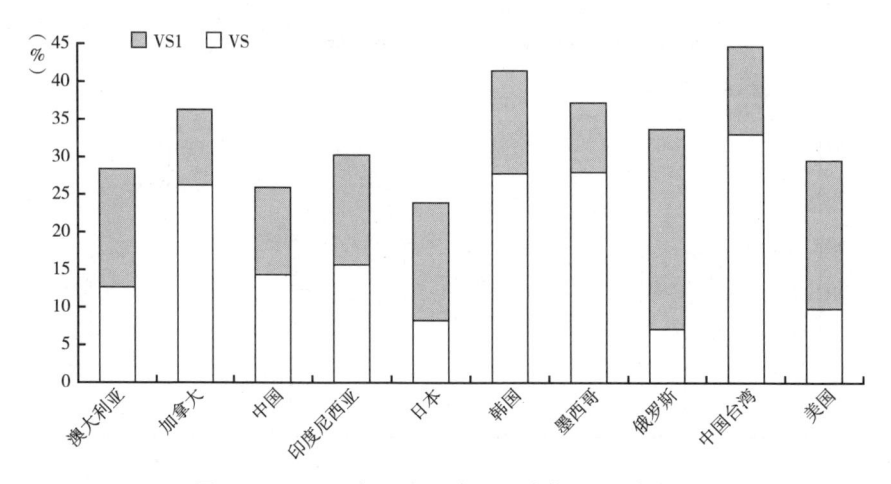

图5-11 1997年APEC主要经济体GVC参与度

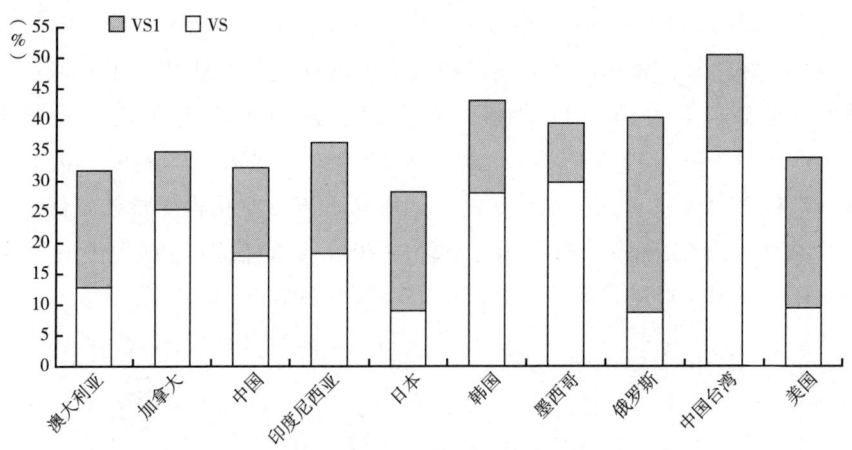

148 | 全球价值链：APEC 主要经济体产业结构和国际竞争力

图 5-12　2002 年 APEC 主要经济体 GVC 参与度

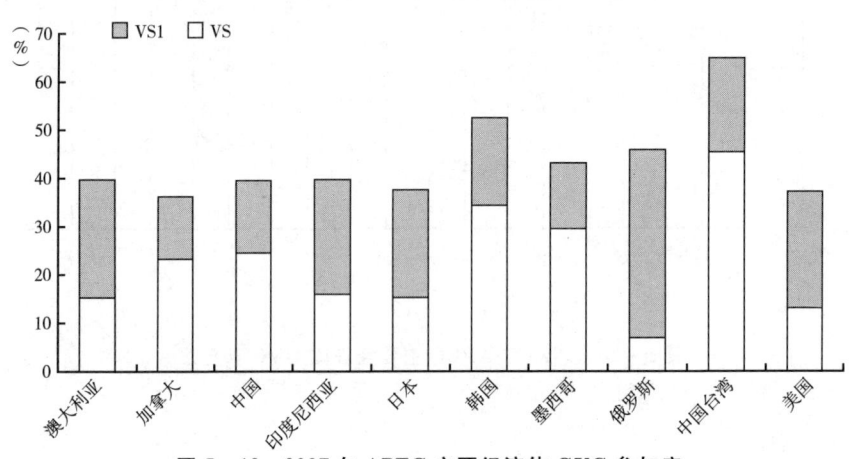

图 5-13　2007 年 APEC 主要经济体 GVC 参与度

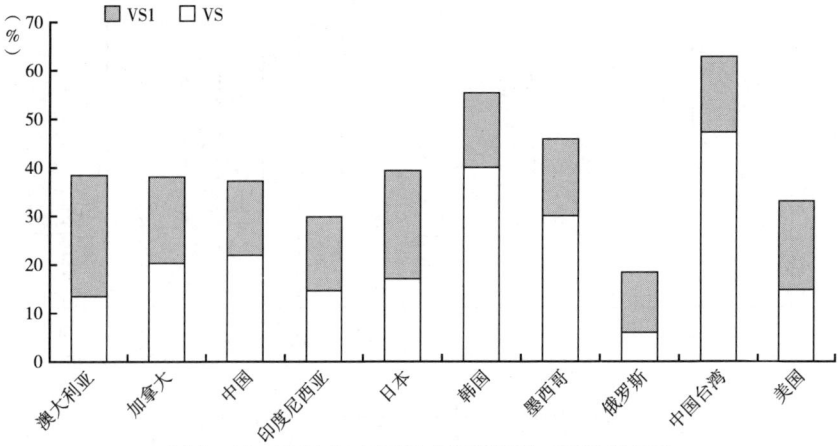

图 5-14　2011 年 APEC 主要经济体 GVC 参与度

第四节 APEC主要经济体制造业在全球价值链的位置分析

从全球价值链的分工来看,产品价值由众多的价值环节构成,处于生产不同环节的企业及所在经济体进行着从设计、产品开发、中间产品及最终产品的制造、营销等各种增值活动,其相应创造的价值也并不均衡。在产品的价值链中,一国(或地区)不论以何种方式参与,只要在价值生产过程中获得的价值越多,则越处于价值链的上游。因此,处于价值链上游的经济体主要从事附加值高的活动,表现为单位出口中所包含的国内增加值和折返增加值多,而国外增加值少;对于处于价值链下游的经济体而言,单位出口中所包含的国内增加值和折返增加值少,国外增加值多。将国外增加值分解为出口最终产品的国外增加值和出口中间产品的国外增加值,一般而言,若一国出口最终产品所包含的国外增加值比重上升,说明该国从事最终产品的加工组装活动位于价值链的底端;若一国出口中间产品所包含的国外增加值比重上升,则说明该国不再处于价值链的底端,正在进行产业升级。

表5-7 1995~2011年APEC主要成员国折返及国外增加值率

单位:%

主要成员国	1995年					1997年				
	DVA	RDV	FVA	FVA-FIN	FVA-INT	DVA	RDV	FVA	FVA-FIN	FVA-INT
澳大利亚	87.4	0.3	9.8	30.7	69.3	87.1	0.3	10.2	29.6	70.4
加拿大	73.9	0.7	22.3	53.6	46.4	72.6	0.8	23.2	53.5	46.5
中国	83.6	0.4	13.8	65.1	34.9	85.3	0.5	12.0	62.1	37.9
印度尼西亚	84.3	0.2	12.9	42.8	57.2	84.2	0.3	12.7	41.4	58.6
日本	91.8	1.6	5.2	45.7	54.3	90.3	1.4	6.6	45.5	54.5
韩国	75.5	0.4	19.2	44.5	55.5	71.1	0.4	22.1	41.6	58.4
墨西哥	73.5	0.3	23.0	60.3	39.7	71.4	0.4	25.0	65.3	34.7
俄罗斯	91.8	0.7	5.3	23.0	77.0	92.2	0.8	4.9	23.1	76.9
中国台湾	66.6	0.2	27.1	50.8	49.2	66.6	0.2	26.6	46.2	53.8
美国	82.6	7.1	7.3	49.1	50.9	82.0	7.7	7.3	49.8	50.2
澳大利亚	86.9	0.4	9.8	33.7	66.3	84.1	0.5	10.4	24.1	75.9

续表

主要成员国	2002年					2007年				
	DVA	RDV	FVA	FVA-FIN	FVA-INT	DVA	RDV	FVA	FVA-FIN	FVA-INT
加 拿 大	73.7	0.7	22.5	54.4	45.6	75.5	0.9	19.7	50.1	49.9
中 国	80.8	1.0	14.5	63.6	36.4	73.1	1.3	19.3	61.0	39.0
印度尼西亚	81.5	0.2	14.2	45.5	54.5	83.7	0.3	11.5	37.5	62.5
日 本	89.1	1.5	7.2	51.6	48.4	82.9	1.3	11.0	45.5	54.5
韩 国	71.3	0.4	21.9	51.4	48.6	64.9	0.4	23.9	39.7	60.3
墨 西 哥	69.4	0.5	26.9	68.8	31.2	69.6	0.6	24.6	55.1	44.9
俄 罗 斯	90.5	0.5	5.9	22.0	78.0	92.2	0.8	4.0	18.6	81.4
中国台湾	64.5	0.3	25.7	47.3	52.7	53.6	0.2	27.9	33.4	66.6
美 国	80.2	9.6	6.9	51.5	48.5	78.8	7.1	9.6	49.4	50.6

主要成员国	2011年				
	DVA	RDV	FVA	FVA-FIN	FVA-INT
澳大利亚	85.5	0.7	9.7	21.6	78.4
加 拿 大	78.4	1.0	16.7	44.8	55.2
中 国	75.5	2.0	17.1	57.3	42.7
印度尼西亚	84.8	0.5	11.1	40.3	59.7
日 本	81.5	1.2	12.6	38.7	61.3
韩 国	59.1	0.3	29.8	37.2	62.8
墨 西 哥	68.8	0.9	25.5	56.7	43.3
俄 罗 斯	92.8	0.9	3.7	16.3	83.7
中国台湾	52.2	0.2	31.7	29.5	70.5
美 国	79.0	5.4	11.4	47.8	52.2

（1）发达经济体及资源型经济体单位出口中的国内增加值比重高于经济体新兴工业化经济体，国外增加值比重远远低于新兴工业化经济体，位于全球价值链的中上游。如2011年，美国、日本单位出口的国内增加值比重为79.0%和81.5%，国外增加值的比重则为11.4%和12.6%；资源型经济体如俄罗斯、澳大利亚单位出口的国内增加值比重则高达92.8%和85.5%，国外增加值也仅为3.7%和9.7%。发达经济体单位出口的国内增加值比重与资源型经济体总体相当，但其国外增加值的比重却明显高于资源型经济体，这是由于发达经济体与资源型经济体参与全球价值链的方式以及参与的价值链的长度不同，对于发达经济体，主要从事微笑曲线高附加值的活动，通过产品的研发、设计和营销等方式参与全球价值链从而获得较高的国内增加值，而资源型经济体则主要依靠资源禀赋通过在生产阶段向其他经济体提供资源来获得较高的附加值。经济体新兴工业化经济体

单位出口的国内增加值比重则远远低于发达经济体和资源型经济体，国外增加值比重远高于发达经济体和资源型经济体，位于全球价值链的中下游，如中国台湾、墨西哥和韩国 2011 年单位出口的国内增加值比重在 APEC 主要经济体中最低，分别仅为 52.2%、68.8% 和 59.1%，而国外增加值比重则高达 31.7%、25.5% 和 29.8%；对于中国，单位出口的国内增加值比重和国外增加值比重介于发达经济体及其他经济体新兴工业化经济体之间，总体上处于全球价值链的中下游（见表 5-7）。

（2）从折返增加值的角度来看，发达经济体单位出口中的折返增加值比重高于其他经济体，其中美国的比重最高，但与其他经济体的差距也在逐步缩小，1995~2011 年，美国单位出口中的折返增加值比重为 7.1%、7.7%、9.6%、7.1% 和 5.4%；其次为日本，折返增加值比重稳中有降，1995~2011 年日本单位出口中的折返增加值比重为 1.6%、1.4%、1.5%、1.3% 和 1.2%；与此同时，经济体新兴工业化经济体的折返增加值比重不断上升，尤其是中国，增速远远高于其他经济体和地区，到 2011 年，中国折返增加值比重达到 2.0%，高于日本 0.8 个百分点，1995~2011 年折返增加值比重为 0.4%、0.5%、1.0%、1.3% 和 2.0%，其他经济体新兴工业化经济体 1995~2011 年的折返增加值比重较低且相对保持稳定。对于资源型经济体，其折返增加值总体较低，部分经济体的折返增加值率低于新兴工业化经济体，这也进一步说明，尽管资源型经济体单位出口的增加值与发达国家相当，但其参与全球价值链的程度并不深，仅仅是依靠自身的资源禀赋来获得较高的附加值（见表 5-7）。

（3）从国外增加值的内容来看，经济体新兴工业化经济体出口最终产品包含的国外增加值比重远远高于发达经济体和资源型经济体。中国和墨西哥出口最终产品包含的国外增加值比重在 APEC 经济体中最高，但中国出口最终产品包含的国外增加值比重高于出口最终产品包含的国外增加值比重在逐年下降，而出口中间产品包含的国外增加值比重逐年上升，1995~2011 年出口最终产品和中间产品包含的国外增加值比重分别为 65.1%、62.1%、63.6%、61.0%、57.3% 和 34.9%、37.9%、36.4%、39.0%、42.7%，说明中国制造业仍以加工组装方式为主，但正在逐步升级，不断向价值链的上游攀登。中国台湾和韩国国外增加值的变化趋势与中国相同，但出口所包含的国外增加值主要依靠出口中间品所得，说明中国台湾和韩国的制造业地位高于中国，并且也在逐步升级中（见表 5-7）。

第六章　APEC 主要经济体产业国际竞争力变化

第一节　APEC 主要经济体各产业国际市场占有率变化

一　基于贸易增加值的 APEC 主要经济体国际市场占有率

从贸易增加值的角度来看，1995~2011 年 APEC 整体的国际市场占有率总体保持稳定、略有小幅上升，APEC 整体的国际市场占有率为 42.08%、44.25%、41.38%、40.58% 和 43.95%。从各经济体来看，新兴工业化经济体的国际市场占有率总体上升，尤其是中国，国际市场占有率有显著提升，从 1995 年的 3.25% 上升到 2011 年 11.82%，从 APEC 内部来看，2011 年中国的市场占有率达到 26.88%；其他新兴工业化经济体韩国、墨西哥和中国台湾的国际市场占有率均低于 3%。发达经济体及资源型经济体的国际市场占有率有所下降，美国 2011 年比 1995 年的国际市场占有率下降 3.73 个百分点，日本则下降 4.82 个百分点。长期以来，美国是 APEC 中国际市场占有率最高的经济体，但到 2011 年，中国超过美国 0.9 个百分点，成为 APEC 中国际市场占有率最高的经济体，中国和美国 1995~2011 年的国际市场占有率分别为 3.25%、3.88%、5.55%、9.08%、11.82% 和 14.65%、16.24%、13.62%、11.17%、10.92%。1995 年，日本的国际市场占有率为 10.30%，位居 APEC 经济体第二，但其国际竞争力逐渐减弱，到 2011 年，其国际市场占有率仅为 5.48%。资源型经济体的国际市场占有率略高于除中国之外的新兴工业化经济体，澳大利亚、印度尼西亚和俄罗斯的国际市场占有率呈上升趋势，加拿大则下降（见表 6-1、表 6-2）。

表 6-1　1995~2011 年 APEC 主要经济体贸易增加值的国际市场占有率

单位：%

主要经济体	1995 年	1997 年	2002 年	2007 年	2011 年
澳大利亚	1.50	1.64	1.35	1.52	2.10
加拿大	3.64	3.84	4.06	3.35	3.05
中国	3.25	3.88	5.55	9.08	11.82
印度尼西亚	1.06	1.19	1.00	0.97	1.39
日本	10.30	9.20	7.47	5.93	5.48
韩国	2.59	2.64	2.49	2.62	2.72
墨西哥	1.38	1.78	2.15	1.78	1.78
俄罗斯	1.75	1.76	1.78	2.79	3.38
中国台湾	1.96	2.07	1.90	1.38	1.33
美国	14.65	16.24	13.62	11.17	10.92
APEC	42.08	44.25	41.38	40.58	43.95
欧盟	33.53	31.65	30.80	28.90	24.85
其他地区	24.39	24.10	27.82	30.52	31.20
全球	100	100	100	100	100

表 6-2　1995~2011 年 APEC 主要经济体的贸易增加值在 APEC 中的市场占有率

单位：%

主要经济体	1995 年	1997 年	2002 年	2007 年	2011 年
澳大利亚	3.56	3.70	3.25	3.75	4.77
加拿大	8.65	8.68	9.82	8.26	6.94
中国	7.74	8.77	13.41	22.38	26.88
印度尼西亚	2.51	2.69	2.43	2.39	3.17
日本	24.48	20.80	18.06	14.60	12.46
韩国	6.16	5.97	6.03	6.45	6.18
墨西哥	3.27	4.02	5.20	4.38	4.04
俄罗斯	4.16	3.99	4.30	6.87	7.69
中国台湾	4.66	4.68	4.59	3.39	3.02
美国	34.81	36.71	32.92	27.51	24.85
APEC	100.00	100.00	100.00	100.00	100.00

二 基于传统数据的 APEC 主要经济体国际市场占有率

总体上看，基于出口总额的 APEC 整体国际市场占有率也呈现上升趋势，APEC 整体的国际竞争力不断增强，1995~2011 年，APEC 整体的国际市场占有率为 39.86%、42.42%、39.18%、37.95% 和 41.67%。从各经济体来看，新兴工业化经济体除中国外，其他经济体和地区的国际市场总体较低且基本保持稳定，中国的国际市场占有率却有明显提升，从 1995 年的 3.05% 上升至 11.34%，超过美国成为 APEC 中国际市场占有率最高的经济体。而发达经济体及资源型经济体 1995~2011 年的国际市场占有率也表现出下降趋势，美国 2011 年比 1995 年下降 3.88 个百分点，日本下降 3.92 个百分点。1995 年，日本的国际市场占有率为 8.79%，位居 APEC 经济体第二，但其国际竞争力逐渐减弱，到 2011 年，其国际市场占有率仅为 4.87%。资源型经济体除加拿大外，其他三国的国际市场占有率低于新兴工业化经济体，但逐年上升，加拿大则逐年下降（见表 6-3）。

表 6-3 1995~2011 年 APEC 主要经济体贸易总额的国际市场占有率

单位：%

主要经济体	1995 年	1997 年	2002 年	2007 年	2011 年
澳大利亚	1.34	1.47	1.17	1.29	1.78
加 拿 大	3.86	4.13	4.15	3.16	2.82
中　　国	3.05	3.55	5.17	8.84	11.34
印度尼西亚	0.98	1.10	0.93	0.83	1.19
日　　本	8.79	7.96	6.31	5.09	4.87
韩　　国	2.69	2.88	2.63	2.87	3.33
墨 西 哥	1.47	1.94	2.34	1.82	1.87
俄 罗 斯	1.49	1.49	1.48	2.15	2.64
中国台湾	2.30	2.43	2.22	1.83	1.84
美　　国	13.89	15.47	12.78	10.08	10.01
APEC	39.86	42.42	39.18	37.95	41.67
欧　　盟	35.01	33.27	32.10	30.50	27.29
其 他 地 区	25.13	24.31	28.73	31.55	31.04
全　　球	100	100	100	100	100

表6-4　1995~2011年APEC主要经济体的出口总额在APEC中的市场占有率

单位：%

主要经济体	1995年	1997年	2002年	2007年	2011年
澳大利亚	3.37	3.46	2.98	3.39	4.26
加拿大	9.68	9.73	10.60	8.33	6.76
中国	7.65	8.37	13.20	23.29	27.21
印度尼西亚	2.47	2.60	2.37	2.18	2.85
日本	22.04	18.76	16.11	13.40	11.68
韩国	6.75	6.79	6.72	7.57	7.99
墨西哥	3.68	4.58	5.96	4.79	4.48
俄罗斯	3.74	3.52	3.78	5.67	6.33
中国台湾	5.78	5.72	5.66	4.81	4.41
美国	34.85	36.46	32.62	26.57	24.01
APEC	100.00	100.00	100.00	100.00	100.00

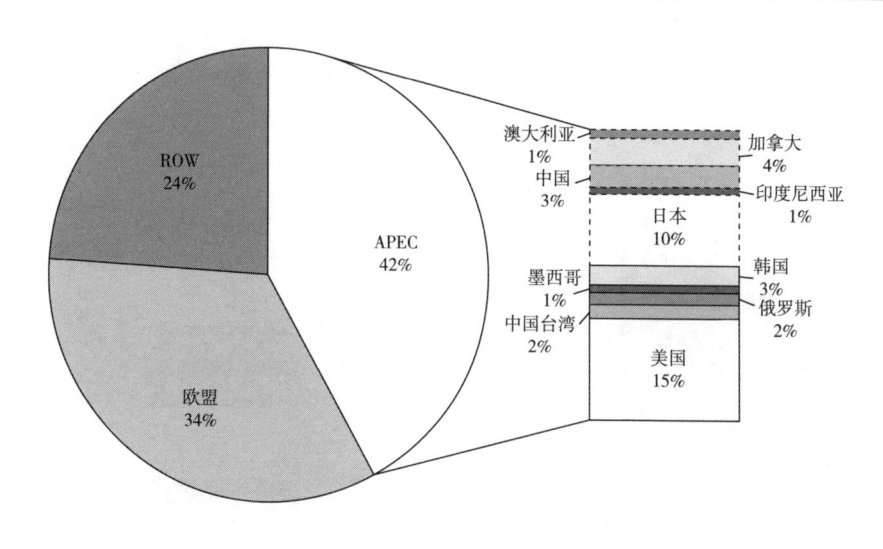

图6-1　1995年各经济体贸易增加值的国际市场占有率

三　两种方法结果比较

基于出口总额的方法低估了APEC整体的国际市场占有率，然而却高估了韩国、中国台湾和墨西哥的市场占有率。说明APEC整体具有较强的国际竞争力，其竞争力主要来自发达经济体、资源型经济体和中国，其他新兴工业化经济体的竞争力还有待进一步提高。

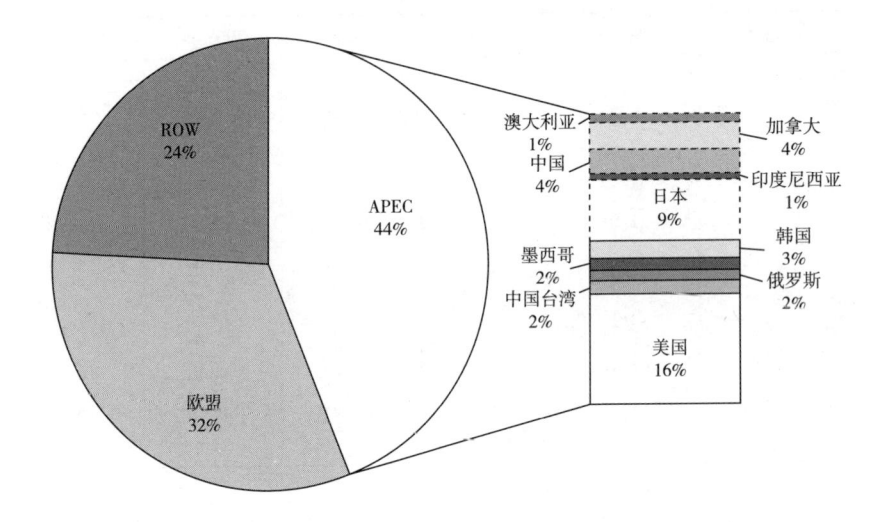

全球价值链：APEC 主要经济体产业结构和国际竞争力

图 6-2 1997 年各经济体贸易增加值的国际市场占有率

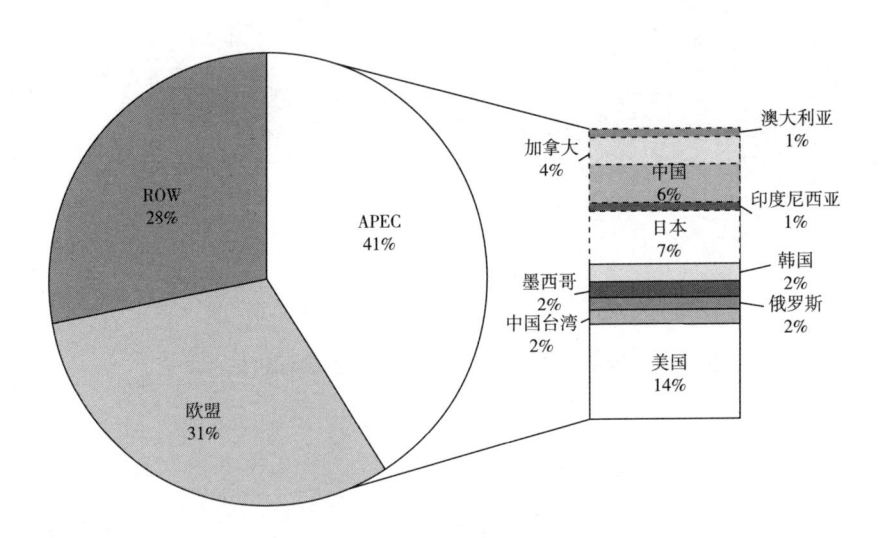

图 6-3 2002 年各经济体贸易增加值的国际市场占有率

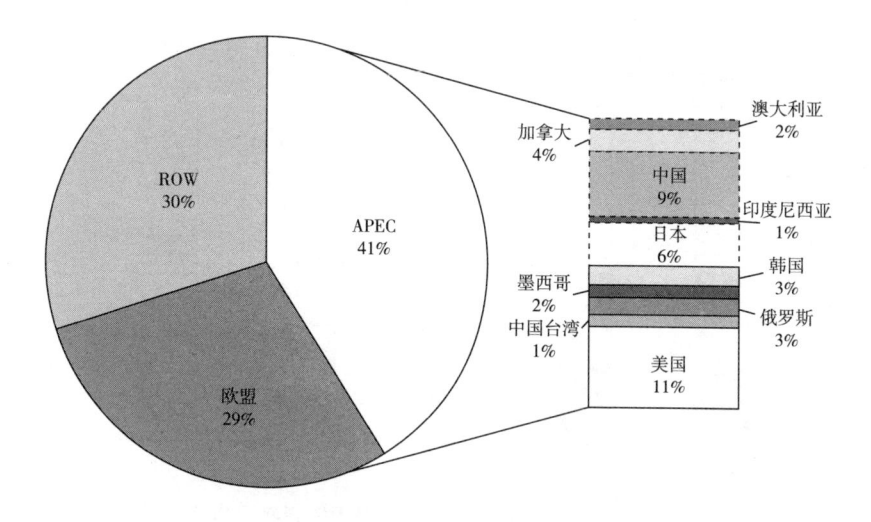

第六章 APEC主要经济体产业国际竞争力变化 | 157

图6-4 2007年各经济体贸易增加值的国际市场占有率

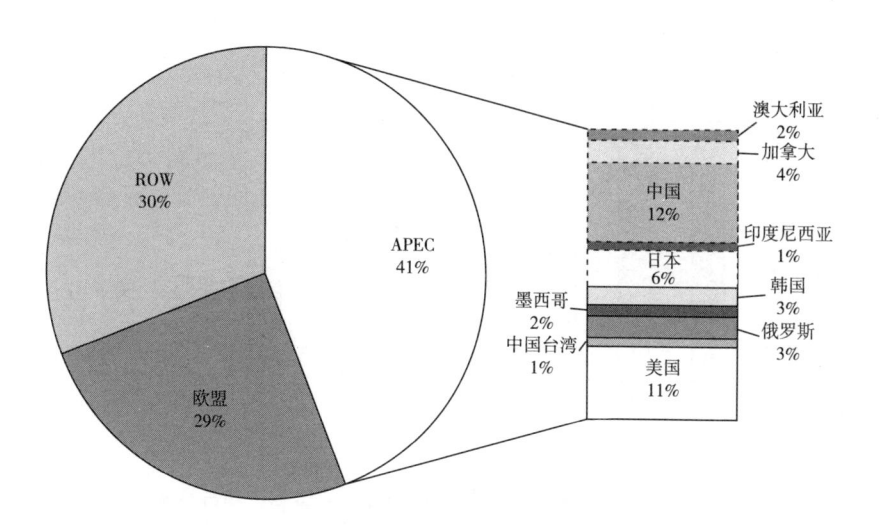

图6-5 2011年各经济体贸易增加值的国际市场占有率

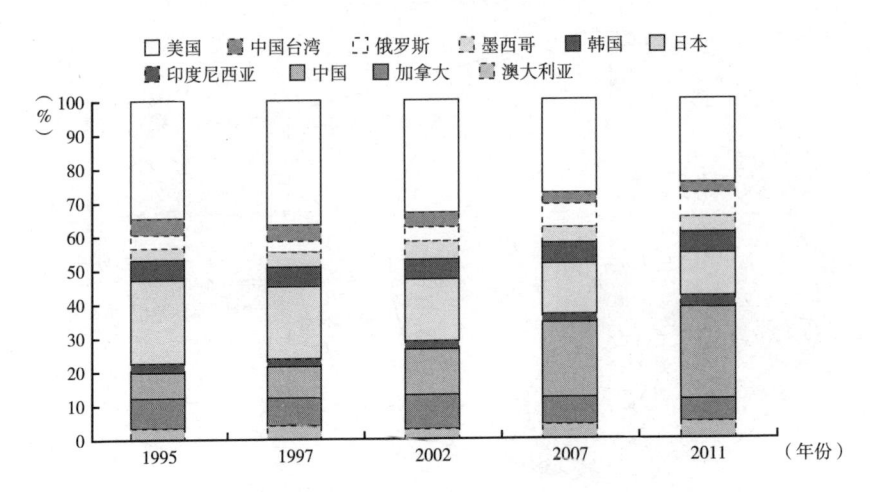

图 6-6　1995~2011 年 APEC 主要经济体相对市场占有率

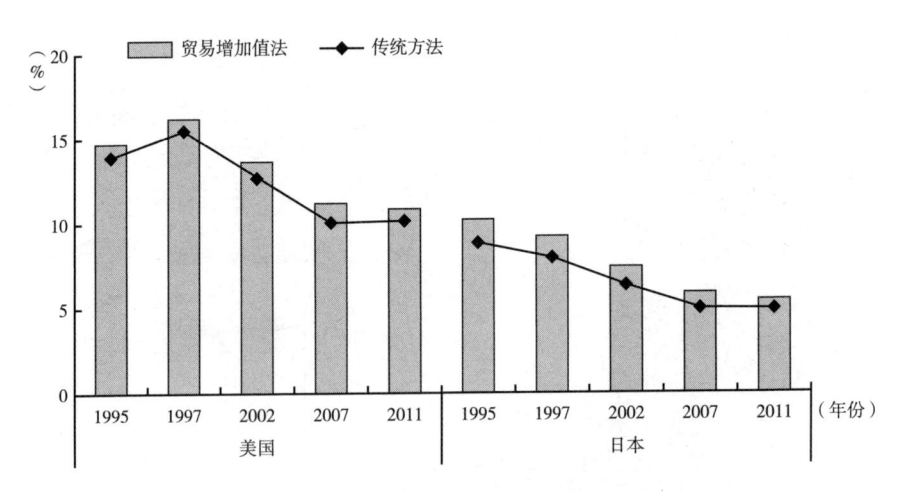

图 6-7　1995~2011 年 APEC 发达经济体的国际市场占有率对比

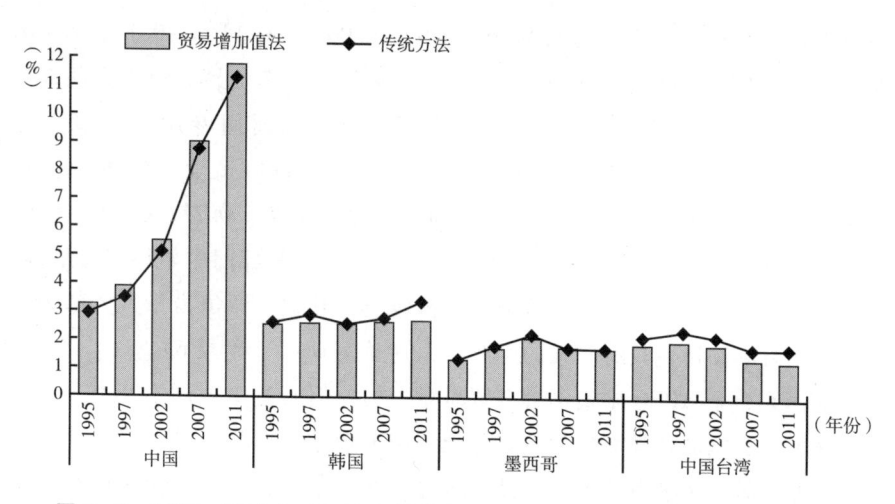

图 6-8　1995~2011 年 APEC 经济体新兴工业化经济体国际市场占有率对比

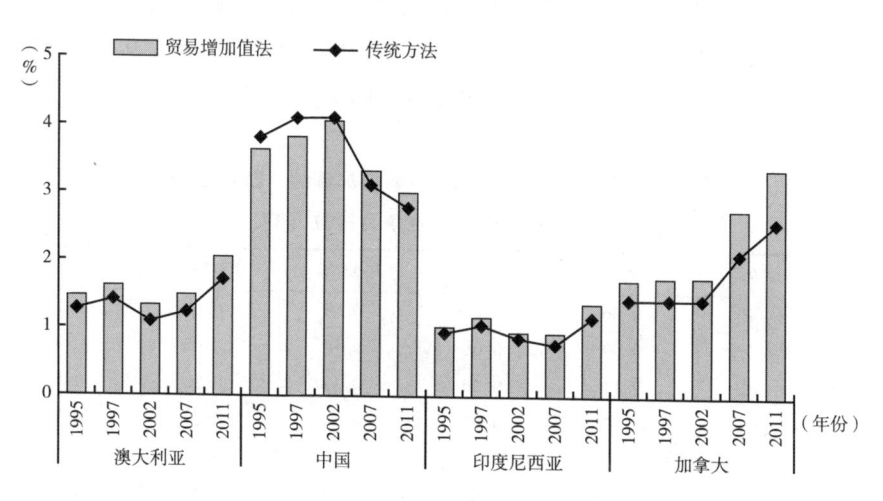

图 6-9　1995~2011 年 APEC 资源型经济体国际市场占有率对比

第二节　APEC 主要经济体贸易竞争力变化

一　基于贸易增加值的 APEC 主要经济体贸易竞争力变化

（1）发达经济体中，美国贸易竞争力在整个 APEC 中最弱但呈现上升趋势，日本的贸易竞争力较强但不断下降。1995~2011 年，基于贸易增加值的美国和日本贸易竞争力指数分别为 -0.01、0.00、-0.14、-0.12、-0.09 和 0.21、0.17、0.18、0.15、0.04。分部门来看，日本贸易竞争力强的部门主要集中在制造业，特别是中高技术制造业，如通用专用设备制造业（0.73、0.67、0.61、0.58、0.56）、电气和光学设备制造业（0.59、0.51、0.44、0.42、0.31）、交通运输设备制造业（0.77、0.77、0.79、0.80、0.81），其中交通运输设备制造业的贸易竞争力在所有部门中始终保持最高；日本中低技术制造业的贸易竞争力则总体较弱，其贸易竞争力指数大都为负数，说明日本制造业具有较强的生产能力（见表6-5、附录6）。

美国在整个APEC中最不具有贸易竞争力，但其竞争力却不断上升。分部门来看，美国的贸易竞争力主要体现在服务业中，但是呈现下降趋势，尽管制造业不具有贸易竞争力，但其竞争力还在不断增强。服务业中最具贸易竞争力的是批发业（0.91、0.91、0.87、0.82、0.77）、水上运输业（0.94、0.94、0.90、0.93、0.97）、其他运输配套业务及旅行社业务（0.88、0.88、0.83、0.90、0.86）、邮政与通信业（0.91、0.90、0.87、0.85、0.89）和金融业（0.76、0.76、0.54、0.49、0.46）（见附录6）。

表6-5 1995~2011年基于贸易增加值的APEC主要经济体贸易竞争力指数（TC）

主要经济体	1995年	1997年	2002年	2007年	2011年
澳大利亚	0.06	0.05	0.03	0.06	0.10
加拿大	0.09	0.06	0.10	0.09	0.05
中国	0.11	0.20	0.13	0.20	0.10
印度尼西亚	0.03	0.05	0.16	0.17	0.13
日本	0.21	0.17	0.18	0.15	0.04
韩国	-0.01	-0.03	0.02	0.01	-0.07
墨西哥	0.08	0.03	-0.01	0.02	0.02
俄罗斯	0.20	0.19	0.28	0.28	0.26
中国台湾	-0.04	-0.03	0.02	-0.04	-0.07
美国	-0.01	0.00	-0.14	-0.12	-0.09

（2）对于新兴工业化经济体，中国的贸易竞争力远远高于韩国、墨西哥和中国台湾，呈现震荡式发展趋势。受1997年亚洲金融危机和2008年全球金融危机的影响，中国的贸易竞争力在1997年、2007年达到高点后下滑，到2011年贸易竞争力下降至历史最低点，1995~2011年贸易竞争

力指数为0.11、0.20、0.13、0.20、0.10。从产业结构来看，中国的贸易竞争力主要依靠中低技术制造业，也进一步反映了我国中低技术制造业强大的生产能力，如纺织业、皮革、毛皮、羽毛（绒）及鞋类制品业、化学原料及化学制品制造业、化学纤维制造业、非金属矿物制品业与其他制造业及废弃资源和旧材料回收加工业竞争力不断增强；此外，在中高技术制造业中，高技术制造业－电气和及光学设备制造业具有较强的贸易竞争力，竞争力也呈现上升趋势，但总体水平低于中低技术制造业，1995～2011年其贸易竞争力指数为0.09、0.17、0.02、0.28和0.31。

韩国和中国台湾总体上不具有贸易竞争力，墨西哥则具有较弱的贸易竞争力，其中韩国和中国台湾的贸易竞争力在2002年上升到高点后开始回落，而墨西哥则在2002年下降至低点后回升。1995～2011年韩国贸易竞争力指数为－0.01、－0.03、0.02、0.01、－0.07，中国台湾的贸易竞争力指数则为－0.04、－0.03、0.02、－0.04、－0.07，墨西哥的贸易竞争力指数为0.08、0.03、－0.01、0.02、0.02。从贸易竞争力的产业结构来看，韩国贸易竞争力主要集中在中高技术制造业，且贸易竞争力在不断增强；中国台湾集中在中低技术制造业，但贸易竞争力不断减弱，墨西哥则集中在服务业。韩国贸易竞争力强的部门主要有电气和光学设备制造业、交通运输设备制造业、批发业、住宿和餐饮业；中国台湾贸易竞争力强的部门主要有纺织业、橡胶及塑料制品业、其他制造业及废弃资源和旧材料回收加工业和其他运输配套业务及旅行社业务，高技术制造业－电气和光学设备制造业也具有较强的贸易竞争力，竞争力呈现上升趋势但低于中低技术制造业，1995～2011年其贸易竞争力指数为0.15、0.13、0.23、0.32和0.38。墨西哥贸易竞争力最强的部门则为采矿业、其他制造业及废弃资源和旧材料回收加工业、批发业、零售业、内陆运输业和水上运输业（见附录6）。

（3）资源型经济体都具有贸易竞争力，其中俄罗斯的贸易竞争力最强，且在整个APEC经济体中位居第一。加拿大、俄罗斯和印度尼西亚的贸易竞争力在2002年达到高点后开始回落，且加拿大和印度尼西亚的下降速度高于俄罗斯，澳大利亚在2002年下降至低点后回升，但整体水平较低。

二 基于传统数据的APEC主要经济体贸易竞争力变化

（1）对于发达经济体，日本的贸易竞争力高于美国，反映出日本的生产能力强于美国。1995~2011年，日本具有较强的贸易竞争力，但其竞争力逐年下降，尤其是2007~2011年生产能力明显下降，1995~2011年日本的贸易竞争力指数分别为0.14、0.12、0.12、0.09和0.01。分部门来看，日本贸易竞争力强的部门主要集中在制造业，特别是中高技术制造业，如通用专用设备制造业（0.60、0.53、0.45、0.38、0.41）、电气和光学设备制造业（0.50、0.42、0.35、0.33、0.25）、交通运输设备制造业（0.68、0.66、0.68、0.67、0.66），其中交通运输设备制造业的贸易竞争力在所有部门中始终保持最高；日本中低技术制造业的贸易竞争力则总体较弱，其贸易竞争力指数大都为负；服务业中其他运输配套业务及旅行社业务（0.59、0.49、0.40、0.69、0.66）和内陆运输业（0.38、0.38、0.37、0.46、0.46）具有强贸易竞争力，金融业（0.11、0.12、0.13、0.14、0.09）贸易竞争力较弱，其他服务业则不具有贸易竞争力，其贸易竞争力指数均为负（见附录7）。

美国在整个APEC中的贸易竞争力最弱，但其竞争力不断上升。1995~2011年，美国的贸易竞争力指数为-0.04、-0.04、-0.17、-0.17、-0.13。分部门来看，美国的贸易竞争力也体现在服务业中，其竞争力呈现下降趋势；尽管制造业不具有贸易竞争力，但其竞争力在不断增强。服务业中最具有贸易竞争力的是批发业（0.80、0.84、0.74、0.73、0.61）、水上运输业（0.87、0.86、0.83、0.78、0.56）、其他运输配套业务及旅

表6-6 1995~2011年基于出口总额的APEC主要成员国贸易竞争力指数（TC）

主要成员国	1995年	1997年	2002年	2007年	2011年
澳大利亚	0.02	0.02	-0.02	-0.02	0.04
加 拿 大	0.07	0.06	0.08	0.05	0.00
中 国	0.08	0.15	0.08	0.16	0.08
印度尼西亚	0.01	0.03	0.13	0.10	0.06
日 本	0.14	0.12	0.12	0.09	0.01
韩 国	0.03	0.03	0.06	0.06	0.05
墨 西 哥	0.06	0.02	-0.01	0.00	0.00
俄 罗 斯	0.12	0.11	0.20	0.15	0.15
中国台湾	0.05	0.06	0.10	0.08	0.07
美 国	-0.04	-0.04	-0.17	-0.17	-0.13

行社业务（0.73、0.72、0.66、0.64、0.57）、金融业（0.59、0.58、0.43、0.37、0.39）、私人雇用的家庭服务业（0.69、0.68、0.66、0.57、0.74），（见附录7）。

（2）对于新兴工业化经济体，中国的贸易竞争力远远高于韩国、墨西哥和中国台湾。受1997年亚洲金融危机和2008年全球金融危机的影响，中国的贸易竞争力在1997年、2007年达到高点后下滑，1995~2011年贸易竞争力指数为0.08、0.15、0.08、0.16、0.08。从产业结构来看，基于传统方法测算的中国的贸易竞争力也主要集中在中低技术制造业，如纺织业（0.52、0.56、0.53、0.73、0.72），皮革、毛皮、羽毛（绒）及鞋类制品业（0.47、0.52、0.52、0.63、0.63），橡胶及塑料制品业（0.25、0.24、0.21、0.24、0.27）和其他制造业及废弃资源和旧材料回收加工业（0.61、0.38、0.72、0.73、0.72），且竞争力不断增强；此外，在中高技术制造业中，高技术制造业-电气和光学设备制造业也具有较强的贸易竞争力，竞争力也呈现上升趋势但总体水平低于中低技术制造业，1995~2011年其贸易竞争力指数为0.20、0.24、0.10、0.30和0.31（见附录7）。

韩国、墨西哥和中国台湾总体上都具有贸易竞争力，但竞争力低于中国，且变化趋势与增加值法一致。1995~2011年韩国贸易竞争力指数为0.03、0.03、0.06、0.06和0.05，墨西哥的贸易竞争力指数为0.06、002、-0.01、0.00和0.00，中国台湾的贸易竞争力指数则为0.05、0.06、0.10、0.07和0.07。从产业结构来看，韩国贸易竞争力主要集中在中高技术制造业，而中国台湾和墨西哥则集中在中低技术制造业，韩国贸易竞争力强的部门主要有电气和光学设备制造业（0.29、0.22、0.23、0.34、0.34）、交通运输设备制造业（0.30、0.40、0.53、0.57、0.59）、批发业（0.60、0.63、0.59、0.64、0.63）、水上运输业（0.76、0.72、0.71、0.45、0.43）、航空运输业（0.48、0.49、0.48、0.51、0.48）；中国台湾贸易竞争力强的部门主要有纺织业（0.50、0.52、0.53、0.48、0.35）、橡胶及塑料制品业（0.37、0.38、0.38、0.38、0.39）、金属制品业（0.16、0.22、0.31、0.17、0.15）、其他制造业及废弃资源和旧材料回收加工业（0.47、0.46、0.51、0.36、0.22）和其他运输配套业务及旅行社业务（0.71、0.61、0.62、0.30、0.26），但高技术制造业-电气及光学设备制造业也具有较强的贸易竞争力，竞争力也呈现上升趋势但总体水平低于中低技术制造业,1995~2011年其贸易竞争力指数为0.26、0.24、0.26、0.31和0.35。墨西哥贸易竞争力最强的部门则为采矿业(0.76、0.77、0.77、0.84、0.79)、其他制造业及废弃资源和旧材料回收加工业(0.36、0.27、0.29、0.23、0.19)、批发业(0.54、0.42、0.40、0.44、0.30)和零售及家用产品维修业(0.57、0.45、0.43、0.47、0.34)。

(3)资源型经济体在APEC中的贸易竞争力最强,其中,俄罗斯的贸易竞争力在APEC主要经济体中位居第一。与增加值法变化趋势一致,加拿大、俄罗斯和印度尼西亚的贸易竞争力在2002年达到高点后开始回落,且加拿大和印度尼西亚的下降速度高于俄罗斯,而澳大利亚在2002年和2007年失去贸易竞争力后开始呈现贸易竞争力优势,但整体水平较低。

三 两种方法结果比较

(1)不论是基于传统方法还是增加值法,资源型经济体的贸易竞争力最强,美国在APEC经济体中的竞争力最弱,中国是新兴工业化经济体中竞争力最强的经济体,这反映出APEC主要经济体基于各自的资源禀赋在制造业中扮演着不同的角色。对于资源型经济而言,强大的贸易竞争力来源于其丰富的自然资源,美国的贸易竞争力虽然最弱,但也进一步说明美国制造业的重心并不在于生产,而是在于前端的设计研发和后期的产品服务,尽管美国提出了"再工业化"战略,但其研发能力和品牌效应仍然远远高于其生产能力。与日本、韩国相比,中国强大的生产能力来自于廉价的劳动力成本和丰富的自然资源,也奠定了中国"世界工厂"的地位。

(2)基于出口总额的数据低估了APEC中大部分经济体的贸易竞争力,但高估了中国台湾和韩国的贸易竞争力。一方面说明APEC主要经济体具有更强的生产能力和生产效率,尽管目前其贸易竞争力主要依靠中低技术制造业,但其中高技术制造业的生产能力也在不断提高,成为APEC主要经济体贸易竞争力的主要来源;另一方面,尽管韩国和中国台湾的制造业在研发和产品服务中存在一定的优势,然而在中高技术制造业领域,中国高技术企业队伍不断壮大,中韩及大陆与中国台湾之间的技术差距不断减小,使得韩国和中国台湾的产品研发和产品服务的优势被逐渐削弱,进而被削弱了贸易竞争力的水平。

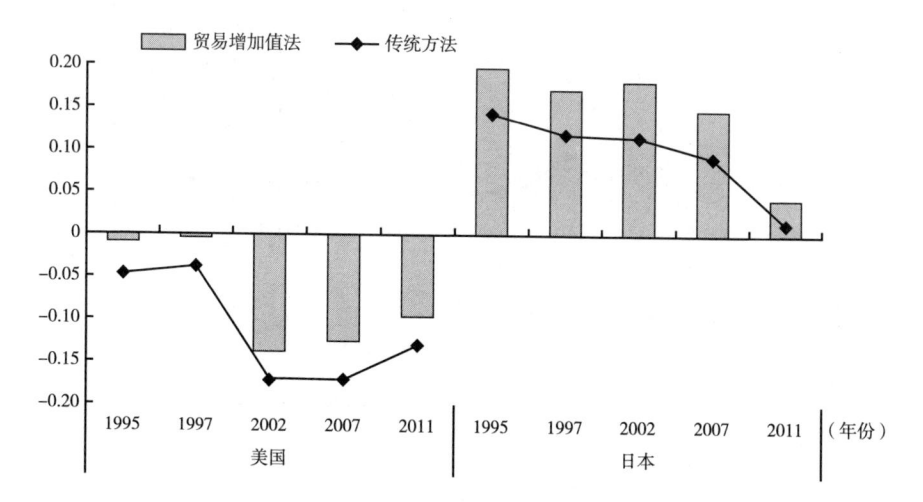

图 6-10 1995~2011 年 APEC 发达经济体的贸易竞争力

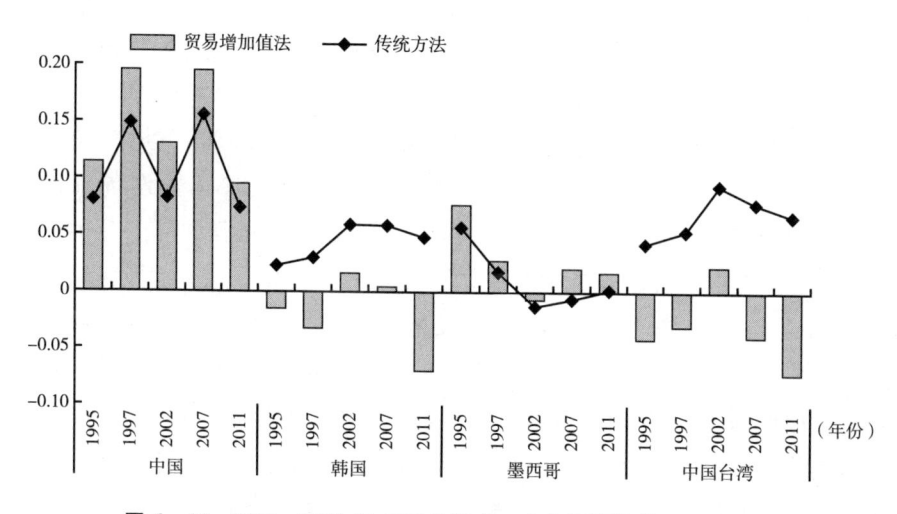

图 6-11 1995~2011 年 APEC 新兴工业化经济体的贸易竞争力

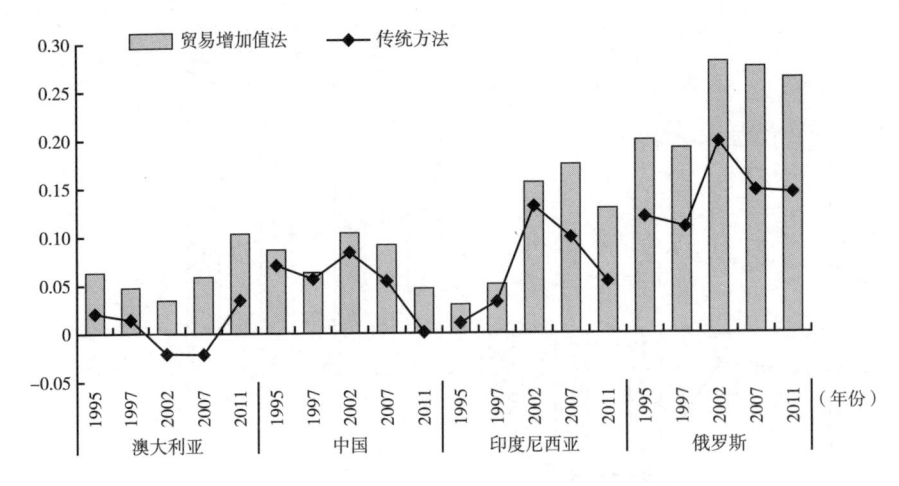

图 6-12　1995~2011 年 APEC 资源型经济体的贸易竞争力

第三节　APEC 主要经济体各产业比较优势变化

一　基于贸易增加值的 APEC 主要经济体比较优势

（1）从贸易增加值角度来看，发达经济体日本比较优势最强的部门为水上运输业和批发业，制造业中最具比较优势的部门为中高技术制造业，如通用专用设备制造业（1.70、1.62、1.58、1.51、1.70），电气和光学设备制造业（1.89、1.85、1.76、1.73、1.57）和交通运输设备制造业（1.98、1.87、2.19、2.46、2.43）。美国出口竞争力最强的部门为中高技术制造业－电气和光学设备制造业，且为强比较优势，其显示性比较优势在 2011 年达到 3.56，1995~2011 年美国电气和光学设备制造业的显示性比较优势为 1.12、1.18、1.10、1.05 和 3.56，其他具有比较优势的中高技术制造业如通用专用设备制造业（1.01、1.07、1.07、1.11、1.09），且比较优势也有小幅上升，服务业整体的比较优势则不显著。对于资源型经济体，最具有出口优势的部门主要为采矿业及低技术制造业（见附录 6）。

（2）对于新兴工业化经济体，比较优势主要依靠中低技术制造业，然而中高技术制造业的比较优势也在不断增强。中国具有出口优势的部门主要为纺织业，皮革、毛皮、羽毛（绒）及鞋类制造业，橡胶和塑料制品业和非金属矿物制品业等传统的中低技术制造业，比较优势在不断下降；此外，从增加值的角度来看，中高技术制造业的出口优势在逐步凸显，主要表现为电气和光学设备制造业（1.39、1.29、1.68、2.58、2.58）。韩国出口显示性比较优势最强的部门为电气和光学设备制造业（1.92、1.65、1.98、2.32、2.28）和交通运输设备制造业（1.12、1.29、1.54、2.15、2.66），且比较优势不断增强。对于墨西哥，最具比较优势的部门则为汽车及摩托车的销售业和零售及家用产品维修业，高技术制造业的比较优势逐年增强，并由比较劣势转向比较优势。如交通运输设备制造业（1.64、1.76、1.86、1.85、2.60）。中国台湾最具比较优势的部门为中低技术制造业，高技术制造业则从比较优势转为比较劣势，出口优势由高技术制造业向中低技术制造业转移。

（3）资源型经济体的比较优势最强的部门为采矿业，如澳大利亚、加拿大和俄罗斯采矿业的出口比较优势分别为（4.52、4.36、3.47、3.74、4.75）、（2.13、2.03、2.02、2.31、2.12）和（4.59、4.29、4.11、3.50、3.14），制造业的出口比较优势低于发达经济体和新兴工业化经济体，在服务业方面，加拿大房地产业（4.46、4.41、4.62、3.49、3.50），澳大利亚的教育（30.08、27.03、20.94、16.82、13.20）、卫生和社会工作（14.52、11.33、7.04、4.64、3.89）都具有相当高的比较优势（见附录8）。

二 基于传统数据的APEC主要经济体比较优势

（1）对于发达经济体，日本最具出口优势的部门为水上运输业和批发业，制造业中最具比较优势的部门也主要为中高技术制造业，如交通运输设备制造业（1.81、1.69、1.97、2.17、2.11），通用专用设备制造业（1.71、1.63、1.58、1.45、1.63），电气和光学设备制造业（1.74、1.70、1.55、1.47、1.38），且中高技术制造业的比较优势在1995~2011年有小幅下降。与增加值法不一致的是，美国最具竞争力的部门则基本为服务业，如公共管理和国防及社会保障业，且为强比较优势，其显示性比较优势在2011年达到4.78，金融业（2.88、2.60、2.54、2.81、3.02），批发业（3.28、2.70、2.86、2.89、2.43），制造业整体的比较优势较弱，大部分制造业不具有出口显示性比较优势，而具有弱比较优势的制造业则为低技术制造业，而其高技术制造业-电气和光学设备制造业（1.13、1.17、1.03、0.95、0.90）则由竞争优势转为竞争弱势（见附录8）。

（2）对于新兴工业化经济体，中高技术制造业的比较优势不断增强。

中国具有出口优势的部门主要为传统的中低技术制造业，且出口比较优势逐年下降，如纺织业（4.60、3.76、3.15、3.46、3.00），皮革、毛皮、羽毛（绒）及鞋类制品业（5.14、4.61、3.87、3.13、3.39），橡胶及塑料制品业（1.85、2.03、1.50、1.40、1.57），非金属矿物制品业（1.78、2.09、1.31、1.10、1.46）；此外，中国中高技术制造业的出口优势不断增强，但具有出口优势的中高技术制造业较少，仅为电气和光学设备制造业（1.37、1.26、1.69、2.58、2.56）。韩国出口显示性比较优势最强的部门为水上运输，但其出口优势逐年下降，制造业中出口比较优势强的部门主要为中高技术制造业，如交通运输设备制造业（1.01、1.11、1.34、1.77、2.09），电气和光学设备制造业（1.86、1.66、1.87、2.00、1.92），其他比较优势较强的部门有石油加工、炼焦及核燃料加工业（1.11、1.88、2.16、1.69、1.93），航空运输业（1.25、1.24、1.32、1.47、1.39）。墨西哥高技术制造业－电气和光学设备制造业（1.46、1.65、1.77、1.78、1.54）和交通运输设备制造业（1.72、1.79、1.88、1.88、2.53）的比较优势逐渐增强，成为该国比较优势最强的制造业部门。中国台湾比较优势最强的制造业部门为电气和光学设备制造业（2.24、2.47、2.78、3.27、3.23），且比较优势呈现增强的趋势，其他具有比较优势的部门有橡胶及塑料制品业（2.48、2.46、1.71、1.41、1.44），金属制品业（1.07、1.16、1.28、1.15、1.29）。对于资源型经济体，最具有出口优势的部门主要为采矿业及低技术制造业。

（3）基于出口总额的资源型经济体出口比较优势也主要为采矿业，如澳大利亚、加拿大采矿业的出口比较优势分别为（4.93、4.79、3.84、4.24、5.51）、（1.95、1.86、1.90、2.26、2.19），除了采矿业，加拿大中高技术制造业－交通运输设备制造业以及中低技术制造业也具有出口比较优势，如交通运输设备制造业（2.22、2.06、2.01、1.75、1.53），木材加工及木、竹、藤、棕、草制造业（4.19、4.83、4.50、3.34、2.87）和造纸及纸制品业、印刷和记录媒介的复制业（3.15、2.60、2.35、2.30、2.18）。此外，与增加值法一致，澳大利亚的教育、卫生和社会工作产业也具有较高的比较优势（见附录8）。

三 两种方法比较优势对比

基于出口总额的方法低估了日本、中国、韩国和美国制造业的竞争力，特别是中高技术制造业的竞争力，同时高估了墨西哥和中国台湾高技术制造业的竞争力。总额法没有将出口中国内及国外收益区分，而日本、韩国和美国作为中间产品的出口大国，其制造业特别是中高技术制造业的产业重心在微笑曲线的两端，这正是制造业高附加值的部分，而对于中国而言，对外贸易规模的不断增大使得其出口中的国内增加值逐渐增多，然而，技术进步、产业的不断升级也是中国制造业更具竞争力的原因之一。因此，总额法掩盖了经济体在制造业中的角色和真实收益，进而扭曲了各经济体的竞争力。

第七章 中国与典型经济体间的比较分析

第一节 中日制造业参与全球价值链模式和地位

一 中日制造业参与全球价值链模式

根据出口贸易总额分解结果及后向和前向垂直专业化率公式，可以测算出 1995~2011 年中日两国制造业的后向和前向垂直专业化率及其结构的变化情况，具体结果如表 7-1 所示。

表 7-1 1995~2011 年中日制造业后向和前向垂直专业化率及其结构

单位：%

年份	VS	在 VS 中的占比			VS1	在 VS1 中的占比		
		FVA_FIN	FVA_INT	FDC		DVA_INTrex	RDV	DDC
1995	17.46	60.34	27.31	12.35	9.52	94.27	4.14	1.59
1996	15.62	59.18	27.58	13.24	10.31	94.23	4.35	1.42
1997	15.63	57.49	28.65	13.86	10.86	93.77	4.61	1.62
1998	14.44	58.10	27.25	14.65	11.73	93.98	4.58	1.44
1999	16.33	57.05	27.29	15.66	12.10	93.50	4.98	1.52
2000	19.48	54.51	26.97	18.52	13.61	92.73	5.41	1.86
2001	18.73	55.63	26.01	18.36	13.57	91.61	6.36	2.03
2002	20.45	56.06	25.34	18.59	13.31	89.70	7.65	2.65
2003	24.02	55.56	24.87	19.57	13.42	87.68	8.65	3.67
2004	28.25	50.35	27.87	21.77	14.25	86.41	8.75	4.84
2005	28.48	51.38	27.39	21.24	13.84	85.87	8.51	5.62
2006	27.66	49.81	28.18	22.01	14.52	84.75	8.95	6.30
2007	26.77	50.09	28.01	21.90	14.60	84.62	8.91	6.48
2008	24.60	48.85	28.87	22.28	15.50	85.25	9.20	5.55
2009	20.88	51.28	28.85	19.87	14.51	83.61	11.43	4.96
2010	23.24	48.65	29.99	21.36	15.15	82.11	12.13	5.77
2011	23.53	47.10	31.48	21.42	15.20	81.69	12.73	5.58

续表

日本制造业后向和前向垂直专业化率及其结构

年份	VS	在 VS 中的占比			VS1	在 VS1 中的占比		
		FVA_FIN	FVA_INT	FDC		DVA_INTrex	RDV	DDC
1995	6.72	39.42	42.02	18.56	16.31	88.99	9.73	1.28
1996	7.70	39.84	41.50	18.66	16.33	89.28	9.45	1.27
1997	8.56	39.98	41.50	18.52	16.22	89.86	8.74	1.40
1998	8.00	44.62	36.66	18.72	16.42	91.60	7.21	1.19
1999	7.72	44.80	35.57	19.63	17.36	91.12	7.68	1.20
2000	9.03	43.02	34.93	22.05	19.25	90.08	8.38	1.54
2001	9.65	42.34	35.86	21.80	18.77	90.96	7.71	1.33
2002	9.61	43.05	35.14	21.81	18.76	91.44	7.25	1.32
2003	9.88	42.59	34.59	22.82	19.62	91.34	7.27	1.38
2004	11.00	38.11	36.30	25.59	21.63	91.25	7.21	1.54
2005	12.77	36.29	36.70	27.01	22.05	91.39	7.02	1.59
2006	15.34	35.63	36.46	27.91	21.96	91.86	6.41	1.73
2007	16.87	34.13	36.89	28.98	22.40	92.54	5.69	1.77
2008	20.06	32.88	38.29	28.83	21.02	92.59	5.51	1.90
2009	14.96	31.51	42.06	26.43	21.06	93.07	5.57	1.36
2010	16.61	32.59	40.61	26.80	20.82	92.98	5.49	1.53
2011	18.89	29.45	43.50	27.05	20.33	92.81	5.69	1.51

总体来看，1995~2011年中日两国制造业的后向垂直专业化率（VS）和前向垂直专业化率（VS1）均呈现出明显地上升趋势，表明中日两国制造业参与全球价值链（GVC）的程度都在不断地加深。其中，中国制造业的后向垂直专业化率（VS）和前向垂直专业化率（VS1）分别由1995年的17.46%和9.52%上升到2011年的23.53%和15.20%，增加了6.07个和5.68个百分点；日本制造业的后向垂直专业化率（VS）和前向垂直专业化率（VS1）分别由1995年的6.72%和16.31%上升到2011年的18.89%和20.33%，增加了12.17个和4.02个百分点。报告期内，中日两国制造业参与全球价值链的模式存在显著差异。中国制造业的后向垂直专业化率（VS）要明显高于同期的日本，而且也明显高于自身同期的前向垂直专业化率（VS1），这意味着中国制造业参与全球价值链（GVC）模式主要表现为后向参与模式。与此相对应，日本制造业的前向垂直专业化率（VS1）要明显大于同期的中国，而且也明显高于自身同期的后向垂直专业

化率（VS），这意味着日本参与全球价值链（GVC）模式主要表现为前向参与模式。

在后向垂直专业化率（VS）中，中国制造业中以最终产品出口的国外增加值（FVA_FIN）占比虽然由 1995 年 60.34% 下降到 2011 年 47.10%，但其值却显著高于以中间产品出口的国外增加值（FVA_INT）和来自国外账户的纯重复计算部分（FDC），这意味着中国制造业主要为利用进口的零部件进行最终产品加工、组装等低端生产活动，是参与全球价值链（GVC）中相对下游的生产环节；而日本制造业中以中间产品出口的国外增加值（FVA_INT）占比虽然变化不大，但其大多数年份显著高于以最终产品出口的国外增加值（FVA_FIN）和来自国外账户的纯重复计算部分（FDC），这意味着日本制造业主要为利用其掌握的核心技术专业化和关键零部件等高端生产活动，是参与全球价值链（GVC）中相对上游的生产环节。考察期内，中日两国制造业的后向垂直专业化率（VS）上升是由以中间产品出口的国外增加值（FVA_INT）和来自国外账户的纯重复计算部分（FDC）共同推动作用的结果。其中，中日两国制造业中以中间产品出口的国外增加值（FVA_INT）占比分别由 1995 年的 27.31% 和 42.02% 上升到 2011 年的 31.48% 和 43.50%，增加了 4.17 个和 1.48 个百分点，大幅提升的中国制造业可能意味着其正在进行相应的产业升级，从全球价值链（GVC）的下游向中上游环节攀升；中日两国制造业中来自国外账户的纯重复计算部分（FDC）占比分别由 1995 年的 12.35% 和 18.56% 上升到 2011 年的 21.42% 和 27.05%，增加了 9.07 个和 8.49 个百分点，这意味着中日两国制造业的中间贸易品在被用于最终产品生产之前，跨越国境的次数在不断地增加。也就是说，伴随着国际生产分工程度的不断深化，全球价值链（GVC）的环节变得越来越多，价值链变得越来越长。

在前向垂直专业化率（VS1）中，中日两国制造业中以中间产品出口到第三国的国内增加值 DVA_INTrex 占比显著高于返回的国内增加值（RDV）和来自国内账户的纯重复计算部分（DDC），这表明中日两国制造业主要都是通过间接增加值出口的方式来实现全球价值链的前向参与。具体来说，中国制造业中以中间产品出口到第三国的国内增加值 DVA_INTrex 占比呈现出一定的下降趋势，其值由 1995 年的 94.27% 下降到 2011 年的 81.69%，减少了 12.58 个百分点，而日本制造业中以中间产品出口到第三国的国内增加值 DVA_ INTrex 占比却呈现出一定的上升趋势，其值由 1995 年的 88.99% 上升到 2011 年的 92.81%，增加了 3.82 个百分点，这意味着日本制造业通过间接增加值出口来主导和控制全球价值链的能力在不断地提升，而中国制造业则有所减弱。与此相反，中国制造业出口中返回的国内增加（RDV）占比呈现出显著的上升趋势，其值由 1995 年的 4.14% 上升 2011 年的 12.73%，增加了 8.59 个百分点，而日本制造业出口中返回的国内增加（RDV）占比却呈现出一定的下降趋势，其值由 1995 年的 9.73% 下降到 2011 年的 5.69%，减少了 4.04 个百分点，这意味着越来越多的中国制造业的出口增加值通过从他国或地区的进口返回到国内，并再次被用于出口产品的生产。也就是说，中国制造业参与全球价值链（GVC）环节变的越来越多。考察期内，中日两国制造业出口中来自国内账户的纯重复计算部分（DDC）占比虽然最小，但都表现出明显地上升趋势，其值分别由 1.59% 和 1.28% 上升到 2011 年的 5.58% 和 1.51%，增加了 3.99 个和 0.23 个百分点，表明了中日两国制造业的国内生产分工程度非常低，即国内价值链（NVC）的构建程度非常低，但却呈现出不断地加深态势，这也是与张少军（2009）的结论相一致的。特别分析出，中国制造业出口中来自国内账户的纯重复计算部分（DDC）占比和增幅都要显著高于日本，这主要是因为相对于日本而言，中国构建国内价值链本身更具有大国优势，即中国所拥有的巨大内需市场和区域发展不平衡性为建立国内分工合作关系奠定了重要基础（见表 7-1）。

同时，为了深入研究不同技术类别制造业参与全球价值链的程度与模式差异，本章对中日两国低技术、中低技术、中高技术和高技术制造业进行了相应的对比分析。

考察期内，中国不同技术类别制造业的后向垂直专业化率（VS）均显著高于日本，且高于其前向垂直专业化率（VS1），而美国的前向垂直专业化率（VS1）均显著高于中国，且高于其后向垂直专业化率（VS），表明中国四类技术类别制造业主要都是以后向模式参与全球价值链（GVC），而美国主要是以前向模式参与全球价值链（GVC），这与制造业整体参与模式表现相同。

具体来说，中国高技术制造业的后向垂直专业化率（VS）是最高的，且主要是以最终产品出口的国外增加值（FVA_FIN）为主，但其前向垂直专业化率（VS1）相对较低，表明中国高技术制造业主要是参与全球价值链（GVC）中较为下游或低端的生产环节，并未实现真正意义上的高技术

表 7-2　2011 年中日不同技术类别制造业后向和前向垂直专业化率及其结构

单位：%

制造业	VS	中国不同技术类别制造业后向和前向垂直专业化率及其结构			VS1	在 VS1 中的占比		
		在 VS 中的占比						
		FVA_FIN	FVA_INT	FDC		DVA_INTrex	RDV	DDC
LL	14.08	68.80	18.96	12.25	10.24	92.17	5.70	2.12
ML	25.42	20.18	51.83	28.00	20.10	82.44	13.24	4.31
MH	22.96	43.05	35.38	21.57	16.45	82.87	12.81	4.31
HH	28.91	50.20	27.67	22.13	15.95	76.68	15.21	8.11
日本不同技术类别制造业后向和前向垂直专业化率及其结构								
LL	12.77	44.70	32.93	22.37	20.13	92.68	6.64	0.67
ML	23.59	7.87	58.15	33.98	24.15	92.16	6.15	1.69
MH	16.67	45.07	34.59	20.34	16.76	93.45	5.13	1.42
HH	16.04	33.09	37.52	29.39	24.42	92.69	5.79	1.52

注：LL 表示低技术制造业；ML 表示中低技术制造业；MH 表示中高技术制造业；HH 表示高技术制造业。

（郎咸平，2009）。与此相反，日本高技术制造业的前向垂直专业化率（VS1）是最高的，虽然其后向垂直专业化率（VS）相对较低，但主要是以中间产品出口的国外增加值（FVA_INT）和来自国外账户的纯重复计算部分（FDC）为主，这意味日本高技术制造业不仅实现了参与全球价值链中相对上游或高端的生产环节，而且其价值链也是比较长的。在四类技术类别制造业中，中日两国制造业的低技术制造业的后向垂直专业化率（VS）和前向垂直专业化率（VS1）虽然都是最低的，但是其内部结构存在显著差异，即中国低技术制造业主要是以最终产品出口的国外增加值（FVA_FIN）为主，而日本低技术制造业主要是以中间产品出口的国外增加值（FVA_INT）和来自国外账户的纯重复计算部分（FDC）为主，这意味着相对日本而言中国低技术制造业只是参与全球价值链下游生产环节，在全球价值链中的地位并不高。中日两国中低技术制造业的后向垂直专业化率（VS）和前向垂直专业化率（VS1）都相对较高，而且都主要是以中间产品出口的国外增加值（FVA_INT）和来自国外账户的纯重复计算部分（FDC）为主，这说明中低技术制造业参与全球价值链的程度较高，而且在全球价值链中处于相对上游的位置。

二　中日制造业参与全球价值链地位

中日两国制造业参与全球价值链分工模式的不同，是否决定了其在全球价值链中所处的位置呢？为进一步比较分析中日两国制造业参与全球价值分工地位，根据出口贸易总额分解结果及全球价值链分工地位指数公式，测算出 1995~2011 年中日两国制造业在全球价值链中地位变化情况，具体结果如表 7-3 所示。

表 7-3　1995~2011 年中日制造业在全球价值链中的地位指数

年份	中国 GVC 地位指数 GVC 地位指数	IV 贡献（%）	FV 贡献（%）	日本 GVC 地位指数 GVC 地位指数	IV 贡献（%）	FV 贡献（%）
1995	-0.0565	37.64	62.36	0.0822	71.76	28.24
1996	-0.0343	42.19	57.81	0.0754	69.14	30.86
1997	-0.0294	43.43	56.57	0.0687	66.88	33.12
1998	-0.0117	47.36	52.64	0.0772	68.99	31.01
1999	-0.0218	45.38	54.62	0.0867	70.93	29.07
2000	-0.0285	44.65	55.35	0.0919	70.16	29.84
2001	-0.0251	45.16	54.84	0.0849	68.43	31.57
2002	-0.0412	42.28	57.72	0.0858	68.60	31.40
2003	-0.0654	38.65	61.35	0.0913	69.16	30.84
2004	-0.0836	36.77	63.23	0.1015	69.60	30.40
2005	-0.0901	35.68	64.32	0.0945	67.32	32.68
2006	-0.0793	37.27	62.73	0.0789	63.66	36.34
2007	-0.0734	38.02	61.98	0.0752	62.47	37.53
2008	-0.0509	41.50	58.50	0.0443	57.12	42.88
2009	-0.0402	42.53	57.47	0.0746	63.16	36.84
2010	-0.0506	41.13	58.87	0.0622	60.66	39.34
2011	-0.0526	40.82	59.18	0.0438	57.25	42.75

注：IV 表示 DVA_REX；FV 表示 FVA；IV 贡献 = IV/（IV+FV）；FV 贡献 = FV/（IV+FV）。

由表 7-3 可以看出，中日两国制造业在全球价值链中的地位存在显著差异。1995~2011 年中国制造业在全球价值链中的地位指数虽然始终为负，但是却呈现出微弱的上升趋势，其值由1995年的-0.0565上升到2011年的-0.0526，表明中国制造业虽然处于全球价值链的下游位置，但却有逐步向中上游攀升的态势，这与王岚（2014）的结论是相一致的。这同样与中国制造业主要是以最终产品出口的国内增加值（DVA_FIN）和国外增加值（FDA_FIN）为主，而以中间产品出口的国内增加值（DVA_INT和DVA_INTrex）和国外增加值（FDA_INT）不断提升是相符合的。同时，在中国制造业全球价值链地位指数中，国外增加值贡献（FV）虽然由1995年62.36%下降到2011年59.18%，但其值始终大于间接增加值（IV）贡献，表明国外进口对中国制造业出口的贡献程度要明显大于中国制造业出口对国外供应链的贡献程度，这也是与中国制造业以后向参与全球价值链模式是相一致的。

相对于中国而言，日本制造业在全球价值链中的地位指数较高且始终为正，但是却呈现出一定的下降趋势，其值由1995年的0.0822下降到2011年0.0438，表明日本制造业虽然处于全球价值链的上游位置，但却有一定的下滑趋势。这与日本制造业主要是以中间产品出口的国内增加值（DVA_INT和DVA_INTrex）和国外增加值（FDA_FIN）为主，并且趋势有所下降是相符合的。同时，在日本制造业全球价值链地位指数中，间接增加值（IV）虽然由1995年71.76%下降到2011年57.25%，但其值始终大于国外增加值贡献（FV），表明日本制造业出口对国外供应链的贡献程度明显大于国外进口对日本制造业出口的贡献程度，这也是与日本制造业以前向参与全球价值链模式是相一致的（见表7-3）。

考察期内，中国不同技术类别制造业在全球价值链（GVC）中的地位指数均小于零，意味着中国四类技术类别制造业均处于全球价值链中下游位置。其中，高技术和中高技术制造业在全球价值链中的地位指数相对较低，而中低技术和低技术制造业在全球价值链中的地位指数相对较高，表明技术类别相对较高的中国制造业在全球价值链中的地位相对较低。日本不同技术类别制造业在全球价值链（GVC）中的地位指数均大于零，意味着日本四类技术类别制造业均处于全球价值链中上游位置。其中，高技术类别制造业在全球价值链中的地位指数最高，而中低技术类别制造业在全球价值链中的地位指数最低，表明日本高技术制造业较为成功地融入了全球价值链，处于相对上游位置，而中低技术制造业在全球价值链中的位置并不高（见表7-4）。

表 7-4 2011 年中日不同技术类别制造业在全球价值链中的地位指数

制造业	中国不同技术类别制造业			日本不同技术类别制造业		
	GVC 地位指数	IV 贡献（%）	FV 贡献（%）	GVC 地位指数	IV 贡献（%）	FV 贡献（%）
LL	-0.03	43.65	56.35	0.08	64.40	35.60
ML	-0.01	47.71	52.29	0.05	56.31	43.69
MH	-0.04	43.57	56.43	0.01	52.42	47.58
HH	-0.09	36.23	63.77	0.10	65.54	34.46

注：LL 表示低技术制造业；ML 表示中低技术制造业；MH 表示中高技术制造业；HH 表示高技术制造业；IV 表示 DVA_REX；FV 表示 FVA；IV 贡献 = IV/（IV + FV）；FV 贡献 = FV/（IV + FV）。

第二节　中美制造业双边贸易失衡分析

一　中美制造业双边贸易分解

在进行双边贸易的完全分解分析之前，本节首先将中美两国制造业双边贸易按中间产品和最终产品进行分解，以期总体上把握中美制造业双边贸易的发展现状和趋势特征。

1995~2011 年，中美两国制造业的双边贸易规模发展迅速，年均增长速度高达 14.94%，但两国的贸易顺差或逆差却呈现出不断地扩大趋势。特别分析出，中美两国制造业中中间产品贸易表现得更为活跃，其发展速度均显著高于最终产品贸易，意味着中美两国制造业越来越依赖进口的中间产品，这也是与全球价值链（GVC）国际分工发展趋势是相一致的。其中，中国向美国出口贸易中中间产品比重由 1995 年的 26.01% 上升到 2011 年的 41.41%，而最终产品由 1995 年的 73.99% 下降到 2011 年的 58.59%；美国向中国出口贸易中中间产品比重由 1995 年的 63.17% 上升到 2011 年的 70.78%，而最终产品由 1995 年的 36.83% 下降到 29.22%，表明中国制造业出口中大部分为最终产品，而美国制造业出口中则以中间产品为主，即美国制造业参与全球价值链（GVC）国际分工的程度要显著高于中国（见表 7-5）。

表 7-5 中美制造业双边贸易活动

单位：亿美元，%

年份	中国向美国出口贸易					美国向中国出口贸易				
	出口总值	中间产品		最终产品		出口总值	中间产品		最终产品	
		总值	比例	总值	比例		总值	比例	总值	比例
1995	392.51	102.10	26.01	290.41	73.99	111.48	70.42	63.17	41.06	36.83
1996	401.56	107.37	26.74	294.19	73.26	114.09	69.66	61.06	44.43	38.94
1997	498.62	137.61	27.60	361.01	72.40	136.02	89.17	65.56	46.85	34.44
1998	534.74	151.18	28.27	383.56	71.73	133.56	80.86	60.54	52.70	39.46
1999	554.05	161.64	29.18	392.40	70.82	149.58	91.26	61.01	58.32	38.99
2000	674.10	192.81	28.60	481.29	71.40	169.81	101.44	59.74	68.37	40.26
2001	693.86	195.50	28.18	498.36	71.82	199.70	112.52	56.34	87.18	43.66
2002	845.82	228.89	27.06	616.93	72.94	205.46	124.33	60.51	81.13	39.49
2003	1096.04	283.11	25.83	812.93	74.17	254.58	160.94	63.22	93.64	36.78
2004	1499.77	528.14	35.21	971.63	64.79	340.22	245.06	72.03	95.15	27.97
2005	1920.38	677.94	35.30	1242.44	64.70	404.01	295.27	73.09	108.74	26.91
2006	2338.46	870.84	37.24	1467.62	62.76	515.75	383.22	74.30	132.53	25.70
2007	2747.44	1004.68	36.57	1742.76	63.43	631.03	481.87	76.36	149.16	23.64
2008	2923.32	1110.99	38.00	1812.33	62.00	717.12	528.69	73.72	188.43	26.28
2009	2542.26	883.93	34.77	1658.32	65.23	697.28	488.28	70.03	209.00	29.97
2010	3182.52	1302.73	40.93	1879.79	59.07	866.18	605.82	69.94	260.37	30.06
2011	3581.35	1483.03	41.41	2098.31	58.59	1098.29	777.35	70.78	320.94	29.22

总体来看，1995~2011年中美两国制造业出口贸易中有着非常不同的增加值结构，反映出中美两国制造业在全球价值链（GVC）中的参与程度和所处位置存在显著差异。报告期内，中美两国制造业出口中的国内增加值（DVA）比例虽然相对较高，但均呈现出不同程度的下降趋势，其值分别由1995年的81.83%和82.11%下降到2011年的74.65%和77.35%，下降了7.18个和4.76个百分点，表明中美两国制造业参与全球价值链（GVC）国际分工的程度都在不断地提升。除了少数年份外，中国制造业出口中的国内增加值（DVA）比例都相对低于同期美国，且中国制造业是以最终产品出口的国内增加值（DVA_FIN）为主，而美国制造业则是以中国和其他国家（或地区）中间产品出口的国内增加值（DVA_INT和DVA_INTrex）为主，意味着中国制造业出口的附加值率或获益能力是相对较低的，处于全球价值链（GVC）的下游位置，而美国制造业出口的附加值率或获益能力是较强的，处于全球价值链（GVC）的上游位置。值得注意的

是，2009年中美两国制造业出口中国内增加值（DVA）比例都表现出跳跃性地上升，这主要是由于受2008年全球性金融危机的影响，各国（或地区）采取不同程度的贸易保护主义措施的原因，这也是与Stehrer et al. (2012)的结论是相一致的（见表7-6）。

表7-6 中美制造业双边贸易的分解结果

单位：%

年份	(1)	(1a)	(1b)	(1c)	(2)	(3)	(3a)	(3b)	(4)	(4a)	(4b)
中国向美国出口贸易分解											
1995	81.83	60.73	17.67	3.43	0.09	17.18	13.25	3.92	0.91	0.86	0.05
1996	83.84	61.61	18.54	3.69	0.09	15.21	11.65	3.56	0.85	0.80	0.05
1997	83.84	60.93	18.83	4.08	0.11	15.10	11.47	3.62	0.96	0.90	0.06
1998	85.08	61.16	19.96	3.96	0.11	13.98	10.56	3.41	0.83	0.77	0.06
1999	83.25	59.09	20.23	3.93	0.12	15.68	11.74	3.94	0.96	0.89	0.07
2000	80.24	57.46	18.84	3.94	0.13	18.44	13.94	4.50	1.19	1.10	0.09
2001	81.05	58.37	18.92	3.76	0.16	17.69	13.45	4.23	1.10	1.00	0.10
2002	79.40	58.01	18.09	3.30	0.15	19.36	14.93	4.43	1.09	0.97	0.12
2003	75.77	56.28	16.47	3.02	0.16	22.83	17.89	4.94	1.24	1.08	0.16
2004	71.03	46.92	19.96	4.15	0.28	26.20	17.86	8.34	2.49	2.15	0.34
2005	70.67	46.73	19.78	4.16	0.29	26.43	17.97	8.46	2.62	2.22	0.40
2006	71.32	45.79	20.89	4.65	0.35	25.51	16.97	8.53	2.82	2.34	0.48
2007	72.06	46.80	20.43	4.83	0.38	24.72	16.64	8.08	2.84	2.33	0.51
2008	74.24	47.06	21.72	5.46	0.47	22.52	14.93	7.59	2.77	2.29	0.48
2009	77.66	51.66	21.26	4.73	0.50	19.79	13.57	6.22	2.05	1.67	0.38
2010	75.07	45.40	24.34	5.33	0.59	21.68	13.67	8.01	2.66	2.14	0.52
2011	74.65	44.93	24.23	5.49	0.68	21.86	13.66	8.20	2.81	2.29	0.52
美国向中国出口贸易分解											
1995	82.11	32.05	40.09	9.97	4.47	10.58	4.78	5.80	2.83	2.14	0.69
1996	82.85	33.97	40.15	8.73	3.83	10.80	4.98	5.83	2.53	1.86	0.67
1997	82.46	30.13	42.87	9.46	4.38	10.37	4.31	6.06	2.78	2.01	0.77
1998	83.06	34.63	39.95	8.49	4.55	9.97	4.83	5.14	2.42	1.73	0.69
1999	82.20	34.09	39.45	8.65	4.61	10.48	4.89	5.59	2.70	1.94	0.76
2000	80.44	34.75	36.38	9.31	4.99	11.34	5.51	5.82	3.24	2.37	0.87
2001	81.77	37.92	34.96	8.90	4.51	10.92	5.74	5.18	2.80	2.06	0.74
2002	81.48	34.59	36.37	10.53	5.52	9.98	4.90	5.08	3.01	2.30	0.71
2003	80.33	32.05	35.64	12.64	6.20	9.95	4.73	5.22	3.51	2.81	0.70

续表

年份	(1)	(1a)	(1b)	(1c)	(2)	(3)	(3a)	(3b)	(4)	(4a)	(4b)
美国向中国出口贸易分解											
2004	76.01	23.61	36.92	15.49	7.55	11.06	4.36	6.69	5.38	4.33	1.05
2005	74.72	22.47	35.15	17.10	8.11	11.16	4.44	6.72	6.00	4.91	1.09
2006	73.97	21.22	34.38	18.37	8.10	11.38	4.48	6.91	6.55	5.39	1.16
2007	74.38	19.49	35.49	19.39	7.53	11.36	4.15	7.21	6.74	5.58	1.16
2008	74.55	21.44	34.96	18.15	6.29	12.67	4.83	7.84	6.49	5.46	1.03
2009	79.68	25.58	39.23	14.86	5.50	10.78	4.39	6.39	4.04	3.28	0.76
2010	77.67	24.98	37.02	15.67	5.55	12.08	5.08	7.00	4.70	3.86	0.84
2011	77.35	24.03	38.65	14.67	4.82	13.11	5.19	7.92	4.72	3.89	0.83

注：(1) = (1a) + (1b) + (1c) 表示 DVA，其中 (1a) 表示 DVA_FIN，(1b) 表示 DVA_INT，(1c) 表示 DVA_INTrex；(2) 表示 RDV；(3) = (3a) + (3b) 表示 FVA，其中 (3a) 表示 FVA_FIN，(3b) 表示 FVA_INT；(4) = (4a) + (4b) 表示 PDC，其中 (4a) 表示 FDC，(4b) 表示 DDC。

报告期内，中美两国制造业出口中的返回增加值（RDV）比例都相对较小，但美国的返回增加值（RDV）比例要显著高于中国，这主要是因为美国制造业处于全球价值链（GVC）的上游位置，其重点专注的是创新、产品研发、设计和出口关键性零部件的生产，所以会有很大一部分的美国出口增加值通过从其他国家（或地区）的进口再次返回到国内，并被美国消费者使用。相对而言，中国则处于全球价值链（GVC）的下游位置，很少有出口增加值通过从其他国家（或地区）的中间产品进口再次返回到国内。特别分析出，近年来美国制造业出口中的返回增加值（RDV）比例呈现出一定幅度的下降趋势，这可能是由于美国积极推行的"制造业回流"和"再工业化"发展战略等因素，在一定程度上引发制造业出现"逆转移"现象。而中国制造业出口中的返回增加值（RDV）比例在不断上升，则意味着中国制造业参与全球价值链（GVC）分工程度和所处位置都在不断地攀升。

中美两国制造业出口中的国外增加值（FVA）比例都呈现出显著的上升趋势，其值分别由 1995 年的 17.18% 和 10.58% 上升到 2011 年的 21.86% 和 13.11%，上升了 4.68 个和 2.53 个百分点。相对美国而言，中国制造业出口中的国外增加值（FVA）比例较高，表明中国制造业出口产品中隐含着大量的国外增加值（FVA）。同时，中国制造业出口中隐含的国外增加值（FVA）主要体现在最终产品上（FVA_FIN），在一定程度上表明中国制造业主要从事的是最终产品加工、组装的生产活动，只是参与全球价值链（GVC）中较为低端的国际分工。然而，中国制造业出口中中间产品的国外增加值（FVA_INT）比例在不断上升，意味着中国制造业正在进行产业优化升级，由全球价值链（GVC）的低端向中高端环节攀升。

中国制造业出口中纯重复计算部分（PDC）比例显著低于同期美国，但均呈现出不断地上升趋势，其值分别由 1995 年的 0.91% 和 2.83% 上升到 2011 年的 2.81% 和 4.72%，表明中美两国制造业中间贸易品在被用于最终产品生产之前，跨越国内外海关的次数在不断地增加。也就是说，伴随着国际生产分工程度的不断深化，全球价值链（GVC）的环节变得越来越多，价值链条变得越来越长。同时，中美两国制造业出口中来自国外账户的纯重复计算部分（FDC）要显著高于来自国内账户的纯重复计算部分（DDC），意味着中美两国制造业切入全球价值链（GVC）的倾向和程度都要高于国内价值链（NVC），其国内价值链（NVC）的切入和构建程度并不高，这也与张少军（2009）年的结论是相一致的（见表 7-6）。

同时，为了进一步深入研究不同技术类别制造业出口产品全球价值链（GVC）的分解情况，限于本书篇幅，本节只对 2001 年中美两国制造业中低技术制造业（LL）、中低技术制造业（LM）、中高技术制造业（MH）和高技术制造业（HH）的双边贸易进行分解和相应的对比分析。

2011 年，中国低技术制造业的国内增加值（DVA）比例高于同期美国，而高技术制造业的国内增加值（DVA）比例却显著低于同期美国，表明中国低技术制造业出口的获益能力相对较强，而美国高技术制造业的出口获益能力相对较强。报告期内，中国低技术、中高技术、高技术制造业出口中以最终产品的国内增加值（DVA_FIN）比例显著高于以中间产品的国内增加值（DVA_INT 和 DVA_INTrex），与此相反，美国低技术、中高技术和高技术制造业出口中以最终产品的国内增加值（DVA_FIN）比例却显著低于以中间产品的国内增加值（DVA_INT 和 DVA_INTrex），意味着中国这三类技术类别制造业在全球价值链（GVC）中所处位置要明显低于美国。特别分析出，中国中低技术制造业的国内增加值（DVA）高于美国，而且是以最终产品的国内增加值为主，表明中国中低技术制造业在全球价值链中具有一定的优势。具体来说，2011 年中国低技术、中低技术、中高技术和高技术制造业出口中国内增加值（DVA）比例分别为 85.43%、

73.81%、75.68%和69.63%；与此相对应的美国四类技术类别制造业出口中国内增加值比例（DVA）分别为82.19%、73.07%、75.02%和80.76%。相对于其他技术类别制造业而言，中国低技术制造业出口中国内增加值（DVA）比例最高，这主要是由于低技术制造业属于劳动密集型产业部门，中国凭借丰富廉价的劳动力实现该产业部门出口中绝大部分的增加值（王岚，2014）。

相对美国而言，2011年中国四类技术类别制造业出口中返回增加值（RDV）比例微不足道。其中，2011年中国低技术、中低技术、中高技术和高技术制造业出口中返回增加值（RDV）比例分别为0.22%、1.04%、0.90%和0.73%，意味着中国低技术制造业在全球价值链（GVC）中地位相对最低，中间产品出口的增加值很少通过进口再次返回到国内。美国四类技术类别制造业出口中返回增加值（RDV）份额相对较高。其中，2011年美国低技术、中低技术、中高技术和高技术制造业出口中返回增加值（RDV）比例分别为3.93%、5.13%、3.15%和7.04%，意味着美国高技术制造业在全球价值链（GVC）中所处位置相对最高，有很大一部分中间产品出口的增加值通过进口再次返回到国内，用于出口产品的生产。

2011年，中国四类技术类别制造业出口贸易中的国外增加值（FVA）所占份额分别为13.79%，21.07%、20.11%和26.28%，显著高于同期美国。其中，中国高技术制造业国外增加值（FVA）所占份额虽然最大，但是以中间产品出口的国外增加值（FVA_INT）比例却明显低于以最终产品出口的国外增加值（FVA_FIN），意味着中国高技术制造业参与全球价值链（GVC）程度虽然相对最高，但仍然是以最终产品加工、组装的生产活动为主，参与全球价值链（GVC）中较低端的生产分工，并未实现真正意义上的高技术（郎咸平，2009）；中国低技术制造业的国外增加值（FVA）所占份额相对最低，且以最终产品出口的国外增加值（FVA_FIN）比例显著高于以中间产品的国外增加值（FVA_INT），意味着中国低技术制造业在全球价值链（GVC）中的参与程度和位置都相对较低。特别分析出，中国中低技术制造业出口中以最终产品出口的国外增加值（FVA_FIN）比例低于以中间产品的国外增加值（FVA_INT），再次表明中国中低技术制造业在全球价值链（GVC）中处于相对优势的地位，较为成功地融入全球性生产网络中。

2011年，中国低技术、中低技术、中高技术和高技术制造业出口中纯重复计算部分（PDC）比例分别为 0.55%、4.07%、3.32% 和 3.36%，显著低于同期美国，表明技术类别越高的中国制造业出口产品跨越国境的次数也相对越多，即跨国（或地区）生产分工的深化程度相对越高，但却明显低于美国。同时，在这四类技术类别制造业中，中美两国出口中来自国外账户的纯重复计算部分（FDC）要显著高于来自于国国内账户的纯重复计算部分（DDC），意味着这四类技术类别制造业都更倾向于切入全球价值链（GVC），而缺乏搭建和延长以本土市场需求为基础的国内价值链（NVC）（见表7-7）。

表7-7 2011年中美不同技术类别制造业双边贸易的分解结果

单位：%

技术类别	(1)	(1a)	(1b)	(1c)	(2)	(3)	(3a)	(3b)	(4)	(4a)	(4b)
中国向美国出口贸易分解											
LL	85.43	68.07	15.17	2.19	0.22	13.79	11.14	2.66	0.55	0.44	0.11
LM	73.81	24.84	40.14	8.83	1.04	21.07	8.04	13.04	4.07	3.58	0.49
MH	75.68	36.70	30.77	8.21	0.90	20.11	10.89	9.22	3.32	2.87	0.45
HH	69.63	41.85	22.50	5.28	0.73	26.28	17.02	9.26	3.36	2.63	0.73
美国向中国出口贸易分解											
LL	82.19	28.04	41.55	12.60	3.93	10.71	4.50	6.21	3.18	2.63	0.55
LM	73.07	2.72	53.80	16.55	5.13	14.72	0.82	13.90	7.09	5.92	1.17
MH	75.02	29.79	34.44	10.79	3.15	17.36	8.68	8.68	4.48	3.68	0.80
HH	80.76	26.75	34.78	19.23	7.04	7.88	3.44	4.44	4.31	3.52	0.79

注：(1) = (1a) + (1b) + (1c) 表示 DVA，其中 (1a) 表示 DVA_FIN，(1b) 表示 DVA_INT，(1c) 表示 DVA_INTrex；(2) 表示 RDV；(3) = (3a) + (3b) 表示 FVA，其中 (3a) 表示 FVA_FIN，(3b) 表示 FVA_INT；(4) = (4a) + (4b) 表示 PDC，其中 (4a) 表示 FDC，(4b) 表示 DDC。

二 中美制造业贸易失衡分析

以总额为基础的传统贸易统计方法存在大量重复计算问题，存在夸大和扭曲贸易失衡现象。而基于全球价值链（GVC）的增加值贸易统计方法是以"价值增值"为统计口径，能够更加真实地反映贸易失衡水平。

无论是制造业整体还是四类技术类别制造业，增加值贸易差额规模都显著小于总额贸易规模，即传统贸易统计方法均夸大和扭曲了中美制造业双边贸易的失衡程度，而增加值贸易统计方法能够在一定程度上对传统贸易统计方法进行纠正。总体来看，利用传统贸易统计方法测算的2011年中美制造业贸易差额为2483.06亿美元，而利用增加值贸易统计方法测算的2011年中美制造业贸易差额仅为1824.09亿美元，贸易差额缩小了26.54%，这与张咏华（2013）、王岚等（2014）的结论是基本一致的。但本课题所测算的贸易差额缩小幅度相对较小，一方面可能是由于测算方法和统计口径的不同，另一方面是由于没有将加工贸易和一般贸易进行区分，进而导致了贸易差额被高估。具体来看，在四类技术类别制造业中，低技术制造业的中美贸易差额程度缩小幅度相对最小，2011年中美增加值贸易差额占总额贸易差额的比重为86.05%，即贸易差额缩小了13.95%；高技术制造业的中美贸易差额最大，2011年中美增加值贸易差额占总额贸易差额的比重为66.88%，即贸易差额缩小程度高达33.12%。表明技术类别越高的制造业，其贸易失衡程度缩小幅度也就相应的越大，这主要是由于技术类别高的制造业参与全球价值链（GVC）的国际分工程度相应越高，在生产过程中中间产品在跨国（或地区）次数越多，进而导致总额贸易重复计算问题则更为严重（王岚等，2014）（见表7-8）。

表7-8 2011年中美制造业双边贸易失衡测算结果

单位：亿美元，%

部门	传统方法			增加值方法			占比
	中国出口（美国进口）	中国进口（美国出口）	贸易差额	中国出口（美国进口）	中国进口（美国出口）	贸易差额	
MF	3581.35	1098.29	2483.06	2673.63	849.53	1824.09	73.46
LL	796.99	127.66	669.33	680.85	104.91	575.94	86.05
LM	391.60	185.89	205.71	289.05	135.83	153.23	74.49
MH	623.52	434.15	189.37	471.86	325.66	146.20	77.20
HH	1769.24	350.59	1418.66	1231.87	283.14	948.73	66.88

注：MF表示制造业整体；占比表示增加值方法的贸易差额占传统方法的贸易差额的比重。

第八章 研究结论和政策建议

第一节 研究结论

本课题利用最新发布的世界投入产出表（WIOD）数据，基于全球价值链（GVC）视角下的贸易增加值核算方法，测算和分析了1997~2011年中国以及其他APEC主要经济体之间的进出口贸易规模和结构、产业联系和分工、参与全球价值链的程度和位置、国际产业竞争力等变化情况，并与基于传统海关数据的测算结果进行了相应的对比分析。研究结果发现。

一 APEC主要经济体之间的经济联系日益紧密，国际贸易规模不断扩大，带动就业稳定增长

（1）1995~2011年APEC主要经济体GDP呈现出稳定的增长态势，由1995年15.9万亿美元上升到2011年的36.3万亿美元，年均增长速度高达5.3%。其中，中国经济增长最快，年均增长速度高达15.5%，且2011年中国经济总量超过日本，成为世界第二大经济体；服务业无论是总量规模还是增长速度都表现出更为强劲的发展态势，已成为APEC主要经济体的主导产业；在制造业中，低技术制造业规模较大但增长速度较慢，而高技术制造业规模较小但增长速度较快，意味着高新技术制造业是未来APEC主要经济体优化产业结构和推动产业转型升级的突破口和方向。

（2）1995~2011年，APEC主要经济体的进出口贸易均呈现出强劲的增长态势，由1995年的42353.8亿美元上升到2011年的152932.7亿美元，年均增长速度高达8.4%。其中，中国和美国的进出口贸易增量最多，占APEC主要经济体进出口贸易增加总量的32.3%和23.9%；制造业的进出口贸易规模较大，但增长速度较慢，而服务业的进出口贸易规模较小，但增长速度却相对较快；在制造业中，高技术制造业进出口贸易规模和增

速都相对较大，意味着 APEC 主要经济体的制造业出口主要依靠技术含量相对较高的产业。

（3）1995～2011年，APEC 主要经济体的就业人数呈现出较为稳定的增长态势，由1995年的11.3亿人上升到2011年的13.2亿人，年均增长速度为0.98%。其中，中国是吸纳就业人数最多的国家，其间共增加1.28亿人，占 APEC 主要经济体新增就业人数的67%以上；服务业吸纳的就业人数无论是总量规模还是增长速度，明显高于同期的制造业，意味着服务业已成为 APEC 主要经济体吸纳就业的主渠道；在制造业中，低技术制造业吸纳的就业人数最多，高技术制造业虽然吸纳的就业人数相对最少，但是其增长速度最快，意味着高技术产业将成为未来 APEC 主要经济体中制造业吸纳新增就业的新增长点。

二 APEC 主要经济体产业关联程度加强，并逐渐形成了以中国为中心的 APEC 价值链，而且中间产品贸易成为各经济体对外贸易的主导力量

（1）伴随着中国在国际贸易中地位的不断提升，1995～2011年中国与APEC 主要经济体的前联、后联程度都呈现出上升趋势，并且大部分主要经济体的最大前联、后联最终都指向了中国。例如，美国与中国的后向关联和前向关联系数分别由1995年的0.1227和0.1021上升到2011年的0.8923和0.6995；日本与中国的后向关联和前向关联系数分别由1995年的0.1222和0.2135上升到2011年的0.9080和1.5037。与此同时，虽然1995～2011年 APEC 主要经济体后向关联和前向关联存在一定的波动，但主要集中于美国、日本和中国，特别是自2007年起中国出现在后向关联和前向关联最大经济体中。尤其是在2011年，如澳大利亚、日本、韩国和俄罗斯1995年、1997年、2002年的后向关联最大经济体是美国，2007年则转向了中国；美国1995年、2002年、1997年的后向关联最大经济体是加拿大，2007年则稳定为中国；日本和俄罗斯1995年、1997年的前向关联最大经济体是美国，2002年则稳定为中国。

（2）1995～2011年，APEC 主要经济体间的中间产品贸易呈现出快速上升趋势，年均增长速度高达10.3%，表明 APEC 主要经济体之间的经济联系在不断加强。其中，美国、中国、日本的中间产品进出口贸易规模较大，2011年中国中间产品进出口贸易规模跃居 APEC 主要经济体第一位；

制造业的中间产品进出口贸易规模较大但增速较慢，服务业的中间产品进出口贸易规模较小但增速较快，意味着APEC主要经济体中服务业中间产品进出口贸易才刚刚兴起，具有较大的潜力；在制造业中，低技术制造业的中间产品进出口贸易额及比重都是最低的，而技术类别相对较高的制造业中间产品进出口贸易额及比重相对较高，意味着APEC主要经济体中制造业的中间产品进出口贸易越来越依赖技术含量较高的产业。

三 APEC主要经济体虽然在全球价值链中所处位置有所不同，但参与全球价值链的程度不断提高，都已成为全球价值链上的受益者

（1）1995~2011年，APEC主要经济体贸易增加值呈现出较快的增长趋势，由18154.6亿美元上升至58566.0亿美元，年均增长速度7.6%，显著高于欧盟及世界其他地区。其中，中国贸易增加值增长最快，年均增长速度高达16.3%，逐步超越日本和美国，成为APEC主要经济体中贸易增加值最大的经济体；APEC主要经济体每出口1000美元带来的国内增加值呈现出下降趋势，新兴工业化经济体（中国、印度尼西亚、中国台湾、韩国、墨西哥）每出口1000美元所得的增加值低于发达经济体（美国、日本）和资源型经济体（俄罗斯、澳大利亚、加拿大）。

（2）1995~2011年，APEC主要经济体的主要贸易方式仍然表现为产业内贸易。其中，新兴经济体的产业内贸易水平相对高于发达经济体及资源型经济体；发达经济体中，美国产业内贸易水平高的产业主要为高技术及中高技术产业，日本的产业内贸易主要依靠中低技术制造业，高技术和中高技术制造业则以产业间贸易为主；新兴经济体中，韩国、墨西哥和中国台湾的产业内贸易水平较高，而中国的产业内贸易水平相对较低；资源型经济体中，除俄罗斯外其他三国的产业内贸易水平都较高。

（3）1995~2011年，APEC主要经济体参与全球价值链程度不断提高，新兴经济体参与全球价值链程度要高于其他经济体。其中，新兴经济体主要以后向方式参与全球价值链，其后向垂直专业化程度比发达经济体及资源型经济体高；发达经济体和资源型经济体主要以前向方式参与全球价值链，其前向垂直专业化程度比新兴经济体高；除了传统的中低技术制造业，中国中高技术制造业也通过后向方式参与全球价值链，并且参与程度不断提升。

(4) 发达经济体及资源型经济体单位出口中国内增加值（DVA）比重高于新兴经济体，而国外增加值（FVA）比重低于新兴经济体，意味着发达经济体及资源型经济体位于全球价值链的中上游；发达经济体单位出口中的折返增加值（RVA）比重高于其他经济体，但与其他经济体的差距在逐步缩小。同时，资源型经济体单位出口中的折返增加值（RVA）较低，表明其参与全球价值链的程度并不高，仅仅是依靠自身的资源禀赋来获得较高的附加值；新兴经济体出口最终产品包含的国外增加值比重远远高于发达经济体和资源型经济体。特别分析出，中国出口最终产品包含的国外增加值比重高于出口中间产品包含的国外增加值且逐年下降，而出口中间产品包含的国外增加值比重逐年上升，说明中国制造业仍是以加工组装方式为主，但在逐步的升级，不断向价值链的上游攀登。

四 APEC主要经济体国际市场占有率有所提升，并具有较强的国际竞争力

（1）1995~2011年，APEC主要经济体国际市场占有率呈现出上升趋势。其中，新兴经济体国际市场占有率呈现上升趋势，而发达经济体及资源型经济体的国际市场占有率则有所下降；中国国际市场占有率明显提升，且2011年中国取代美国成为APEC整体中国际市场占有率最高的经济体，而日本则在不断失去其国际市场中的占有率。

（2）1995~2011年，APEC主要经济体具有较强的贸易竞争力。其中，发达经济体中，日本的贸易竞争力高于美国，但日本的贸易竞争力呈现下降趋势，而美国的贸易竞争力呈现上升趋势。同时，日本的贸易竞争力主要集中在制造业，特别是中高技术制造业，而美国的贸易竞争力集中在服务业；新兴经济体中，中国的贸易竞争力远远高于韩国、墨西哥和中国台湾，呈现震荡式发展趋势。同时，中国的贸易竞争力主要集中在中低技术制造业，且高技术制造业也具有较强的贸易竞争力；资源型经济体都具有较强的贸易竞争力，其中俄罗斯的贸易竞争力最强，且在整个APEC经济体中位居第一。

（3）在发达经济体中，日本最具比较优势的部门为水上运输业和批发业，制造业中最具比较优势的部门为中高技术制造业，美国最具比较优势的部门基本为服务业，制造业整体的比较优势较弱，大部分制造业不具有出口显示性比较优势；资源型经济体中，最具出口优势的部门主要为采矿

业及低技术制造业；新兴经济体中，中高技术制造业的比较优势不断增强。中国具有出口优势的部门主要为传统的中低技术制造业，并呈现出不断下降趋势，但是中高技术制造业的出口优势却在不断增强。

第二节 相关政策建议

在全球价值链国际分工体系中，产业升级是指实现由低技能、低附加值状态演变为高技术、高附加值的状态，与之同步的是产业价值链的提升，实质上就是提升一国在全球价值链中的地位。根据1997~2011年中国以及其他APEC主要经济体之间的进出口贸易规模和结构、产业联系和分工、参与全球价值链的程度和位置、国际产业竞争力的变化情况分析，中国以及其他APEC主要经济体应该采取"提升全球价值链战略"，充分利用经济全球化带来的机遇，在开放条件下推进在全球价值链国际分工中的地位，由当前的低附加值环节为主，向上游高附加值环节提升。

一 进一步加强区域经济合作，助力全球价值链健康发展

在经济全球化快速推进的背景下，国家或地区之间的联系更加紧密，国际分工日趋精细，不论是有形产品还是无形商品，各种资源与要素的全球配置已成不可逆转之势。基于此，随着越来越多的国家或地区参与到全球价值链中来，并成为全球价值链上的利益相关者，一个经济体对另一个经济体产品和服务的限制会打乱整个价值链的运转，进而波及其自身的利益。只有越来越多的国家或地区参与到全球价值链中来，世界市场更加趋于开放，各个国家和地区才能在全球价值链中获益更大。然而，目前一些国家片面强调产业回归和实行限制外包等新保护主义，人为扭曲了全球价值链，阻碍了价值链的健康发展。因此，中国应进一步推进对外开放，加强区域经济合作，推动贸易投资便利化、促进供应链互联互通、降低全球价值链系统性风险。

二 提升自主创新能力，加快产业转型升级

长期以来，中国是以劳动力成本优势融入全球价值链分工体系中的，以价格优势在国际市场同他国竞争，从而只能被动地从事全球价值链低端的加工组装生产活动，在全球价值链分工体系中投入较多的劳动力而获得

的利益比较少。随着中国人口红利的逐步消失，依靠劳动力成本优势继而价格竞争是难以为继的，要提升中国在全球价值链分工中的地位，获取更多产业贸易利益，必须依赖于技术自主创新进而掌握全球价值链的关键环节。因此，中国应加大技术研发投资力度，把握世界科技创新发展趋势，加强国家创新体系建设，努力在新一轮科技革命和产业革命中赢得发展和主动权，以自主创新构筑中国产业核心竞争力，提升中国产业在全球价值链分工体系中的地位。

中国政府应当制定一系列优惠措施，积极鼓励跨国公司在当地建立研发中心，加强外资企业的技术示范和外溢效应。培育企业技术自主创新能力，使企业真正成为整个国家创新机制中的主要力量。要通过国家的财政补贴和税收优惠、政府采购倾斜等手段激励国内企业创新；通过改善技术创新型企业的投融资政策，建立健全创业投资机制，解决企业的研发活动的投资支出，并减少风险；通过知识产权立法来保护企业创新成果。对国内的科研机构要尽快改革科研体制，加强产学研的互助合作，促进科研机构的企业化和科研成果的产业化。对关键产业的核心技术，可以利用政府力量，划拨财政专项资金，建立国家级研究开发中心，进行集中攻关。基础研究对原始创新具有重要意义，因此，要高度重视基础研究，提高基础研究者的待遇，提高国家对基础研究的投入，积极推动高等教育改革加强创新型人才培养，增加人力资源培育和储备。积极鼓励国内企业利用优惠的待遇来吸引国外的高精尖人才，包括留学生等，提升企业技术创新能力。

三 重视人力资本的积累，促进产业价值链的高端化

从全球价值链的分工环节来看，处在上游的研发设计和下游的品牌营销都表现出明显的人力资本密集型特点。因为主要的利润空间和发展前景都主要集中在价值链分工的两端环节，发达国家凭借先发优势往往占据了这些环节，并竭尽所能阻碍这些产业环节转移到发展中国家，采用各种手段控制技术的转移和外溢。要实现价值链调整与升级，东道国本身必须具备较强的技术引进能力，拥有高素质的人力资源，才能实现对先进技术和信息要素的吸收与开发。因此，必须充分培育和利用我国的人力资本优势，努力吸收发达国家外溢的知识和技术，实现价值增值环节由低端向中高端转移。

中国作为发展中大国，尽管劳动力资源丰富，但是受到自身发展条件的约束，在丰富的劳动力资源中，非熟练劳动居多，这极大地影响了中国参与全球价值链分工中对新技术、新方法的学习和掌握。当前，生产的无国界化导致知识传播和技术溢出加快，从这个角度看，全球价值链是知识传播、技术外溢的强大载体。另外，以跨国公司作为生产全球化的主要推动者，在全球范围内布置价值链环节过程中，也需要结合当地劳动者素质和要素禀赋情况，若劳动者具有较高的素质，有可能承接到全球价值链比较高端的环节。基于这一点，必须重视人力资本的投资，这包括对教育、培训、健康等多方面的投资。

虽然中国用于教育的公共支出在逐年增加，但是仍不及全球价值链分工体系中其他主要国家或地区。当今人才和知识水平已成为产业国际竞争力的关键，中国劳动力资源丰富，但劳动者素质欠佳，特别是农村地区的状况更为严重，因此一方面要加大教育投入，另一方面也应注意对教育资源的分配。加大教育投入是提升劳动者素质水平和能力的必要途径，对于教育投入不足的中国来说，更应该重视加大教育投资。中国作为制造业生产大国，参与全球价值链分工中在产品具体环节生产上，需要大量的专业技术人员；另外，在当今信息传播、技术扩散加快的情况下，产品技术更迭较为频繁，需要技术人员及时掌握新的操作方法和手段。因此，也应重视专业的技术培训，形成良好的技术培训体系，这对于中国产业在全球价值链分工体系中及时把握技术动向、掌握技术生产能力，向高技术制造环节攀升也尤为重要。

四　加快发展服务贸易，尤其注重发挥生产性服务业对制造业升级的带动作用

全球价值链促使服务活动逐步走向国际化，全球跨国直接投资大部分流向了服务领域，全球出口增值的近一半来自服务部门，服务业已成为决定全球价值链利益分配的关键要素。中国自加入 WTO 以来，服务贸易稳步增加，贸易规模不断攀升，已逐渐在世界服务贸易版图中占据重要地位。即使在当前世界经济整体低迷的情况下，中国的服务贸易依然取得了显著的发展。

生产性服务是企业在生产过程中的一种中间投入。为了降低生产成本，提高核心业务竞争力，企业把原来由自身提供的投入分离出去，由其

他成本更低、更有竞争力的专业化服务企业来提供。根据发达国家的经验，生产性服务业与制造业的融合日益体现出两个特征：一是生产性服务业投入占制造业要素总投入的比重不断上升；二是生产性服务业与制造业相互影响和互动发展的趋势愈发明显。制造产业集群作为嵌入全球价值链的关键，发展中国家也越来越多地依靠发展生产性服务业来适应国际产业转移，并实现产业升级。同时，生产性服务贸易推动产业结构优化与升级，主要通过以下几个途径实现。一是资源再配置效应。资本、劳动和技术等要素的积累通过生产性服务贸易会得到进一步强化，并导致投入要素在不同的产业间进行重新配置。二是效率提高效应。随着生产性服务贸易更多地向资本、技术和知识密集型集中，规模经济效应和竞争的加强有利于提高运营效率。三是要素积累效应。通过发展生产性服务贸易，本国的员工可以接触到世界其他企业先进的技术、科学的管理方法和经营方式等，并最终实现诸如人力资本要素、管理要素、知识要素、信息要素以及经验要素等现代生产要素的累积。因此，中国要加大市场改革力度，进一步消除生产性服务业发展的体制障碍；丰富融资方式，加强对生产性服务业的融资支持；引导生产性服务贸易的产业布局，重点支持对制造业生产效率影响较大的计算机与信息服务、通信服务和金融保险服务等行业的发展。

五　积极延长国内价值链，提升加工贸易参与全球价值链分工水平

加工贸易是中国的主要贸易方式。由于中国加工贸易的零部件和原材料过度依赖进口，形成了研发和营销"两头在外"的模式，再加上加工贸易国内价值链过短，对配套产业的带动作用不足。因此，需要进一步调整加工贸易的方式结构，加快搭建和延长国内价值链（NVC）。首先，尽快提高加工贸易料件的本地化率，加快提升零部件、原材料在加工贸易中从上游生产企业向下游企业的传递速度和水平，提高加工贸易与国内原有产业的结合度；其次，参与加工贸易的企业应加强自身优势的培育，使跨国公司将更多的设计、生产、流通和服务环节放在中国，优化母子公司之间的分工关系，促使加工贸易由单纯生产向综合服务和全球运营方向转型；最后，按照"十二五规划"要在延长产业链上下功夫，提高增值含量的要求，在促进内外资加工贸易协调发展的同时，加强加工贸易产业分类评

估,明确细化禁止、限制类产业目录,建立准入退出机制,通过财税、金融、品牌认证等手段加大引导力度,积极培育核心竞争力。

六 加强全球价值链统计国际合作,提升中国贸易话语权

2010年,世贸组织提出"世界制造倡议",呼吁从全球价值链角度改进国际贸易统计方法,关注各国在对外贸易中的增加值含量。近年来,国际组织和各国政府有关全球价值链和贸易增加值核算研究及推广发展迅猛,成果丰硕。中国作为全球第一大贸易国,将继续参与全球价值链统计的国际合作和研究推广,这有利于纠正中国在全球贸易收益最多的假象,进而提出由中国引领的国际贸易规则,获得更多国际贸易规则制定主导权,即为新的国际贸易规则及标准的制定做出应有的贡献。

从长远来看,国际贸易的统计方法改革(全球价值链下的贸易增加值统计)是大势所趋,这一进程的实质是国际贸易规则的演进和孕育。中国及其他 APEC 主要经济体应积极地参与全球价值链下贸易增加值的统计方法的改革,以此来客观、科学地评价当前所谓的贸易失衡问题,深化对全球经济失衡的再认识。更重要的是要在准确判断全球经贸格局的基础上,加强国际的协调,制定更加有效的国际经济规则,推动全球贸易与投资的便利化、自由化,促使世界经济更好地复苏和可持续增长。

七 推进"引进来""走出去"战略,构建中国自己的全球价值链

由于全球价值链通常由发达国家主导,外国直接投资与一国对全球价值链的参与联系紧密。外国直接投资是发展中国家,包括最不发达国家,参与全球价值链的重要途径。随着中国吸引外资的水平和质量不断提高,中国参与全球价值链的广度和深度不断提升。中国已经成为诸多行业全球价值链的重要一环。中国成为通过吸引外资在全球值链中不断升级,进而创造更多国内增值的成功范例之一。然而,目前中国对全球价值链的参与,更多仍限于对发达国家价值链的参与与适应,因而仍较多地集中于全球价值链低端和低附加值的环节,即仍处于"微笑曲线"的中部和底部。全球价值链竞争的基本格局,仍是发达国家(全球最大的跨国企业)利用全球价值链和全球产业布局掌控了高附加值的关键环节,其掌握资源和市场的能力不断增强。为更有效地参与全球价值链竞争,中国一方面应进一

步提升吸引外资的质量和水平，将外资更多地引入高端制造业以及知识、技能含量较高的服务业，即"引进来"。但另一方面更为紧迫的是，中国应积极调整原有的"走出去"模式，确立以建立中国自己的全球价值链为核心的对外投资战略。这一战略要求通过集群式投资，而非以往点式的、分散的对外投资，推动中国通过投资、贸易以及非股权模式（如合同生产等），将产业链延伸到海外，建立自己的区域和全球产业链，在全球范围内最有效地配置和利用各地的资源。实施这一战略的目的，是建立自己的全球价值链和全球生产体系，由参与全球价值链向建立自己的区域及全球价值链转变，进而提高中国在全球价值链中的竞争优势，并推动国内产业升级。考虑到中国对外投资进入了快速增长阶段，通过对外投资打造自己的全球产业链应成为中国对外投资战略的重点。

伴随着中国经济进入"新常态"，在制造业成本上升，低端制造业产品大量出口难以为继的背景下，我国亟须完成经济增长动力的转换。扩大内需无疑是一个重要的政策选项，近年来，中央相继出台了一系列的相关配套措施，但成效并不显著。因此，开拓新的海外市场再度引起了决策层的关注。基于此背景下，中国提出"一带一路"的倡议构想。"新常态"下推进"一带一路"建设就是推进"走出去"战略，建立中国自己的全球价值链为核心的对外投资战略的具体体现，有利于我国同周边国家实现多赢。一方面，我国经济进入"新常态"意味着传统的发展模式和产业配置已不适应经济可持续发展的要求，单靠东、中、西部间的地区差异已经无法完全承接和消化产业和产能的转移和衔接，越来越需要将转方式、调结构的历史任务放在国内外两个大局的背景下加以统筹。另一方面，许多周边国家与中国经济互补性较强，要么严重依赖中国市场，要么对外资的吸引力不足，他们都迫切希望能够从中国经济的高速发展中获益，对来自中国的投资持开放态度。"一带一路"建设的推进不仅能够帮助我们尽快适应并顺利渡过经济"新常态"，同时也有助于"富邻"目标的实现。

在"新常态"下推进"一带一路"建设的重点领域。一是做好过剩产能的外迁和承接。将部分行业的过剩产能外迁是我国与"一带一路"沿线国家实现双赢的关键。要充分汲取近年来国内经济建设和中国企业"走出去"过程中的经验、教训，扎实做好前期调研和论证工作。要设立开放的产业转移平台，鼓励有"走出去"实力和意愿的企业积极参与平台建设，为他们提供海外投资机遇和建议；同时允许相关国家根据自身国情选择合作企业和项目。二是推进投资保护协定谈判。除了投资回报之外，投资的安全性也是关乎产能转移和"一带一路"建设成败的关键。近年来，在中国企业"走出去"的过程中，战乱、排华事件、政府强制征收、限制结售汇等事件时有发生，严重影响了企业"走出去"的信心和热情。而对于许多"一带一路"沿线国家来说，发生此类事件的概率相对较高，必须通过政府间磋商制定投资保护协定。三是推进贸易便利化。产能转移之后，在满足所在国经济社会发展需求的基础上，部分产品可能仍要返销国内。因此，推进与"一带一路"沿线国家的贸易便利化谈判，发放有效期更长的商务签证、不断提高通关效率，为"走出去"企业巩固在国内的市场地位提供便利也将成为"新常态"下推进"一带一路"建设的重点领域。

附录1：1995~2011年APEC主要经济体贸易增加值及年均增速

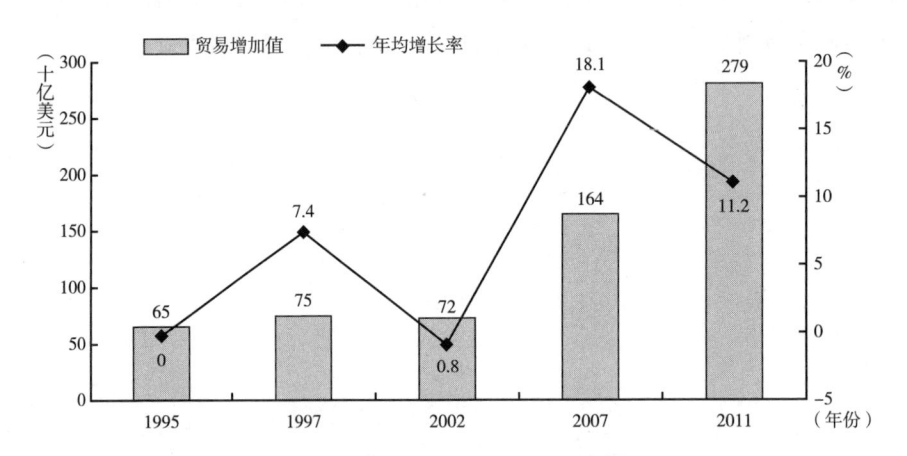

图1 1995~2011年澳大利亚贸易增加值及年均增速

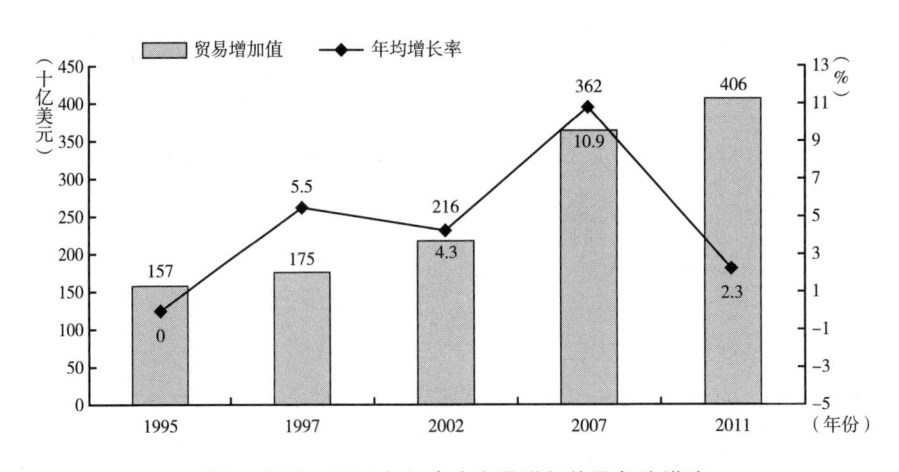

图2 1995~2011年加拿大贸易增加值及年均增速

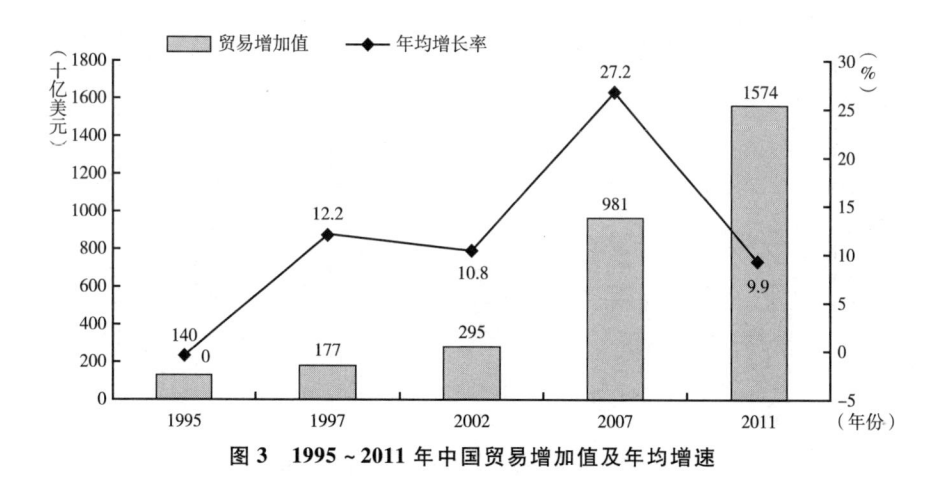

附录1：1995~2011年APEC主要经济体贸易增加值及年均增速 | 197

图3　1995~2011年中国贸易增加值及年均增速

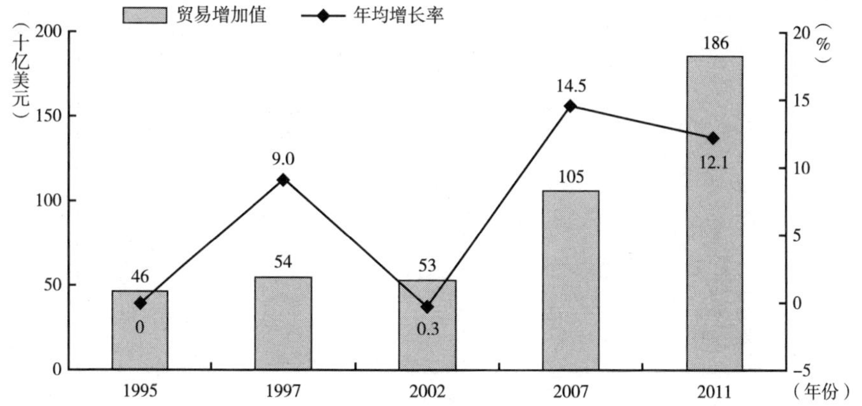

图4　1995~2011年印度尼西亚贸易增加值及年均增速

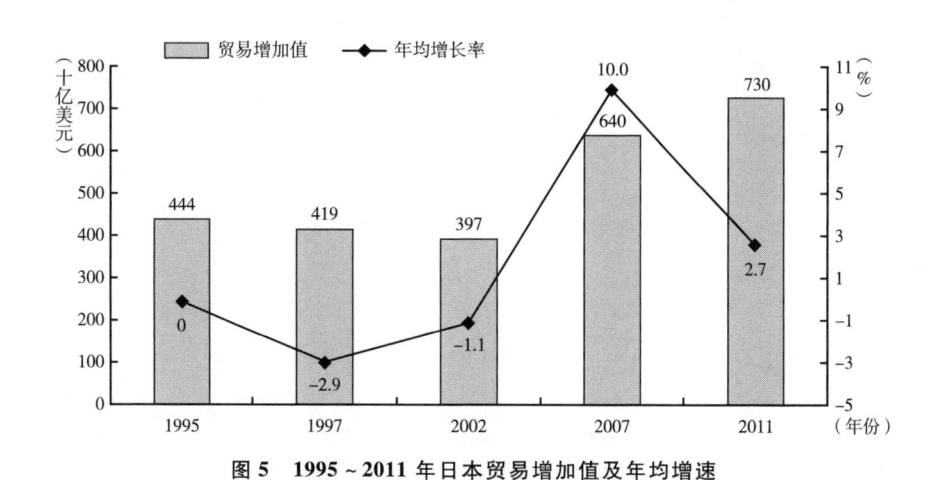

图5　1995~2011年日本贸易增加值及年均增速

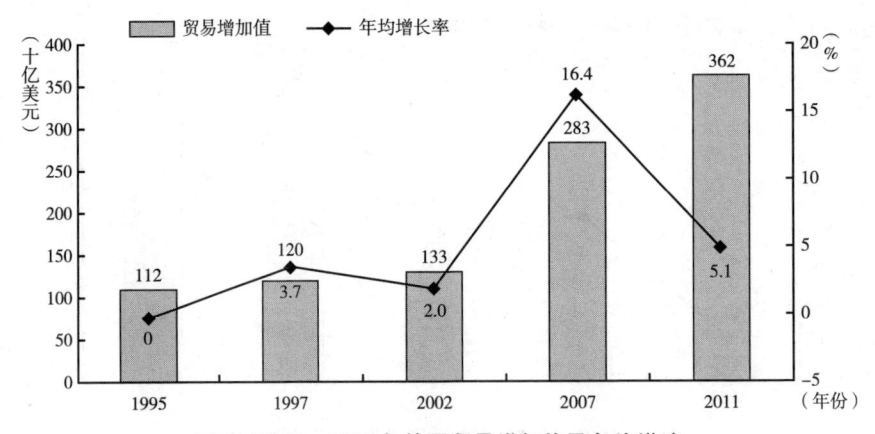

全球价值链：APEC主要经济体产业结构和国际竞争力

图6 1995~2011年韩国贸易增加值及年均增速

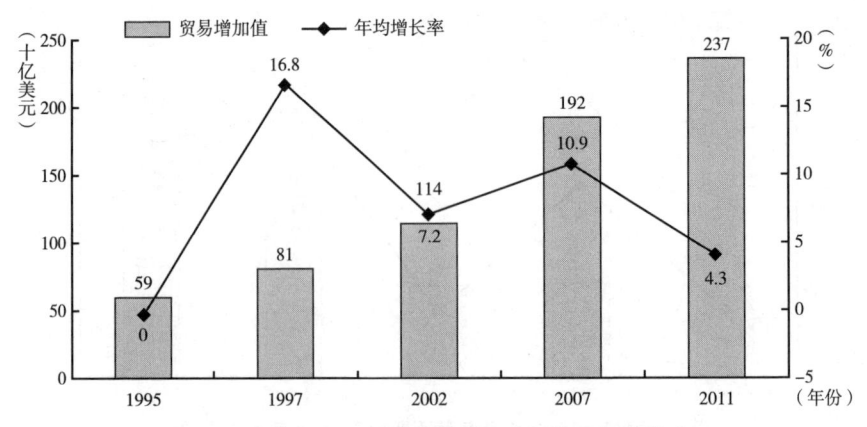

图7 1995~2011年墨西哥贸易增加值及年均增速

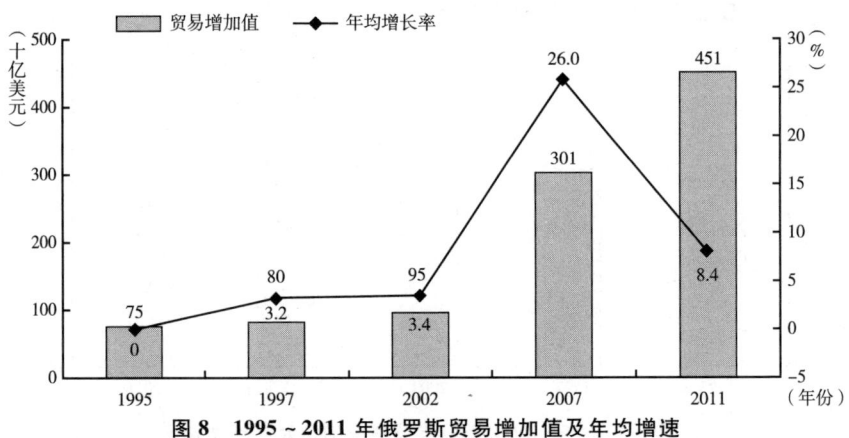

图8 1995~2011年俄罗斯贸易增加值及年均增速

附录1：1995~2011年APEC主要经济体贸易增加值及年均增速 | 199

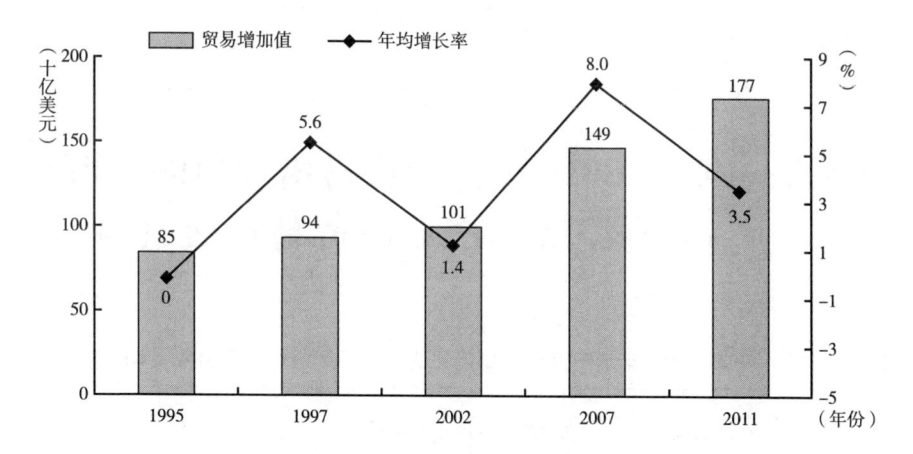

图9 1995~2011年中国台湾贸易增加值及年均增速

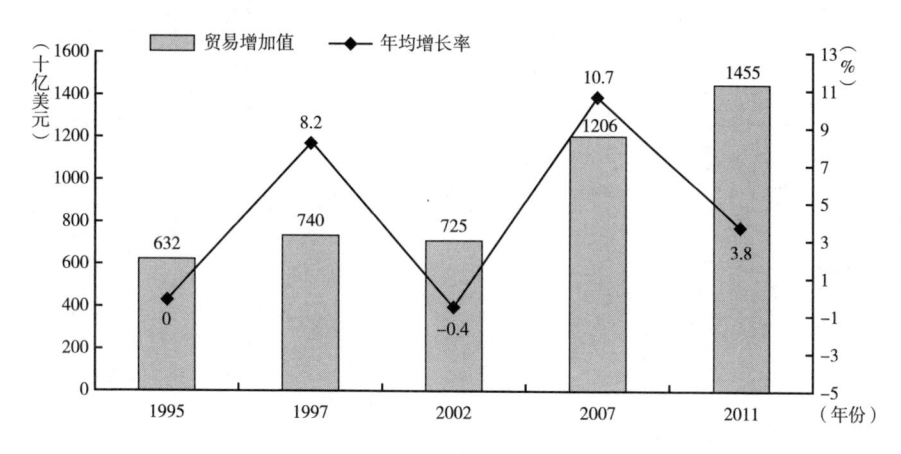

图10 1995~2011年美国贸易增加值及年均增速

附录 2：1995~2011 年基于贸易增加值的 APEC 主要经济体产业内贸易指数（GL）

表1 1995~2011 年基于贸易增加值的澳大利亚产业内贸易指数（GL）

部门	1995 年	1997 年	2002 年	2007 年	2011 年
1	0.129	0.133	0.125	0.304	0.204
2	0.265	0.281	0.368	0.372	0.287
3	0.541	0.533	0.512	0.629	0.795
4	0.721	0.710	0.538	0.368	0.247
5	0.828	0.839	0.962	0.708	0.557
6	0.884	0.817	0.882	0.933	0.708
7	0.411	0.414	0.521	0.497	0.514
8	0.818	0.807	0.903	0.592	0.349
9	0.551	0.552	0.521	0.600	0.512
10	0.318	0.299	0.327	0.361	0.246
11	0.514	0.491	0.456	0.502	0.356
12	0.595	0.638	0.484	0.575	0.817
13	0.494	0.482	0.537	0.494	0.416
14	0.386	0.365	0.266	0.248	0.200
15	0.488	0.544	0.458	0.414	0.308
16	0.602	0.539	0.527	0.519	0.519
17	0.747	0.831	0.986	0.882	0.769
18	0.770	0.766	0.598	0.665	0.570
19	0.332	0.470	0.837	0.778	0.817
20	0.016	0.837	0.479	0.549	0.665
21	0.776	0.694	0.532	0.585	0.778
22	0.998	0.943	0.973	0.987	0.955
23	0.995	0.961	0.981	0.963	0.893
24	0.959	0.959	0.703	0.683	0.760
25	0.896	0.819	0.897	0.881	0.817
26	0.465	0.438	0.193	0.175	0.137
27	0.874	0.864	0.937	0.847	0.818
28	0.927	0.887	0.977	0.977	0.951
29	0.374	0.382	0.712	0.852	0.812
30	0.917	0.848	0.911	0.934	0.904
31	0.952	0.739	0.880	0.936	0.852
32	0.397	0.450	0.541	0.653	0.686
33	0.864	0.972	0.831	0.861	0.807
34	0.661	0.651	0.627	0.596	0.577
35	0.000	0.000	0.000	0.000	0.000
澳大利亚总体	0.937	0.952	0.965	0.942	0.897

表 2　1995~2011 年基于贸易增加值的加拿大产业内贸易指数（GL）

部门	1995 年	1997 年	2002 年	2007 年	2011 年
1	0.597	0.561	0.644	0.580	0.601
2	0.357	0.419	0.495	0.463	0.390
3	0.963	0.980	0.962	0.884	0.886
4	0.570	0.659	0.746	0.488	0.357
5	0.399	0.436	0.458	0.235	0.256
6	0.180	0.196	0.194	0.309	0.399
7	0.448	0.567	0.593	0.684	0.730
8	0.835	0.850	0.658	0.564	0.885
9	0.964	0.998	0.890	0.954	0.983
10	0.839	0.829	0.704	0.811	0.938
11	0.737	0.766	0.852	0.747	0.608
12	0.836	0.865	0.807	0.807	0.945
13	0.529	0.550	0.638	0.664	0.640
14	0.660	0.652	0.646	0.695	0.561
15	0.839	0.908	0.894	0.985	0.973
16	0.922	0.991	0.841	0.917	0.957
17	0.394	0.349	0.446	0.519	0.538
18	0.347	0.315	0.952	0.763	0.976
19	0.645	0.518	0.404	0.799	0.897
20	0.786	0.880	0.831	0.707	0.821
21	0.496	0.499	0.353	0.499	0.527
22	0.851	0.888	0.969	0.862	0.836
23	0.694	0.649	0.565	0.564	0.572
24	0.726	0.708	0.660	0.790	0.870
25	0.874	0.851	0.923	0.761	0.748
26	0.402	0.368	0.260	0.346	0.364
27	0.672	0.650	0.693	0.691	0.701
28	0.460	0.502	0.536	0.460	0.435
29	0.033	0.031	0.020	0.035	0.054
30	0.895	0.925	0.946	0.921	0.989
31	0.483	0.323	0.416	0.329	0.416
32	0.955	0.986	0.853	0.808	0.917
33	0.950	0.944	0.633	0.697	0.573
34	0.776	0.982	0.790	0.760	0.807
35	0.003	0.004	0.007	0.005	0.003
加拿大总体	0.914	0.936	0.896	0.909	0.955

表 3 1995～2011 年基于贸易增加值的中国产业内贸易指数（GL）

部门	1995 年	1997 年	2002 年	2007 年	2011 年
1	0.949	0.996	0.872	0.548	0.413
2	0.766	0.670	0.603	0.120	0.052
3	0.574	0.651	0.664	0.757	0.871
4	0.458	0.435	0.432	0.133	0.123
5	0.422	0.356	0.380	0.275	0.238
6	0.843	0.567	0.806	0.470	0.799
7	0.703	0.735	0.698	0.674	0.666
8	0.620	0.627	0.957	0.604	0.515
9	0.404	0.740	0.619	0.820	0.863
10	0.575	0.534	0.480	0.481	0.487
11	0.045	0.366	0.590	0.495	0.509
12	0.984	0.904	0.905	0.808	0.969
13	0.452	0.536	0.642	0.946	0.995
14	0.915	0.831	0.979	0.717	0.693
15	0.608	0.862	0.826	0.876	0.934
16	0.191	0.638	0.247	0.316	0.339
17	0.337	0.240	0.837	0.986	0.848
18	0.817	0.715	0.972	0.722	0.814
19	0.000	0.000	0.000	0.000	0.000
20	0.000	0.093	0.150	0.266	0.374
21	0.000	0.137	0.173	0.214	0.206
22	0.820	0.714	0.051	0.798	0.884
23	0.360	0.465	0.556	0.931	0.916
24	0.155	0.161	0.180	0.041	0.043
25	0.519	0.581	0.395	0.717	0.791
26	0.616	0.540	0.151	0.621	0.699
27	0.702	0.592	0.937	0.951	0.939
28	0.830	0.605	0.120	0.825	0.663
29	0.000	0.000	0.000	0.000	0.000
30	0.757	0.645	0.861	0.944	0.992
31	0.398	0.341	0.479	0.146	0.096
32	0.177	0.100	0.985	0.481	0.339
33	0.673	0.541	-0.004	0.839	0.895
34	0.332	0.149	0.429	0.906	0.992
35	0.000	0.000	0.000	0.000	0.000
中国总体	0.886	0.803	0.868	0.805	0.905

表 4 1995～2011 年基于贸易增加值的印度尼西亚产业内贸易指数（GL）

部门	1995 年	1997 年	2002 年	2007 年	2011 年
1	0.855	0.760	0.681	0.899	0.846
2	0.242	0.323	0.498	0.464	0.255
3	0.661	0.764	0.735	0.634	0.532
4	0.523	0.431	0.347	0.293	0.972
5	0.220	0.230	0.278	0.290	0.468
6	0.026	0.040	0.067	0.183	0.243
7	0.769	0.739	0.602	0.684	0.821
8	0.440	0.554	0.641	0.719	0.737
9	0.443	0.487	0.665	0.801	0.770
10	0.341	0.424	0.468	0.445	0.601
11	0.810	0.956	0.539	0.639	0.976
12	0.513	0.565	0.740	0.909	0.865
13	0.137	0.248	0.493	0.652	0.531
14	0.538	0.927	0.527	0.883	0.713
15	0.243	0.245	0.384	0.933	0.723
16	0.624	0.592	0.641	0.800	0.850
17	0.000	0.000	0.000	0.000	0.000
18	0.000	0.000	0.000	0.000	0.000
19	0.000	0.000	0.000	0.000	0.000
20	0.025	0.015	0.072	0.764	0.889
21	0.038	0.025	0.134	0.821	0.892
22	0.679	0.884	0.991	0.745	0.686
23	0.627	0.455	0.481	0.901	0.972
24	0.914	0.749	0.506	0.747	0.854
25	0.641	0.509	0.467	0.604	0.695
26	0.847	0.943	0.925	0.721	0.670
27	0.599	0.744	0.983	0.748	0.831
28	0.870	0.930	0.674	0.317	0.351
29	0.069	0.296	0.712	0.331	0.364
30	0.215	0.152	0.367	0.901	0.806
31	0.522	0.564	0.571	0.698	0.747
32	0.190	0.186	0.436	0.940	0.856
33	0.336	0.276	0.237	0.264	0.297
34	0.563	0.639	0.889	0.967	0.950
35	0.000	0.000	0.000	0.000	0.000
印度尼西亚总体	0.969	0.951	0.845	0.826	0.871

表 5　1995~2011 年基于贸易增加值的日本产业内贸易指数（GL）

部门	1995 年	1997 年	2002 年	2007 年	2011 年
1	0.036	0.067	0.058	0.081	0.060
2	0.038	0.030	0.030	0.016	0.015
3	0.102	0.106	0.116	0.143	0.134
4	0.470	0.475	0.456	0.362	0.313
5	0.108	0.091	0.076	0.067	0.058
6	0.115	0.085	0.128	0.171	0.169
7	0.639	0.660	0.838	0.820	0.739
8	0.460	0.365	0.344	0.449	0.499
9	0.740	0.733	0.712	0.760	0.894
10	0.679	0.730	0.672	0.577	0.570
11	0.697	0.776	0.743	0.704	0.679
12	0.649	0.668	0.581	0.699	0.642
13	0.273	0.331	0.385	0.424	0.441
14	0.408	0.487	0.556	0.580	0.690
15	0.228	0.232	0.215	0.198	0.195
16	0.672	0.719	0.741	0.808	0.905
17	0.739	0.970	0.769	0.913	0.820
18	0.004	0.004	0.002	0.001	0.002
19	0.454	0.091	0.047	0.310	0.187
20	0.330	0.447	0.355	0.334	0.434
21	0.893	0.999	0.926	0.735	0.475
22	0.134	0.058	0.093	0.055	0.058
23	0.790	0.705	0.632	0.748	0.865
24	0.515	0.529	0.608	0.613	0.656
25	0.594	0.828	0.968	1.000	0.931
26	0.550	0.669	0.871	0.395	0.458
27	0.688	0.779	0.711	0.544	0.508
28	0.827	0.838	0.790	0.958	0.970
29	0.262	0.446	0.271	0.014	0.010
30	0.811	0.725	0.710	0.814	0.745
31	0.661	0.940	0.989	0.873	0.832
32	0.492	0.727	0.913	0.785	0.946
33	0.818	0.752	0.847	0.391	0.405
34	0.501	0.940	0.601	0.713	0.659
35	0.000	0.000	0.000	0.000	0.000
日本总体	0.793	0.827	0.819	0.852	0.955

附录 2：1995~2011 年基于贸易增加值的 APEC 主要经济体产业内贸易指数（GL）

表 6　1995~2011 年基于贸易增加值的韩国产业内贸易指数（GL）

部门	1995 年	1997 年	2002 年	2007 年	2011 年
1	0.334	0.216	0.185	0.119	0.110
2	0.012	-0.011	0.001	-0.002	-0.002
3	0.603	0.644	0.549	0.534	0.514
4	0.488	0.494	0.583	0.904	0.934
5	0.505	0.559	0.806	0.593	0.387
6	0.140	0.115	0.095	0.062	0.061
7	0.568	0.778	0.766	0.663	0.720
8	0.428	0.688	0.737	0.777	0.567
9	0.853	0.924	0.964	0.952	0.977
10	0.690	0.655	0.685	0.809	0.877
11	0.570	0.495	0.591	0.516	0.429
12	0.761	0.770	0.838	0.852	0.900
13	0.568	0.695	0.979	0.994	0.980
14	0.774	0.886	0.812	0.647	0.654
15	0.596	0.466	0.352	0.282	0.265
16	0.817	0.878	0.995	0.767	0.716
17	0.445	0.427	0.368	0.233	0.155
18	0.902	0.843	0.954	0.936	0.945
19	0.027	0.036	0.121	0.924	0.829
20	0.418	0.451	0.566	0.624	0.713
21	0.572	0.504	0.556	0.521	0.475
22	0.115	0.072	0.055	0.078	0.084
23	0.846	0.855	0.677	0.264	0.203
24	0.003	0.006	0.160	0.664	0.709
25	0.617	0.601	0.540	0.534	0.599
26	0.558	0.584	0.605	0.510	0.463
27	0.848	0.660	0.468	0.577	0.588
28	0.554	0.587	0.816	0.763	0.693
29	0.401	0.353	0.427	0.818	0.756
30	0.704	0.934	0.676	0.795	0.775
31	0.865	0.941	0.950	0.878	0.820
32	0.016	0.030	0.056	0.033	0.031
33	0.133	0.286	0.608	0.462	0.416
34	0.839	0.967	0.782	0.548	0.509
35	0.000	0.000	0.000	0.000	0.000
韩国总体	0.987	0.968	0.982	0.994	0.932

表 7　1995~2011 年基于贸易增加值的墨西哥产业内贸易指数 (GL)

部门	1995 年	1997 年	2002 年	2007 年	2011 年
1	0.929	0.891	0.751	0.839	0.761
2	0.137	0.155	0.133	0.099	0.097
3	0.773	0.794	0.686	0.657	0.794
4	0.898	0.940	0.947	0.908	0.855
5	0.853	0.774	0.856	0.786	0.814
6	0.881	0.971	0.473	0.366	0.297
7	0.414	0.419	0.409	0.403	0.461
8	0.818	0.565	0.690	0.621	0.481
9	0.641	0.518	0.474	0.424	0.473
10	0.552	0.548	0.507	0.548	0.596
11	0.908	0.951	0.988	0.937	0.903
12	0.774	0.720	0.643	0.750	0.915
13	0.338	0.328	0.404	0.420	0.498
14	0.849	0.917	0.860	0.853	0.691
15	0.538	0.696	0.795	0.813	0.666
16	0.228	0.295	0.308	0.388	0.365
17	0.561	0.689	0.680	0.718	0.962
18	0.000	0.000	0.000	0.000	0.000
19	0.591	0.463	0.418	0.344	0.489
20	0.028	0.039	0.046	0.054	0.062
21	0.011	0.015	0.025	0.025	0.027
22	0.489	0.394	0.361	0.257	0.171
23	0.013	0.009	0.007	0.003	0.005
24	0.006	0.006	0.008	0.011	0.020
25	0.968	0.981	1.000	0.826	0.908
26	0.312	0.333	0.349	0.255	0.417
27	0.732	0.775	0.749	0.560	0.767
28	0.802	0.741	0.776	0.938	0.682
29	0.636	0.737	0.796	0.816	0.544
30	0.521	0.491	0.556	0.668	0.462
31	0.000	0.000	0.000	0.000	0.000
32	0.259	0.372	0.424	0.543	0.466
33	0.354	0.697	0.673	0.691	0.748
34	0.132	0.101	0.293	0.200	0.141
35	0.000	0.000	0.000	0.000	0.000
墨西哥总体	0.922	0.971	0.993	0.978	0.981

附录 2：1995~2011 年基于贸易增加值的 APEC 主要经济体产业内贸易指数（GL）

表 8　1995~2011 年基于贸易增加值的俄罗斯产业内贸易指数（GL）

部门	1995 年	1997 年	2002 年	2007 年	2011 年
1	0.905	0.876	0.973	0.543	0.364
2	0.117	0.102	0.068	0.032	0.010
3	0.102	0.092	0.101	0.161	0.228
4	0.106	0.107	0.065	0.016	0.007
5	0.037	0.044	0.044	0.020	0.017
6	0.701	0.762	0.571	0.481	0.552
7	0.889	0.975	0.838	0.828	0.719
8	0.521	0.743	0.319	0.084	0.155
9	0.997	0.897	0.869	0.950	0.931
10	0.617	0.595	0.558	0.642	0.532
11	0.464	0.395	0.317	0.485	0.327
12	0.420	0.374	0.320	0.281	0.354
13	0.589	0.559	0.730	0.520	0.364
14	0.438	0.453	0.510	0.353	0.314
15	0.464	0.246	0.345	0.091	0.061
16	0.113	0.161	0.249	0.216	0.126
17	0.340	0.311	0.259	0.210	0.191
18	0.080	0.101	0.117	0.140	0.191
19	0.410	0.419	0.396	0.212	0.184
20	0.239	0.192	0.141	0.113	0.123
21	0.317	0.264	0.267	0.233	0.238
22	0.781	0.862	0.894	0.924	0.795
23	0.158	0.158	0.176	0.131	0.130
24	0.527	0.453	0.466	0.405	0.319
25	0.511	0.378	0.392	0.357	0.236
26	0.377	0.400	0.437	0.387	0.308
27	0.614	0.703	0.771	0.925	0.956
28	0.437	0.448	0.626	0.762	0.867
29	0.455	0.437	0.534	0.574	0.453
30	0.854	0.926	0.926	0.824	0.677
31	0.404	0.534	0.584	0.668	0.786
32	0.313	0.349	0.389	0.497	0.589
33	0.172	0.194	0.266	0.357	0.421
34	0.214	0.191	0.204	0.243	0.325
35	0.000	0.000	0.000	0.000	0.000
俄罗斯总体	0.801	0.807	0.719	0.724	0.737

表 9 1995~2011 年基于贸易增加值的中国台湾产业内贸易指数（GL）

部门	1995 年	1997 年	2002 年	2007 年	2011 年
1	0.683	0.568	0.789	0.532	0.813
2	0.012	0.010	0.003	0.006	0.007
3	0.891	0.443	0.450	0.363	0.344
4	0.377	0.361	0.335	0.435	0.534
5	0.595	0.745	0.746	0.849	0.935
6	0.534	0.540	0.500	0.391	0.235
7	0.420	0.543	0.732	0.713	0.981
8	0.380	0.555	0.748	0.799	0.513
9	0.517	0.619	0.799	0.857	0.873
10	0.431	0.423	0.547	0.758	0.796
11	0.921	0.962	0.786	0.765	0.791
12	0.827	0.943	0.915	0.935	0.930
13	0.858	0.823	0.931	0.794	0.807
14	0.855	0.868	0.769	0.677	0.621
15	0.814	0.915	0.878	0.845	0.878
16	0.701	0.727	0.527	0.616	0.818
17	0.418	0.369	0.187	0.023	0.015
18	0.592	0.557	0.332	0.006	0.009
19	0.384	0.718	0.958	0.672	0.528
20	0.020	0.018	0.022	0.017	0.014
21	0.438	0.334	0.230	0.131	0.100
22	0.769	0.721	0.774	0.524	0.512
23	0.576	0.542	0.541	0.300	0.267
24	0.004	0.003	0.005	0.019	0.044
25	0.867	0.959	0.842	0.630	0.705
26	0.541	0.655	0.670	0.813	0.779
27	0.936	0.822	0.637	0.519	0.547
28	0.903	0.858	0.899	0.873	0.866
29	0.011	0.010	0.000	0.000	0.000
30	0.759	0.669	0.627	0.582	0.574
31	0.045	0.052	0.123	0.564	0.534
32	0.070	0.069	0.150	0.620	0.627
33	0.908	0.797	0.714	0.169	0.166
34	0.576	0.687	0.735	0.788	0.780
35	0.006	2.158	2.026	0.317	0.283
中国台湾总体	0.960	0.973	0.975	0.963	0.928

附录2：1995~2011年基于贸易增加值的APEC主要经济体产业内贸易指数（GL）

表10　1995~2011年基于贸易增加值的美国产业内贸易指数（GL）

部门	1995年	1997年	2002年	2007年	2011年
1	0.863	0.966	0.928	0.981	0.970
2	0.334	0.268	0.115	0.110	0.163
3	0.794	0.874	0.925	0.896	0.959
4	0.430	0.424	0.310	0.251	0.236
5	0.101	0.112	0.085	0.061	0.059
6	0.611	0.527	0.357	0.417	0.606
7	0.928	0.924	0.963	0.954	0.851
8	0.970	0.909	0.634	0.657	0.995
9	0.979	0.985	0.821	0.876	0.870
10	0.820	0.859	0.742	0.715	0.747
11	0.665	0.680	0.562	0.581	0.708
12	0.703	0.687	0.598	0.655	0.761
13	0.953	0.913	0.977	0.991	0.964
14	0.869	0.941	0.852	0.842	0.835
15	0.850	0.931	0.760	0.872	0.884
16	0.602	0.602	0.477	0.567	0.699
17	0.443	0.450	0.372	0.318	0.275
18	0.195	0.214	0.150	0.106	0.137
19	0.247	0.274	0.188	0.243	0.293
20	0.085	0.089	0.130	0.176	0.228
21	0.032	0.029	0.015	0.018	0.026
22	0.965	0.820	0.652	0.761	0.746
23	0.426	0.398	0.441	0.550	0.586
24	0.056	0.058	0.097	0.073	0.027
25	0.849	0.855	0.942	0.903	0.794
26	0.118	0.118	0.166	0.104	0.137
27	0.092	0.098	0.133	0.148	0.108
28	0.245	0.244	0.463	0.507	0.539
29	0.964	0.912	0.592	0.663	0.505
30	0.837	0.842	0.788	0.900	0.922
31	0.536	0.303	0.313	0.232	0.160
32	0.820	0.861	0.642	0.687	0.781
33	0.543	0.479	0.323	0.441	0.805
34	0.459	0.570	0.686	0.605	0.520
35	0.925	0.947	0.934	0.748	0.996
美国总体	0.992	0.999	0.863	0.876	0.905

附录3：1995~2011年基于出口总额的APEC主要经济体产业内贸易指数（GL）

表1　1995~2011年基于出口总额的澳大利亚产业内贸易指数（GL）

部门	1995年	1997年	2002年	2007年	2011年
1	0.3170	0.3214	0.2983	0.6229	0.4968
2	0.2024	0.2050	0.1984	0.2098	0.2064
3	0.6759	0.6734	0.6698	0.7852	0.9135
4	0.7644	0.7584	0.5676	0.3682	0.2433
5	0.8950	0.8952	0.9030	0.8518	0.6907
6	0.7999	0.8246	0.7957	0.8184	0.9750
7	0.4411	0.4722	0.6097	0.5506	0.5521
8	0.9548	0.8559	0.6996	0.6134	0.4452
9	0.7862	0.7824	0.6763	0.7251	0.6163
10	0.5441	0.5441	0.6109	0.6117	0.5018
11	0.6833	0.6357	0.5382	0.4974	0.3701
12	0.5895	0.6009	0.4911	0.6263	0.7913
13	0.7332	0.5398	0.5714	0.5200	0.4657
14	0.6245	0.5387	0.3279	0.3060	0.2697
15	0.5291	0.5815	0.5166	0.3744	0.2882
16	0.5503	0.4958	0.4813	0.4399	0.4164
17	0.0761	0.0893	0.1173	0.1057	0.1047
18	0.0405	0.0447	0.0519	0.0461	0.0396
19	0.0339	0.0370	0.0327	0.0240	0.0224
20	0.0021	0.1555	0.6604	0.7394	0.7058
21	0.4232	0.5416	0.6984	0.6290	0.4786
22	0.8321	0.8134	0.7709	0.7592	0.8001
23	0.8820	0.9239	0.8980	0.9671	0.8962
24	0.8655	0.8855	0.5341	0.4991	0.5215
25	0.7710	0.8265	0.7818	0.8103	0.8755
26	0.5468	0.6355	0.7702	0.7674	0.8181
27	0.8086	0.7811	0.6307	0.6439	0.6394
28	0.9296	0.9212	0.8690	0.8922	0.9493
29	0.3891	0.3923	0.4954	0.6003	0.5681
30	0.7818	0.7430	0.7733	0.7566	0.6970
31	0.1985	0.1824	0.1063	0.1129	0.0979
32	0.4349	0.4725	0.6488	0.7420	0.7849
33	0.5693	0.5336	0.3303	0.3145	0.2734
34	0.5014	0.4723	0.4144	0.4187	0.3995
35	0.0000	0.0000	0.0000	0.0000	0.0000
澳大利亚总体	0.976	0.983	0.980	0.979	0.964

附录3：1995~2011年基于出口总额的APEC主要经济体产业内贸易指数（GL）

表2　1995~2011年基于出口总额的加拿大产业内贸易指数（GL）

部门	1995年	1997年	2002年	2007年	2011年
1	0.6900	0.6818	0.7009	0.6803	0.7071
2	0.1785	0.2047	0.1688	0.1371	0.1114
3	0.8623	0.8944	0.9390	0.8071	0.8264
4	0.6422	0.7487	0.8047	0.5555	0.3969
5	0.4362	0.4895	0.4862	0.2594	0.2853
6	0.1743	0.1778	0.1997	0.2536	0.3569
7	0.4262	0.5006	0.5258	0.5613	0.6399
8	0.6929	0.7390	0.8233	0.9947	0.8993
9	0.7556	0.7800	0.9088	0.8782	0.8992
10	0.7011	0.7029	0.6123	0.6855	0.8192
11	0.8268	0.8125	0.7612	0.8396	0.9614
12	0.6139	0.6329	0.6423	0.7646	0.8137
13	0.6569	0.6755	0.7739	0.7471	0.6927
14	0.8388	0.8255	0.8117	0.8112	0.6948
15	0.8900	0.9274	0.9101	0.9896	0.8949
16	0.9105	0.9656	0.9054	0.9946	0.9244
17	0.9459	0.9678	0.8580	0.7876	0.7000
18	0.0036	0.0025	0.0172	0.0093	0.0174
19	0.5089	0.5436	0.7173	0.3671	0.3500
20	0.2174	0.2193	0.2111	0.2752	0.2559
21	0.5936	0.6180	0.8581	0.6618	0.6048
22	0.8095	0.8211	0.7181	0.8521	0.7837
23	0.6586	0.6454	0.5407	0.6202	0.6697
24	0.6086	0.6054	0.6172	0.7546	0.8005
25	0.9725	0.8954	0.9823	0.8872	0.8720
26	0.4627	0.4834	0.5082	0.6097	0.5579
27	0.6230	0.6230	0.9550	0.9314	0.9224
28	0.6763	0.7154	0.7883	0.7004	0.6772
29	0.6932	0.6722	0.5834	0.7481	0.7686
30	0.6478	0.6500	0.6787	0.6605	0.6574
31	0.3262	0.3625	0.3171	0.3765	0.2816
32	0.6372	0.6724	0.9133	0.9686	0.9276
33	0.1633	0.1555	0.1350	0.1706	0.1590
34	0.7308	0.6002	0.7236	0.6955	0.8478
35	0.0005	0.0011	0.0035	0.0020	0.0007
加拿大总体	0.927	0.943	0.917	0.945	0.996

表 3　1995~2011 年基于出口总额的中国产业内贸易指数（GL）

部门	1995 年	1997 年	2002 年	2007 年	2011 年
1	0.9925	0.8083	0.7730	0.7014	0.6190
2	0.7017	0.7933	0.5792	0.6113	0.4182
3	0.7946	0.7973	0.8611	0.9941	0.8473
4	0.4763	0.4444	0.4720	0.2683	0.2806
5	0.5255	0.4814	0.4841	0.3677	0.3694
6	0.7427	0.6879	0.9244	0.9583	0.8547
7	0.8916	0.9126	0.8662	0.5959	0.5550
8	0.3571	0.4700	0.4872	0.2482	0.1836
9	0.6510	0.9440	0.9150	0.9510	0.9180
10	0.7461	0.7629	0.7888	0.7635	0.7322
11	0.8365	0.8259	0.9870	0.9801	0.9603
12	0.9026	0.8609	0.9356	0.9431	0.6963
13	0.4200	0.6260	0.5830	0.9260	0.9730
14	0.8040	0.7640	0.9040	0.6970	0.6850
15	0.5610	0.7250	0.7400	0.9780	0.9330
16	0.3868	0.6211	0.2782	0.2691	0.2783
17	0.5347	0.4042	0.3204	0.1184	0.0815
18	0.1956	0.0816	0.1102	0.2398	0.1889
19	0.0000	0.0000	0.0000	0.0000	0.0000
20	0.0000	0.4240	0.4249	0.4025	0.4773
21	0.0000	0.4477	0.4373	0.4228	0.5025
22	0.5834	0.5848	0.4688	0.7730	0.8861
23	0.8224	0.8725	0.7419	0.8098	0.8849
24	0.3150	0.5748	0.4530	0.2426	0.2661
25	0.2845	0.3589	0.3690	0.3359	0.3710
26	0.3151	0.3746	0.4840	0.9960	0.9492
27	0.7805	0.7868	0.6013	0.8702	0.8875
28	0.3137	0.2642	0.1389	0.3705	0.3203
29	0.0000	0.0000	0.0000	0.0000	0.0000
30	0.4544	0.3076	0.8604	0.7581	0.6926
31	0.1782	0.0706	0.1831	0.1382	0.1356
32	0.3171	0.3724	0.1497	0.0774	0.0742
33	0.1291	0.0526	0.0000	0.0823	0.0788
34	0.4723	0.4652	0.5866	0.8799	0.8785
35	0.0000	0.0000	0.0000	0.0000	0.0000
中国总体	0.917	0.848	0.916	0.841	0.924

表 4 1995~2011 年基于出口总额的印度尼西亚产业内贸易指数（GL）

部门	1995 年	1997 年	2002 年	2007 年	2011 年
1	0.8104	0.8695	0.8239	0.9107	0.8724
2	0.1608	0.1554	0.1800	0.2056	0.1448
3	0.9303	0.9502	0.9202	0.7803	0.6867
4	0.6656	0.6064	0.5242	0.5251	0.9105
5	0.3447	0.3977	0.4758	0.4660	0.5848
6	0.2911	0.3405	0.2917	0.5053	0.6779
7	0.7851	0.7575	0.5910	0.7023	0.7842
8	0.4495	0.4413	0.4693	0.5091	0.3410
9	0.6936	0.7424	0.8611	0.9908	0.9067
10	0.5110	0.5495	0.6094	0.6168	0.6247
11	0.8519	0.9166	0.7375	0.7413	0.9777
12	0.8368	0.9200	0.7108	0.3586	0.3875
13	0.2509	0.4260	0.7641	0.8267	0.7973
14	0.5881	0.8520	0.6392	0.9801	0.7080
15	0.2727	0.2759	0.4339	0.6773	0.6029
16	0.6272	0.6003	0.5993	0.8750	0.8885
17	0.0000	0.0000	0.0000	0.0000	0.0000
18	0.0000	0.0000	0.0000	0.0000	0.0000
19	0.0000	0.0000	0.0000	0.0000	0.0000
20	0.0045	0.0035	0.0148	0.3529	0.3728
21	0.0026	0.0024	0.0148	0.3482	0.3545
22	0.7213	0.8139	0.9034	0.9184	0.8271
23	0.7766	0.4820	0.4333	0.6908	0.7178
24	0.9041	0.6358	0.3845	0.6980	0.8183
25	0.8367	0.6474	0.6606	0.9221	0.9057
26	0.4038	0.5069	0.5970	0.3255	0.2937
27	0.9427	0.8978	0.8002	0.5992	0.6009
28	0.6818	0.7117	0.9515	0.4241	0.4870
29	0.4892	0.9049	0.4839	0.5313	0.7466
30	0.4840	0.3382	0.4896	0.7395	0.7455
31	0.2150	0.2560	0.2657	0.3368	0.2908
32	0.1593	0.1490	0.2759	0.3461	0.3263
33	0.0649	0.0688	0.0761	0.1171	0.1209
34	0.6192	0.6667	0.7262	0.7141	0.6250
35	0.0000	0.0000	0.0000	0.0000	0.0000
印度尼西亚总体	0.988	0.966	0.867	0.900	0.945

表 5　1995~2011 年基于出口总额的日本产业内贸易指数（GL）

部门	1995 年	1997 年	2002 年	2007 年	2011 年
1	0.0675	0.1284	0.0968	0.1518	0.1140
2	0.3776	0.3847	0.4267	0.3194	0.3182
3	0.0818	0.0838	0.0906	0.1098	0.1014
4	0.4530	0.4492	0.4314	0.3538	0.3014
5	0.0971	0.0826	0.0659	0.0598	0.0536
6	0.1804	0.1504	0.2841	0.3642	0.4218
7	0.7141	0.6718	0.8083	0.7529	0.7108
8	0.2182	0.1609	0.1231	0.2059	0.2700
9	0.6370	0.6550	0.6340	0.7230	0.8510
10	0.7432	0.7651	0.7057	0.6222	0.6401
11	0.9422	0.8907	0.9232	0.9058	0.9982
12	0.7235	0.7574	0.6846	0.8628	0.8688
13	0.4040	0.4660	0.5460	0.6230	0.5900
14	0.5010	0.5760	0.6510	0.6720	0.7550
15	0.3210	0.3440	0.3190	0.3340	0.3430
16	0.6291	0.6738	0.6958	0.7442	0.8120
17	0.0234	0.0280	0.0174	0.0381	0.0235
18	0.0000	0.0000	0.0000	0.0000	0.0000
19	0.0202	0.0219	0.0131	0.0264	0.0156
20	0.4774	0.3791	0.3549	0.2442	0.2519
21	0.5142	0.6584	0.7045	0.9834	0.9552
22	0.6850	0.9298	0.9808	0.9032	0.9236
23	0.6182	0.6182	0.6320	0.5432	0.5405
24	0.3736	0.3597	0.4483	0.4989	0.5921
25	0.9318	0.8651	0.7490	0.7639	0.8365
26	0.4129	0.5134	0.5967	0.3061	0.3424
27	0.6874	0.8403	0.4884	0.3507	0.3793
28	0.8919	0.8832	0.8693	0.8617	0.9121
29	0.0270	0.0388	0.0268	0.0011	0.0009
30	0.9970	0.9920	0.8389	0.8754	0.9178
31	0.0967	0.1493	0.1360	0.0940	0.0783
32	0.0125	0.0371	0.0582	0.1011	0.0714
33	0.0075	0.0161	0.0111	0.0325	0.0252
34	0.5089	0.8939	0.6329	0.5335	0.4625
35	0.0000	0.0000	0.0000	0.0000	0.0000
日本总体	0.855	0.879	0.884	0.906	0.986

附录3: 1995~2011年基于出口总额的APEC主要经济体产业内贸易指数（GL）

表6 1995~2011年基于出口总额的韩国产业内贸易指数（GL）

部门	1995年	1997年	2002年	2007年	2011年
1	0.6058	0.4240	0.3282	0.2109	0.2076
2	0.6449	0.0000	0.1698	0.0000	0.0000
3	0.4477	0.5187	0.4601	0.4453	0.4683
4	0.5461	0.5466	0.6428	0.9446	0.9047
5	0.6154	0.6360	0.8519	0.6150	0.4221
6	0.2237	0.2068	0.1706	0.0910	0.0946
7	0.6916	0.8828	0.8425	0.7201	0.7787
8	0.3705	0.4891	0.6113	0.6065	0.6653
9	0.8644	0.7898	0.8163	0.7553	0.7314
10	0.9263	0.8081	0.7846	0.9057	0.9187
11	0.5393	0.5166	0.6906	0.6684	0.5554
12	0.9063	0.9689	0.9686	0.9344	0.9325
13	0.6089	0.7304	0.9577	0.9687	0.9669
14	0.7118	0.7800	0.7693	0.6626	0.6613
15	0.6964	0.5992	0.4706	0.4287	0.4093
16	0.9484	0.9645	0.9484	0.7309	0.6910
17	0.0413	0.0279	0.0166	0.0125	0.0086
18	0.0220	0.0280	0.0371	0.0266	0.0307
19	0.0283	0.0212	0.0606	0.7385	0.7478
20	0.3974	0.3726	0.4148	0.3601	0.3719
21	0.4795	0.4841	0.5155	0.4682	0.4400
22	0.5714	0.6595	0.7803	0.7201	0.6466
23	0.9812	0.9354	0.7073	0.3174	0.2807
24	0.2415	0.2845	0.2892	0.5549	0.5659
25	0.5156	0.5053	0.5249	0.4920	0.5200
26	0.7880	0.7093	0.8633	0.8227	0.7790
27	0.8590	0.6048	0.4054	0.4656	0.5079
28	0.6469	0.6266	0.9351	0.9202	0.9005
29	0.5977	0.4998	0.4376	0.6830	0.6805
30	0.6042	0.7514	0.9976	0.8102	0.7768
31	0.5600	0.6815	0.6081	0.5097	0.4986
32	0.0215	0.0382	0.0605	0.0439	0.0420
33	0.0052	0.0119	0.0244	0.0220	0.0190
34	0.7026	0.7764	0.6043	0.4777	0.4484
35	0.0000	0.0000	0.0000	0.0000	0.0000
韩国总体	0.974	0.968	0.939	0.938	0.949

表 7　1995~2011 年基于出口总额的墨西哥产业内贸易指数（GL）

部门	1995 年	1997 年	2002 年	2007 年	2011 年
1	0.8006	0.9381	0.9126	0.9453	0.9375
2	0.2407	0.2338	0.2288	0.1603	0.2106
3	0.4896	0.5081	0.4492	0.4670	0.5405
4	0.9377	0.8951	0.8908	0.9772	0.9255
5	0.8934	0.9652	0.6589	0.6732	0.7304
6	0.9115	0.7949	0.8460	0.7469	0.6029
7	0.6031	0.6181	0.6053	0.6188	0.6674
8	0.9005	0.6450	0.7374	0.6546	0.5335
9	0.9911	0.8320	0.7915	0.7225	0.8431
10	0.9413	0.9747	0.8326	0.8878	0.9485
11	0.7395	0.7424	0.7938	0.8346	0.8196
12	0.8856	0.9167	0.9090	0.9091	0.7707
13	0.4670	0.4390	0.5190	0.5250	0.6070
14	0.9680	0.9460	0.9510	0.9560	0.9940
15	0.7390	0.8140	0.8850	0.8930	0.8000
16	0.6405	0.7312	0.7136	0.7704	0.8076
17	0.1747	0.1129	0.0974	0.0553	0.0360
18	0.0000	0.0000	0.0000	0.0000	0.0000
19	0.6695	0.5330	0.5210	0.5592	0.4679
20	0.4565	0.5789	0.5977	0.5645	0.7012
21	0.4307	0.5475	0.5687	0.5319	0.6642
22	0.0715	0.0519	0.0528	0.0412	0.0260
23	0.6319	0.8788	0.8836	0.9238	0.8261
24	0.6877	0.9096	0.8323	0.8085	0.6719
25	0.7915	0.9419	0.9483	0.9877	0.8026
26	0.6421	0.7788	0.7687	0.7746	0.9517
27	0.9726	0.8133	0.7055	0.7941	0.6050
28	0.8987	0.8521	0.8920	0.9903	0.7351
29	0.0240	0.0164	0.0136	0.0159	0.0094
30	0.4045	0.3155	0.3274	0.3484	0.2827
31	0.0000	0.0000	0.0000	0.0000	0.0000
32	0.0301	0.0477	0.0472	0.0592	0.0522
33	0.0181	0.0121	0.0134	0.0114	0.0072
34	0.1019	0.0759	0.1024	0.0929	0.0663
35	0.0000	0.0000	0.0000	-0.0003	0.0001
墨西哥总体	0.941	0.980	0.990	0.997	0.998

附录 3：1995~2011 年基于出口总额的 APEC 主要经济体产业内贸易指数（GL）

表 8　1995~2011 年基于出口总额的俄罗斯产业内贸易指数（GL）

部门	1995 年	1997 年	2002 年	2007 年	2011 年
1	0.7074	0.6294	0.8193	0.5014	0.3586
2	0.1295	0.1387	0.1348	0.0754	0.0697
3	0.0933	0.0838	0.0940	0.1302	0.1839
4	0.1077	0.1053	0.0701	0.0154	0.0071
5	0.0357	0.0403	0.0424	0.0191	0.0165
6	0.5667	0.4775	0.4645	0.4170	0.3848
7	0.6727	0.7444	0.6476	0.7438	0.6720
8	0.5209	0.5097	0.3052	0.2149	0.1711
9	0.8892	0.9804	0.9989	0.9598	0.8648
10	0.4495	0.4100	0.3816	0.3661	0.2813
11	0.4818	0.5407	0.4585	0.5240	0.4149
12	0.3628	0.3171	0.3539	0.3345	0.3550
13	0.7043	0.7338	0.8990	0.5604	0.4230
14	0.4100	0.4401	0.5192	0.3252	0.3148
15	0.4135	0.2473	0.3603	0.1202	0.0744
16	0.1031	0.0988	0.1466	0.1574	0.0995
17	0.4442	0.3643	0.4921	0.5831	0.6044
18	0.0393	0.0467	0.0624	0.0520	0.0727
19	0.4452	0.4614	0.4336	0.5046	0.4079
20	0.2348	0.2293	0.1916	0.2568	0.2450
21	0.4901	0.4966	0.4965	0.5633	0.5130
22	0.4814	0.3373	0.4120	0.4087	0.4796
23	0.1774	0.1849	0.1835	0.1942	0.1923
24	0.4736	0.5016	0.4905	0.4690	0.3256
25	0.5337	0.6155	0.6222	0.8530	0.7571
26	0.6370	0.5287	0.5292	0.5716	0.5308
27	0.9901	0.8787	0.9100	0.9731	0.8398
28	0.0515	0.1356	0.0706	0.0960	0.1165
29	0.0483	0.0676	0.0492	0.0459	0.0499
30	0.6394	0.6621	0.6890	0.5652	0.6984
31	0.1070	0.0672	0.1109	0.1058	0.1377
32	0.1841	0.1560	0.2282	0.3459	0.4202
33	0.0094	0.0084	0.0145	0.0160	0.0176
34	0.0514	0.0640	0.0709	0.0598	0.0838
35	0.0000	0.0000	0.0000	0.0000	0.0000
俄罗斯总体	0.882	0.889	0.802	0.850	0.855

表 9　1995~2011 年基于出口总额的中国台湾产业内贸易指数（GL）

部门	1995 年	1997 年	2002 年	2007 年	2011 年
1	0.9361	0.8059	0.9926	0.7439	0.9441
2	0.3418	0.3229	0.1668	0.4486	0.7060
3	0.7592	0.3844	0.3805	0.3325	0.3166
4	0.5037	0.4784	0.4686	0.5244	0.6488
5	0.7077	0.8146	0.8437	0.8401	0.9955
6	0.8852	0.9110	0.9167	0.9116	0.8339
7	0.5992	0.7534	0.8936	0.9115	0.8434
8	0.2287	0.3421	0.4494	0.6007	0.7272
9	0.8392	0.9736	0.8853	0.8576	0.8702
10	0.6258	0.6164	0.6210	0.6220	0.6142
11	0.9931	0.9671	0.9265	0.8992	0.9297
12	0.8411	0.7775	0.6927	0.8276	0.8530
13	0.8425	0.8168	0.9173	0.8235	0.8531
14	0.7421	0.7581	0.7352	0.6856	0.6529
15	0.8247	0.9465	0.8978	0.8489	0.8722
16	0.5330	0.5366	0.4866	0.6407	0.7773
17	0.0418	0.0267	0.0106	0.0023	0.0015
18	0.0488	0.0438	0.0183	0.0001	0.0001
19	0.0730	0.0967	0.2007	0.0984	0.0762
20	0.0056	0.0056	0.0118	0.0215	0.0207
21	0.1595	0.1126	0.0643	0.0303	0.0225
22	0.8052	0.7615	0.8248	0.5933	0.5764
23	0.8584	0.7267	0.8568	0.5128	0.3777
24	0.3447	0.3413	0.4443	0.4318	0.5357
25	0.8838	0.9894	0.8842	0.6932	0.8857
26	0.2899	0.3911	0.3798	0.7017	0.7385
27	0.6229	0.7552	0.6902	0.5284	0.5234
28	0.8744	0.8113	0.8986	0.8686	0.8668
29	0.0017	0.0016	0.0000	0.0000	0.0000
30	0.6036	0.7544	0.8284	0.9912	0.9658
31	0.0057	0.0045	0.0260	0.1941	0.1762
32	0.0231	0.0194	0.0684	0.3461	0.3313
33	0.0711	0.0513	0.0479	0.0109	0.0092
34	0.6387	0.6015	0.6205	0.6103	0.5611
35	0.0009	0.0000	0.0000	0.3202	0.2871
中国台湾总体	0.953	0.943	0.902	0.920	0.930

附录3：1995~2011年基于出口总额的APEC主要经济体产业内贸易指数（GL）

表10　1995~2011年基于出口总额的美国产业内贸易指数（GL）

部门	1995年	1997年	2002年	2007年	2011年
1	0.6067	0.6946	0.8315	0.7920	0.7743
2	0.7040	0.8237	0.8699	0.6957	0.8384
3	0.8893	0.8356	0.6788	0.6715	0.7452
4	0.3730	0.3879	0.2991	0.2415	0.2596
5	0.1371	0.1621	0.0977	0.0732	0.0814
6	0.9088	0.8408	0.7065	0.7340	0.9156
7	0.9158	0.9261	0.9843	0.9607	0.9479
8	0.3982	0.4004	0.2708	0.3151	0.5311
9	0.7936	0.8274	0.9958	0.9745	0.9731
10	0.8528	0.9177	0.8375	0.8217	0.8842
11	0.9240	0.9797	0.9008	0.9003	0.9649
12	0.8920	0.9159	0.8644	0.8733	0.9759
13	0.9630	0.9230	0.9750	0.9650	0.9730
14	0.9400	0.9870	0.8450	0.8500	0.8960
15	0.8114	0.8718	0.7368	0.8131	0.8306
16	0.5867	0.5938	0.4850	0.5695	0.6314
17	0.0661	0.0556	0.0312	0.0375	0.0372
18	0.0050	0.0046	0.0028	0.0019	0.0026
19	0.0109	0.0123	0.0102	0.0100	0.0119
20	0.2020	0.1631	0.2580	0.2740	0.3884
21	0.0060	0.0067	0.0053	0.0047	0.0050
22	0.1043	0.0993	0.0822	0.0831	0.0753
23	0.5234	0.5324	0.6186	0.6832	0.6387
24	0.1336	0.1415	0.1659	0.2198	0.4420
25	0.5428	0.5509	0.6363	0.6932	0.6140
26	0.2698	0.2794	0.3446	0.3596	0.4325
27	0.6977	0.7491	0.9079	0.9790	0.8533
28	0.4103	0.4167	0.5670	0.6326	0.6081
29	0.1692	0.1597	0.1204	0.0927	0.0831
30	0.6875	0.7092	0.7801	0.7621	0.7430
31	0.3196	0.2465	0.2225	0.2780	0.3347
32	0.3235	0.3303	0.3854	0.4403	0.4337
33	0.0145	0.0145	0.0081	0.0127	0.0251
34	0.8370	0.9070	0.9460	0.9350	0.9130
35	0.3116	0.3188	0.3350	0.4257	0.2550
美国总体	0.956	0.964	0.827	0.829	0.868

附录4：1995~2011年APEC主要经济体前向及后向垂直专业化率

表1　1995~2011年澳大利亚后向垂直专业化率（VS）

单位：%

部门	1995年	1997年	2002年	2007年	2011年
1	9.3	10.1	9.0	9.2	9.0
2	10.2	10.9	9.6	10.6	10.7
3	11.0	11.6	11.7	11.9	11.8
4	19.4	20.2	19.0	15.3	14.5
5	13.0	14.8	19.1	17.1	16.2
6	10.7	11.2	12.0	12.2	12.0
7	15.1	15.3	13.8	13.1	12.7
8	27.3	23.3	26.6	32.5	30.8
9	20.3	19.3	18.9	19.3	19.2
10	19.4	18.5	18.4	20.3	20.1
11	10.8	11.8	13.9	16.5	16.2
12	15.0	15.9	16.4	25.5	27.5
13	19.0	19.3	20.0	26.1	25.9
14	19.5	18.7	16.1	20.4	20.2
15	17.1	16.7	19.9	22.5	22.1
16	14.0	14.8	16.7	20.2	20.4
17	9.2	9.1	8.6	9.5	9.4
18	15.0	14.0	12.5	13.9	14.0
19	13.6	12.8	13.1	13.8	13.5
20	8.8	9.5	8.9	8.7	8.7
21	8.2	8.5	8.7	9.8	10.2
22	9.6	8.9	9.2	9.4	9.6
23	9.5	9.4	11.2	11.9	12.0
24	21.4	21.6	15.5	14.7	14.1
25	13.9	15.4	19.7	23.9	25.0
26	8.4	8.7	9.8	10.5	10.5
27	10.2	10.1	10.5	11.3	11.5
28	5.0	4.3	3.3	3.0	2.9
29	3.9	3.5	3.5	3.4	3.4
30	9.6	9.7	9.5	9.8	9.6
31	9.0	9.0	10.7	10.3	10.1
32	4.3	4.3	5.3	5.5	5.5
33	5.2	5.2	5.5	5.5	5.4
34	11.3	11.6	10.6	10.8	10.8
35	—	—	—	—	—
澳大利亚总体	12.2	12.6	12.7	15.2	13.7

附录4：1995～2011年APEC主要经济体前向及后向垂直专业化率

表2 1995～2011年澳大利亚前向垂直专业化率（VS1）

单位：%

部门	1995年	1997年	2002年	2007年	2011年
1	11.8	12.0	13.6	17.8	18.4
2	26.7	23.0	27.8	35.3	31.3
3	5.0	4.1	5.5	7.1	5.6
4	22.7	22.2	20.8	23.8	18.2
5	33.7	33.1	24.1	20.7	17.8
6	6.1	6.7	9.6	13.0	12.4
7	10.9	12.9	21.6	23.1	20.7
8	9.9	11.1	18.7	22.6	22.1
9	21.1	18.8	20.3	21.4	19.3
10	19.0	18.3	25.3	24.4	20.1
11	6.8	7.0	13.0	12.8	12.1
12	26.4	28.4	32.0	31.9	26.6
13	8.2	9.3	15.5	17.7	13.2
14	15.4	15.2	17.2	18.8	14.1
15	8.4	8.4	11.9	17.6	15.8
16	4.4	6.5	7.7	9.4	6.1
17	16.9	13.7	16.0	21.7	22.3
18	9.2	8.3	13.1	10.7	14.0
19	13.8	10.3	15.9	16.9	17.5
20	23.0	8.2	12.0	11.3	8.4
21	12.6	15.4	23.7	28.4	20.2
22	9.3	11.8	13.1	13.3	10.9
23	14.6	13.4	20.7	21.6	24.0
24	12.8	11.5	20.1	19.0	31.7
25	10.0	9.5	11.3	13.0	11.6
26	17.2	14.7	18.2	19.1	25.1
27	15.0	13.3	17.9	19.6	14.7
28	14.4	14.8	18.9	26.8	32.4
29	12.3	13.2	19.3	20.6	24.0
30	21.1	21.4	21.5	16.6	23.2
31	4.6	7.6	10.5	8.8	10.1
32	10.2	8.3	11.1	11.0	14.2
33	4.4	4.1	2.5	2.4	2.8
34	10.7	10.6	13.3	11.0	13.3
35	—	—	—	—	—
澳大利亚总体	16.8	15.8	19.2	25.0	24.8

表 3　1995~2011 年加拿大后向垂直专业化率（VS）

单位：%

部门	1995 年	1997 年	2002 年	2007 年	2011 年
1	14.5	16.8	17.0	16.4	16.7
2	9.4	10.3	9.4	6.5	7.1
3	16.5	18.0	18.5	16.1	16.4
4	26.2	27.8	25.7	25.2	23.2
5	26.9	27.9	22.8	24.8	23.9
6	13.3	14.4	14.4	13.4	12.6
7	16.2	17.5	17.7	15.3	13.9
8	43.1	41.9	39.9	31.4	36.9
9	21.0	23.8	26.3	26.3	25.7
10	25.7	26.7	27.8	27.7	24.7
11	19.2	19.3	19.3	15.5	15.6
12	27.0	27.9	28.2	36.4	31.4
13	26.0	26.6	27.1	28.7	27.3
14	41.1	39.0	38.4	32.8	32.6
15	41.8	44.0	41.5	42.9	34.5
16	24.6	27.3	24.8	21.8	19.9
17	6.1	6.6	9.0	6.7	6.7
18	21.9	22.4	22.1	20.2	19.6
19	6.0	6.3	7.0	6.1	6.6
20	15.9	16.9	17.8	14.0	13.6
21	7.0	7.5	7.7	6.5	7.1
22	9.3	11.0	10.7	9.6	10.4
23	10.5	11.2	9.2	8.3	9.4
24	18.0	19.1	19.3	16.2	18.6
25	22.8	28.0	29.1	23.7	24.4
26	8.9	10.2	10.7	8.8	8.5
27	6.1	7.0	7.0	6.1	6.8
28	7.9	8.6	8.6	7.5	8.1
29	3.3	3.5	3.3	3.3	4.1
30	7.6	8.7	8.7	7.3	7.5
31	8.6	9.2	10.4	9.7	10.5
32	3.6	4.0	4.0	3.5	3.6
33	6.2	7.5	8.1	7.9	7.9
34	11.1	16.4	14.3	13.1	10.9
35	0.0	0.0	0.0	0.0	0.0
加拿大总体	25.1	26.2	25.3	23.3	20.2

表 4　1995～2011 年加拿大前向垂直专业化率（VS1）

单位：%

部门	1995 年	1997 年	2002 年	2007 年	2011 年
1	11.9	9.6	8.2	11.8	14.4
2	21.5	20.6	20.4	23.7	28.9
3	2.7	2.6	1.4	3.1	2.8
4	6.3	6.7	6.1	7.7	11.4
5	5.1	5.0	5.6	3.5	11.1
6	7.5	7.4	7.3	9.6	22.7
7	14.4	13.9	12.8	14.7	21.8
8	6.9	6.5	5.7	9.4	7.4
9	14.5	13.9	11.6	14.0	21.6
10	8.9	9.5	8.6	10.5	25.3
11	8.6	8.7	7.4	7.9	13.9
12	18.2	18.3	15.7	19.5	28.2
13	8.3	8.9	8.0	10.6	11.9
14	7.9	8.8	7.6	10.4	19.2
15	2.8	3.5	3.7	4.9	16.6
16	5.5	4.9	3.0	5.1	8.9
17	17.1	16.8	20.0	22.7	21.1
18	13.1	12.0	14.4	18.1	7.7
19	2.6	1.6	15.7	9.2	16.0
20	12.9	12.8	10.0	12.3	16.9
21	4.9	6.5	8.0	10.7	15.8
22	7.6	7.2	9.8	10.7	14.5
23	14.8	15.2	22.1	24.5	15.1
24	12.6	19.4	23.6	24.6	15.2
25	7.9	7.7	6.7	9.7	12.7
26	17.4	20.7	17.6	23.3	25.7
27	15.0	15.0	16.4	18.0	18.4
28	12.7	12.2	12.8	20.0	17.9
29	12.3	11.9	14.4	21.3	12.3
30	11.8	11.7	10.6	12.1	21.6
31	10.4	10.5	15.3	14.3	14.4
32	9.8	8.4	9.3	9.9	18.3
33	11.6	12.0	10.9	9.4	5.2
34	9.0	8.4	9.3	10.6	13.5
35	30.9	30.8	24.9	26.7	—
加拿大总体	10.2	10.0	9.6	13.3	18.0

表 5 1995～2011 年中国后向垂直专业化率（VS）

单位：%

部门	1995 年	1997 年	2002 年	2007 年	2011 年
1	5.8	5.5	6.0	7.5	7.3
2	9.3	8.6	8.5	14.7	14.5
3	8.3	7.1	7.7	10.9	11.1
4	17.6	15.3	17.6	16.5	14.3
5	18.7	15.5	17.6	16.5	14.4
6	16.0	11.6	13.1	17.7	16.5
7	14.4	12.7	13.8	19.5	18.3
8	20.6	19.8	24.0	37.4	43.1
9	15.3	14.9	17.8	24.2	23.9
10	17.9	17.1	18.3	24.6	22.8
11	10.8	10.5	12.2	16.7	16.5
12	15.4	14.6	17.0	25.5	26.8
13	14.8	14.5	17.1	24.6	22.7
14	22.1	20.3	28.2	34.7	28.9
15	16.2	15.7	16.5	24.2	22.2
16	15.3	11.9	13.0	15.4	14.4
17	9.3	9.2	9.6	17.1	17.4
18	12.4	11.5	15.1	18.7	17.9
19	—	—	—	—	—
20	8.4	7.3	8.2	8.1	7.3
21	8.4	7.3	8.2	8.1	7.3
22	6.9	5.9	6.4	9.1	8.8
23	8.7	7.9	8.3	11.7	11.6
24	12.8	14.6	12.1	15.9	16.1
25	12.4	12.1	12.8	22.9	22.7
26	8.4	8.9	8.4	13.7	13.4
27	9.4	9.4	13.6	12.0	9.8
28	6.2	4.8	5.4	5.6	4.9
29	3.4	2.9	3.9	3.9	3.4
30	15.7	13.2	13.7	17.4	14.6
31	9.5	8.1	7.3	9.4	8.5
32	7.4	7.1	7.0	10.4	9.3
33	14.8	15.3	13.5	19.0	17.3
34	10.3	9.6	11.4	13.2	11.7
35	—	—	—	—	—
中国总体	15.8	14.1	17.9	24.7	21.8

表6 1995~2011年中国前向垂直专业化率（VS1）

单位：%

部门	1995年	1997年	2002年	2007年	2011年
1	9.2	9.5	9.6	9.9	17.1
2	19.2	21.4	27.7	33.4	12.6
3	1.4	1.6	1.6	2.4	3.1
4	9.3	9.6	11.8	10.5	12.2
5	3.4	4.1	3.0	3.2	2.8
6	5.9	6.0	7.7	13.1	16.7
7	10.3	9.9	13.5	15.3	19.7
8	16.1	14.4	15.3	16.8	8.0
9	14.6	19.8	23.6	24.1	19.3
10	12.4	12.4	15.2	16.7	21.7
11	6.0	7.0	8.9	9.6	13.3
12	15.3	18.0	24.3	26.1	22.2
13	7.5	8.1	7.7	9.7	11.2
14	12.1	13.1	15.8	15.6	16.1
15	9.0	9.3	13.6	14.6	6.6
16	2.5	2.5	2.6	7.6	13.5
17	17.6	17.8	24.9	25.5	21.7
18	7.2	7.7	10.0	10.1	13.1
19	—	—	—	—	14.0
20	0.0	13.4	22.9	24.8	19.2
21	0.0	8.0	7.3	7.8	18.8
22	12.5	13.5	16.4	12.4	8.1
23	17.2	16.1	22.3	22.4	18.2
24	16.7	16.6	21.2	23.2	11.0
25	9.9	10.9	11.2	12.7	9.7
26	29.3	28.0	34.5	35.6	26.7
27	13.3	13.2	14.8	18.1	15.4
28	24.8	24.0	23.1	21.5	22.2
29	0.0	0.0	0.0	0.0	19.4
30	13.2	14.3	12.2	18.3	23.4
31	8.8	9.3	8.9	10.6	19.3
32	10.2	10.1	10.6	10.6	21.4
33	4.2	4.7	0.0	3.6	15.9
34	28.6	27.8	23.1	23.2	12.5
35	—	—	—	—	0.0
中国总体	10.9	12.0	14.7	15.4	15.6

表7　1995～2011年印度尼西亚后向垂直专业化率（VS）

单位：%

部门	1995年	1997年	2002年	2007年	2011年
1	4.8	4.5	5.8	6.5	5.6
2	4.8	4.9	5.2	5.2	4.1
3	9.0	9.4	11.4	11.9	10.1
4	22.5	18.2	24.0	21.8	33.3
5	15.4	13.1	17.0	17.5	20.9
6	9.7	10.4	12.7	12.5	11.8
7	15.1	17.0	25.2	23.1	22.1
8	18.7	20.1	16.8	13.9	9.2
9	26.1	26.6	25.3	23.4	18.4
10	23.2	24.0	27.0	28.1	26.7
11	15.2	16.2	14.6	11.5	11.3
12	27.9	28.3	25.4	17.7	15.5
13	45.3	43.4	44.5	41.1	43.2
14	28.7	22.7	26.8	26.4	30.7
15	23.7	18.6	22.7	17.2	18.8
16	13.6	12.8	16.6	15.9	16.2
17	18.9	19.5	22.3	20.1	19.7
18	18.1	19.2	19.9	17.9	18.2
19	—	—	—	—	—
20	7.5	7.6	9.8	9.3	8.5
21	7.5	7.6	9.6	9.3	8.5
22	9.9	9.3	9.9	10.5	9.3
23	6.9	10.9	20.6	20.9	20.2
24	14.8	21.1	25.2	25.0	24.3
25	30.3	32.1	28.2	12.5	11.5
26	7.4	8.5	9.6	6.2	6.1
27	7.5	6.7	5.6	6.7	5.7
28	6.5	6.2	5.3	5.0	4.5
29	2.6	3.3	10.2	14.6	13.7
30	13.4	14.2	14.5	11.6	10.8
31	9.1	9.7	13.3	13.6	13.0
32	5.9	8.2	14.6	15.6	13.7
33	19.6	15.8	13.8	10.4	8.9
34	11.3	10.4	14.1	13.3	14.3
35	—	—	—	—	—
印度尼西亚总体	15.4	15.5	18.2	16.0	14.6

表 8　1995～2011 年印度尼西亚前向垂直专业化率（VS1）

单位：%

部门	1995 年	1997 年	2002 年	2007 年	2011 年
1	16.9	15.7	15.9	21.9	15.1
2	21.9	24.1	28.6	36.0	31.5
3	9.4	7.6	11.7	16.5	3.7
4	15.0	16.4	18.2	14.4	6.1
5	2.9	3.5	4.2	5.6	3.8
6	12.6	11.2	13.2	18.0	13.0
7	20.5	18.7	20.5	22.7	11.2
8	10.1	12.1	17.1	27.9	6.1
9	21.8	20.9	24.7	30.5	11.3
10	17.3	17.9	21.8	25.5	14.9
11	4.6	4.6	9.4	7.9	9.5
12	19.0	21.1	25.1	35.7	30.1
13	5.6	8.9	6.9	13.1	10.8
14	7.6	10.4	16.5	21.1	17.1
15	11.0	13.1	17.5	15.4	8.8
16	2.5	2.6	1.4	4.2	15.6
17	14.3	0.0	0.0	14.1	24.3
18	0.0	0.0	0.0	0.0	6.5
19	—	—	—	—	13.8
20	19.9	17.2	26.3	25.9	16.6
21	10.4	10.5	9.8	0.1	10.8
22	13.5	14.0	16.3	14.9	19.6
23	15.8	18.0	19.9	21.1	15.8
24	21.3	25.8	26.6	39.6	13.7
25	7.7	8.8	9.8	15.8	14.5
26	34.8	35.7	46.0	49.2	29.6
27	14.2	15.0	17.1	19.2	18.8
28	11.6	12.6	26.2	31.3	14.1
29	12.1	13.0	15.8	18.3	13.4
30	23.5	21.9	22.8	29.9	20.8
31	9.0	8.6	12.3	10.3	8.0
32	9.8	10.1	9.1	8.8	14.2
33	4.1	4.8	5.7	7.1	12.5
34	13.2	13.2	14.2	12.1	9.9
35	—	—	—	—	—
印度尼西亚总体	14.1	14.8	18.2	23.9	15.4

表 9　1995~2011 年日本后向垂直专业化率（VS）

单位：%

部门	1995 年	1997 年	2002 年	2007 年	2011 年
1	5.1	6.2	5.8	10.1	10.7
2	15.8	18.3	21.4	40.1	50.2
3	5.4	6.8	6.0	10.2	11.1
4	6.0	7.3	8.1	12.5	12.1
5	5.3	6.6	6.3	9.5	10.9
6	10.5	12.7	11.0	17.1	15.7
7	4.8	5.7	5.9	9.7	9.4
8	21.7	28.5	34.1	54.5	53.0
9	6.8	8.7	9.8	20.5	20.7
10	5.9	7.3	8.4	14.6	16.9
11	8.5	10.5	9.9	15.7	21.8
12	9.1	10.4	11.5	22.3	25.3
13	6.1	7.7	9.5	15.2	15.9
14	6.7	8.7	10.0	15.0	16.0
15	5.6	7.6	8.3	14.2	15.6
16	6.4	8.0	7.3	13.8	15.3
17	7.1	8.9	10.0	21.8	25.3
18	5.7	7.2	7.4	12.4	13.2
19	4.2	5.8	7.0	11.6	12.3
20	1.8	2.4	2.6	3.7	3.6
21	1.7	2.2	2.3	4.1	3.7
22	3.5	4.4	4.2	6.9	7.1
23	2.6	3.7	4.1	7.4	7.1
24	9.3	14.8	19.2	24.7	24.6
25	7.3	9.6	10.1	14.7	15.8
26	2.8	3.3	3.3	5.1	5.2
27	1.4	1.8	2.5	4.1	3.4
28	1.4	1.9	1.8	2.8	3.2
29	0.7	0.9	0.9	1.2	1.3
30	1.9	2.4	2.4	3.5	4.7
31	2.4	3.0	3.1	4.9	5.2
32	1.3	1.4	1.4	2.3	2.1
33	3.7	4.5	4.9	7.8	7.6
34	2.5	3.0	3.2	5.1	5.2
35	—	—	—	—	—
日本总体	6.3	8.1	9.2	15.4	17.0

表 10 1995~2011 年日本前向垂直专业化率（VS1）

单位：%

部门	1995 年	1997 年	2002 年	2007 年	2011 年
1	11.6	7.7	9.2	7.0	21.9
2	18.4	22.2	23.3	23.9	32.1
3	5.1	4.0	5.7	6.0	9.0
4	39.5	38.2	39.0	43.6	31.8
5	23.1	18.7	17.5	20.7	25.5
6	16.9	16.1	19.2	21.6	20.8
7	22.1	21.4	23.9	24.2	26.8
8	17.6	14.4	15.8	13.5	19.6
9	28.4	27.5	28.6	30.8	25.8
10	24.4	24.0	28.7	32.6	21.5
11	10.4	10.7	15.6	15.6	10.2
12	24.6	24.5	28.7	32.2	35.7
13	7.5	8.5	9.2	16.4	11.7
14	19.1	18.9	23.9	29.5	20.9
15	8.9	9.1	9.8	11.1	9.0
16	7.6	6.3	7.2	10.2	6.2
17	19.5	19.3	19.7	21.3	29.8
18	19.2	17.6	14.6	27.2	8.7
19	21.1	18.4	23.5	32.7	27.8
20	18.1	14.4	27.6	23.5	27.8
21	21.7	15.9	33.6	22.6	27.7
22	6.0	7.3	7.9	10.1	15.7
23	14.3	14.5	21.6	22.3	42.4
24	14.9	12.2	20.3	19.3	42.4
25	11.8	11.0	11.4	15.0	42.4
26	22.7	23.1	34.2	38.0	42.4
27	15.6	13.7	16.5	20.1	42.0
28	15.9	16.7	18.0	22.8	5.2
29	11.9	13.1	15.5	17.9	19.9
30	25.5	22.9	24.6	32.2	42.9
31	9.7	10.5	4.7	12.3	43.7
32	18.2	19.0	21.0	24.5	29.8
33	7.4	7.8	8.8	13.6	10.1
34	13.0	12.7	16.4	20.1	43.0
35	—	—	—	—	—
日本总体	16.3	15.8	19.4	22.4	22.5

表 11 1995~2011 年韩国后向垂直专业化率（VS）

单位：%

部门	1995 年	1997 年	2002 年	2007 年	2011 年
1	9.5	10.5	10.1	13.9	20.4
2	9.1	9.2	10.9	14.8	20.3
3	20.3	20.3	18.1	21.6	29.5
4	25.5	25.7	23.7	26.2	31.0
5	24.2	23.8	23.3	24.9	29.2
6	31.7	34.3	30.5	33.5	37.0
7	18.1	18.4	18.8	22.7	27.3
8	63.2	65.6	68.2	73.6	82.5
9	26.9	29.4	30.0	39.3	47.8
10	24.7	25.4	23.9	30.0	37.6
11	18.0	19.2	19.3	26.2	31.1
12	30.6	35.3	31.2	40.3	45.9
13	23.9	26.2	24.4	30.6	35.2
14	27.8	34.0	33.5	35.0	36.8
15	22.0	24.0	24.3	28.3	32.8
16	21.8	22.4	22.3	26.6	31.3
17	18.0	23.4	24.0	35.5	49.9
18	15.9	17.4	18.4	22.9	28.3
19	6.0	11.3	10.9	12.8	15.5
20	6.5	7.9	7.7	10.3	13.1
21	6.1	7.5	8.0	10.6	13.7
22	11.9	14.5	13.1	15.7	21.6
23	16.7	19.9	19.4	25.1	32.9
24	17.1	20.7	21.0	41.9	48.1
25	19.3	22.1	21.0	27.1	35.1
26	9.9	11.3	11.9	15.5	20.6
27	8.0	10.5	10.3	13.8	17.5
28	4.8	5.3	4.9	6.4	7.8
29	3.4	3.6	3.7	4.7	6.1
30	8.4	7.9	8.1	9.8	11.7
31	9.5	9.0	9.2	10.9	13.3
32	4.8	4.8	4.7	5.6	7.5
33	12.2	12.7	14.0	15.9	19.5
34	8.3	8.8	10.0	12.6	16.5
35	—	—	—	—	—
韩国总体	24.0	27.8	28.2	34.3	40.3

表 12　1995～2011 年韩国前向垂直专业化率（VS1）

单位：%

部门	1995 年	1997 年	2002 年	2007 年	2011 年
1	3.9	4.5	5.1	7.1	12.3
2	12.7	0.0	23.0	0.0	26.4
3	0.6	0.5	0.6	0.5	3.9
4	17.8	18.4	19.3	23.0	9.4
5	9.8	11.4	17.8	23.9	3.9
6	10.9	8.5	8.5	13.6	12.0
7	15.7	15.1	16.4	17.9	15.3
8	5.2	5.5	6.8	7.5	8.6
9	19.9	19.4	22.1	23.4	15.8
10	18.7	18.6	22.3	23.6	12.4
11	7.1	8.1	11.6	10.5	10.5
12	17.1	16.7	19.7	23.9	22.9
13	4.9	5.6	6.2	11.5	11.6
14	18.7	17.2	17.5	25.7	11.3
15	3.7	4.5	7.3	9.1	6.0
16	2.8	3.0	3.2	6.1	8.5
17	14.6	12.9	15.4	14.5	25.2
18	6.6	7.5	8.6	8.5	17.3
19	14.9	12.7	14.0	16.1	4.4
20	17.6	13.8	22.5	22.8	13.5
21	3.4	1.4	0.7	0.0	10.9
22	2.1	1.2	0.7	0.0	8.2
23	14.1	13.2	18.5	17.0	23.9
24	17.1	19.1	23.0	17.3	11.8
25	8.3	8.8	8.6	12.6	9.0
26	26.0	25.0	31.1	28.1	19.2
27	12.5	10.9	14.9	16.1	20.1
28	17.8	19.3	18.4	26.2	19.9
29	12.8	13.0	15.7	21.6	21.8
30	24.7	26.1	24.8	29.0	12.8
31	4.8	7.2	6.1	10.8	15.2
32	9.9	10.2	10.1	11.4	6.9
33	4.5	4.9	4.9	6.4	7.1
34	9.7	11.6	13.9	17.3	10.0
35	—	—	—	—	29.2
韩国总体	14.5	13.8	15.0	18.4	15.4

表13 1995~2011年墨西哥后向垂直专业化率（VS）

单位：%

部门	1995年	1997年	2002年	2007年	2011年
1	8.5	8.0	8.5	11.4	14.4
2	4.5	5.1	4.4	4.2	5.7
3	14.3	14.0	12.5	15.3	18.3
4	20.9	26.3	24.8	25.7	25.6
5	16.3	17.1	18.1	20.1	20.9
6	12.4	11.2	12.1	13.5	14.8
7	18.6	18.3	17.4	20.2	21.0
8	6.3	8.4	6.8	7.1	7.9
9	12.9	15.3	13.1	16.6	16.1
10	24.7	25.0	25.2	29.7	32.0
11	10.4	11.0	10.0	11.9	12.4
12	23.2	23.3	22.8	26.2	27.0
13	30.5	29.8	30.2	33.0	34.2
14	54.2	51.0	53.7	57.4	61.0
15	34.6	35.5	36.4	37.2	36.4
16	28.8	29.0	28.1	32.3	33.1
17	11.7	12.9	12.1	18.3	23.1
18	16.4	17.0	15.3	16.9	17.6
19	14.9	15.0	15.4	16.0	15.9
20	7.3	7.0	7.2	6.9	7.4
21	6.8	6.5	6.7	6.5	6.8
22	5.7	5.4	4.8	5.5	6.3
23	7.3	7.8	7.4	8.8	10.6
24	14.7	14.7	12.8	13.7	11.9
25	15.2	15.6	15.2	17.6	19.8
26	7.0	6.3	5.8	6.3	7.0
27	7.4	8.6	8.6	7.4	8.6
28	4.4	7.0	5.0	4.3	5.2
29	1.8	1.6	1.6	1.7	1.9
30	9.3	8.6	7.1	7.3	7.9
31	5.6	5.5	4.4	5.3	6.3
32	2.7	2.2	2.0	2.0	2.2
33	8.3	8.2	7.3	8.9	10.1
34	7.0	7.1	6.6	7.2	8.1
35	—	—	—	0.1	0.1
墨西哥总体	26.1	28.0	30.0	29.5	30.0

表14 1995～2011年墨西哥前向垂直专业化率（VS1）

单位：%

部门	1995年	1997年	2002年	2007年	2011年
1	9.5	9.6	7.8	10.1	9.0
2	14.5	14.1	12.6	17.1	30.9
3	2.0	1.4	1.4	1.1	2.6
4	3.8	2.9	1.8	2.7	12.8
5	5.1	4.9	3.9	7.3	2.9
6	8.4	7.6	6.6	9.8	13.7
7	10.9	8.8	10.3	10.8	15.7
8	12.6	11.4	15.2	12.5	14.1
9	18.8	16.6	19.0	22.9	24.4
10	10.8	11.0	11.4	12.5	17.2
11	8.3	8.1	8.2	8.0	10.5
12	22.0	20.4	17.4	23.3	24.4
13	6.2	6.9	5.6	6.9	11.1
14	3.9	4.3	4.2	7.0	15.9
15	7.2	6.3	5.8	7.7	14.9
16	13.9	13.8	9.7	14.5	11.0
17	12.3	12.5	13.2	16.3	24.6
18	0.0	0.0	0.0	0.0	8.5
19	14.5	13.0	19.2	18.3	—
20	18.6	17.2	26.0	34.8	25.6
21	19.2	17.3	26.2	35.0	8.5
22	19.1	20.2	18.9	28.4	10.2
23	14.8	15.8	20.4	24.5	25.1
24	21.1	24.0	20.8	37.0	37.5
25	9.0	9.3	7.7	10.2	11.6
26	43.5	42.2	53.4	42.0	42.2
27	16.7	17.2	16.8	20.9	18.8
28	10.4	10.3	10.5	16.9	20.6
29	15.6	16.4	21.6	26.1	0.0
30	10.8	11.4	9.6	12.7	15.9
31	0.0	0.0	0.0	0.0	12.3
32	7.1	6.8	7.9	8.7	11.3
33	19.1	18.3	24.3	36.2	3.5
34	15.3	16.2	15.5	21.0	24.0
35	—	—	—	0.0	—
墨西哥总体	10.8	9.4	9.5	13.7	16.1

表15 1995~2011年俄罗斯后向垂直专业化率（VS）

单位：%

部门	1995年	1997年	2002年	2007年	2011年
1	7.5	8.0	8.1	8.5	10.1
2	5.8	6.6	9.0	4.5	4.2
3	11.4	9.9	13.2	9.3	10.2
4	24.1	18.8	25.9	18.3	20.4
5	18.0	14.6	17.4	12.8	13.4
6	8.2	7.9	10.3	8.8	8.5
7	9.5	9.2	12.9	9.3	8.8
8	6.8	4.2	6.1	5.0	4.7
9	12.3	10.8	16.3	11.5	11.3
10	16.6	14.2	19.9	15.6	16.5
11	8.1	7.6	10.4	7.7	7.6
12	11.7	9.6	11.3	8.9	8.1
13	14.2	13.6	16.9	16.1	14.9
14	13.4	12.2	15.9	13.4	12.8
15	16.3	17.4	21.7	35.7	33.0
16	11.6	10.4	12.9	11.7	12.0
17	6.3	6.0	8.4	6.7	7.0
18	7.7	8.1	9.9	9.8	8.8
19	3.7	3.5	4.2	4.4	3.9
20	3.4	3.5	4.2	5.4	5.1
21	3.4	3.5	4.2	4.1	3.9
22	4.9	4.7	8.0	6.5	6.8
23	5.2	5.2	7.9	7.7	7.6
24	5.2	5.2	7.9	9.7	9.0
25	5.2	5.2	7.9	11.7	12.1
26	6.4	5.2	7.9	7.7	7.6
27	4.0	3.7	6.3	4.0	4.3
28	7.1	5.2	7.9	4.0	4.1
29	4.2	3.1	4.1	3.4	3.4
30	5.1	4.2	4.5	4.3	3.8
31	7.1	7.7	7.9	7.4	6.9
32	4.9	5.4	5.8	3.5	3.5
33	7.8	6.3	6.9	5.3	5.5
34	4.7	4.9	5.8	5.3	5.5
35	—	—	—	—	—
俄罗斯总体	7.4	6.9	9.0	6.9	6.2

表 16 1995～2011 年俄罗斯前向垂直专业化率（VS1）

单位：%

部门	1995 年	1997 年	2002 年	2007 年	2011 年
1	12.6	17.3	21.5	27.4	4.4
2	27.2	29.1	34.6	41.8	32.4
3	3.6	3.3	0.9	1.3	0.6
4	22.0	25.8	21.5	29.0	13.1
5	33.4	29.0	37.7	41.8	4.2
6	21.7	20.1	21.3	27.7	18.5
7	21.9	21.0	27.3	30.0	9.3
8	20.7	22.9	21.4	25.1	—
9	29.5	28.4	31.0	36.6	10.9
10	26.0	24.3	25.4	31.5	14.8
11	13.2	11.4	11.8	13.6	9.7
12	34.3	35.7	38.2	47.6	28.1
13	9.2	12.4	10.5	17.8	6.8
14	18.3	18.9	18.2	23.8	11.1
15	9.2	9.9	11.7	14.1	18.0
16	13.6	11.2	12.8	16.5	6.8
17	21.7	23.7	26.1	28.5	20.1
18	6.8	7.0	5.7	8.5	8.4
19	19.5	16.2	17.3	20.8	17.0
20	28.3	30.6	40.2	49.4	13.1
21	1.8	0.3	0.1	0.4	7.3
22	16.0	17.2	19.1	16.3	25.9
23	25.0	27.4	34.6	44.3	18.2
24	21.9	26.0	26.0	27.4	7.8
25	16.9	16.7	17.6	19.8	13.1
26	30.9	35.5	36.1	29.2	18.5
27	17.8	18.1	19.2	22.5	14.3
28	17.3	17.6	21.2	21.9	14.5
29	7.4	7.1	13.3	12.4	0.0
30	11.4	10.9	16.6	27.6	23.8
31	4.2	6.0	7.7	10.5	9.7
32	10.7	8.8	13.4	11.4	8.3
33	4.6	4.7	4.3	2.2	1.7
34	13.0	13.4	15.4	14.4	11.9
35	—	—	—	—	0.0
俄罗斯总体	25.2	27.0	31.5	39.4	12.4

表 17　1995~2011 年中国台湾后向垂直专业化率（VS）

单位：%

部门	1995 年	1997 年	2002 年	2007 年	2011 年
1	15.9	17.6	19.0	24.9	26.2
2	15.7	14.9	16.5	16.3	6.7
3	22.5	23.0	23.3	29.2	33.4
4	29.0	27.9	25.1	33.4	35.5
5	26.0	26.8	20.9	31.8	35.6
6	37.1	35.9	35.7	40.1	38.2
7	31.2	27.8	27.1	35.9	36.0
8	43.0	44.1	57.1	70.5	78.9
9	37.8	36.9	41.1	51.2	50.5
10	32.5	30.8	31.1	42.7	44.9
11	22.8	23.4	28.2	35.4	41.7
12	33.2	31.0	32.8	45.2	49.8
13	32.0	30.0	31.5	39.6	42.4
14	43.8	42.9	42.6	49.5	48.2
15	31.9	30.0	27.0	37.0	40.2
16	26.6	22.8	19.5	36.4	39.8
17	20.7	22.9	33.6	53.8	67.2
18	26.3	25.3	29.8	37.2	37.9
19	15.7	17.6	20.8	31.9	35.6
20	8.2	6.8	5.5	3.2	2.7
21	3.1	3.3	4.8	7.0	8.0
22	4.7	4.7	6.1	9.2	10.0
23	14.4	14.3	15.2	24.5	27.4
24	27.4	24.8	37.5	38.3	46.2
25	25.9	25.9	30.2	46.9	44.5
26	10.7	9.8	11.7	14.5	16.7
27	5.9	5.5	11.3	11.6	12.6
28	2.8	2.4	3.0	3.7	4.1
29	3.9	3.4	4.3	5.1	4.9
30	16.3	15.9	18.1	19.7	19.5
31	11.8	12.5	7.9	7.1	7.6
32	9.9	9.4	9.3	10.6	11.3
33	15.4	15.3	15.2	18.1	19.0
34	11.7	11.2	11.6	11.2	11.7
35	0.0	0.0	0.0	0.0	0.0
中国台湾总体	33.0	33.0	34.9	45.8	47.3

表 18 1995~2011 年中国台湾前向垂直专业化率（VS1）

单位：%

部门	1995 年	1997 年	2002 年	2007 年	2011 年
1	3.1	3.1	2.0	3.3	26.4
2	16.5	15.4	28.3	32.1	46.4
3	0.6	0.7	0.8	1.2	4.2
4	16.0	18.3	24.8	29.1	14.5
5	9.6	8.3	16.9	15.0	7.4
6	6.8	5.6	7.6	9.7	26.1
7	13.2	12.4	15.7	13.6	19.2
8	11.2	9.9	8.9	9.7	14.1
9	17.1	15.6	16.0	16.9	21.1
10	14.3	14.2	18.2	18.1	21.7
11	4.8	6.0	9.4	8.9	17.8
12	14.1	15.4	17.3	20.0	27.9
13	4.3	6.5	4.2	11.5	13.0
14	11.5	11.9	17.3	23.7	8.4
15	9.0	10.1	14.4	15.0	12.8
16	1.8	2.7	3.2	4.3	7.5
17	15.7	15.4	14.5	10.1	40.1
18	6.4	6.7	8.3	6.8	19.0
19	16.0	15.4	11.7	10.3	18.5
20	11.0	9.0	23.5	28.0	20.5
21	13.0	15.9	23.4	13.4	16.6
22	6.6	13.4	14.4	12.7	12.5
23	9.7	8.7	22.1	21.6	17.8
24	12.6	18.3	23.4	29.3	9.9
25	8.6	9.1	7.9	6.0	17.2
26	24.0	25.7	35.5	40.1	28.4
27	8.5	4.8	4.7	8.7	24.3
28	8.9	9.2	10.8	18.3	16.5
29	13.9	14.6	0.0	0.0	12.5
30	11.4	11.7	10.0	12.3	22.0
31	9.7	11.4	14.6	12.3	13.7
32	6.6	6.4	4.4	7.5	10.4
33	2.5	2.9	1.6	2.2	3.4
34	16.1	16.1	8.4	8.2	15.5
35	1.4	0.0	0.0	0.0	—
中国台湾总体	10.9	12.3	15.8	19.7	15.9

表 19 1995~2011 年美国后向垂直专业化率（VS）

单位：%

部门	1995 年	1997 年	2002 年	2007 年	2011 年
1	6.9	6.8	7.7	10.9	12.5
2	5.8	6.1	6.5	10.8	12.3
3	9.2	9.3	8.7	12.4	13.5
4	10.3	11.0	11.6	14.4	18.8
5	15.0	15.8	15.7	17.5	16.5
6	10.2	10.9	10.7	13.4	13.4
7	8.9	8.4	8.2	10.4	11.5
8	27.3	28.5	32.9	38.8	44.1
9	11.1	11.4	12.1	16.9	19.3
10	11.6	11.4	12.3	17.1	18.4
11	7.7	7.4	7.8	11.6	12.8
12	12.1	11.9	11.8	18.2	19.1
13	12.0	12.0	12.3	17.4	16.9
14	14.5	13.4	12.2	15.5	11.4
15	16.0	16.1	16.1	22.1	27.0
16	9.8	9.7	10.1	13.1	13.4
17	5.8	7.5	10.2	15.7	12.7
18	7.8	8.0	7.7	10.6	11.7
19	6.8	6.4	6.3	7.7	8.6
20	2.2	1.8	2.4	3.4	4.6
21	2.4	2.2	2.2	3.2	4.0
22	4.8	4.7	4.2	5.7	6.7
23	5.7	6.0	6.1	11.0	12.0
24	8.1	8.4	10.1	17.4	17.1
25	5.7	5.7	6.9	14.4	15.1
26	2.7	2.8	3.5	6.2	7.5
27	3.0	3.5	3.6	5.0	6.3
28	2.2	2.2	2.5	4.1	4.1
29	1.5	1.6	1.6	2.2	2.4
30	2.7	2.8	2.8	3.9	4.2
31	4.0	4.1	4.5	6.5	7.4
32	2.9	3.0	2.6	3.5	3.9
33	3.4	3.5	3.7	4.6	4.7
34	2.8	2.9	3.2	4.4	5.0
35	0.0	0.0	0.0	0.0	0.0
美国总体	9.6	9.6	9.4	13.3	14.9

表20 1995~2011年美国前向垂直专业化率（VS1）

单位：%

部门	1995年	1997年	2002年	2007年	2011年
1	13.4	13.0	13.7	15.0	24.2
2	30.9	30.9	40.6	44.4	31.1
3	3.4	3.7	3.9	5.3	4.8
4	15.7	19.3	22.9	21.7	11.5
5	4.7	10.4	5.5	5.8	8.5
6	18.0	19.0	24.6	23.7	23.4
7	22.1	22.2	25.7	24.8	21.8
8	14.3	14.3	14.1	13.4	23.0
9	27.5	27.6	28.8	28.3	23.5
10	27.0	27.7	29.3	27.5	27.0
11	15.8	15.5	18.2	16.3	15.5
12	31.5	32.7	33.7	33.5	31.6
13	12.7	12.8	16.0	16.0	13.2
14	24.2	24.5	29.4	29.8	18.4
15	20.8	20.3	22.6	19.7	13.3
16	7.7	7.6	10.9	15.5	9.0
17	23.7	23.4	23.3	23.5	25.7
18	5.4	7.4	10.1	5.4	17.6
19	10.9	13.5	14.1	17.9	14.7
20	18.6	15.7	28.4	28.0	17.0
21	11.1	13.7	14.5	18.0	18.3
22	7.8	9.5	12.0	16.0	13.4
23	18.7	17.4	24.6	23.7	18.9
24	15.3	15.2	25.3	22.9	14.7
25	14.5	15.4	16.5	17.7	13.5
26	24.4	26.2	38.9	41.1	30.2
27	21.2	22.2	32.2	33.8	22.3
28	17.9	16.3	22.0	21.7	16.7
29	11.8	13.0	15.4	16.7	10.6
30	25.7	26.1	31.6	28.6	23.3
31	16.5	15.4	20.8	31.1	10.3
32	11.7	10.7	10.5	12.4	15.6
33	3.6	4.0	2.5	1.7	16.1
34	17.1	17.6	21.0	20.5	13.2
35	11.1	13.7	14.5	18.8	0.0
美国总体	20.0	19.9	24.6	24.2	18.5

附录5：1995~2011年APEC主要经济体全球价值链的位置

表1 1995~2011年澳大利亚折返及国外增加值率

单位：%

部门	1995年 RDV	FVA	FVA_FIN	FVA_INT	1997年 RDV	FVA	FVA_FIN	FVA_INT
1	0.2	8.1	17.8	82.2	0.3	8.8	13.4	86.6
2	0.4	7.1	0.1	99.9	0.4	8.1	0.1	99.9
3	0.1	10.4	66.1	33.9	0.1	11.1	66.4	33.6
4	0.4	13.9	48.1	51.9	0.4	14.5	47.4	52.6
5	0.3	7.9	27.2	72.8	0.3	9.1	25.4	74.6
6	0.1	10.0	0.5	99.5	0.2	10.3	1.0	99.0
7	0.3	13.2	35.7	64.3	0.3	13.0	21.0	79.0
8	0.2	23.6	21.3	78.7	0.2	19.9	26.6	73.4
9	0.4	14.8	30.2	69.8	0.4	14.8	32.6	67.4
10	0.4	14.8	20.9	79.1	0.4	14.3	16.9	83.1
11	0.1	10.0	1.5	98.5	0.1	10.8	4.3	95.7
12	0.4	10.3	1.7	98.3	0.6	10.5	2.0	98.0
13	0.1	17.1	68.5	31.5	0.2	17.0	63.4	36.6
14	0.3	15.8	49.4	50.6	0.2	15.2	60.4	39.6
15	0.2	15.3	60.8	39.2	0.2	15.0	53.9	46.1
16	0.1	13.2	75.3	24.7	0.1	13.7	66.7	33.3
17	0.2	7.5	29.6	70.4	0.2	7.7	36.1	63.9
18	0.1	13.4	33.0	67.0	0.1	12.6	38.4	61.6
19	0.2	11.4	28.5	71.5	0.2	11.3	27.1	72.9

续表

部门	1995 年				1997 年			
	RDV	FVA	FVA_FIN	FVA_INT	RDV	FVA	FVA_FIN	FVA_INT
20	0.3	6.6	25.5	74.5	0.2	8.6	54.4	45.6
21	0.2	7.1	28.3	71.7	0.3	7.0	31.3	68.7
22	0.2	8.6	61.5	38.5	0.4	7.7	41.5	58.5
23	0.3	8.0	22.6	77.4	0.3	8.0	22.0	78.0
24	0.3	17.8	26.5	73.5	0.2	18.4	21.3	78.7
25	0.3	12.3	32.9	67.1	0.3	13.7	33.5	66.5
26	0.3	6.8	14.0	86.0	0.3	7.3	16.0	84.0
27	0.4	8.4	23.8	76.2	0.3	8.6	30.3	69.7
28	0.2	4.2	21.6	78.4	0.3	3.6	21.6	78.4
29	0.1	3.4	33.1	66.9	0.2	3.0	31.8	68.2
30	0.3	7.3	24.9	75.1	0.3	7.4	23.1	76.9
31	0.1	8.5	81.4	18.6	0.2	8.3	53.2	46.8
32	0.2	3.8	51.5	48.5	0.2	4.0	59.3	40.7
33	0.1	4.9	55.6	44.4	0.1	5.0	56.2	43.8
34	0.2	10.0	39.2	60.8	0.3	10.2	35.4	64.6
35	—	—	—	—	—	—	—	—
总体	0.3	9.8	30.7	69.3	0.3	10.2	29.6	70.4

表2 1995~2011年澳大利亚折返及国外增加值率（续）

单位：%

部门	2002 年				2007 年			
	RDV	FVA	FVA_FIN	FVA_INT	RDV	FVA	FVA_FIN	FVA_INT
1	0.3	7.7	15.7	84.3	0.4	7.4	12.1	87.9
2	0.4	6.6	0.1	99.9	0.7	6.3	0.2	99.8
3	0.1	11.0	73.1	26.9	0.2	11.0	68.3	31.7
4	0.3	14.1	62.6	37.4	0.3	11.0	62.2	37.8
5	0.3	13.4	53.4	46.6	0.3	12.8	65.3	34.7
6	0.2	10.7	3.7	96.3	0.3	10.4	4.6	95.4
7	0.5	10.3	26.7	73.3	0.6	9.5	20.7	79.3

续表

部门	2002 年				2007 年			
	RDV	FVA	FVA_FIN	FVA_INT	RDV	FVA	FVA_FIN	FVA_INT
8	0.4	19.7	21.3	78.7	0.6	21.3	20.0	80.0
9	0.4	14.1	51.0	49.0	0.4	14.1	50.5	49.5
10	0.5	12.6	29.5	70.5	0.6	14.0	27.8	72.2
11	0.3	11.8	10.6	89.4	0.3	13.9	9.6	90.4
12	0.6	10.0	2.7	97.3	0.7	14.4	2.3	97.7
13	0.3	16.1	65.6	34.4	0.4	19.7	60.4	39.6
14	0.3	12.8	63.5	36.5	0.4	15.5	60.6	39.4
15	0.3	16.9	46.5	53.5	0.9	17.3	31.8	68.2
16	0.1	15.1	69.3	30.7	0.2	17.8	72.5	27.5
17	0.3	7.1	49.5	50.5	0.5	7.2	48.6	51.4
18	0.2	10.6	29.7	70.3	0.2	12.1	28.1	71.9
19	0.3	10.6	29.3	70.7	0.5	11.0	30.0	70.0
20	0.2	7.8	69.5	30.5	0.3	7.6	61.7	38.3
21	0.4	6.4	48.3	51.7	0.6	6.7	39.2	60.8
22	0.4	7.9	41.7	58.3	0.3	8.0	37.0	63.0
23	0.4	8.5	24.0	76.0	0.5	8.9	24.9	75.1
24	0.4	11.8	19.8	80.2	0.4	11.3	27.0	73.0
25	0.4	16.9	42.1	57.9	0.4	19.7	31.9	68.1
26	0.5	7.8	34.2	65.8	0.6	8.2	26.5	73.5
27	0.3	8.4	21.4	78.6	0.4	8.8	21.4	78.6
28	0.3	2.6	23.5	76.5	0.5	2.1	25.9	74.1
29	0.5	2.8	22.0	78.0	0.3	2.7	22.6	77.4
30	0.3	7.2	15.6	84.4	0.3	7.9	15.9	84.1
31	0.2	9.4	59.5	40.5	0.2	9.2	50.1	49.9
32	0.3	4.7	39.8	60.2	0.2	4.9	39.8	60.2
33	0.1	5.3	55.6	44.4	0.1	5.4	55.4	44.6
34	0.3	9.0	41.2	58.8	0.3	9.5	36.9	63.1
35	—	—	—	—	—	—	—	—
总体	0.4	9.8	33.7	66.3	0.5	10.4	24.1	75.9

表 3　1995~2011 年澳大利亚折返及国外增加值率（续）

单位：%

部门	2011 年 RDV	FVA	FVA_FIN	FVA_INT
1	0.5	7.2	9.5	90.5
2	0.9	6.9	0.0	100.0
3	0.2	11.0	73.0	27.0
4	0.2	11.4	71.2	28.8
5	0.2	12.7	71.2	28.8
6	0.3	10.3	6.1	93.9
7	0.5	9.6	19.7	80.3
8	0.5	20.8	30.6	69.4
9	0.4	14.5	50.2	49.8
10	0.5	14.9	31.4	68.6
11	0.3	13.8	13.9	86.1
12	0.7	17.3	3.7	96.3
13	0.3	21.2	61.4	38.6
14	0.3	16.6	61.5	38.5
15	0.5	17.6	39.3	60.7
16	0.1	18.8	82.1	17.9
17	0.3	7.1	40.9	59.1
18	0.3	11.7	35.5	64.5
19	0.3	10.7	30.5	69.5
20	0.2	7.9	69.1	30.9
21	0.5	7.9	51.5	48.5
22	0.3	8.5	42.6	57.4
23	0.4	8.7	26.4	73.6
24	0.4	8.8	37.9	62.1
25	0.3	21.2	41.2	58.8
26	0.4	7.5	38.0	62.0
27	0.5	9.5	20.4	79.6
28	0.3	1.9	21.7	78.3
29	0.3	2.6	23.0	77.0
30	0.4	7.1	20.2	79.8
31	0.2	8.9	49.6	50.4
32	0.3	4.6	41.6	58.4
33	0.1	5.3	55.8	44.2
34	0.3	9.2	37.8	62.2
35	—	—	—	—
总体	0.7	9.7	21.6	78.4

表 4　1995~2011 年加拿大折返及国外增加值率

单位：%

部门	1995 年				1997 年			
	RDV	FVA	FVA_FIN	FVA_INT	RDV	FVA	FVA_FIN	FVA_INT
1	0.5	12.5	12.7	87.3	0.6	14.9	15.6	84.4
2	0.7	7.2	1.7	98.3	0.8	7.9	2.2	97.8
3	0.1	15.9	78.0	22.0	0.2	17.5	76.1	23.9
4	0.4	24.0	72.2	27.8	0.5	25.2	74.2	25.8
5	0.5	25.0	62.5	37.5	0.6	26.0	63.6	36.4
6	0.7	12.1	1.3	98.7	0.8	13.1	1.3	98.7
7	1.0	13.4	5.2	94.8	1.2	14.5	6.9	93.1
8	0.4	37.9	31.7	68.3	0.4	37.2	32.3	67.7
9	1.2	17.1	17.2	82.8	1.2	19.4	20.3	79.7
10	1.0	22.6	35.7	64.3	1.1	23.2	35.2	64.8
11	0.9	17.1	3.1	96.9	1.0	17.2	3.4	96.6
12	1.6	20.1	14.9	85.1	1.9	20.7	15.1	84.9
13	0.7	23.1	59.3	40.7	0.8	23.3	59.2	40.8
14	0.7	35.5	58.2	41.8	0.8	33.3	59.2	40.8
15	0.4	39.8	80.0	20.0	0.5	41.4	78.7	21.3
16	0.4	22.8	62.3	37.7	0.4	25.4	65.2	34.8
17	0.5	5.0	26.7	73.3	0.6	5.4	26.6	73.4
18	0.4	18.2	4.8	95.2	0.5	18.9	5.9	94.1
19	0.2	5.8	70.3	29.7	0.1	6.2	86.1	13.9
20	0.7	13.4	38.5	61.5	0.8	14.3	37.3	62.7
21	0.3	6.6	54.6	45.4	0.4	6.9	39.1	60.9
22	0.2	8.6	50.6	49.4	0.2	10.2	44.5	55.5
23	0.3	8.7	21.9	78.1	0.4	9.3	22.3	77.7
24	0.2	15.2	32.8	67.2	0.2	14.5	32.7	67.3
25	0.5	20.4	39.9	60.1	0.6	25.0	40.6	59.4
26	0.4	7.2	28.3	71.7	0.5	7.8	31.2	68.8
27	0.4	5.1	18.4	81.6	0.4	5.8	18.6	81.4
28	0.4	6.8	23.2	76.8	0.5	7.4	23.5	76.5
29	0.4	2.9	23.8	76.2	0.4	3.1	24.5	75.5
30	0.9	6.6	10.5	89.5	1.0	7.6	11.2	88.8
31	0.4	7.6	34.8	65.2	0.5	8.1	34.6	65.4
32	0.4	3.2	31.2	68.8	0.3	3.7	30.5	69.5
33	0.5	5.4	31.1	68.9	0.6	6.6	31.6	68.4
34	0.3	10.0	20.4	79.6	0.3	14.7	36.4	63.6
35	0.5	0.0	—	—	0.5	0.0	—	—
总体	0.7	22.3	53.6	46.4	0.8	23.2	53.5	46.5

表 5　1995～2011 年加拿大折返及国外增加值率（续）

单位：%

部门	2002 年 RDV	2002 年 FVA	2002 年 FVA_FIN	2002 年 FVA_INT	2007 年 RDV	2007 年 FVA	2007 年 FVA_FIN	2007 年 FVA_INT
1	0.5	15.3	25.9	74.1	0.7	14.1	21.6	78.4
2	0.8	7.2	3.0	97.0	1.0	4.8	3.9	96.1
3	0.1	18.2	85.5	14.5	0.2	15.5	79.1	20.9
4	0.5	23.5	77.1	22.9	0.6	22.6	73.7	26.3
5	0.5	21.2	77.1	22.9	0.5	23.6	81.6	18.4
6	0.8	13.1	0.6	99.4	1.0	11.9	0.6	99.4
7	1.0	14.9	8.5	91.5	1.2	12.6	10.6	89.4
8	0.4	36.1	31.3	68.7	0.6	27.0	35.0	65.0
9	1.1	22.1	23.6	76.4	1.2	21.2	28.6	71.4
10	1.0	24.4	34.7	65.3	1.2	23.7	35.3	64.7
11	0.9	17.5	1.9	98.1	0.9	14.1	1.7	98.3
12	1.8	21.9	19.5	80.5	1.8	25.0	13.8	86.2
13	0.7	24.1	58.4	41.6	0.7	24.4	57.0	43.0
14	0.6	33.6	63.6	36.4	0.8	27.7	62.2	37.8
15	0.5	38.9	77.8	22.2	0.6	39.3	77.3	22.7
16	0.3	23.9	72.1	27.9	0.3	20.4	71.1	28.9
17	0.5	7.0	27.7	72.3	0.7	5.1	28.9	71.1
18	0.5	18.0	6.2	93.8	0.7	15.5	8.1	91.9
19	0.5	5.8	34.9	65.1	0.5	5.5	47.7	52.3
20	0.8	15.6	42.5	57.5	0.9	12.0	44.3	55.7
21	0.5	7.0	36.3	63.7	0.6	5.8	36.6	63.4
22	0.2	9.5	53.2	46.8	0.3	8.5	49.1	50.9
23	0.4	6.9	24.7	75.3	0.5	6.1	25.6	74.4
24	0.4	13.6	33.4	66.6	0.4	11.4	34.2	65.8
25	0.4	26.3	42.3	57.7	0.5	20.7	38.1	61.9
26	0.5	8.6	46.6	53.4	0.5	6.5	28.6	71.4
27	0.4	5.7	18.9	81.1	0.5	4.9	19.7	80.3
28	0.5	7.4	21.1	78.9	0.5	5.9	22.6	77.4
29	0.5	3.2	21.3	78.7	0.5	3.0	22.4	77.6
30	0.8	7.7	12.9	87.1	0.9	6.4	15.5	84.5
31	0.5	8.6	28.7	71.3	0.6	8.1	38.4	61.6
32	0.3	3.6	30.7	69.3	0.3	3.2	35.9	64.1
33	0.5	7.1	33.8	66.2	0.4	7.1	42.5	57.5
34	0.3	12.7	38.4	61.6	0.4	11.5	38.6	61.4
35	0.5	0.0	—	—	0.6	0.0	—	—
总体	0.7	22.5	54.4	45.6	0.9	19.7	50.1	49.9

表6 1995~2011年加拿大折返及国外增加值率（续）

单位：%

部门	2011年			
	RDV	FVA	FVA_FIN	FVA_INT
1	0.6	14.2	19.6	80.4
2	1.4	5.0	1.6	98.4
3	0.3	15.7	72.3	27.7
4	0.8	20.3	63.0	37.0
5	0.5	22.6	77.7	22.3
6	1.0	10.9	0.8	99.2
7	1.2	11.4	12.7	87.3
8	0.6	31.9	35.9	64.1
9	1.3	20.2	25.3	74.7
10	1.4	20.6	28.9	71.1
11	1.1	13.6	2.5	97.5
12	2.3	20.8	10.9	89.1
13	0.9	22.9	56.8	43.2
14	0.8	27.1	60.8	39.2
15	0.7	31.3	77.6	22.4
16	0.4	17.8	71.1	28.9
17	0.7	4.9	28.9	71.1
18	0.6	15.3	5.2	94.8
19	0.4	6.2	66.2	33.8
20	0.9	11.5	39.8	60.2
21	0.6	6.2	35.6	64.4
22	0.2	9.4	43.9	56.1
23	0.5	6.9	25.6	74.4
24	0.2	15.9	32.6	67.4
25	0.5	21.6	39.2	60.8
26	0.5	6.7	25.2	74.8
27	0.6	5.3	20.4	79.6
28	0.5	6.3	23.3	76.7
29	0.5	3.1	20.2	79.8
30	1.0	6.5	15.0	85.0
31	0.5	8.7	35.3	64.7
32	0.3	3.4	35.8	64.2
33	0.3	7.3	44.6	55.4
34	0.5	9.7	35.6	64.4
35	0.6	0.0	—	—
总体	1.0	16.7	44.8	55.2

表 7　1995~2011 年中国折返及国外增加值率

单位：%

部门	1995 年 RDV	FVA	FVA_FIN	FVA_INT	1997 年 RDV	FVA	FVA_FIN	FVA_INT
1	0.3	5.2	44.8	55.2	0.4	5.0	38.8	61.2
2	1.0	7.3	8.4	91.6	1.7	6.6	6.6	93.4
3	0.1	8.2	91.8	8.2	0.1	6.9	91.5	8.5
4	0.4	15.6	79.4	20.6	0.5	13.6	80.9	19.1
5	0.1	17.9	78.6	21.4	0.2	14.7	78.4	21.6
6	0.2	14.9	58.8	41.2	0.2	10.8	71.3	28.7
7	0.4	12.6	54.2	45.8	0.5	11.2	59.0	41.0
8	0.6	16.4	33.6	66.4	0.7	16.2	34.6	65.4
9	0.7	12.6	53.6	46.4	1.2	11.4	35.6	64.4
10	0.3	15.2	50.1	49.9	0.4	14.6	54.2	45.8
11	0.2	10.1	51.1	48.9	0.3	9.6	51.5	48.5
12	0.7	12.6	38.2	61.8	1.0	11.5	38.2	61.8
13	0.3	13.5	73.9	26.1	0.3	13.1	74.2	25.8
14	0.5	18.6	67.4	32.6	0.5	16.9	66.9	33.1
15	0.2	14.5	54.6	45.4	0.2	14.0	58.2	41.8
16	0.1	14.9	87.8	12.2	0.1	11.6	88.8	11.2
17	0.4	7.5	35.9	64.1	0.4	7.4	38.9	61.1
18	0.2	11.4	45.3	54.7	0.2	10.5	50.2	49.8
19	—	—	—	—	—	—	—	—
20	0.0	8.4	100.0	0.0	0.5	6.2	15.9	84.1
21	0.0	8.4	100.0	0.0	0.6	6.7	75.4	24.6
22	0.3	5.9	47.9	52.1	0.3	5.0	33.5	66.5
23	0.6	7.0	21.9	78.1	0.6	6.5	21.7	78.3
24	0.6	10.4	27.8	72.2	0.5	11.7	25.4	74.6
25	0.3	11.0	35.0	65.0	0.4	10.6	36.2	63.8
26	0.6	5.7	17.0	83.0	0.6	6.1	16.4	83.6
27	0.5	8.0	19.2	80.8	0.5	8.0	19.3	80.7
28	0.5	4.6	28.0	72.0	0.5	3.6	27.0	73.0
29	0.0	3.4	100.0	0.0	0.0	2.9	100.0	0.0
30	0.3	13.3	8.6	91.4	0.3	11.0	8.8	91.2
31	0.5	8.5	49.4	50.6	0.7	7.3	50.2	49.8
32	0.5	6.6	42.6	57.4	0.6	6.4	44.7	55.3
33	0.3	14.1	56.8	43.2	0.3	14.5	57.5	42.5
34	0.5	7.0	44.3	55.7	0.5	6.6	43.4	56.6
35	—	—	—	—	—	—	—	—
总体	0.4	13.8	65.1	34.9	0.5	12.0	62.1	37.9

表 8　1995～2011 年中国折返及国外增加值率（续）

单位：%

部门	2002 年 RDV	2002 年 FVA	2002 年 FVA_FIN	2002 年 FVA_INT	2007 年 RDV	2007 年 FVA	2007 年 FVA_FIN	2007 年 FVA_INT
1	0.5	5.4	43.1	56.9	0.6	6.7	48.1	51.9
2	2.7	5.9	0.9	99.1	3.0	8.9	16.3	83.7
3	0.1	7.6	91.7	8.3	0.2	10.6	90.6	9.4
4	0.5	15.1	83.3	16.7	0.3	14.4	83.8	16.2
5	0.1	17.0	87.7	12.3	0.1	15.9	89.8	10.2
6	0.4	11.9	37.2	62.8	0.8	14.9	28.6	71.4
7	0.9	11.6	28.3	71.7	1.1	15.8	31.3	68.7
8	1.1	19.1	36.0	64.0	1.5	27.3	24.6	75.4
9	2.1	12.6	31.2	68.8	2.5	16.4	32.4	67.6
10	0.8	14.9	50.9	49.1	1.2	19.2	44.9	55.1
11	0.7	11.0	40.3	59.7	0.8	14.8	24.8	75.2
12	2.3	12.0	22.7	77.3	2.3	16.5	21.9	78.1
13	0.6	15.5	79.8	20.2	0.8	21.5	76.4	23.6
14	1.4	22.0	72.0	28.0	1.7	26.5	67.4	32.6
15	0.5	13.8	48.4	51.6	0.7	19.6	56.1	43.9
16	0.1	12.6	88.0	12.0	0.4	14.0	83.5	16.5
17	1.4	6.9	28.7	71.3	1.8	11.8	36.5	63.5
18	0.4	13.3	39.6	60.4	0.5	16.4	38.2	61.8
19	—	—	—	—	—	—	—	—
20	1.5	6.1	18.2	81.8	2.0	5.9	18.8	81.2
21	0.8	7.5	74.9	25.1	0.8	7.4	75.4	24.6
22	0.5	5.3	34.9	65.1	0.5	7.9	38.6	61.4
23	1.3	6.3	24.6	75.4	1.5	8.7	25.0	75.0
24	1.3	9.2	28.1	71.9	1.4	11.5	26.3	73.7
25	0.6	11.2	38.3	61.7	0.9	19.1	39.0	61.0
26	1.4	5.2	18.4	81.6	1.6	8.0	18.6	81.4
27	0.8	11.3	20.0	80.0	1.3	9.5	20.8	79.2
28	1.0	4.1	25.1	74.9	1.0	4.3	26.2	73.8
29	0.0	3.9	100.0	0.0	0.0	3.9	100.0	0.0
30	0.5	11.7	8.4	91.6	1.0	13.6	9.1	90.9
31	1.1	6.6	49.6	50.4	1.7	8.3	50.8	49.2
32	1.0	6.2	39.7	60.3	1.2	9.2	39.9	60.1
33	0.0	13.5	100.0	0.0	0.3	18.2	56.7	43.3
34	0.9	8.5	52.1	47.9	1.1	9.7	42.6	57.4
35	—	—	—	—	—	—	—	—
总体	1.0	14.5	63.6	36.4	1.3	19.3	61.0	39.0

表 9 1995～2011 年中国折返及国外增加值率（续）

单位：%

部门	2011 年			
	RDV	FVA	FVA_FIN	FVA_INT
1	0.7	6.6	58.2	41.8
2	4.1	9.3	17.4	82.6
3	0.3	10.7	89.0	11.0
4	0.6	12.1	79.3	20.7
5	0.2	13.9	89.1	10.9
6	1.3	13.8	26.7	73.3
7	1.8	14.8	28.2	71.8
8	2.2	32.5	28.1	71.9
9	3.8	16.2	28.4	71.6
10	1.9	17.8	40.9	59.1
11	1.3	14.5	23.2	76.8
12	3.4	17.9	21.7	78.3
13	1.3	19.5	72.4	27.6
14	2.4	22.5	64.5	35.5
15	1.2	18.0	55.5	44.5
16	0.9	12.6	76.9	23.1
17	2.5	12.2	35.5	64.5
18	0.7	16.0	54.8	45.2
19	—	—	—	—
20	2.8	5.2	18.8	81.2
21	1.5	6.6	76.0	24.0
22	0.9	7.9	57.0	43.0
23	2.4	8.3	25.9	74.1
24	2.8	8.9	31.0	69.0
25	1.6	19.3	38.0	62.0
26	2.8	6.9	22.5	77.5
27	2.1	7.8	20.9	79.1
28	2.5	3.8	25.1	74.9
29	0.0	3.4	100.0	0.0
30	1.5	11.9	8.8	91.2
31	2.8	7.3	52.6	47.4
32	2.5	8.1	40.2	59.8
33	0.6	16.6	56.6	43.4
34	1.7	8.5	41.2	58.8
35	—	—	—	—
总体	2.0	17.1	57.3	42.7

表 10　1995~2011 年印度尼西亚折返及国外增加值率

单位：%

部门	1995 年				1997 年			
	RDV	FVA	FVA_FIN	FVA_INT	RDV	FVA	FVA_FIN	FVA_INT
1	0.2	4.0	14.3	85.7	0.2	3.8	15.0	85.0
2	0.5	3.6	0.0	100.0	0.6	3.6	0.0	100.0
3	0.1	8.1	60.0	40.0	0.1	8.6	55.1	44.9
4	0.1	18.2	68.1	31.9	0.1	14.5	68.6	31.4
5	0.0	14.9	80.5	19.5	0.0	12.5	80.2	19.8
6	0.2	8.3	1.9	98.1	0.2	9.1	3.1	96.9
7	0.3	11.4	1.0	99.0	0.3	13.1	2.5	97.5
8	0.2	16.4	30.0	70.0	0.3	17.1	30.5	69.5
9	0.3	18.3	13.2	86.8	0.4	19.0	14.3	85.7
10	0.2	17.9	21.1	78.9	0.3	18.3	18.6	81.4
11	0.1	14.3	37.1	62.9	0.1	15.3	38.8	61.2
12	0.4	20.4	8.0	92.0	0.5	19.9	8.3	91.7
13	0.1	40.6	62.8	37.2	0.1	36.5	58.7	41.3
14	0.1	25.6	78.6	21.4	0.1	19.6	73.8	26.2
15	0.2	20.2	52.6	47.4	0.2	15.6	63.9	36.1
16	0.0	13.2	89.2	10.8	0.0	12.5	88.3	11.7
17	0.1	15.5	43.8	56.2	0.0	19.5	100.0	0.0
18	0.0	18.1	100.0	0.0	0.0	19.2	100.0	0.0
19	—	—	—	—	—	—	—	—
20	0.2	5.9	17.1	82.9	0.3	6.2	16.7	83.3
21	0.1	6.6	84.0	16.0	0.1	6.8	84.9	15.1
22	0.2	8.4	38.3	61.7	0.3	7.8	34.0	66.0
23	0.3	5.7	22.0	78.0	0.5	8.7	23.3	76.7
24	0.2	11.1	31.4	68.6	0.3	14.1	26.4	73.6
25	0.2	26.9	34.8	65.2	0.3	27.9	36.3	63.7
26	0.5	4.6	19.0	81.0	0.7	5.2	19.1	80.9
27	0.3	6.3	19.4	80.6	0.3	5.6	19.7	80.3
28	0.2	5.7	13.9	86.1	0.2	5.3	17.8	82.2
29	0.1	2.2	32.9	67.1	0.1	2.9	33.3	66.7
30	0.6	9.7	0.0	100.0	0.6	10.5	0.0	100.0
31	0.2	8.2	49.2	50.8	0.2	8.8	49.3	50.7
32	0.4	5.3	39.2	60.8	0.5	7.3	39.5	60.5
33	0.1	18.6	57.0	43.0	0.3	14.9	57.6	42.4
34	0.1	9.6	27.6	72.4	0.1	8.8	34.9	65.1
35	—	—	—	—	—	—	—	—
总体	0.2	12.9	42.8	57.2	0.3	12.7	41.4	58.6

表 11　1995~2011 年印度尼西亚折返及国外增加值率（续）

单位：%

部门	2002 年 RDV	FVA	FVA_FIN	FVA_INT	2007 年 RDV	FVA	FVA_FIN	FVA_INT
1	0.1	4.8	17.7	82.3	0.2	4.9	12.2	87.8
2	0.5	3.6	0.0	100.0	0.4	3.2	0.1	99.9
3	0.2	9.9	41.2	58.8	0.3	9.7	22.8	77.2
4	0.1	18.2	72.9	27.1	0.0	17.8	76.7	23.3
5	0.0	16.1	87.2	12.8	0.0	16.3	90.7	9.3
6	0.1	10.8	4.0	96.0	0.2	9.9	5.6	94.4
7	0.2	18.2	2.7	97.3	0.3	16.2	2.7	97.3
8	0.3	13.3	30.9	69.1	0.5	9.2	17.4	82.6
9	0.3	16.9	13.2	86.8	0.4	13.9	11.1	88.9
10	0.2	18.9	17.1	82.9	0.3	18.0	14.5	85.5
11	0.1	13.0	25.8	74.2	0.1	10.4	12.9	87.1
12	0.3	16.7	11.4	88.6	0.4	9.9	4.7	95.3
13	0.1	38.9	69.4	30.6	0.2	31.8	58.9	41.1
14	0.1	20.7	71.7	28.3	0.1	18.7	60.6	39.4
15	0.2	17.5	15.1	84.9	0.3	14.0	51.5	48.5
16	0.0	16.3	94.5	5.5	0.0	15.1	91.5	8.5
17	0.0	22.3	100.0	0.0	0.1	16.6	53.9	46.1
18	0.0	19.9	100.0	0.0	0.0	17.9	100.0	0.0
19	—	—	—	—	—	—	—	—
20	0.2	6.9	19.3	80.7	0.4	6.6	19.2	80.8
21	0.0	8.6	86.9	13.1	0.0	9.3	99.9	0.1
22	0.2	8.1	35.1	64.9	0.1	8.7	34.4	65.6
23	0.3	15.4	24.8	75.2	0.2	15.3	25.5	74.5
24	0.4	16.2	41.0	59.0	1.1	11.6	31.6	68.4
25	0.3	24.4	40.1	59.9	0.2	10.2	37.7	62.3
26	0.6	4.7	24.2	75.8	0.4	2.9	21.9	78.1
27	0.2	4.6	20.3	79.7	0.0	5.3	21.1	78.9
28	0.1	3.8	21.2	78.8	0.1	3.3	21.4	78.6
29	0.1	8.4	35.2	64.8	0.1	11.5	36.8	63.2
30	0.5	10.6	0.0	100.0	0.8	7.7	13.2	86.8
31	0.2	11.4	51.2	48.8	0.2	11.9	50.9	49.1
32	0.4	13.0	39.4	60.6	0.2	14.0	39.4	60.6
33	0.3	12.9	58.3	41.7	0.1	9.5	59.3	40.7
34	0.1	11.7	38.1	61.9	0.1	11.4	33.8	66.2
35	—	—	—	—	—	—	—	—
总体	0.2	14.2	45.5	54.5	0.3	11.5	37.5	62.5

表 12　1995～2011 年印度尼西亚折返及国外增加值率（续）

单位：%

部门	2011 年			
	RDV	FVA	FVA_FIN	FVA_INT
1	0.3	4.4	11.5	88.5
2	1.0	2.6	0.0	100.0
3	0.3	8.4	18.6	81.4
4	0.1	26.8	69.8	30.2
5	0.0	20.0	91.0	9.0
6	0.3	9.7	4.4	95.6
7	0.4	16.1	2.8	97.2
8	0.6	6.6	21.9	78.1
9	0.5	11.4	11.6	88.4
10	0.4	18.2	11.6	88.4
11	0.1	10.3	27.8	72.2
12	0.6	9.4	2.8	97.2
13	0.2	36.0	62.3	37.7
14	0.2	23.7	62.3	37.7
15	0.5	15.5	34.1	65.9
16	0.0	15.6	92.3	7.7
17	0.2	15.3	47.6	52.4
18	0.0	18.2	100.0	0.0
19	—	—	—	—
20	0.1	6.3	51.9	48.1
21	0.0	8.5	99.9	0.1
22	0.2	7.9	43.2	56.8
23	0.2	13.8	26.8	73.2
24	0.2	14.3	34.9	65.1
25	0.2	9.1	36.1	63.9
26	0.3	2.9	23.4	76.6
27	0.1	4.2	22.6	77.4
28	0.0	4.3	95.4	4.6
29	0.1	10.8	36.7	63.3
30	0.2	7.6	0.2	99.8
31	0.0	11.6	62.9	37.1
32	0.2	12.4	39.4	60.6
33	0.2	8.5	57.3	42.7
34	0.0	13.1	68.6	31.4
35	—	—	—	—
总体	0.5	11.1	40.3	59.7

表 13　1995~2011 年日本折返及国外增加值率

单位：%

部门	1995 年				1997 年			
	RDV	FVA	FVA_FIN	FVA_INT	RDV	FVA	FVA_FIN	FVA_INT
1	3.1	4.5	34.9	65.1	1.6	5.7	38.2	61.8
2	2.2	12.3	3.8	96.2	2.0	13.3	5.3	94.7
3	0.8	5.2	83.8	16.2	0.5	6.6	86.6	13.4
4	5.8	3.5	20.8	79.2	4.6	4.3	19.8	80.2
5	3.7	4.0	62.2	37.8	2.6	5.3	66.3	33.7
6	2.8	8.5	17.5	82.5	2.4	10.3	17.1	82.9
7	2.6	3.6	12.5	87.5	2.3	4.4	11.4	88.6
8	2.9	16.8	23.9	76.1	1.9	22.8	23.1	76.9
9	3.2	4.7	20.1	79.9	2.7	6.1	21.0	79.0
10	2.3	4.3	18.7	81.3	2.1	5.4	18.8	81.2
11	1.0	7.5	11.3	88.7	1.0	9.2	9.0	91.0
12	2.8	6.6	13.6	86.4	2.5	7.6	12.3	87.7
13	0.7	5.6	77.2	22.8	0.8	6.9	70.6	29.4
14	1.6	5.3	56.2	43.8	1.5	6.9	56.3	43.7
15	0.7	5.1	56.4	43.6	0.5	6.9	59.9	40.1
16	0.9	5.9	72.3	27.7	0.6	7.5	77.6	22.4
17	1.2	5.6	29.1	70.9	1.1	7.0	28.6	71.4
18	4.0	4.5	19.2	80.8	3.3	5.9	20.7	79.3
19	3.5	3.3	23.3	76.7	2.5	4.6	21.0	79.0
20	2.1	1.5	22.0	78.0	1.5	2.0	26.6	73.4
21	2.0	1.3	43.8	56.2	1.3	1.9	54.2	45.8
22	0.8	3.3	75.8	24.2	0.9	4.0	64.5	35.5
23	1.8	2.2	29.3	70.7	1.7	3.1	26.1	73.9
24	1.9	7.8	24.9	75.1	1.5	12.7	25.3	74.7
25	1.4	6.4	34.1	65.9	1.2	8.4	34.1	65.9
26	3.2	2.1	15.0	85.0	3.0	2.5	15.2	84.8
27	1.8	1.1	19.7	80.3	1.4	1.5	19.3	80.7
28	2.0	1.2	22.5	77.5	2.2	1.6	22.4	77.6
29	0.5	0.6	32.8	67.2	0.5	0.8	33.4	66.6
30	2.6	1.4	12.9	87.1	2.0	1.8	11.9	88.1
31	1.4	2.2	62.0	38.0	1.4	2.6	55.2	44.8
32	2.1	1.1	19.1	80.9	1.6	1.1	22.2	77.8
33	0.9	3.4	61.5	38.5	0.9	4.1	48.7	51.3
34	1.1	2.1	37.2	62.8	0.9	2.6	33.9	66.1
35	—	—	—	—	—	—	—	—
总体	1.6	5.2	45.7	54.3	1.4	6.6	45.5	54.5

表14 1995~2011年日本折返及国外增加值率（续）

单位：%

部门	2002年 RDV	2002年 FVA	2002年 FVA_FIN	2002年 FVA_INT	2007年 RDV	2007年 FVA	2007年 FVA_FIN	2007年 FVA_INT
1	1.1	5.2	42.7	57.3	0.7	9.3	50.0	50.0
2	1.8	15.0	15.7	84.3	1.4	23.9	23.2	76.8
3	0.5	5.7	83.5	16.5	0.4	9.5	87.7	12.3
4	4.7	4.6	23.7	76.3	3.2	6.3	28.9	71.1
5	1.8	5.2	71.6	28.4	1.7	7.3	73.7	26.3
6	2.2	8.6	17.8	82.2	2.0	12.6	13.6	86.4
7	2.0	4.4	11.5	88.5	1.5	7.1	19.3	80.7
8	1.5	25.9	25.2	74.8	0.9	38.2	28.2	71.8
9	2.2	6.7	26.4	73.6	1.9	12.5	24.3	75.7
10	2.1	5.7	25.2	74.8	1.9	9.0	19.9	80.1
11	1.2	8.2	6.8	93.2	0.9	12.8	4.0	96.0
12	2.3	7.7	11.5	88.5	2.0	12.9	10.1	89.9
13	0.6	8.5	78.6	21.4	0.9	12.2	65.9	34.1
14	1.8	7.4	58.9	41.1	1.7	9.7	51.1	48.9
15	0.5	7.4	71.8	28.2	0.4	12.3	71.5	28.5
16	0.5	6.7	81.8	18.2	0.5	12.1	78.7	21.3
17	1.2	7.8	29.0	71.0	1.0	15.8	30.1	69.9
18	1.9	6.2	31.0	69.0	2.3	8.6	-23.6	123.6
19	3.4	5.3	28.3	71.7	2.8	7.3	30.6	69.4
20	2.3	1.8	25.1	74.9	1.5	2.8	30.4	69.6
21	2.2	1.5	46.0	54.0	1.3	3.1	61.1	38.9
22	0.5	3.9	72.5	27.5	0.7	6.1	70.1	29.9
23	1.9	3.2	35.4	64.6	1.5	5.6	31.8	68.2
24	1.9	14.3	30.0	70.0	1.7	18.4	27.1	72.9
25	1.0	8.8	40.0	60.0	1.0	12.1	31.2	68.8
26	3.8	2.1	18.7	81.3	3.3	3.1	18.7	81.3
27	1.3	2.0	20.0	80.0	1.3	3.2	21.0	79.0
28	1.5	1.5	22.2	77.8	1.2	2.1	23.6	76.4
29	0.4	0.8	34.8	65.2	1.4	1.0	60.8	39.2
30	2.4	1.8	13.8	86.2	2.1	2.4	12.6	87.4
31	0.5	2.9	76.2	23.8	0.9	4.2	51.6	48.4
32	1.6	1.1	25.2	74.8	1.3	1.7	25.1	74.9
33	0.8	4.5	49.2	50.8	1.0	6.6	40.5	59.5
34	1.3	2.6	47.2	52.8	0.8	4.0	40.2	59.8
35	—	—	—	—	—	—	—	—
总体	1.5	7.2	51.6	48.4	1.3	11.0	45.5	54.5

表 15　1995～2011 年日本折返及国外增加值率（续）

单位：%

部门	2011 年			
	RDV	FVA	FVA_FIN	FVA_INT
1	0.9	9.5	44.2	55.8
2	0.8	35.0	15.5	84.5
3	0.4	10.3	86.7	13.3
4	2.8	6.7	29.7	70.3
5	1.2	8.8	73.1	26.9
6	1.5	12.2	13.6	86.4
7	1.5	7.0	22.9	77.1
8	1.1	36.9	20.7	79.3
9	1.9	12.8	21.8	78.2
10	1.7	10.7	16.5	83.5
11	0.8	17.9	3.1	96.9
12	1.6	16.2	8.7	91.3
13	0.8	13.2	62.0	38.0
14	1.4	11.3	46.9	53.1
15	0.4	13.5	65.3	34.7
16	0.5	13.3	71.2	28.8
17	0.8	18.5	30.6	69.4
18	2.9	8.3	-37.3	137.3
19	2.4	8.1	15.3	84.7
20	1.7	2.6	73.3	26.7
21	1.7	2.6	74.2	25.8
22	0.6	6.5	74.0	26.0
23	1.1	5.8	31.5	68.5
24	0.9	21.1	18.1	81.9
25	1.0	13.2	28.1	71.9
26	2.8	3.4	17.6	82.4
27	1.3	2.8	20.4	79.6
28	1.2	2.6	24.8	75.2
29	1.3	1.0	57.7	42.3
30	1.8	3.3	8.9	91.1
31	1.0	4.5	52.4	47.6
32	1.3	1.7	29.2	70.8
33	0.7	6.8	44.9	55.1
34	0.7	4.0	39.4	60.6
35	—	—	—	—
总体	1.2	12.6	38.7	61.3

表 16　1995~2011 年韩国折返及国外增加值率

单位：%

部门	1995 年				1997 年			
	RDV	FVA	FVA_FIN	FVA_INT	RDV	FVA	FVA_FIN	FVA_INT
1	0.2	9.1	47.1	52.9	0.2	10.0	42.8	57.2
2	0.6	7.8	0.9	99.1	0.0	9.2	100.0	0.0
3	0.0	20.2	91.5	8.5	0.0	20.2	93.5	6.5
4	0.3	19.4	54.2	45.8	0.3	19.4	52.7	47.3
5	0.2	21.0	72.3	27.7	0.2	20.2	65.9	34.1
6	0.3	26.7	10.8	89.2	0.2	29.9	9.9	90.1
7	0.5	14.6	11.7	88.3	0.5	15.0	11.9	88.1
8	0.2	54.3	20.7	79.3	0.2	55.3	19.7	80.3
9	0.5	19.5	14.0	86.0	0.5	21.3	12.2	87.8
10	0.4	18.5	14.2	85.8	0.4	19.0	13.3	86.7
11	0.2	16.4	7.9	92.1	0.2	17.2	6.2	93.8
12	0.6	23.0	10.1	89.9	0.7	26.1	6.6	93.4
13	0.2	22.3	81.4	18.6	0.2	24.3	74.1	25.9
14	0.5	20.5	40.7	59.3	0.5	25.0	40.8	59.2
15	0.1	21.0	81.3	18.7	0.1	22.6	80.6	19.4
16	0.1	21.0	84.3	15.7	0.1	21.5	82.6	17.4
17	0.2	14.8	26.8	73.2	0.2	19.5	26.5	73.5
18	0.1	14.6	41.9	58.1	0.1	15.8	39.5	60.5
19	0.2	5.1	28.4	71.6	0.1	9.7	27.9	72.1
20	0.5	5.3	16.7	83.3	0.5	6.7	16.0	84.0
21	0.1	5.8	95.4	4.6	0.0	7.4	98.2	1.8
22	0.0	11.6	97.0	3.0	0.0	14.3	98.3	1.7
23	0.4	13.8	21.6	78.4	0.4	16.6	21.7	78.3
24	0.4	13.5	28.0	72.0	0.4	15.7	23.3	76.7
25	0.3	17.3	34.2	65.8	0.3	19.6	35.1	64.9
26	0.5	7.1	16.0	84.0	0.5	8.1	15.8	84.2
27	0.4	6.9	18.9	81.1	0.4	9.2	18.8	81.2
28	0.3	3.9	24.3	75.7	0.3	4.2	23.1	76.9
29	0.2	3.0	33.2	66.8	0.2	3.1	33.3	66.7
30	0.4	6.2	8.1	91.9	0.4	5.7	9.5	90.5
31	0.1	9.0	71.6	28.4	0.2	8.3	59.1	40.9
32	0.7	4.3	39.2	60.8	0.8	4.3	39.4	60.6
33	0.2	11.6	56.3	43.7	0.2	12.0	57.5	42.5
34	0.3	7.4	42.2	57.8	0.2	7.7	38.0	62.0
35	—	—	—	—	—	—	—	—
总体	0.4	19.2	44.5	55.5	0.4	22.1	41.6	58.4

表17 1995～2011年韩国折返及国外增加值率（续）

单位：%

部门	2002年 RDV	FVA	FVA_FIN	FVA_INT	2007年 RDV	FVA	FVA_FIN	FVA_INT
1	0.2	9.5	46.7	53.3	0.2	12.7	49.6	50.4
2	0.6	8.1	0.7	99.3	0.0	14.8	100.0	0.0
3	0.0	18.0	96.1	3.9	0.0	21.4	97.0	3.0
4	0.4	17.7	64.6	35.4	0.4	18.0	62.9	37.1
5	0.3	17.9	61.1	38.9	0.6	17.0	58.1	41.9
6	0.3	26.8	9.3	90.7	0.3	26.6	7.0	93.0
7	0.5	15.0	15.8	84.2	0.5	17.4	14.5	85.5
8	0.2	53.7	19.5	80.5	0.2	52.4	20.3	79.7
9	0.6	20.5	10.4	89.6	0.7	24.0	8.5	91.5
10	0.5	16.9	18.6	81.4	0.5	19.8	18.3	81.7
11	0.3	16.5	4.3	95.7	0.3	22.5	2.4	97.6
12	0.6	22.2	9.7	90.3	0.7	24.0	4.2	95.8
13	0.2	22.4	81.8	18.2	0.3	25.5	68.9	31.1
14	0.5	24.6	62.4	37.6	0.6	21.1	45.8	54.2
15	0.1	22.0	79.3	20.7	0.1	24.7	67.8	32.2
16	0.1	21.4	85.4	14.6	0.1	24.4	80.1	19.9
17	0.2	19.1	27.8	72.2	0.2	27.4	28.3	71.7
18	0.1	16.4	37.3	62.7	0.1	20.4	37.5	62.5
19	0.1	9.1	28.3	71.7	0.3	10.4	29.4	70.6
20	0.6	5.8	18.1	81.9	0.6	7.6	18.4	81.6
21	0.0	7.9	99.1	0.9	0.0	10.6	100.0	0.0
22	0.0	13.0	99.2	0.8	0.0	15.7	100.0	0.0
23	0.5	14.9	24.1	75.9	0.4	19.4	24.1	75.9
24	0.6	14.8	26.1	73.9	0.4	29.4	26.0	74.0
25	0.2	18.7	36.3	63.7	0.4	22.4	29.8	70.2
26	0.5	7.7	17.7	82.3	0.4	10.3	16.7	83.3
27	0.4	8.6	19.9	80.1	0.4	11.2	20.4	79.6
28	0.4	4.0	24.1	75.9	0.5	4.6	24.2	75.8
29	0.2	3.1	34.6	65.4	0.2	3.6	37.4	62.6
30	0.5	5.9	14.2	85.8	0.5	6.6	10.3	89.7
31	0.1	8.6	68.3	31.7	0.4	9.6	53.7	46.3
32	0.3	4.2	39.3	60.7	0.5	4.9	40.1	59.9
33	0.1	13.2	57.5	42.5	0.2	14.7	58.9	41.1
34	0.3	8.5	40.8	59.2	0.5	10.1	41.2	58.8
35	—	—	—	—	—	—	—	—
总体	0.4	21.9	51.4	48.6	0.4	23.9	39.7	60.3

表 18　1995~2011 年韩国折返及国外增加值率（续）

单位：%

部门	2011 年			
	RDV	FVA	FVA_FIN	FVA_INT
1	0.2	18.7	46.1	53.9
2	0.0	20.3	100.0	0.0
3	0.0	29.3	95.8	4.2
4	0.4	21.7	53.5	46.5
5	0.5	20.8	49.5	50.5
6	0.2	30.9	3.6	96.4
7	0.4	21.6	14.7	85.3
8	0.1	64.0	23.2	76.8
9	0.5	31.4	8.8	91.2
10	0.4	25.5	12.4	87.6
11	0.2	26.9	3.5	96.5
12	0.5	30.0	4.1	95.9
13	0.3	30.0	63.4	36.6
14	0.5	24.7	39.4	60.6
15	0.1	29.0	68.1	31.9
16	0.1	28.3	66.4	33.6
17	0.2	36.7	29.2	70.8
18	0.2	25.4	37.3	62.7
19	0.2	12.8	28.8	71.2
20	0.4	9.5	18.7	81.3
21	0.0	13.5	98.9	1.1
22	0.0	21.3	98.9	1.1
23	0.3	26.0	23.7	76.3
24	0.3	31.0	37.2	62.8
25	0.3	29.4	26.6	73.4
26	0.3	13.9	16.9	83.1
27	0.4	14.9	19.9	80.1
28	0.3	5.4	23.5	76.5
29	0.2	4.8	36.2	63.8
30	0.4	8.1	11.8	88.2
31	0.3	11.9	52.6	47.4
32	0.2	7.0	37.8	62.2
33	0.0	19.1	55.3	44.7
34	0.4	13.7	39.3	60.7
35	—	—	—	—
总体	0.3	29.8	37.2	62.8

表 19　1995～2011 年墨西哥折返及国外增加值率

单位：%

部门	1995 年				1997 年			
	RDV	FVA	FVA_FIN	FVA_INT	RDV	FVA	FVA_FIN	FVA_INT
1	0.4	7.6	26.1	73.9	0.6	7.2	26.4	73.6
2	0.7	3.8	0.1	99.9	1.1	4.3	0.0	100.0
3	0.0	13.9	86.0	14.0	0.0	13.8	88.4	11.6
4	0.1	19.9	88.0	12.0	0.1	25.3	90.8	9.2
5	0.3	15.3	65.6	34.4	0.5	16.1	67.6	32.4
6	0.5	11.2	13.0	87.0	0.5	10.2	14.4	85.6
7	0.5	16.0	22.3	77.7	0.5	16.3	36.4	63.6
8	0.3	5.4	35.1	64.9	0.3	7.3	36.8	63.2
9	0.6	10.0	20.1	79.9	0.8	12.2	24.4	75.6
10	0.4	21.1	29.5	70.5	0.5	21.3	30.3	69.7
11	0.4	9.4	7.7	92.3	0.5	9.9	7.8	92.2
12	0.7	16.4	7.8	92.2	1.0	17.0	11.9	88.1
13	0.3	27.8	60.5	39.5	0.4	26.8	59.8	40.2
14	0.2	49.5	71.1	28.9	0.2	46.4	72.9	27.1
15	0.1	30.8	71.9	28.1	0.2	32.0	76.1	23.9
16	1.1	22.9	11.3	88.7	1.4	23.1	16.9	83.1
17	0.3	10.0	27.2	72.8	0.4	11.0	27.6	72.4
18	0.0	16.4	100.0	0.0	0.0	17.0	100.0	0.0
19	0.1	12.4	34.5	65.5	0.1	12.7	35.3	64.7
20	0.1	5.8	20.8	79.2	0.2	5.7	21.9	78.1
21	0.1	5.4	20.8	79.2	0.2	5.3	21.9	78.1
22	1.1	4.5	10.0	90.0	1.7	4.2	9.8	90.2
23	0.3	6.1	22.1	77.9	0.4	6.5	22.4	77.6
24	0.1	11.0	33.8	66.2	0.1	10.6	40.6	59.4
25	0.3	13.6	34.6	65.4	0.4	13.9	34.9	65.1
26	0.1	3.7	21.7	78.3	0.1	3.4	21.0	79.0
27	0.1	6.1	26.6	73.4	0.2	7.0	28.5	71.5
28	0.2	3.9	23.8	76.2	0.2	6.2	24.1	75.9
29	0.3	1.5	23.4	76.6	0.4	1.3	24.4	75.6
30	0.5	8.1	12.5	87.5	0.8	7.5	14.1	85.9
31	0.0	5.6	100.0	0.0	0.0	5.5	100.0	0.0
32	0.2	2.5	54.9	45.1	0.3	2.1	47.9	52.1
33	0.5	6.6	17.1	82.9	0.7	6.5	17.2	82.8
34	0.5	5.8	22.0	78.0	0.7	5.8	23.2	76.8
35	—	—	—	—	—	—	—	—
总体	0.3	23.0	60.3	39.7	0.4	25.0	65.3	34.7

表20 1995~2011年墨西哥折返及国外增加值率（续）

单位：%

部门	2002年				2007年			
	RDV	FVA	FVA_FIN	FVA_INT	RDV	FVA	FVA_FIN	FVA_INT
1	0.8	7.7	32.7	67.3	0.9	10.1	29.6	70.4
2	1.1	3.8	0.0	100.0	1.3	3.4	0.1	99.9
3	0.0	12.3	92.1	7.9	0.0	15.1	94.1	5.9
4	0.2	24.2	94.3	5.7	0.2	24.8	91.8	8.2
5	0.4	17.2	82.6	17.4	0.3	18.3	78.8	21.2
6	0.6	11.1	19.8	80.2	0.6	11.9	13.2	86.8
7	0.5	15.2	38.8	61.2	0.5	17.4	35.3	64.7
8	0.6	5.7	32.1	67.9	0.5	6.1	36.1	63.9
9	1.0	10.2	32.4	67.6	1.0	11.9	24.7	75.3
10	0.7	21.3	34.0	66.0	0.6	24.3	31.5	68.5
11	0.7	9.1	8.0	92.0	0.5	10.8	4.7	95.3
12	1.3	17.5	11.7	88.3	1.3	17.7	8.1	91.9
13	0.5	27.7	62.5	37.5	0.4	29.6	65.0	35.0
14	0.2	48.8	75.4	24.6	0.3	47.8	55.7	44.3
15	0.3	33.0	76.2	23.8	0.4	32.6	71.2	28.8
16	1.2	24.1	23.3	76.7	1.3	25.1	27.3	72.7
17	0.5	10.2	28.7	71.3	0.5	14.6	31.5	68.5
18	0.0	15.3	100.0	0.0	0.0	16.9	100.0	0.0
19	0.2	11.9	37.9	62.1	0.3	12.5	35.9	64.1
20	0.4	5.1	21.7	78.3	0.5	4.3	27.3	72.7
21	0.4	4.8	21.7	78.3	0.5	4.0	27.3	72.7
22	1.4	3.8	12.0	88.0	1.3	3.8	16.5	83.5
23	0.5	5.8	23.9	76.1	0.4	6.4	25.5	74.5
24	0.3	9.7	44.4	55.6	0.3	7.7	42.6	57.4
25	0.4	13.8	35.9	64.1	0.3	15.4	37.2	62.8
26	0.3	2.5	27.0	73.0	0.3	3.4	20.2	79.8
27	0.2	7.0	31.8	68.2	0.3	5.7	30.0	70.0
28	0.3	4.4	24.1	75.9	0.3	3.5	26.1	73.9
29	0.5	1.3	25.0	75.0	0.4	1.3	26.5	73.5
30	0.8	6.3	15.9	84.1	0.7	6.3	15.2	84.8
31	0.0	4.4	100.0	0.0	0.0	5.3	100.0	0.0
32	0.3	1.8	51.4	48.6	0.3	1.8	47.1	52.9
33	0.7	5.4	19.1	80.9	0.8	5.3	15.6	84.4
34	0.6	5.5	20.6	79.4	0.6	5.5	27.9	72.1
35	—	—	—	—	0.0	0.1	100.0	0.0
总体	0.5	26.9	68.8	31.2	0.6	24.6	55.1	44.9

表 21　1995~2011 年墨西哥折返及国外增加值率（续）

单位：%

部门	2011 年			
	RDV	FVA	FVA_FIN	FVA_INT
1	0.9	12.6	30.6	69.4
2	2.8	4.2	0.0	100.0
3	0.1	18.0	91.7	8.3
4	0.2	24.3	82.0	18.0
5	0.3	18.3	69.6	30.4
6	0.5	12.9	16.1	83.9
7	0.5	18.2	37.5	62.5
8	0.6	6.7	36.4	63.6
9	0.8	11.8	29.3	70.7
10	0.6	26.2	29.1	70.9
11	0.6	11.0	5.0	95.0
12	1.6	18.1	7.8	92.2
13	0.4	30.8	68.1	31.9
14	0.3	52.1	56.2	43.8
15	0.4	32.4	72.1	27.9
16	0.3	29.8	71.1	28.9
17	0.3	17.0	34.1	65.9
18	0.0	17.6	100.0	0.0
19	0.3	12.3	41.0	59.0
20	0.4	4.9	29.0	71.0
21	0.4	4.6	29.0	71.0
22	0.4	4.9	47.7	52.3
23	0.4	7.3	26.8	73.2
24	0.3	7.2	42.3	57.7
25	0.3	16.9	38.1	61.9
26	0.2	3.7	22.1	77.9
27	0.3	7.1	33.0	67.0
28	0.2	4.7	23.9	76.1
29	0.4	1.4	30.0	70.0
30	0.6	6.7	20.3	79.7
31	0.0	6.3	100.0	0.0
32	0.3	2.0	48.8	51.2
33	0.4	6.7	24.1	75.9
34	0.4	6.0	31.6	68.4
35	0.0	0.1	100.0	0.0
总体	0.9	25.5	56.7	43.3

表22 1995~2011年俄罗斯折返及国外增加值率

单位：%

部门	1995年				1997年			
	RDV	FVA	FVA_FIN	FVA_INT	RDV	FVA	FVA_FIN	FVA_INT
1	0.3	6.4	39.8	60.2	0.5	6.5	35.1	64.9
2	0.8	4.1	11.2	88.8	1.0	4.5	12.5	87.5
3	0.2	10.9	83.6	16.4	0.2	9.6	83.4	16.6
4	1.1	17.1	55.6	44.4	1.1	12.8	53.5	46.5
5	1.4	10.7	27.7	72.3	0.8	9.6	45.2	54.8
6	0.4	6.2	0.2	99.8	0.4	6.2	0.3	99.7
7	0.7	7.2	5.8	94.2	1.0	7.1	15.2	84.8
8	1.3	5.3	36.2	63.8	1.6	3.2	40.2	59.8
9	0.7	8.1	4.4	95.6	0.8	7.4	3.9	96.1
10	1.8	11.4	12.1	87.9	1.8	10.2	14.6	85.4
11	0.9	7.0	3.4	96.6	0.7	6.7	2.9	97.1
12	0.5	7.1	0.8	99.2	0.6	5.8	0.2	99.8
13	0.4	12.7	73.0	27.0	0.4	11.7	65.8	34.2
14	0.6	10.5	49.5	50.5	0.5	9.5	55.7	44.3
15	0.5	14.5	67.4	32.6	0.7	15.3	73.3	26.7
16	0.1	9.8	80.4	19.6	0.1	9.1	78.8	21.2
17	0.6	4.8	28.9	71.1	0.7	4.5	29.6	70.4
18	0.2	7.2	44.4	55.6	0.3	7.5	43.2	56.8
19	0.4	2.9	30.0	70.0	0.3	2.9	28.8	71.2
20	0.7	2.4	12.3	87.7	1.0	2.4	13.1	86.9
21	0.0	3.3	96.8	3.2	0.0	3.4	99.6	0.4
22	0.4	4.0	37.6	62.4	0.5	3.8	35.1	64.9
23	0.8	3.8	14.2	85.8	0.9	3.7	15.3	84.7
24	0.5	4.0	31.2	68.8	0.4	3.7	38.7	61.3
25	0.3	4.3	37.7	62.3	0.3	4.2	37.5	62.5
26	0.6	4.3	19.2	80.8	0.7	3.2	20.4	79.6
27	0.5	3.2	20.4	79.6	0.5	3.0	20.4	79.6
28	0.5	5.8	23.8	76.2	0.6	4.2	29.9	70.1
29	0.1	3.9	31.4	68.6	0.1	2.9	30.5	69.5
30	0.2	4.5	6.7	93.3	0.2	3.7	6.6	93.4
31	0.1	6.8	77.7	22.3	0.1	7.2	67.0	33.0
32	0.2	4.3	39.8	60.2	0.1	4.9	39.9	60.1
33	0.1	7.4	56.5	43.5	0.0	6.0	57.1	42.9
34	0.2	4.1	18.5	81.5	0.3	4.2	24.8	75.2
35	—	—	—	—	—	—	—	—
总体	0.7	5.3	23.0	77.0	0.8	4.9	23.1	76.9

表 23　1995~2011 年俄罗斯折返及国外增加值率（续）

单位：%

部门	2002 年				2007 年			
	RDV	FVA	FVA_FIN	FVA_INT	RDV	FVA	FVA_FIN	FVA_INT
1	0.4	6.2	31.0	69.0	0.6	5.9	18.7	81.3
2	0.5	5.6	6.0	94.0	0.8	2.5	6.6	93.4
3	0.0	13.0	95.6	4.4	0.0	9.2	94.8	5.2
4	0.5	18.4	73.8	26.2	1.8	11.8	52.8	47.2
5	0.9	9.5	26.5	73.5	3.0	6.7	22.7	77.3
6	0.3	7.9	0.7	99.3	0.6	6.1	0.7	99.3
7	0.5	8.8	4.5	95.5	0.8	6.2	5.9	94.1
8	0.4	4.7	41.2	58.8	0.6	3.7	41.0	59.0
9	0.6	10.2	3.4	96.6	1.0	6.7	4.2	95.8
10	0.4	13.5	27.2	72.8	0.9	9.7	4.8	95.2
11	0.3	9.0	3.4	96.6	0.4	6.5	9.8	90.2
12	0.5	6.4	0.1	99.9	1.3	4.1	0.1	99.9
13	0.2	14.7	75.1	24.9	0.6	12.6	69.7	30.3
14	0.2	12.4	57.3	42.7	0.5	9.6	52.1	47.9
15	0.2	18.4	40.1	59.9	0.9	27.8	13.2	86.8
16	0.1	11.0	66.8	33.2	0.3	9.5	69.1	30.9
17	0.5	6.0	31.0	69.0	0.7	4.6	31.7	68.3
18	0.2	9.2	63.9	36.1	0.3	8.8	39.9	60.1
19	0.2	3.4	29.3	70.7	0.6	3.4	30.8	69.2
20	0.5	2.4	5.6	94.4	0.7	2.5	6.5	93.5
21	0.0	4.2	99.9	0.1	0.0	4.1	99.7	0.3
22	0.3	6.3	36.4	63.6	0.4	5.3	36.7	63.3
23	0.5	4.9	9.1	90.9	0.7	4.0	8.3	91.7
24	0.4	5.7	31.1	68.9	0.7	6.7	31.7	68.3
25	0.2	6.4	40.4	59.6	0.4	9.0	29.2	70.8
26	0.5	4.8	19.6	80.4	0.6	5.2	16.6	83.4
27	0.4	5.0	20.9	79.1	0.5	3.0	21.8	78.2
28	0.5	6.1	24.5	75.5	0.9	3.0	27.5	72.5
29	0.3	3.5	33.5	66.5	0.3	3.0	33.0	67.0
30	0.2	3.7	7.1	92.9	0.6	3.0	6.9	93.1
31	0.1	7.3	68.0	32.0	0.3	6.5	61.6	38.4
32	0.2	4.9	41.2	58.8	0.3	3.1	40.1	59.9
33	0.1	6.6	57.1	42.9	0.0	5.2	55.1	44.9
34	0.1	4.9	27.3	72.7	0.2	4.5	27.0	73.0
35	—	—	—	—	—	—	—	—
总体	0.5	5.9	22.0	78.0	0.8	4.0	18.6	81.4

表 24　1995~2011 年俄罗斯折返及国外增加值率（续）

单位：%

部门	2011 年			
	RDV	FVA	FVA_FIN	FVA_INT
1	0.4	8.2	45.3	54.7
2	0.9	2.3	0.4	99.6
3	0.1	10.0	92.7	7.3
4	2.9	13.9	61.8	38.2
5	4.2	6.6	20.8	79.2
6	0.6	6.4	0.2	99.8
7	0.9	6.1	3.2	96.8
8	0.6	3.4	36.4	63.6
9	1.1	6.9	5.6	94.4
10	1.0	11.4	6.0	94.0
11	0.3	6.9	1.6	98.4
12	1.3	4.1	0.1	99.9
13	0.6	12.2	62.3	37.7
14	0.5	9.6	41.7	58.3
15	0.5	28.0	28.0	72.0
16	0.2	10.5	79.5	20.5
17	0.7	5.0	30.2	69.8
18	0.0	8.8	92.6	7.4
19	0.5	3.3	28.5	71.5
20	0.9	2.5	0.3	99.7
21	0.0	3.9	99.8	0.2
22	0.4	5.9	38.0	62.0
23	0.9	3.8	0.8	99.2
24	0.7	6.8	30.1	69.9
25	0.4	10.1	21.2	78.8
26	0.6	6.1	14.6	85.4
27	0.5	3.5	20.9	79.1
28	0.6	3.4	26.1	73.9
29	0.4	2.9	30.5	69.5
30	0.7	2.8	7.1	92.9
31	0.4	6.2	65.6	34.4
32	0.2	3.2	38.6	61.4
33	0.0	5.4	55.1	44.9
34	0.2	4.8	27.0	73.0
35	—	—	—	—
总体	0.9	3.7	16.3	83.7

表 25 1995~2011 年中国台湾折返及国外增加值率

单位：%

部门	1995 年				1997 年			
	RDV	FVA	FVA_FIN	FVA_INT	RDV	FVA	FVA_FIN	FVA_INT
1	0.1	15.3	59.2	40.8	0.1	16.9	59.0	41.0
2	0.4	12.6	4.7	95.3	0.3	12.2	1.3	98.7
3	0.0	22.4	94.2	5.8	0.0	22.8	92.5	7.5
4	0.1	22.5	63.3	36.7	0.2	20.8	51.1	48.9
5	0.1	22.6	70.4	29.6	0.1	23.7	73.7	26.3
6	0.2	33.1	18.0	82.0	0.2	32.7	24.6	75.4
7	0.3	25.2	10.5	89.5	0.3	23.0	15.8	84.2
8	0.2	34.5	19.1	80.9	0.2	36.3	17.7	82.3
9	0.3	27.3	7.6	92.4	0.3	27.7	8.2	91.8
10	0.3	25.6	27.7	72.3	0.3	24.5	28.6	71.4
11	0.1	21.3	32.4	67.6	0.1	21.6	21.5	78.5
12	0.3	26.1	22.5	77.5	0.4	24.0	19.7	80.3
13	0.1	30.0	80.0	20.0	0.1	27.2	65.5	34.5
14	0.2	34.7	50.7	49.3	0.3	33.9	49.7	50.3
15	0.1	27.7	50.2	49.8	0.1	25.6	49.8	50.2
16	0.0	26.0	87.0	13.0	0.1	22.0	83.0	17.0
17	0.2	16.6	29.0	71.0	0.2	18.3	30.6	69.4
18	0.1	24.0	36.5	63.5	0.1	23.1	45.5	54.5
19	0.3	12.7	19.7	80.3	0.2	14.3	22.0	78.0
20	0.2	7.2	56.8	43.2	0.3	6.2	58.0	42.0
21	0.3	2.7	66.9	33.1	0.4	2.7	52.4	47.6
22	0.1	4.4	71.5	28.5	0.2	4.0	33.4	66.6
23	0.2	12.8	49.0	51.0	0.2	12.8	62.3	37.7
24	0.2	22.6	58.2	41.8	0.3	18.7	54.3	45.7
25	0.2	22.9	35.1	64.9	0.2	22.7	37.2	62.8
26	0.3	7.8	44.5	55.5	0.2	7.0	42.8	57.2
27	0.2	5.4	46.4	53.6	0.1	5.2	71.5	28.5
28	0.2	2.5	37.8	62.2	0.2	2.1	43.0	57.0
29	0.1	3.4	34.0	66.0	0.2	2.9	34.4	65.6
30	0.2	14.0	14.5	85.5	0.2	13.7	16.0	84.0
31	0.1	10.5	50.1	49.9	0.1	10.9	51.3	48.7
32	0.2	9.2	37.9	62.1	0.2	8.8	37.8	62.2
33	0.1	14.9	55.3	44.7	0.1	14.8	56.1	43.9
34	0.3	9.6	36.4	63.6	0.3	9.1	32.9	67.1
35	0.1	0.0	—	—	0.0	0.0	—	—
总体	0.2	27.1	50.8	49.2	0.2	26.6	46.2	53.8

表 26　1995~2011 年中国台湾折返及国外增加值率（续）

单位：%

部门	2002 年				2007 年			
	RDV	FVA	FVA_FIN	FVA_INT	RDV	FVA	FVA_FIN	FVA_INT
1	0.0	18.6	68.9	31.1	0.1	23.8	62.7	37.3
2	0.2	10.9	0.8	99.2	0.5	9.9	0.0	100.0
3	0.0	23.0	94.5	5.5	0.0	28.7	93.9	6.1
4	0.2	16.8	50.2	49.8	0.2	18.8	41.3	58.7
5	0.2	16.4	63.7	36.3	0.1	24.8	69.5	30.5
6	0.1	31.5	16.7	83.3	0.1	33.6	10.1	89.9
7	0.3	21.2	22.1	77.9	0.2	28.2	30.7	69.3
8	0.2	45.2	39.5	60.5	0.1	46.6	18.6	81.4
9	0.2	29.9	15.7	84.3	0.2	33.2	16.5	83.5
10	0.3	22.8	27.5	72.5	0.2	29.1	24.4	75.6
11	0.2	24.5	10.7	89.3	0.1	30.5	4.0	96.0
12	0.3	24.2	17.1	82.9	0.3	28.4	11.9	88.1
13	0.1	29.6	83.7	16.3	0.2	32.0	62.1	37.9
14	0.4	29.7	54.6	45.4	0.3	26.1	36.0	64.0
15	0.1	21.6	38.3	61.7	0.1	28.2	44.5	55.5
16	0.0	18.8	80.9	19.1	0.0	34.0	83.9	16.1
17	0.1	26.2	31.1	68.9	0.1	41.9	32.6	67.4
18	0.1	26.3	41.3	58.7	0.0	33.2	41.7	58.3
19	0.2	17.7	26.7	73.3	0.1	27.1	53.5	46.5
20	0.3	4.2	19.7	80.3	0.4	2.2	21.0	79.0
21	0.5	3.6	46.2	53.8	0.2	6.0	55.2	44.8
22	0.2	5.2	34.0	66.0	0.1	7.9	33.4	66.6
23	0.2	11.2	25.1	74.9	0.2	17.5	26.5	73.5
24	0.3	23.3	24.4	75.6	0.3	19.9	26.1	73.9
25	0.1	26.8	35.9	64.1	0.1	41.5	36.4	63.6
26	0.3	7.0	23.5	76.5	0.2	7.7	20.8	79.2
27	0.1	10.7	74.2	25.8	0.1	10.4	66.0	34.0
28	0.2	2.7	43.6	56.4	0.1	3.0	40.2	59.8
29	0.0	4.3	100.0	0.0	0.0	5.1	100.0	0.0
30	0.2	15.8	16.4	83.6	0.1	16.7	8.9	91.1
31	0.2	6.6	53.1	46.9	0.1	6.2	51.5	48.5
32	0.1	8.8	36.9	63.1	0.1	9.7	38.4	61.6
33	0.0	14.9	55.2	44.8	0.0	17.6	55.7	44.3
34	0.1	10.5	26.2	73.8	0.1	10.1	38.1	61.9
35	0.0	0.0	—	—	0.0	0.0	—	—
总体	0.3	25.7	47.3	52.7	0.2	27.9	33.4	66.6

表 27　1995~2011 年中国台湾折返及国外增加值率（续）

单位：%

部门	2011 年			
	RDV	FVA	FVA_FIN	FVA_INT
1	0.0	25.1	53.1	46.9
2	0.5	4.5	0.1	99.9
3	0.0	32.8	93.0	7.0
4	0.2	19.4	28.7	71.3
5	0.1	29.4	73.3	26.7
6	0.1	32.7	15.9	84.1
7	0.1	30.9	40.5	59.5
8	0.1	58.3	18.3	81.7
9	0.2	35.1	16.5	83.5
10	0.2	31.8	20.9	79.1
11	0.1	36.5	2.4	97.6
12	0.2	33.4	10.8	89.2
13	0.1	35.7	58.7	41.3
14	0.2	28.5	29.5	70.5
15	0.1	30.8	43.9	56.1
16	0.0	37.0	80.9	19.1
17	0.1	48.5	35.5	64.5
18	0.0	34.7	51.2	48.8
19	0.1	31.1	57.4	42.6
20	0.1	2.2	67.2	32.8
21	0.1	7.0	58.8	41.2
22	0.1	9.1	64.8	35.2
23	0.1	18.6	29.5	70.5
24	0.1	30.4	59.9	40.1
25	0.1	38.7	37.1	62.9
26	0.2	9.0	21.2	78.8
27	0.3	9.8	21.4	78.6
28	0.1	3.3	33.8	66.2
29	0.0	4.9	100.0	0.0
30	0.1	15.5	10.3	89.7
31	0.1	6.6	51.7	48.3
32	0.1	10.5	54.5	45.5
33	0.1	18.2	56.8	43.2
34	0.1	10.1	45.2	54.8
35	0.0	0.0	—	—
总体	0.2	31.7	29.5	70.5

表 28 1995~2011 年美国折返及国外增加值率

单位：%

部门	1995 年				1997 年			
	RDV	FVA	FVA_FIN	FVA_INT	RDV	FVA	FVA_FIN	FVA_INT
1	3.0	5.9	22.4	77.6	3.5	5.8	24.3	75.7
2	9.2	3.9	6.4	93.6	11.3	4.1	5.6	94.4
3	0.9	8.8	82.4	17.6	1.1	9.0	81.1	18.9
4	7.9	8.5	70.6	29.4	11.6	8.6	67.6	32.4
5	2.0	14.2	92.3	7.7	7.1	13.8	84.8	15.2
6	6.7	8.2	1.6	98.4	8.2	8.6	1.9	98.1
7	7.9	6.8	27.5	72.5	8.9	6.4	28.0	72.0
8	4.0	22.1	36.6	63.4	4.3	23.0	38.2	61.8
9	8.4	7.7	22.7	77.3	9.1	7.9	25.4	74.6
10	14.7	8.1	21.4	78.6	16.1	7.8	21.0	79.0
11	7.6	6.4	5.6	94.4	7.7	6.2	5.4	94.6
12	14.6	7.8	17.6	82.4	16.6	7.5	16.8	83.2
13	4.8	10.3	71.2	28.8	5.0	10.2	70.2	29.8
14	9.8	10.5	56.8	43.2	10.3	9.7	56.4	43.6
15	12.6	12.1	60.7	39.3	12.0	12.3	61.3	38.7
16	2.7	9.0	76.5	23.5	2.7	8.9	78.1	21.9
17	4.1	4.3	31.1	68.9	4.6	5.6	30.7	69.3
18	0.5	7.4	56.5	43.5	0.7	7.4	42.2	57.8
19	2.6	6.1	0.4	99.6	3.5	5.5	1.1	98.9
20	4.1	1.8	16.9	83.1	3.8	1.5	16.2	83.8
21	3.0	2.2	3.5	96.5	4.7	1.9	13.1	86.9
22	2.2	4.4	57.0	43.0	3.8	4.2	40.4	59.6
23	4.9	4.6	22.3	77.7	5.1	4.9	22.0	78.0
24	3.6	6.8	26.8	73.2	3.5	7.0	26.4	73.6
25	3.6	4.8	35.7	64.3	3.9	4.8	36.4	63.6
26	4.8	2.0	17.7	82.3	4.7	2.0	18.2	81.8
27	3.8	2.4	19.7	80.3	4.0	2.7	19.5	80.5
28	4.7	1.8	18.8	81.2	4.9	1.8	18.4	81.6
29	1.4	1.3	32.4	67.6	1.7	1.4	33.1	66.9
30	4.9	2.0	19.4	80.6	5.5	2.0	20.8	79.2
31	5.6	3.3	48.6	51.4	6.1	3.5	50.9	49.1
32	2.3	2.6	43.6	56.4	2.3	2.7	43.2	56.8
33	0.5	3.3	55.8	44.2	0.6	3.4	56.9	43.1
34	4.0	2.3	30.0	70.0	4.5	2.4	32.7	67.3
35	2.8	0.0	—	—	3.8	0.0	—	—
总体	7.1	7.3	49.1	50.9	7.7	7.3	49.8	50.2

表29 1995~2011年美国折返及国外增加值率（续）

单位：%

部门	2002年				2007年			
	RDV	FVA	FVA_FIN	FVA_INT	RDV	FVA	FVA_FIN	FVA_INT
1	4.6	6.5	27.5	72.5	3.8	9.1	24.7	75.3
2	21.2	3.7	6.7	93.3	16.4	5.4	8.9	91.1
3	1.3	8.3	83.4	16.6	1.5	11.7	79.4	20.6
4	15.6	8.6	68.4	31.6	11.0	10.7	63.1	36.9
5	2.9	14.7	90.9	9.1	2.2	16.3	91.4	8.6
6	12.5	7.8	4.0	96.0	8.9	9.8	5.8	94.2
7	11.3	5.9	30.7	69.3	8.8	7.5	29.1	70.9
8	4.9	26.2	42.1	57.9	3.5	30.4	45.6	54.4
9	11.0	8.2	35.1	64.9	8.6	11.2	34.8	65.2
10	18.2	8.2	29.2	70.8	12.9	11.4	25.8	74.2
11	9.3	6.3	4.8	95.2	6.0	9.5	4.8	95.2
12	19.0	7.4	17.2	82.8	13.5	10.8	15.7	84.3
13	6.7	10.1	72.4	27.6	4.9	14.1	71.1	28.9
14	12.4	8.1	61.7	38.3	9.1	10.0	57.2	42.8
15	13.3	11.9	59.7	40.3	8.9	16.6	67.2	32.8
16	4.2	8.9	74.8	25.2	5.2	10.8	70.3	29.7
17	6.1	7.6	31.9	68.1	5.7	11.3	31.0	69.0
18	1.1	6.9	40.7	59.3	0.6	10.0	35.9	64.1
19	4.0	5.4	2.8	97.2	3.6	6.3	3.2	96.8
20	7.2	1.7	19.3	80.7	5.8	2.4	19.3	80.7
21	6.3	1.8	32.6	67.4	4.7	2.6	24.8	75.2
22	4.5	3.7	46.9	53.1	4.8	4.8	37.7	62.3
23	6.8	4.5	25.2	74.8	5.1	8.0	25.4	74.6
24	6.3	7.2	31.9	68.1	4.1	12.5	28.9	71.1
25	4.8	5.7	48.5	51.5	4.1	11.4	36.4	63.6
26	6.5	2.1	24.6	75.4	4.7	3.5	21.9	78.1
27	6.3	2.4	20.5	79.5	4.7	3.2	20.0	80.0
28	5.9	1.9	19.2	80.8	5.7	3.1	21.5	78.5
29	2.4	1.4	34.3	65.7	1.9	1.7	34.9	65.1
30	8.0	1.9	20.2	79.8	5.7	2.7	18.5	81.5
31	7.9	3.5	55.8	44.2	8.6	4.3	30.9	69.1
32	3.5	2.4	39.4	60.6	2.8	3.0	40.4	59.6
33	0.8	3.6	56.2	43.8	0.6	4.5	55.2	44.8
34	5.8	2.5	32.7	67.3	4.4	3.5	29.2	70.8
35	4.3	0.0	—	—	3.9	0.0	—	—
总体	9.6	6.9	51.5	48.5	7.1	9.6	49.4	50.6

表30 1995~2011年美国折返及国外增加值率（续）

单位：%

部门	2011年			
	RDV	FVA	FVA_FIN	FVA_INT
1	3.2	10.5	22.8	77.2
2	9.6	7.4	7.4	92.6
3	1.3	12.8	78.8	21.2
4	7.5	14.6	66.4	33.6
5	1.5	15.4	91.8	8.2
6	6.3	10.3	4.2	95.8
7	6.7	8.6	27.9	72.1
8	2.7	35.8	46.7	53.3
9	6.8	13.2	34.2	65.8
10	10.4	12.6	22.9	77.1
11	4.6	10.6	4.0	96.0
12	10.8	11.9	13.3	86.7
13	3.8	13.9	68.0	32.0
14	7.3	8.1	56.4	43.6
15	5.0	21.9	67.4	32.6
16	5.4	11.0	64.7	35.3
17	4.0	9.0	32.0	68.0
18	0.6	11.1	35.3	64.7
19	2.8	7.1	2.4	97.6
20	4.0	3.4	18.2	81.8
21	2.9	3.3	14.9	85.1
22	3.7	5.7	36.6	63.4
23	3.4	8.4	26.3	73.7
24	2.9	12.0	29.1	70.9
25	3.3	11.9	37.5	62.5
26	3.5	3.7	26.3	73.7
27	4.1	3.9	19.9	80.1
28	5.0	3.0	20.8	79.2
29	1.6	2.1	33.3	66.7
30	5.1	2.9	19.5	80.5
31	6.4	5.2	20.3	79.7
32	2.2	3.2	42.4	57.6
33	0.5	4.5	56.3	43.7
34	4.4	3.8	25.3	74.7
35	3.1	0.0	—	—
总体	5.4	11.4	47.8	52.2

附录6：1995～2011年基于贸易增加值的APEC主要经济体贸易竞争力指数（TC）

表1 1995～2011年基于贸易增加值的澳大利亚贸易竞争力指数（TC）

部门	1995年	1997年	2002年	2007年	2011年
1	0.87	0.87	0.88	0.70	0.80
2	0.73	0.72	0.63	0.63	0.71
3	0.46	0.47	0.49	0.37	0.21
4	-0.28	-0.29	-0.46	-0.63	-0.75
5	0.17	0.16	0.04	-0.29	-0.44
6	-0.12	-0.18	-0.12	-0.07	-0.29
7	-0.59	-0.59	-0.48	-0.50	-0.50
8	0.18	0.19	-0.10	-0.41	-0.65
9	-0.45	-0.45	-0.48	-0.40	-0.49
10	-0.68	-0.70	-0.67	-0.64	-0.75
11	-0.49	-0.51	-0.54	-0.50	-0.64
12	0.40	0.36	0.52	0.43	0.18
13	-0.51	-0.52	-0.46	-0.51	-0.58
14	-0.61	-0.63	-0.73	-0.75	-0.80
15	-0.51	-0.46	-0.54	-0.59	-0.69
16	-0.40	-0.46	-0.47	-0.48	-0.48
17	-0.25	-0.17	0.01	-0.12	-0.23
18	0.23	0.23	-0.40	-0.34	-0.43
19	-0.67	-0.53	-0.16	-0.22	-0.18
20	-0.98	-0.16	0.52	0.45	0.34
21	0.22	0.31	0.47	0.42	0.22
22	0.00	-0.06	0.03	0.01	-0.05
23	0.00	-0.04	0.02	-0.04	-0.11
24	-0.04	-0.04	0.30	0.32	0.24
25	-0.10	-0.18	-0.10	-0.12	-0.18
26	0.53	0.56	0.81	0.83	0.86
27	-0.13	-0.14	-0.06	-0.15	-0.18
28	-0.07	-0.11	-0.02	0.02	-0.05
29	-0.63	-0.62	-0.29	-0.15	-0.19
30	-0.08	-0.15	-0.09	-0.07	-0.10
31	0.05	0.26	0.12	0.06	-0.15
32	0.60	0.55	0.46	0.35	0.31
33	0.14	0.03	-0.17	-0.14	-0.19
34	-0.34	-0.35	-0.37	-0.40	-0.42
35	-1.00	-1.00	-1.00	-1.00	-1.00
澳大利亚总体	0.06	0.05	0.03	0.06	0.10

表2　1995~2011年基于贸易增加值的加拿大贸易竞争力指数（TC）

部门	1995年	1997年	2002年	2007年	2011年
1	0.40	0.44	0.36	0.42	0.40
2	0.64	0.58	0.51	0.54	0.61
3	-0.04	-0.02	0.04	-0.12	-0.11
4	-0.43	-0.34	-0.25	-0.51	-0.64
5	-0.60	-0.56	-0.54	-0.76	-0.74
6	0.82	0.80	0.81	0.69	0.60
7	0.55	0.43	0.41	0.32	0.27
8	0.16	0.15	0.34	0.44	0.11
9	0.04	0.00	-0.11	-0.05	-0.02
10	0.16	0.17	0.30	0.19	0.06
11	-0.26	-0.23	-0.15	-0.25	-0.39
12	0.16	0.13	0.19	0.19	0.06
13	-0.47	-0.45	-0.36	-0.34	-0.36
14	-0.34	-0.35	-0.35	-0.31	-0.44
15	0.16	0.09	0.11	-0.02	-0.03
16	-0.08	-0.01	0.16	0.08	0.04
17	0.61	0.65	0.55	0.48	0.46
18	-0.65	-0.69	0.05	-0.24	-0.02
19	0.35	0.48	0.60	0.20	0.10
20	-0.21	0.12	0.17	0.29	0.18
21	0.50	0.50	0.65	0.50	0.47
22	-0.15	-0.11	0.03	-0.14	-0.16
23	0.31	0.35	0.44	0.44	0.43
24	0.27	0.29	0.34	0.21	0.13
25	-0.13	-0.15	-0.08	-0.24	-0.25
26	0.60	0.63	0.74	0.65	0.64
27	-0.33	-0.35	-0.31	-0.31	-0.30
28	-0.54	-0.50	-0.46	-0.54	-0.57
29	0.97	0.97	0.98	0.96	0.95
30	-0.10	-0.07	0.05	0.08	0.01
31	0.52	0.68	0.58	0.67	0.58
32	-0.05	-0.01	0.15	0.19	0.08
33	-0.05	-0.06	-0.37	-0.30	-0.43
34	-0.22	-0.02	0.21	0.24	0.19
35	1.00	1.00	0.99	1.00	1.00
加拿大总体	0.09	0.06	0.10	0.09	0.05

附录6: 1995~2011年基于贸易增加值的APEC主要经济体贸易竞争力指数(TC)

表3 1995~2011年基于贸易增加值的中国贸易竞争力指数(TC)

部门	1995年	1997年	2002年	2007年	2011年
1	0.05	0.00	-0.13	-0.45	-0.59
2	-0.23	-0.33	-0.40	-0.88	-0.95
3	0.43	0.35	0.34	0.24	0.13
4	0.54	0.57	0.57	0.87	0.88
5	0.58	0.64	0.62	0.73	0.76
6	0.16	0.43	0.19	0.53	0.20
7	-0.30	-0.27	-0.30	-0.33	-0.33
8	-0.38	-0.37	-0.04	-0.40	-0.48
9	-0.60	-0.26	-0.38	-0.18	-0.14
10	0.42	0.47	0.52	0.52	0.51
11	0.95	0.63	0.41	0.50	0.49
12	-0.02	0.10	-0.09	0.19	0.03
13	-0.55	-0.46	-0.36	0.05	0.01
14	0.09	0.17	0.02	0.28	0.31
15	-0.39	-0.14	-0.17	0.12	0.07
16	0.81	0.36	0.75	0.68	0.66
17	0.66	0.76	0.16	0.01	-0.15
18	-0.18	-0.28	0.03	0.28	0.19
19	-1.00	-1.00	-1.00	-1.00	-1.00
20	-1.00	0.91	0.85	0.73	0.63
21	-1.00	0.86	0.83	0.79	0.79
22	0.18	0.29	0.95	0.20	0.12
23	0.64	0.53	0.44	0.07	-0.08
24	0.85	0.84	0.82	0.96	0.96
25	0.48	0.42	0.61	0.28	0.21
26	0.38	0.46	0.85	0.38	0.30
27	0.30	0.41	0.06	0.05	-0.06
28	-0.17	-0.39	-0.88	-0.17	-0.34
29	-1.00	-1.00	-1.00	-1.00	-1.00
30	-0.24	-0.35	0.14	0.06	-0.01
31	-0.60	-0.66	-0.52	-0.85	-0.90
32	0.82	0.90	0.01	-0.52	-0.66
33	-0.33	-0.46	-1.00	0.16	0.10
34	0.67	0.85	0.57	0.09	-0.01
35	-1.00	-1.00	-1.00	-1.00	-1.00
中国总体	0.11	0.20	0.13	0.20	0.10

表 4　1995~2011 年基于贸易增加值的印度尼西亚贸易竞争力指数（TC）

部门	1995 年	1997 年	2002 年	2007 年	2011 年
1	-0.14	-0.24	-0.32	-0.10	-0.15
2	0.76	0.68	0.50	0.54	0.75
3	0.34	0.24	0.27	0.37	0.47
4	0.48	0.57	0.65	0.71	0.03
5	0.78	0.77	0.72	0.71	0.53
6	0.97	0.96	0.93	0.82	0.76
7	0.23	0.26	0.40	0.32	0.18
8	0.56	0.45	0.36	0.28	0.26
9	-0.56	-0.51	-0.34	-0.20	-0.23
10	0.66	0.58	0.53	0.56	0.40
11	-0.19	0.04	0.46	0.36	0.02
12	-0.49	-0.43	-0.26	0.09	-0.14
13	-0.86	-0.75	-0.51	-0.35	-0.47
14	-0.46	-0.07	0.47	0.12	-0.29
15	-0.76	-0.75	-0.62	-0.07	-0.28
16	0.38	0.41	0.36	0.20	-0.15
17	-1.00	-1.00	-1.00	-1.00	-1.00
18	-1.00	-1.00	-1.00	-1.00	-1.00
19	-1.00	-1.00	-1.00	-1.00	-1.00
20	-0.98	-0.98	-0.93	-0.24	-0.11
21	-0.96	-0.97	-0.87	0.18	0.11
22	0.32	0.12	0.01	0.26	0.31
23	-0.37	-0.55	-0.52	-0.10	-0.03
24	0.09	-0.25	-0.49	-0.25	-0.15
25	-0.36	-0.49	-0.53	-0.40	-0.30
26	0.15	-0.06	-0.08	0.28	0.33
27	-0.40	-0.26	0.02	-0.25	-0.17
28	0.13	0.07	-0.33	-0.68	-0.65
29	0.93	0.70	0.29	-0.67	-0.64
30	-0.78	-0.85	-0.63	0.10	0.19
31	-0.48	-0.44	-0.43	-0.30	-0.25
32	-0.81	-0.81	-0.56	0.06	0.14
33	-0.66	-0.72	-0.76	-0.74	-0.70
34	-0.44	-0.36	-0.11	-0.03	0.05
35	-1.00	-1.00	-1.00	-1.00	-1.00
印度尼西亚总体	0.03	0.05	0.16	0.17	0.13

附录6: 1995~2011年基于贸易增加值的APEC主要经济体贸易竞争力指数（TC）

表5　1995~2011年基于贸易增加值的日本贸易竞争力指数（TC）

部门	1995年	1997年	2002年	2007年	2011年
1	-0.96	-0.93	-0.94	-0.92	-0.94
2	-0.96	-0.97	-0.97	-0.98	-0.98
3	-0.90	-0.89	-0.88	-0.86	-0.87
4	-0.53	-0.53	-0.54	-0.64	-0.69
5	-0.89	-0.91	-0.92	-0.93	-0.94
6	-0.88	-0.91	-0.87	-0.83	-0.83
7	-0.36	-0.34	-0.16	-0.18	-0.26
8	-0.54	-0.64	-0.66	-0.55	-0.50
9	0.26	0.27	0.29	0.24	0.11
10	0.32	0.27	0.33	0.42	0.43
11	0.30	0.22	0.26	0.30	0.32
12	0.35	0.33	0.42	0.30	0.36
13	0.73	0.67	0.61	0.58	0.56
14	0.59	0.51	0.44	0.42	0.31
15	0.77	0.77	0.79	0.80	0.81
16	-0.33	-0.28	-0.26	-0.19	-0.09
17	-0.26	-0.03	-0.23	-0.09	-0.18
18	-1.00	-1.00	-1.00	-1.00	-1.00
19	-0.55	-0.91	-0.95	-0.69	-0.81
20	0.67	0.55	0.65	0.67	0.57
21	0.11	0.00	-0.07	0.26	0.52
22	0.87	0.94	0.91	0.94	0.94
23	0.21	0.30	0.37	0.25	0.13
24	0.49	0.47	0.39	0.39	0.34
25	-0.41	-0.17	-0.03	0.00	-0.07
26	0.45	0.33	0.13	0.61	0.54
27	-0.31	-0.22	-0.29	-0.46	-0.49
28	-0.17	-0.16	-0.21	0.04	-0.03
29	-0.74	-0.55	-0.73	-0.99	-0.99
30	-0.19	-0.27	-0.29	-0.19	-0.25
31	-0.34	-0.06	-0.01	-0.13	-0.17
32	-0.51	-0.27	0.09	0.22	-0.05
33	-0.18	0.25	0.15	0.61	0.59
34	0.50	0.06	-0.40	-0.29	-0.34
35	-1.00	-1.00	-1.00	-1.00	-1.00
日本总体	0.21	0.17	0.18	0.15	0.04

表6　1995~2011年基于贸易增加值的韩国贸易竞争力指数（TC）

部门	1995年	1997年	2002年	2007年	2011年
1	-0.67	-0.78	-0.82	-0.88	-0.89
2	-0.99	-1.01	-1.00	-1.00	-1.00
3	-0.40	-0.36	-0.45	-0.47	-0.49
4	0.51	0.51	0.42	0.10	-0.07
5	0.49	0.44	0.19	-0.41	-0.61
6	-0.86	-0.89	-0.91	-0.94	-0.94
7	-0.43	-0.22	-0.23	-0.34	-0.28
8	-0.57	-0.31	-0.26	-0.22	-0.43
9	-0.15	-0.08	-0.04	0.05	0.02
10	0.31	0.35	0.32	0.19	0.12
11	-0.43	-0.51	-0.41	-0.48	-0.57
12	-0.24	-0.23	-0.16	-0.15	-0.10
13	-0.43	-0.30	-0.02	0.01	0.02
14	0.23	0.11	0.19	0.35	0.35
15	0.40	0.53	0.65	0.72	0.74
16	0.18	0.12	0.00	-0.23	-0.28
17	-0.56	-0.57	-0.63	-0.77	-0.84
18	-0.10	0.16	0.05	-0.06	-0.05
19	-0.97	-0.96	-0.88	0.08	0.17
20	0.58	0.55	0.43	0.38	0.29
21	-0.43	-0.50	-0.44	-0.48	-0.53
22	0.89	0.93	0.94	0.92	0.92
23	-0.15	-0.14	-0.32	-0.74	-0.80
24	1.00	0.99	0.84	0.34	0.29
25	0.38	0.40	0.46	0.47	0.40
26	-0.44	-0.42	-0.40	-0.49	-0.54
27	-0.15	-0.34	-0.53	-0.42	-0.41
28	-0.45	-0.41	-0.18	-0.24	-0.31
29	-0.60	-0.65	-0.57	-0.18	-0.24
30	0.30	0.07	-0.32	-0.20	-0.23
31	-0.14	-0.06	-0.05	-0.12	-0.18
32	-0.98	-0.97	-0.94	-0.97	-0.97
33	-0.87	-0.71	-0.39	-0.54	-0.58
34	-0.16	-0.03	-0.22	-0.45	-0.49
35	-1.00	-1.00	-1.00	-1.00	-1.00
韩国总体	-0.01	-0.03	0.02	0.01	-0.07

附录 6：1995~2011 年基于贸易增加值的 APEC 主要经济体贸易竞争力指数 (TC) | 277

表7 1995~2011 年基于贸易增加值的墨西哥贸易竞争力指数 (TC)

部门	1995 年	1997 年	2002 年	2007 年	2011 年
1	0.07	-0.11	-0.25	-0.16	-0.24
2	0.86	0.85	0.87	0.90	0.90
3	-0.23	-0.21	-0.31	-0.34	-0.21
4	-0.10	0.06	0.05	-0.09	-0.15
5	0.15	0.23	-0.14	-0.21	-0.19
6	-0.12	-0.03	-0.53	-0.63	-0.70
7	-0.59	-0.58	-0.59	-0.60	-0.54
8	-0.18	-0.43	-0.31	-0.38	-0.52
9	-0.36	-0.48	-0.53	-0.58	-0.53
10	-0.45	-0.45	-0.49	-0.45	-0.40
11	0.09	0.05	0.01	0.06	0.10
12	-0.23	-0.28	-0.36	-0.25	-0.09
13	-0.66	-0.67	-0.60	-0.58	-0.50
14	-0.15	-0.08	-0.14	-0.15	-0.31
15	0.46	0.30	0.20	0.19	0.33
16	0.77	0.71	0.69	0.61	0.64
17	0.44	0.31	0.32	0.28	0.04
18	-1.00	-1.00	-1.00	-1.00	-1.00
19	0.41	0.54	0.58	0.66	0.51
20	0.97	0.96	0.95	0.95	0.94
21	0.99	0.98	0.97	0.98	0.97
22	-0.51	-0.61	-0.64	-0.74	-0.83
23	0.99	0.99	0.99	1.00	0.99
24	0.99	0.99	0.99	0.99	0.98
25	0.03	-0.02	0.00	0.17	-0.09
26	0.69	0.67	0.65	0.74	0.58
27	0.27	0.23	0.25	0.44	0.23
28	-0.20	-0.26	-0.22	-0.06	-0.32
29	0.36	0.26	-0.20	0.18	-0.46
30	-0.48	-0.51	-0.44	-0.33	-0.54
31	-1.00	-1.00	-1.00	-1.00	-1.00
32	-0.74	-0.63	-0.58	-0.46	-0.53
33	0.65	0.30	0.33	0.31	0.25
34	-0.87	-0.90	-0.71	-0.80	-0.86
35	-1.00	-1.00	-1.00	-1.00	-1.00
墨西哥总体	0.08	0.03	-0.01	0.02	0.02

表 8　1995~2011 年基于贸易增加值的俄罗斯贸易竞争力指数 (TC)

部门	1995 年	1997 年	2002 年	2007 年	2011 年
1	-0.09	-0.12	-0.03	-0.46	-0.64
2	0.88	0.90	0.93	0.97	0.99
3	-0.90	-0.91	-0.90	-0.84	-0.77
4	-0.89	-0.89	-0.94	-0.98	-0.99
5	-0.96	-0.96	-0.96	-0.98	-0.98
6	0.30	0.24	0.43	0.52	0.45
7	0.11	0.02	0.16	0.17	0.28
8	0.48	0.26	0.68	0.92	0.84
9	0.00	-0.10	-0.13	-0.05	0.07
10	-0.38	-0.41	-0.44	-0.36	-0.47
11	-0.54	-0.60	-0.68	-0.52	-0.67
12	0.58	0.63	0.68	0.72	0.65
13	-0.41	-0.44	-0.27	-0.48	-0.64
14	-0.56	-0.55	-0.49	-0.65	-0.69
15	-0.54	-0.75	-0.66	-0.91	-0.94
16	-0.89	-0.84	-0.75	-0.78	-0.87
17	0.66	0.69	0.74	0.79	0.81
18	-0.92	-0.90	-0.88	-0.86	-0.81
19	0.59	0.58	0.60	0.79	0.82
20	0.76	0.81	0.86	0.89	0.88
21	0.68	0.74	0.73	0.77	0.76
22	-0.22	-0.14	-0.11	0.08	0.20
23	0.84	0.84	0.82	0.87	0.87
24	0.47	0.55	0.53	0.59	0.68
25	0.49	0.62	0.61	0.64	0.76
26	0.62	0.60	0.56	0.61	0.69
27	-0.39	-0.30	-0.23	-0.08	0.04
28	-0.56	-0.55	-0.37	-0.24	-0.13
29	-0.54	-0.56	-0.47	-0.43	-0.55
30	-0.15	-0.07	0.07	0.18	0.32
31	-0.60	-0.47	-0.42	-0.33	-0.21
32	-0.69	-0.65	-0.61	-0.50	-0.41
33	-0.83	-0.81	-0.73	-0.64	-0.58
34	-0.79	-0.81	-0.80	-0.76	-0.68
35	-1.00	-1.00	-1.00	-1.00	-1.00
俄罗斯总体	0.20	0.19	0.28	0.28	0.26

附录 6：1995~2011 年基于贸易增加值的 APEC 主要经济体贸易竞争力指数（TC）

表 9　1995~2011 年基于贸易增加值的中国台湾贸易竞争力指数（TC）

部门	1995 年	1997 年	2002 年	2007 年	2011 年
1	-0.32	-0.43	-0.21	-0.47	-0.19
2	-0.99	-0.99	-1.00	-0.99	-0.99
3	-0.11	-0.56	-0.55	-0.64	-0.66
4	0.62	0.64	0.67	0.57	0.47
5	0.40	0.25	0.25	0.15	-0.06
6	-0.47	-0.46	-0.50	-0.61	-0.76
7	-0.58	-0.46	-0.27	-0.29	-0.02
8	-0.62	-0.45	-0.25	-0.20	-0.49
9	-0.48	-0.38	-0.20	-0.14	-0.13
10	0.57	0.58	0.45	0.24	0.20
11	-0.08	-0.04	-0.21	-0.23	-0.21
12	-0.17	-0.06	0.09	-0.06	-0.07
13	-0.14	-0.18	-0.07	-0.21	-0.19
14	0.15	0.13	0.23	0.32	0.38
15	-0.19	-0.09	0.12	0.15	0.12
16	0.30	0.27	0.47	0.38	0.18
17	-0.58	-0.63	-0.81	-0.98	-0.99
18	-0.41	-0.44	-0.67	-0.99	-0.99
19	-0.62	-0.28	0.04	-0.33	-0.47
20	-0.98	-0.98	-0.98	-0.98	-0.99
21	-0.56	-0.67	-0.77	-0.87	-0.90
22	-0.23	-0.28	-0.23	-0.48	-0.49
23	-0.42	-0.46	-0.46	-0.70	-0.73
24	1.00	1.00	1.00	0.98	0.96
25	0.13	0.04	0.16	0.37	0.29
26	0.46	0.35	0.33	-0.19	-0.22
27	-0.06	-0.18	-0.36	-0.48	-0.45
28	-0.10	-0.14	-0.10	-0.13	-0.13
29	-0.99	-0.99	-1.00	-1.00	-1.00
30	-0.24	-0.33	-0.37	-0.42	-0.43
31	-0.96	-0.95	-0.88	-0.44	-0.47
32	-0.93	-0.93	-0.85	-0.38	-0.37
33	-0.09	-0.20	-0.29	-0.83	-0.83
34	-0.42	-0.31	-0.27	-0.21	-0.22
35	0.99	1.16	1.03	-0.68	-0.72
中国台湾总体	-0.04	-0.03	0.02	-0.04	-0.07

表 10　1995～2011 年基于贸易增加值的美国贸易竞争力指数（TC）

部门	1995 年	1997 年	2002 年	2007 年	2011 年
1	0.14	0.03	-0.07	-0.02	0.03
2	-0.67	-0.73	-0.88	-0.89	-0.84
3	0.21	0.13	-0.07	-0.10	-0.04
4	-0.57	-0.58	-0.69	-0.75	-0.76
5	-0.90	-0.89	-0.91	-0.94	-0.94
6	-0.39	-0.47	-0.64	-0.58	-0.39
7	0.07	0.08	-0.04	0.05	0.15
8	-0.03	-0.09	-0.37	-0.34	-0.01
9	0.02	-0.01	-0.18	-0.12	-0.13
10	-0.18	-0.14	-0.26	-0.29	-0.25
11	-0.33	-0.32	-0.44	-0.42	-0.29
12	-0.30	-0.31	-0.40	-0.34	-0.24
13	0.05	0.09	-0.02	-0.01	0.04
14	-0.13	-0.06	-0.15	-0.16	-0.17
15	-0.15	-0.07	-0.24	-0.13	-0.12
16	-0.40	-0.40	-0.52	-0.43	-0.30
17	-0.56	-0.55	-0.63	-0.68	-0.73
18	-0.80	-0.79	-0.85	-0.89	-0.86
19	-0.75	-0.73	-0.81	-0.76	-0.71
20	0.91	0.91	0.87	0.82	0.77
21	-0.97	-0.97	-0.98	-0.98	-0.97
22	-0.04	-0.18	-0.35	-0.24	-0.25
23	0.57	0.60	0.56	0.45	0.41
24	0.94	0.94	0.90	0.93	0.97
25	0.15	0.15	0.06	0.10	0.21
26	0.88	0.88	0.83	0.90	0.86
27	0.91	0.90	0.87	0.85	0.89
28	0.76	0.76	0.54	0.49	0.46
29	-0.04	-0.09	-0.41	-0.34	-0.50
30	-0.16	-0.16	-0.21	-0.10	-0.08
31	0.46	0.70	0.69	0.77	0.84
32	-0.18	-0.14	-0.36	-0.31	-0.22
33	-0.46	-0.52	-0.68	-0.56	-0.20
34	0.54	0.43	0.31	0.40	0.48
35	0.07	-0.05	-0.07	-0.25	0.00
美国总体	-0.01	0.00	-0.14	-0.12	-0.09

附录7：1995~2011年基于出口总额的APEC主要经济体贸易竞争力指数（TC）

表1　1995~2011年基于出口总额的澳大利亚贸易竞争力指数（TC）

部门	1995年	1997年	2002年	2007年	2011年
1	0.6830	0.6786	0.7017	0.3771	0.5032
2	0.7976	0.7950	0.8016	0.7902	0.7936
3	0.3241	0.3266	0.3302	0.2148	0.0865
4	-0.2356	-0.2416	-0.4324	-0.6318	-0.7567
5	0.1050	0.1048	0.0970	-0.1482	-0.3093
6	0.2001	0.1754	0.2043	0.1816	0.0250
7	-0.5589	-0.5278	-0.3903	-0.4494	-0.4479
8	0.0452	0.1441	-0.3004	-0.3866	-0.5548
9	-0.2138	-0.2176	-0.3237	-0.2749	-0.3837
10	-0.4559	-0.4559	-0.3891	-0.3883	-0.4982
11	-0.3167	-0.3643	-0.4618	-0.5026	-0.6299
12	0.4105	0.3991	0.5089	0.3737	0.2087
13	-0.2668	-0.4602	-0.4286	-0.4800	-0.5343
14	-0.3755	-0.4613	-0.6721	-0.6940	-0.7303
15	-0.4709	-0.4185	-0.4834	-0.6256	-0.7118
16	-0.4497	-0.5042	-0.5187	-0.5601	-0.5836
17	-0.9239	-0.9107	-0.8827	-0.8943	-0.8953
18	-0.9595	-0.9553	-0.9481	-0.9539	-0.9604
19	-0.9661	-0.9630	-0.9673	-0.9760	-0.9776
20	-0.9979	-0.8445	-0.3396	-0.2606	-0.2942
21	-0.5768	-0.4584	-0.3016	-0.3710	-0.5214
22	0.1679	0.1866	0.2291	0.2408	0.1999
23	-0.1180	-0.0761	-0.1020	-0.0329	-0.1038
24	0.1345	0.1145	0.4659	0.5009	0.4785
25	0.2290	0.1735	0.2182	0.1897	0.1245
26	0.4532	0.3645	0.2298	0.2326	0.1819
27	-0.1914	-0.2189	-0.3693	-0.3561	-0.3606
28	0.0704	0.0788	0.1310	0.1078	0.0507
29	-0.6109	-0.6077	-0.5046	-0.3997	-0.4319
30	-0.2182	-0.2570	-0.2267	-0.2434	-0.3030
31	-0.8015	-0.8176	-0.8937	-0.8871	-0.9021
32	0.5651	0.5275	0.3512	0.2580	0.2151
33	-0.4307	-0.4664	-0.6697	-0.6855	-0.7266
34	-0.4986	-0.5277	-0.5856	-0.5813	-0.6005
35	-1.0000	-1.0000	-1.0000	-1.0000	-1.0000
澳大利亚总体	0.0238	0.0175	-0.0196	-0.0207	0.0356

表 2　1995~2011 年基于出口总额的加拿大贸易竞争力指数（TC）

部门	1995 年	1997 年	2002 年	2007 年	2011 年
1	0.3100	0.3182	0.2991	0.3197	0.2929
2	0.8215	0.7953	0.8312	0.8629	0.8886
3	-0.1377	-0.1056	-0.0610	-0.1929	-0.1736
4	-0.3578	-0.2513	-0.1953	-0.4445	-0.6031
5	-0.5638	-0.5105	-0.5138	-0.7406	-0.7147
6	0.8257	0.8222	0.8003	0.7464	0.6431
7	0.5738	0.4994	0.4742	0.4387	0.3601
8	-0.3071	-0.2610	-0.1767	-0.0053	-0.1007
9	0.2444	0.2200	0.0912	0.1218	0.1008
10	0.2989	0.2971	0.3877	0.3145	0.1808
11	0.1732	0.1875	0.2388	0.1604	-0.0386
12	0.3861	0.3671	0.3577	0.2354	0.1863
13	-0.3431	-0.3245	-0.2261	-0.2529	-0.3073
14	-0.1612	-0.1745	-0.1883	-0.1888	-0.3052
15	0.1100	0.0726	0.0899	-0.0104	-0.1051
16	-0.0895	-0.0344	0.0946	0.0054	-0.0756
17	-0.0541	-0.0322	-0.1420	0.2124	0.3000
18	-0.9964	-0.9975	-0.9828	-0.9907	-0.9826
19	-0.4911	-0.4564	-0.2827	-0.6329	-0.6500
20	-0.7826	-0.7807	-0.7889	-0.7248	-0.7441
21	-0.4064	-0.3820	-0.1419	-0.3382	-0.3952
22	-0.1905	0.1789	0.2819	0.1479	-0.2163
23	0.3414	0.3546	0.4593	0.3798	0.3303
24	0.3914	0.3946	0.3828	0.2454	0.1995
25	-0.0275	-0.1046	-0.0177	-0.1128	-0.1280
26	0.5373	0.5166	0.4918	0.3903	0.4421
27	-0.3770	-0.3770	-0.0450	-0.0686	-0.0776
28	-0.3237	-0.2846	-0.2117	-0.2996	-0.3228
29	0.3068	0.3278	0.4166	0.2519	0.2314
30	0.3522	0.3500	0.3213	0.3395	0.3426
31	-0.6738	-0.6375	-0.6829	-0.6235	-0.7184
32	-0.3628	-0.3276	-0.0867	-0.0314	-0.0724
33	-0.8367	-0.8445	-0.8650	-0.8294	-0.8410
34	-0.2692	-0.3998	-0.2764	-0.3045	-0.1522
35	0.9995	0.9989	0.9965	0.9980	0.9993
加拿大总体	0.0730	0.0567	0.0832	0.0547	0.0038

附录7：1995~2011年基于出口总额的APEC主要经济体贸易竞争力指数（TC）

表3　1995~2011年基于出口总额的中国贸易竞争力指数（TC）

部门	1995年	1997年	2002年	2007年	2011年
1	0.0075	-0.1917	-0.2270	-0.2986	-0.3810
2	0.2983	0.2067	0.4208	-0.3887	-0.5818
3	0.2054	0.2027	0.1389	-0.0059	-0.1527
4	0.5237	0.5556	0.5280	0.7317	0.7194
5	0.4745	0.5186	0.5159	0.6323	0.6306
6	0.2573	0.3121	0.0756	0.0417	-0.1453
7	-0.1084	-0.0874	-0.1338	-0.4041	-0.4450
8	-0.6429	-0.5300	-0.5128	-0.7518	-0.8164
9	-0.3494	0.0563	-0.0855	-0.0490	-0.0817
10	0.2539	0.2371	0.2112	0.2365	0.2678
11	0.1635	0.1741	0.0130	0.0199	-0.0397
12	0.0974	0.1391	0.0644	-0.0569	-0.3037
13	-0.5803	-0.3740	-0.4174	0.0737	0.0269
14	0.1964	0.2359	0.0963	0.3035	0.3149
15	-0.4389	-0.2751	-0.2604	-0.0217	-0.0675
16	0.6132	0.3789	0.7218	0.7309	0.7217
17	-0.4653	-0.5958	-0.6796	-0.8816	-0.9185
18	-0.8044	-0.9184	-0.8898	-0.7602	-0.8111
19	-1.0000	-1.0000	-1.0000	-1.0000	-1.0000
20	-1.0000	0.5760	0.5751	0.5975	0.5227
21	-1.0000	0.5523	0.5627	0.5772	0.4975
22	0.4166	0.4152	0.5312	0.2270	0.1139
23	0.1776	-0.1275	0.2581	0.1902	0.1151
24	0.6850	0.4252	0.5470	0.7574	0.7339
25	0.7155	0.6411	0.6310	0.6641	0.6290
26	0.6849	0.6254	0.5160	-0.0040	-0.0508
27	0.2195	0.2132	-0.3987	-0.1298	-0.1125
28	-0.6863	-0.7358	-0.8611	-0.6295	-0.6797
29	-1.0000	-1.0000	-1.0000	-1.0000	-1.0000
30	-0.5456	-0.6924	0.1396	0.2419	0.3074
31	-0.8218	-0.9294	-0.8169	-0.8618	-0.8644
32	-0.6829	-0.6276	-0.8503	-0.9226	-0.9258
33	-0.8709	-0.9474	-1.0000	-0.9177	-0.9212
34	0.5277	0.5348	0.4134	-0.1201	-0.1215
35	-1.0000	-1.0000	-1.0000	-1.0000	-1.0000
中国总体	0.0833	0.1522	0.0845	0.1591	0.0760

表4 1995~2011年基于出口总额的印度尼西亚贸易竞争力指数（TC）

部门	1995年	1997年	2002年	2007年	2011年
1	-0.1896	-0.1305	-0.1761	-0.0893	-0.1276
2	0.8392	0.8446	0.8200	0.7944	0.8552
3	0.0697	0.0498	0.0798	0.2197	0.3133
4	0.3344	0.3936	0.4758	0.4749	0.0895
5	0.6553	0.6023	0.5242	0.5340	0.4152
6	0.7089	0.6595	0.7083	0.4947	0.3221
7	0.2149	0.2425	0.4090	0.2977	0.2158
8	0.5505	0.5587	0.5307	0.4909	0.6590
9	-0.3064	-0.2576	-0.1389	0.0092	0.0933
10	0.4890	0.4505	0.3906	0.3832	0.3753
11	-0.1481	-0.0834	0.2625	0.2587	0.0223
12	0.1632	0.0800	0.2892	0.6414	0.6125
13	-0.7491	-0.5740	-0.2359	-0.1733	-0.2027
14	-0.4119	-0.1480	0.3608	0.0199	-0.2920
15	-0.7273	-0.7241	-0.5661	-0.3227	-0.3971
16	0.3728	0.3997	0.4007	0.1250	-0.1115
17	-1.0000	-1.0000	-1.0000	-1.0000	-1.0000
18	-1.0000	-1.0000	-1.0000	-1.0000	-1.0000
19	-1.0000	-1.0000	-1.0000	-1.0000	-1.0000
20	-0.9955	-0.9965	-0.9852	-0.6471	-0.6272
21	-0.9974	-0.9976	-0.9852	-0.6518	-0.6455
22	0.2787	0.1861	0.0966	0.0816	0.1729
23	-0.2234	-0.5180	-0.5667	-0.3092	-0.2822
24	0.0959	-0.3642	-0.6155	-0.3020	-0.1817
25	-0.1633	-0.3526	-0.3394	-0.0779	-0.0943
26	0.5962	0.4931	0.4030	0.6745	0.7063
27	-0.0573	-0.1022	-0.1998	-0.4008	-0.3991
28	0.3182	0.2883	-0.0485	-0.5759	-0.5130
29	0.5108	-0.0951	-0.5161	-0.4687	-0.2534
30	-0.5160	-0.6618	-0.5104	-0.2605	-0.2545
31	-0.7850	-0.7440	-0.7343	-0.6632	-0.7092
32	-0.8407	-0.8510	-0.7241	-0.6539	-0.6737
33	-0.9351	-0.9312	-0.9239	-0.8829	-0.8791
34	-0.3808	-0.3333	-0.2738	-0.2859	-0.3750
35	-1.0000	-1.0000	-1.0000	-1.0000	-1.0000
印度尼西亚总体	0.0121	0.0343	0.1329	0.1003	0.0550

附录7：1995~2011年基于出口总额的APEC主要经济体贸易竞争力指数（TC）

表5　1995~2011年基于出口总额的日本贸易竞争力指数（TC）

部门	1995年	1997年	2002年	2007年	2011年
1	-0.9325	-0.8716	-0.9032	-0.8482	-0.8860
2	-0.6224	-0.6153	-0.5733	-0.6806	-0.6818
3	-0.9182	-0.9162	-0.9094	-0.8902	-0.8986
4	-0.5470	-0.5508	-0.5686	-0.6462	-0.6986
5	-0.9029	-0.9174	-0.9341	-0.9402	-0.9464
6	-0.8196	-0.8496	-0.7159	-0.6358	-0.5782
7	-0.2859	-0.3282	-0.1917	-0.2471	-0.2892
8	-0.7818	-0.8391	-0.8769	-0.7941	-0.7300
9	0.3632	0.3448	0.3662	0.2774	0.1486
10	0.2568	0.2349	0.2943	0.3778	0.3599
11	-0.0578	-0.1093	0.0768	0.0942	-0.0018
12	0.2765	0.2426	0.3154	0.1372	0.1312
13	0.5964	0.5336	0.4543	0.3765	0.4102
14	0.4993	0.4239	0.3492	0.3280	0.2453
15	0.6787	0.6560	0.6810	0.6663	0.6565
16	-0.3709	-0.3262	-0.3042	-0.2558	-0.1880
17	-0.9766	-0.9720	-0.9826	-0.9619	-0.9765
18	-1.0000	-1.0000	-1.0000	-1.0000	-1.0000
19	-0.9798	-0.9781	-0.9869	-0.9736	-0.9844
20	0.5226	0.6209	0.6451	0.7558	0.7481
21	-0.4858	-0.3416	-0.2955	-0.0166	0.0448
22	-0.3150	0.0702	0.0192	0.0968	0.0764
23	0.3818	0.3818	0.3680	0.4568	0.4595
24	0.6264	0.6403	0.5517	0.5011	0.4079
25	-0.0682	0.1349	0.2510	0.2361	0.1635
26	0.5871	0.4866	0.4033	0.6939	0.6576
27	-0.3126	-0.1597	-0.5116	-0.6493	-0.6207
28	0.1081	0.1168	0.1307	0.1383	0.0879
29	-0.9730	-0.9612	-0.9732	-0.9989	-0.9991
30	0.0030	0.0080	-0.1611	0.1246	-0.0822
31	-0.9033	-0.8507	-0.8640	-0.9060	-0.9217
32	-0.9875	-0.9629	-0.9418	-0.8989	-0.9286
33	-0.9925	-0.9839	-0.9889	-0.9675	-0.9748
34	0.4911	0.1061	-0.3671	-0.4665	-0.5375
35	-1.0000	-1.0000	-1.0000	-1.0000	-1.0000
日本总体	0.1449	0.1207	0.1163	0.0942	0.0141

表 6　1995~2011 年基于出口总额的韩国贸易竞争力指数（TC）

部门	1995 年	1997 年	2002 年	2007 年	2011 年
1	-0.3942	-0.5760	-0.6718	-0.7891	-0.7924
2	-0.3551	-1.0000	-0.8302	-1.0000	-1.0000
3	-0.5523	-0.4813	-0.5399	-0.5547	-0.5317
4	0.4539	0.4534	0.3572	0.0554	-0.0953
5	0.3846	0.3640	0.1481	-0.3850	-0.5779
6	-0.7763	-0.7932	-0.8294	-0.9090	-0.9054
7	-0.3084	-0.1172	-0.1575	-0.2799	-0.2213
8	-0.6295	-0.5109	-0.3887	-0.3935	-0.3347
9	0.1356	0.2102	0.1837	0.2447	0.2686
10	0.0737	0.1919	0.2154	0.0943	0.0813
11	-0.4607	-0.4834	-0.3094	-0.3316	-0.4446
12	-0.0937	-0.0311	-0.0314	-0.0656	-0.0675
13	-0.3911	-0.2696	-0.0423	-0.0313	0.0331
14	0.2882	0.2200	0.2307	0.3374	0.3387
15	0.3036	0.4008	0.5294	0.5713	0.5907
16	0.0516	0.0355	-0.0516	-0.2691	-0.3090
17	-0.9587	-0.9721	-0.9834	-0.9875	-0.9914
18	-0.9780	-0.9720	-0.9629	-0.9734	-0.9693
19	-0.9717	-0.9788	-0.9394	-0.2615	-0.2522
20	0.6026	0.6274	0.5852	0.6399	0.6281
21	-0.5205	-0.5159	-0.4845	-0.5318	-0.5600
22	-0.4286	-0.3405	-0.2197	-0.2799	-0.3534
23	-0.0188	0.0646	-0.2927	-0.6826	-0.7193
24	0.7585	0.7155	0.7108	0.4451	0.4341
25	0.4844	0.4947	0.4751	0.5080	0.4800
26	0.2120	0.2907	0.1367	-0.1773	-0.2210
27	-0.1410	-0.3952	-0.5946	-0.5344	-0.4921
28	-0.3531	-0.3734	-0.0649	-0.0798	-0.0995
29	-0.4023	-0.5002	-0.5624	-0.3170	-0.3195
30	0.3958	0.2486	-0.0024	0.1898	0.2232
31	-0.4400	-0.3185	-0.3919	-0.4903	-0.5014
32	-0.9785	-0.9618	-0.9395	-0.9561	-0.9580
33	-0.9948	-0.9881	-0.9756	-0.9780	-0.9810
34	-0.2974	-0.2236	-0.3957	-0.5223	-0.5516
35	-1.0000	-1.0000	-1.0000	-1.0000	-1.0000
韩国总体	0.0264	0.0322	0.0612	0.0619	0.0513

附录 7：1995~2011 年基于出口总额的 APEC 主要经济体贸易竞争力指数（TC）

表 7 1995~2011 年基于出口总额的墨西哥贸易竞争力指数（TC）

部门	1995 年	1997 年	2002 年	2007 年	2011 年
1	0.1994	0.0619	-0.0874	-0.0547	-0.0625
2	0.7593	0.7662	0.7712	0.8397	0.7894
3	-0.5104	-0.4919	-0.5508	-0.5330	-0.4595
4	-0.0623	0.1049	0.1092	-0.0228	-0.0745
5	-0.1066	0.0348	-0.3411	-0.3268	-0.2696
6	0.0885	0.2051	-0.1540	-0.2531	-0.3971
7	-0.3969	-0.3819	-0.3947	-0.3812	-0.3326
8	-0.0995	-0.3550	-0.2626	-0.3454	-0.4665
9	-0.0089	-0.1680	-0.2085	-0.2775	-0.1569
10	-0.0587	-0.0253	-0.1674	-0.1122	-0.0515
11	0.2605	0.2576	0.2062	0.1654	0.1804
12	0.1144	0.0833	0.0910	0.0909	0.2293
13	-0.5330	-0.5609	-0.4811	-0.4754	-0.3934
14	0.0317	0.0541	0.0495	0.0436	-0.0064
15	0.2609	0.1858	0.1150	0.1074	0.2001
16	0.3595	0.2688	0.2864	0.2296	0.1924
17	-0.8253	-0.8871	-0.9026	-0.9447	-0.9640
18	-1.0000	-1.0000	-1.0000	-1.0000	-1.0000
19	-0.3305	-0.4670	-0.4790	-0.4408	-0.5321
20	0.5435	0.4211	0.4023	0.4355	0.2988
21	0.5693	0.4525	0.4313	0.4681	0.3358
22	-0.9285	-0.9481	-0.9472	-0.9588	-0.9740
23	0.3681	0.1212	0.1164	0.0762	-0.1739
24	0.3123	0.0904	0.1677	0.1915	0.3281
25	0.2085	0.0581	0.0517	0.0123	-0.1974
26	0.3579	0.2212	0.2313	0.2254	0.0483
27	-0.0274	-0.1867	-0.2945	-0.2059	-0.3950
28	-0.1013	-0.1479	-0.1080	-0.0097	-0.2649
29	-0.9760	-0.9836	-0.9864	-0.9841	-0.9906
30	-0.5955	-0.6845	-0.6726	-0.6516	-0.7173
31	-1.0000	-1.0000	-1.0000	-1.0000	-1.0000
32	-0.9699	-0.9523	-0.9528	-0.9408	-0.9478
33	-0.9819	-0.9879	-0.9866	-0.9886	-0.9928
34	-0.8981	-0.9241	-0.8976	-0.9071	-0.9337
35	-1.0000	-1.0000	-1.0000	-1.0003	-0.9999
墨西哥总体	0.0593	0.0201	-0.0098	-0.0034	0.0021

表 8 1995～2011 年基于出口总额的俄罗斯贸易竞争力指数（TC）

部门	1995 年	1997 年	2002 年	2007 年	2011 年
1	-0.2926	-0.3706	-0.1807	-0.4986	-0.6414
2	0.8705	0.8613	0.8652	0.9246	0.9303
3	-0.9067	-0.9162	-0.9060	-0.8698	-0.8161
4	-0.8923	-0.8947	-0.9299	-0.9846	-0.9929
5	-0.9643	-0.9597	-0.9576	-0.9809	-0.9835
6	0.4333	0.5225	0.5355	0.5830	0.6152
7	0.3273	0.2556	0.3524	0.2562	0.3280
8	0.4791	0.4903	0.6948	0.7851	0.8289
9	0.1108	0.0196	0.0011	0.0402	0.1352
10	-0.5505	-0.5900	-0.6184	-0.6339	-0.7187
11	-0.5182	-0.4593	-0.5415	-0.4760	-0.5851
12	0.6372	0.6829	0.6461	0.6655	0.6450
13	-0.2957	-0.2662	-0.1010	-0.4396	-0.5770
14	-0.5900	-0.5599	-0.4808	-0.6748	-0.6852
15	-0.5865	-0.7527	-0.6397	-0.8798	-0.9256
16	-0.8969	-0.9012	-0.8534	-0.8426	-0.9005
17	-0.5558	-0.6357	-0.5079	-0.4169	-0.3956
18	-0.9607	-0.9533	-0.9376	-0.9480	-0.9273
19	0.5548	0.5386	0.5664	0.4954	0.5921
20	0.7652	0.7707	0.8084	0.7432	0.7550
21	0.5099	0.5034	0.5035	0.4367	0.4870
22	-0.5186	-0.6627	-0.5880	-0.5913	-0.5204
23	0.8226	0.8151	0.8165	0.8058	0.8077
24	0.5264	0.4984	0.5095	0.5310	0.6744
25	0.4663	0.3845	0.3778	0.1470	0.2429
26	0.3630	0.4713	0.4708	0.4284	0.4692
27	0.0099	-0.1213	-0.0900	0.0269	0.1602
28	-0.9485	-0.8644	-0.9294	-0.9040	-0.8835
29	-0.9517	-0.9324	-0.9508	-0.9541	-0.9501
30	-0.3606	-0.3379	-0.3110	-0.4348	-0.3016
31	-0.8930	-0.9328	-0.8891	-0.8942	-0.8623
32	-0.8159	-0.8440	-0.7718	-0.6541	-0.5798
33	-0.9906	-0.9916	-0.9855	-0.9840	-0.9824
34	-0.9486	-0.9360	-0.9291	-0.9402	-0.9162
35	-1.0000	-1.0000	-1.0000	-1.0000	-1.0000
俄罗斯总体	0.1175	0.1108	0.1982	0.1499	0.1454

附录 7: 1995~2011 年基于出口总额的 APEC 主要经济体贸易竞争力指数 (TC)

表 9　1995~2011 年基于出口总额的中国台湾贸易竞争力指数 (TC)

部门	1995 年	1997 年	2002 年	2007 年	2011 年
1	-0.0639	-0.1941	0.0074	-0.2561	0.0559
2	-0.6582	-0.6771	-0.8332	-0.5514	-0.2940
3	-0.2408	-0.6156	-0.6195	-0.6675	-0.6834
4	0.4963	0.5216	0.5314	0.4756	0.3512
5	0.2923	0.1854	0.1563	0.1599	0.0045
6	0.1148	0.0890	0.0833	0.0884	-0.1661
7	-0.4008	-0.2466	-0.1064	-0.0885	0.1566
8	-0.7713	-0.6579	-0.5506	-0.3993	-0.2728
9	-0.1608	-0.0264	0.1147	0.1424	0.1298
10	0.3742	0.3836	0.3790	0.3780	0.3858
11	-0.0069	0.0329	-0.0735	-0.1008	-0.0703
12	0.1589	0.2225	0.3073	0.1724	0.1470
13	-0.1575	-0.1832	-0.0827	-0.1765	-0.1469
14	0.2579	0.2419	0.2648	0.3144	0.3471
15	-0.1753	-0.0535	0.1022	0.1511	0.1278
16	0.4670	0.4634	0.5134	0.3593	0.2227
17	-0.9582	-0.9733	-0.9894	-0.9977	-0.9985
18	-0.9512	-0.9562	-0.9817	-0.9999	-0.9999
19	-0.9270	-0.9033	-0.7993	-0.9016	-0.9238
20	-0.9944	-0.9944	-0.9882	-0.9785	-0.9793
21	-0.8405	-0.8874	-0.9357	-0.9697	-0.9775
22	-0.1948	-0.2385	-0.1752	-0.4067	-0.4236
23	-0.1416	-0.2733	-0.1432	-0.4872	-0.6223
24	0.6553	0.6587	0.5557	0.5682	0.4643
25	0.1162	-0.0106	0.1158	0.3068	0.1143
26	0.7101	0.6089	0.6202	0.2983	0.2615
27	0.3771	0.2448	-0.3098	-0.4716	-0.4766
28	-0.1256	-0.1887	-0.1014	-0.1314	-0.1332
29	-0.9983	-0.9984	-1.0000	-1.0000	-1.0000
30	0.3964	0.2456	0.1716	0.0088	-0.0342
31	-0.9943	-0.9955	-0.9740	-0.8059	-0.8238
32	-0.9769	-0.9806	-0.9316	-0.6539	-0.6687
33	-0.9289	-0.9487	-0.9521	-0.9891	-0.9908
34	-0.3613	-0.3985	-0.3795	-0.3897	-0.4389
35	0.9991	-1.0000	-1.0000	-0.6798	-0.7129
中国台湾总体	0.0471	0.0565	0.0982	0.0805	0.0705

表10　1995~2011年基于出口总额的美国贸易竞争力指数（TC）

部门	1995年	1997年	2002年	2007年	2011年
1	0.3933	0.3054	0.1685	0.2080	0.2257
2	0.2960	0.1763	-0.1301	-0.3043	-0.1616
3	-0.1107	-0.1644	-0.3212	-0.3285	-0.2548
4	-0.6270	-0.6121	-0.7009	-0.7585	-0.7404
5	-0.8629	-0.8379	-0.9023	-0.9268	-0.9186
6	-0.0912	-0.1592	-0.2935	-0.2660	-0.0844
7	0.0842	0.0739	-0.0157	0.0393	0.0521
8	-0.6018	-0.5996	-0.7292	-0.6849	-0.4689
9	0.2064	0.1726	-0.0042	-0.0255	-0.0269
10	-0.1472	-0.0823	-0.1625	-0.1783	-0.1158
11	-0.0760	-0.0203	-0.0992	-0.0997	0.0351
12	-0.1080	-0.0841	-0.1356	-0.1267	0.0241
13	0.0372	0.0771	-0.0248	-0.0350	0.0266
14	-0.0605	-0.0125	-0.1555	-0.1503	-0.1036
15	-0.1886	-0.1282	-0.2632	-0.1869	-0.1694
16	-0.4133	-0.4062	-0.5150	-0.4305	-0.3686
17	-0.9339	-0.9444	-0.9688	-0.9625	-0.9628
18	-0.9950	-0.9954	-0.9972	-0.9981	-0.9974
19	-0.9891	-0.9877	-0.9898	-0.9900	-0.9881
20	0.7980	0.8369	0.7420	0.7260	0.6116
21	-0.9940	-0.9933	-0.9947	-0.9953	-0.9950
22	-0.8957	-0.9007	-0.9178	-0.9169	-0.9247
23	0.4766	0.4676	0.3814	0.3168	0.3613
24	0.8664	0.8585	0.8341	0.7802	0.5580
25	0.4572	0.4491	0.3637	0.3068	0.3860
26	0.7302	0.7206	0.6554	0.6404	0.5675
27	0.3023	0.2509	0.0921	0.0210	-0.1467
28	0.5897	0.5833	0.4330	0.3674	0.3919
29	-0.8308	-0.8403	-0.8796	-0.9073	-0.9169
30	0.3125	0.2908	0.2199	0.2379	0.2570
31	-0.6804	-0.7535	-0.7775	-0.7220	-0.6653
32	-0.6765	-0.6697	-0.6146	-0.5597	-0.5663
33	-0.9855	-0.9855	-0.9919	-0.9873	-0.9749
34	0.1632	0.0934	-0.0535	-0.0650	-0.0873
35	0.6884	0.6812	0.6650	0.5743	0.7450
美国总体	-0.0444	-0.0360	-0.1733	-0.1708	-0.1316

附录8：1995~2011年APEC主要经济体出口显示性比较优势（RCA）

表1　1995~2011年基于贸易增加值的澳大利亚RCA指数

部门	1995年	1997年	2002年	2007年	2011年
1	3.05	3.46	3.62	1.21	1.51
2	4.52	4.36	3.47	3.74	4.75
3	2.07	2.29	2.41	1.81	1.11
4	0.48	0.48	0.35	0.21	0.11
5	0.58	0.61	0.44	0.24	0.14
6	0.57	0.58	0.71	0.63	0.45
7	0.25	0.31	0.42	0.34	0.28
8	1.13	0.96	0.67	0.48	0.29
9	0.32	0.33	0.33	0.37	0.25
10	0.23	0.22	0.26	0.24	0.14
11	0.27	0.25	0.25	0.23	0.13
12	1.29	1.35	2.01	1.98	1.22
13	0.25	0.26	0.36	0.33	0.25
14	0.23	0.20	0.14	0.12	0.08
15	0.31	0.36	0.38	0.25	0.16
16	0.40	0.37	0.36	0.31	0.21
17	0.20	0.23	0.19	0.15	0.12
18	0.62	0.56	0.54	0.55	0.42
19	0.58	0.51	0.37	0.26	0.21
20	0.00	0.05	0.28	0.28	0.24
21	0.99	1.30	1.82	1.86	1.20
22	3.69	3.79	4.57	3.53	2.89
23	0.60	0.61	0.75	0.70	0.56
24	0.43	0.42	0.41	0.36	0.34
25	2.74	2.58	3.27	3.80	3.24
26	1.84	1.68	1.52	1.40	1.17
27	2.25	1.95	1.19	1.09	0.92
28	0.80	0.70	0.46	0.42	0.36
29	1.73	1.59	1.67	1.82	1.18
30	0.76	0.67	0.63	0.60	0.52
31	0.51	0.76	0.50	0.44	0.28
32	30.08	27.03	20.94	16.82	13.20
33	14.52	11.33	7.04	4.64	3.89
34	0.89	0.90	0.64	0.81	0.67
35	0.00	0.00	0.00	0.00	0.00

表 2　1995~2011 年基于出口总额的澳大利亚 RCA 指数

部门	1995 年	1997 年	2002 年	2007 年	2011 年
1	3.29	3.77	3.98	1.33	1.66
2	4.93	4.79	3.84	4.24	5.51
3	2.13	2.37	2.55	1.91	1.17
4	0.50	0.50	0.37	0.22	0.11
5	0.59	0.63	0.49	0.26	0.16
6	0.57	0.58	0.73	0.64	0.46
7	0.26	0.32	0.44	0.35	0.28
8	1.15	0.91	0.61	0.46	0.25
9	0.33	0.34	0.34	0.36	0.24
10	0.24	0.23	0.27	0.24	0.14
11	0.28	0.27	0.27	0.25	0.15
12	1.23	1.31	1.98	1.97	1.29
13	0.27	0.28	0.40	0.37	0.28
14	0.23	0.19	0.12	0.11	0.08
15	0.30	0.34	0.38	0.25	0.15
16	0.40	0.38	0.38	0.32	0.22
17	0.21	0.23	0.19	0.15	0.12
18	0.65	0.57	0.55	0.58	0.45
19	0.66	0.57	0.41	0.30	0.24
20	0.00	0.06	0.32	0.32	0.28
21	1.10	1.46	2.08	2.22	1.43
22	4.06	4.16	5.17	4.02	3.29
23	0.65	0.66	0.84	0.78	0.62
24	0.48	0.47	0.41	0.35	0.33
25	2.95	2.80	3.74	4.35	3.67
26	1.93	1.76	1.63	1.51	1.26
27	2.55	2.18	1.31	1.24	1.05
28	0.84	0.72	0.46	0.41	0.35
29	1.93	1.77	1.89	2.03	1.33
30	0.83	0.73	0.70	0.68	0.59
31	0.57	0.83	0.57	0.51	0.32
32	33.42	29.96	24.07	19.65	15.37
33	15.48	12.05	7.63	4.98	4.23
34	1.01	1.01	0.73	0.92	0.77
35	0.00	0.00	0.00	0.00	0.00

表 3　1995～2011 年基于贸易增加值的加拿大 RCA 指数

部门	1995 年	1997 年	2002 年	2007 年	2011 年
1	0.99	1.16	1.10	1.29	1.27
2	2.13	2.03	2.02	2.31	2.12
3	0.68	0.82	0.91	0.81	0.85
4	0.30	0.37	0.45	0.29	0.19
5	0.15	0.18	0.19	0.11	0.13
6	4.77	5.46	4.99	3.60	2.99
7	3.48	2.85	2.54	2.42	2.29
8	0.68	0.71	0.94	1.17	1.06
9	0.63	0.63	0.57	0.72	0.76
10	1.23	1.34	1.69	1.40	1.17
11	0.53	0.58	0.69	0.58	0.50
12	1.19	1.27	1.23	1.09	1.15
13	0.40	0.47	0.53	0.52	0.56
14	0.42	0.41	0.33	0.36	0.34
15	1.86	1.71	1.70	1.44	1.41
16	0.97	1.14	1.32	1.26	0.96
17	1.85	2.13	1.39	1.87	2.25
18	0.03	0.03	0.16	0.10	0.16
19	0.28	0.26	0.37	0.13	0.16
20	0.10	0.09	0.09	0.13	0.12
21	1.01	0.96	1.37	0.99	1.07
22	2.86	3.18	3.40	2.17	2.60
23	1.17	1.31	1.19	0.98	1.12
24	0.19	0.20	0.16	0.12	0.15
25	0.62	0.58	0.60	0.59	0.74
26	0.56	0.63	0.74	0.56	0.69
27	0.34	0.29	0.58	0.56	0.70
28	0.50	0.54	0.46	0.40	0.50
29	4.46	4.41	4.62	3.49	3.50
30	0.72	0.73	0.61	0.62	0.75
31	1.14	1.92	1.48	2.02	1.35
32	1.53	1.55	1.87	2.36	2.47
33	2.17	2.03	1.83	1.90	1.86
34	1.16	1.32	1.43	1.97	2.23
35	4.25	3.20	1.77	2.16	2.35

表 4 1995~2011 年基于出口总额的加拿大 RCA 指数

部门	1995 年	1997 年	2002 年	2007 年	2011 年
1	0.96	1.14	1.13	1.39	1.41
2	1.95	1.86	1.90	2.26	2.19
3	0.63	0.76	0.89	0.80	0.87
4	0.29	0.36	0.44	0.31	0.20
5	0.15	0.18	0.18	0.12	0.14
6	4.19	4.83	4.50	3.34	2.87
7	3.15	2.60	2.35	2.30	2.18
8	0.75	0.74	0.89	0.98	0.93
9	0.57	0.58	0.55	0.69	0.75
10	1.17	1.28	1.70	1.43	1.18
11	0.52	0.56	0.67	0.56	0.50
12	1.15	1.24	1.24	1.17	1.22
13	0.41	0.48	0.55	0.54	0.60
14	0.49	0.46	0.35	0.35	0.35
15	2.22	2.06	2.01	1.75	1.53
16	0.95	1.16	1.32	1.21	0.92
17	1.54	1.71	1.17	1.62	2.04
18	0.03	0.02	0.16	0.10	0.17
19	0.24	0.23	0.32	0.13	0.16
20	0.10	0.09	0.10	0.14	0.14
21	0.93	0.89	1.32	1.02	1.13
22	2.65	2.98	3.31	2.22	2.73
23	1.10	1.21	1.11	0.94	1.12
24	0.17	0.18	0.14	0.10	0.14
25	0.63	0.62	0.66	0.60	0.77
26	0.50	0.56	0.68	0.54	0.67
27	0.31	0.26	0.52	0.54	0.70
28	0.46	0.48	0.41	0.38	0.48
29	4.19	4.11	4.44	3.52	3.65
30	0.66	0.66	0.57	0.62	0.77
31	1.07	1.78	1.43	2.06	1.42
32	1.43	1.43	1.80	2.42	2.59
33	1.99	1.86	1.74	1.89	1.91
34	1.11	1.31	1.43	2.08	2.35
35	3.76	2.80	1.61	2.13	2.36

表 5 1995~2011 年基于贸易增加值的中国 RCA 指数

部门	1995 年	1997 年	2002 年	2007 年	2011 年
1	1.26	0.85	0.65	0.39	0.35
2	0.46	0.35	0.33	0.07	0.05
3	1.00	1.03	0.67	0.57	0.53
4	4.71	3.86	3.27	3.79	3.29
5	4.98	4.50	3.87	3.33	3.51
6	1.57	1.34	0.82	0.93	0.95
7	0.38	0.43	0.36	0.22	0.26
8	0.35	0.42	0.60	0.17	0.14
9	0.27	0.68	0.49	0.61	0.68
10	1.91	2.07	1.56	1.48	1.64
11	1.79	2.06	1.34	1.16	1.49
12	1.11	1.15	0.95	0.93	0.83
13	0.39	0.42	0.62	1.02	1.10
14	1.39	1.29	1.68	2.58	2.58
15	0.16	0.19	0.20	0.41	0.56
16	1.23	1.13	1.96	1.60	1.62
17	1.03	0.86	0.52	0.22	0.21
18	1.74	0.57	1.23	1.58	1.51
19	0.00	0.00	0.00	0.00	0.00
20	0.00	1.44	1.71	1.04	1.06
21	0.00	2.31	2.09	1.38	1.36
22	3.34	2.18	1.92	1.07	1.07
23	0.73	0.39	0.77	0.45	0.43
24	0.54	0.38	1.43	1.31	1.46
25	1.00	0.76	1.13	1.18	1.24
26	2.08	1.78	0.39	0.30	0.30
27	0.80	0.94	0.72	0.83	0.88
28	0.09	0.05	0.02	0.03	0.04
29	0.00	0.00	0.00	0.00	0.00
30	0.14	0.07	0.50	0.57	0.60
31	0.29	0.14	0.34	0.18	0.15
32	0.75	0.88	0.33	0.22	0.21
33	1.29	0.61	0.00	0.60	0.62
34	1.89	2.08	3.03	0.80	0.83
35	0.00	0.00	0.00	0.00	0.00

表6 1995~2011年基于出口总额的中国RCA指数

部门	1995年	1997年	2002年	2007年	2011年
1	1.25	0.86	0.65	0.37	0.33
2	0.48	0.37	0.35	0.08	0.05
3	0.96	0.99	0.63	0.52	0.49
4	4.60	3.76	3.15	3.46	3.00
5	5.14	4.61	3.87	3.13	3.39
6	1.60	1.33	0.80	0.88	0.93
7	0.38	0.43	0.35	0.21	0.26
8	0.32	0.37	0.50	0.15	0.14
9	0.26	0.66	0.47	0.57	0.65
10	1.85	2.03	1.50	1.40	1.57
11	1.78	2.09	1.31	1.10	1.46
12	1.02	1.09	0.90	0.83	0.81
13	0.39	0.43	0.62	0.97	1.07
14	1.37	1.26	1.69	2.58	2.56
15	0.15	0.18	0.18	0.36	0.49
16	1.21	1.10	1.85	1.38	1.40
17	1.00	0.83	0.49	0.22	0.22
18	1.70	0.55	1.20	1.53	1.50
19	0.00	0.00	0.00	0.00	0.00
20	0.00	1.57	1.83	1.05	1.10
21	0.00	2.52	2.23	1.41	1.40
22	3.41	2.27	1.96	1.05	1.08
23	0.76	0.40	0.79	0.44	0.44
24	0.53	0.38	1.30	1.12	1.30
25	1.01	0.78	1.11	1.17	1.23
26	2.09	1.83	0.39	0.29	0.31
27	0.86	1.02	0.77	0.84	0.89
28	0.09	0.05	0.02	0.03	0.03
29	0.00	0.00	0.00	0.00	0.00
30	0.16	0.08	0.54	0.61	0.65
31	0.32	0.15	0.36	0.18	0.15
32	0.83	1.00	0.36	0.24	0.24
33	1.47	0.72	0.00	0.65	0.69
34	2.03	2.25	3.24	0.83	0.86
35	0.00	0.00	0.00	0.00	0.00

表7　1995~2011年基于贸易增加值的印度尼西亚RCA指数

部门	1995年	1997年	2002年	2007年	2011年
1	0.59	0.64	0.82	1.16	0.99
2	3.13	2.99	2.71	2.30	2.58
3	1.35	1.47	1.87	2.50	2.69
4	2.23	2.48	2.36	1.97	1.18
5	3.51	3.01	1.86	1.70	1.74
6	8.41	7.24	5.50	2.81	2.24
7	0.83	1.23	1.60	1.47	1.22
8	5.81	5.30	5.76	3.52	3.00
9	0.38	0.45	0.52	0.62	0.62
10	2.36	2.06	1.80	1.88	1.77
11	0.52	0.66	1.08	0.81	0.52
12	0.37	0.41	0.45	0.65	0.53
13	0.13	0.20	0.32	0.40	0.41
14	0.33	0.50	0.78	0.50	0.39
15	0.12	0.12	0.12	0.27	0.26
16	1.57	1.71	1.52	1.08	0.67
17	0.00	0.00	0.00	0.00	0.00
18	0.00	0.00	0.00	0.00	0.00
19	0.00	0.00	0.00	0.00	0.00
20	0.00	0.00	0.00	0.13	0.13
21	0.00	0.00	0.02	0.55	0.54
22	6.72	5.67	3.67	2.00	2.01
23	0.36	0.27	0.34	0.84	0.81
24	0.61	0.31	0.21	0.40	0.46
25	0.77	0.61	0.47	0.49	0.52
26	1.09	0.89	0.77	1.00	1.02
27	0.82	0.44	0.26	0.42	0.44
28	1.90	1.33	0.23	0.04	0.05
29	0.73	0.53	0.93	3.80	3.04
30	0.08	0.06	0.04	0.06	0.06
31	0.62	0.87	0.80	1.25	1.05
32	0.43	0.48	0.96	2.02	2.02
33	0.24	0.19	0.18	0.14	0.15
34	0.85	1.06	1.25	1.66	1.65
35	0.00	0.00	0.00	0.00	0.00

表 8　1995~2011 年基于贸易总额的印度尼西亚 RCA 指数

部门	1995 年	1997 年	2002 年	2007 年	2011 年
1	0.58	0.63	0.81	1.23	1.04
2	3.10	2.98	2.68	2.43	2.76
3	1.30	1.44	1.85	2.63	2.77
4	2.33	2.45	2.47	2.19	1.54
5	3.51	2.95	1.86	1.85	2.03
6	8.03	7.02	5.32	2.82	2.29
7	0.84	1.27	1.78	1.69	1.38
8	5.10	4.65	4.34	2.60	1.97
9	0.41	0.49	0.54	0.63	0.59
10	2.45	2.18	1.93	2.10	1.95
11	0.54	0.71	1.09	0.81	0.53
12	0.40	0.46	0.47	0.58	0.47
13	0.20	0.31	0.48	0.55	0.61
14	0.35	0.50	0.76	0.49	0.42
15	0.12	0.11	0.12	0.25	0.25
16	1.52	1.66	1.50	1.06	0.65
17	0.00	0.00	0.00	0.00	0.00
18	0.00	0.00	0.00	0.00	0.00
19	0.00	0.00	0.00	0.00	0.00
20	0.00	0.00	0.01	0.15	0.15
21	0.00	0.00	0.02	0.64	0.63
22	7.14	6.04	3.91	2.28	2.26
23	0.37	0.29	0.41	1.03	1.00
24	0.61	0.33	0.22	0.44	0.49
25	0.99	0.80	0.57	0.48	0.49
26	1.09	0.90	0.78	1.02	1.04
27	0.87	0.46	0.25	0.45	0.46
28	1.94	1.34	0.22	0.05	0.05
29	0.77	0.57	1.06	4.76	3.81
30	0.09	0.06	0.05	0.06	0.07
31	0.67	0.93	0.88	1.47	1.23
32	0.47	0.54	1.15	2.63	2.55
33	0.29	0.22	0.20	0.16	0.17
34	0.93	1.14	1.38	1.94	1.95
35	0.00	0.00	0.00	0.00	0.00

表9 1995~2011年基于贸易增加值的日本RCA指数

部门	1995年	1997年	2002年	2007年	2011年
1	0.02	0.05	0.03	0.04	0.03
2	0.03	0.03	0.03	0.02	0.02
3	0.07	0.08	0.09	0.09	0.09
4	0.28	0.26	0.26	0.21	0.19
5	0.05	0.04	0.04	0.04	0.03
6	0.12	0.10	0.13	0.17	0.23
7	0.17	0.18	0.21	0.22	0.26
8	0.28	0.23	0.20	0.26	0.36
9	0.78	0.77	0.83	0.81	0.85
10	0.84	0.85	1.00	1.37	1.71
11	0.84	0.77	0.87	0.94	1.27
12	1.40	1.34	1.50	1.34	1.68
13	1.70	1.62	1.58	1.51	1.70
14	1.89	1.85	1.76	1.73	1.57
15	1.98	1.87	2.19	2.46	2.43
16	0.47	0.48	0.46	0.39	0.39
17	0.11	0.14	0.07	0.17	0.17
18	0.00	0.00	0.00	0.00	0.00
19	0.06	0.07	0.05	0.09	0.06
20	1.19	1.62	1.75	2.33	2.45
21	0.45	0.64	0.53	0.78	0.85
22	0.67	1.65	1.43	1.16	1.21
23	0.71	0.75	0.78	0.85	0.91
24	2.61	2.88	2.58	2.48	2.99
25	0.55	0.80	1.17	1.06	1.15
26	0.88	0.64	0.52	0.97	1.04
27	0.17	0.30	0.16	0.09	0.10
28	0.47	0.56	0.42	0.31	0.34
29	0.02	0.03	0.02	0.00	0.00
30	0.23	0.27	0.17	0.30	0.33
31	0.13	0.32	0.31	0.20	0.17
32	0.02	0.03	0.04	0.06	0.05
33	0.11	0.21	0.18	0.35	0.36
34	2.26	0.99	0.35	0.30	0.32
35	0.00	0.00	0.00	0.00	0.00

表 10　1995~2011 年基于出口总额的日本 RCA 指数

部门	1995 年	1997 年	2002 年	2007 年	2011 年
1	0.03	0.05	0.04	0.05	0.04
2	0.04	0.04	0.04	0.03	0.04
3	0.08	0.08	0.09	0.09	0.09
4	0.28	0.25	0.26	0.21	0.19
5	0.05	0.04	0.04	0.04	0.03
6	0.13	0.11	0.14	0.18	0.24
7	0.17	0.18	0.21	0.21	0.24
8	0.29	0.25	0.21	0.36	0.45
9	0.76	0.74	0.80	0.80	0.81
10	0.79	0.81	0.96	1.31	1.63
11	0.90	0.83	0.92	1.00	1.42
12	1.35	1.30	1.47	1.29	1.68
13	1.71	1.63	1.58	1.45	1.63
14	1.74	1.70	1.55	1.47	1.38
15	1.81	1.69	1.97	2.17	2.11
16	0.46	0.48	0.45	0.37	0.37
17	0.11	0.15	0.07	0.20	0.21
18	0.00	0.00	0.00	0.00	0.00
19	0.06	0.08	0.05	0.11	0.07
20	1.33	1.80	1.96	2.52	2.58
21	0.50	0.70	0.59	0.86	0.91
22	0.73	1.80	1.57	1.28	1.28
23	0.77	0.81	0.85	0.89	0.93
24	2.73	3.09	2.84	2.73	3.12
25	0.58	0.86	1.23	1.07	1.11
26	0.94	0.68	0.55	1.01	1.04
27	0.19	0.32	0.17	0.10	0.10
28	0.51	0.59	0.43	0.31	0.32
29	0.02	0.03	0.02	0.00	0.00
30	0.25	0.29	0.19	0.32	0.34
31	0.14	0.35	0.33	0.21	0.18
32	0.02	0.04	0.05	0.07	0.05
33	0.12	0.23	0.20	0.39	0.38
34	2.48	1.06	0.38	0.32	0.33
35	0.00	0.00	0.00	0.00	0.00

表 11　1995～2011 年基于贸易增加值的韩国 RCA 指数

部门	1995 年	1997 年	2002 年	2007 年	2011 年
1	0.28	0.16	0.11	0.06	0.05
2	0.01	-0.01	0.00	0.00	0.00
3	0.29	0.36	0.31	0.22	0.24
4	2.61	2.34	1.87	0.80	0.56
5	1.69	1.43	0.89	0.37	0.26
6	0.07	0.06	0.03	0.02	0.02
7	0.31	0.41	0.43	0.35	0.36
8	0.63	1.08	1.24	0.89	0.80
9	0.84	0.93	0.85	1.04	1.03
10	0.93	0.98	1.02	0.91	0.93
11	0.34	0.28	0.42	0.38	0.34
12	0.90	1.09	0.94	1.01	1.17
13	0.65	0.72	0.94	1.11	1.19
14	1.92	1.65	1.98	2.32	2.28
15	1.12	1.29	1.54	2.15	2.66
16	0.76	0.67	0.47	0.26	0.20
17	0.10	0.10	0.06	0.04	0.03
18	0.21	0.29	0.29	0.18	0.16
19	0.03	0.02	0.05	0.52	0.51
20	1.27	1.04	0.99	1.06	1.08
21	1.22	1.51	1.34	1.03	1.02
22	0.66	0.91	1.07	0.56	0.52
23	0.66	0.77	0.38	0.10	0.09
24	3.66	3.80	3.97	3.09	2.85
25	1.26	1.28	1.38	1.59	1.54
26	0.47	0.66	0.54	0.26	0.25
27	0.71	0.56	0.37	0.42	0.43
28	0.16	0.16	0.29	0.32	0.34
29	0.23	0.27	0.42	0.70	0.56
30	0.85	0.57	0.30	0.46	0.47
31	1.90	3.66	2.77	2.22	1.86
32	0.10	0.15	0.18	0.14	0.14
33	0.05	0.11	0.33	0.22	0.22
34	0.53	0.62	0.48	0.48	0.48
35	0.00	0.00	0.00	0.00	0.00

表 12　1995～2011 年基于出口总额的韩国 RCA 指数

部门	1995 年	1997 年	2002 年	2007 年	2011 年
1	0.26	0.15	0.10	0.05	0.05
2	0.01	-0.01	0.00	0.00	0.00
3	0.29	0.34	0.29	0.20	0.22
4	2.54	2.19	1.71	0.74	0.50
5	1.69	1.36	0.85	0.35	0.24
6	0.08	0.06	0.04	0.02	0.02
7	0.29	0.37	0.39	0.31	0.30
8	1.11	1.88	2.16	1.69	1.93
9	0.82	0.91	0.83	1.04	1.07
10	0.88	0.90	0.92	0.81	0.84
11	0.33	0.26	0.39	0.36	0.31
12	0.91	1.14	0.93	0.97	1.15
13	0.66	0.72	0.90	1.01	1.06
14	1.86	1.66	1.87	2.00	1.92
15	1.01	1.11	1.34	1.77	2.09
16	0.73	0.63	0.44	0.23	0.17
17	0.10	0.10	0.06	0.05	0.04
18	0.19	0.26	0.26	0.16	0.15
19	0.03	0.02	0.04	0.45	0.42
20	1.20	0.96	0.92	0.96	0.90
21	1.14	1.37	1.24	0.94	0.87
22	0.64	0.88	1.03	0.52	0.47
23	0.68	0.78	0.39	0.10	0.09
24	3.38	3.44	3.51	3.38	3.11
25	1.25	1.24	1.32	1.47	1.39
26	0.43	0.59	0.49	0.23	0.21
27	0.68	0.52	0.34	0.38	0.36
28	0.15	0.14	0.24	0.25	0.25
29	0.22	0.25	0.39	0.61	0.45
30	0.80	0.50	0.27	0.40	0.38
31	1.83	3.32	2.55	1.96	1.52
32	0.10	0.14	0.17	0.13	0.12
33	0.05	0.11	0.33	0.21	0.20
34	0.51	0.56	0.45	0.43	0.41
35	0.00	0.00	0.00	0.00	0.00

附录 8：1995～2011 年 APEC 主要经济体出口显示性比较优势（RCA）

表 13　1995～2011 年基于贸易增加值的墨西哥 RCA 指数

部门	1995 年	1997 年	2002 年	2007 年	2011 年
1	1.07	0.93	0.78	0.88	0.86
2	1.97	2.10	1.63	2.01	1.89
3	0.43	0.52	0.51	0.61	0.65
4	0.92	1.36	1.41	0.70	0.48
5	0.69	0.90	0.47	0.48	0.47
6	0.31	0.38	0.21	0.17	0.13
7	0.34	0.34	0.33	0.35	0.39
8	0.58	0.42	0.47	0.63	0.63
9	0.56	0.45	0.40	0.39	0.43
10	0.90	1.00	0.93	0.90	0.86
11	1.03	1.13	1.16	1.09	1.07
12	0.87	0.93	0.79	0.91	1.26
13	0.22	0.24	0.33	0.34	0.44
14	0.99	1.23	1.34	1.26	0.97
15	1.64	1.76	1.86	1.85	2.60
16	1.65	1.39	1.37	1.28	1.06
17	0.29	0.22	0.18	0.13	0.09
18	0.00	0.00	0.00	0.00	0.00
19	5.77	4.04	3.80	3.15	2.41
20	2.43	1.48	1.74	1.65	1.25
21	15.88	10.21	9.00	9.24	6.73
22	0.03	0.02	0.03	0.01	0.01
23	2.27	1.70	1.90	1.62	1.12
24	0.07	0.05	0.07	0.06	0.05
25	0.53	0.36	0.44	0.47	0.36
26	0.39	0.30	0.36	0.35	0.26
27	1.27	0.83	0.85	0.92	0.75
28	0.57	0.37	0.30	0.29	0.22
29	0.03	0.01	0.01	0.01	0.01
30	0.12	0.09	0.09	0.08	0.06
31	0.00	0.00	0.00	0.00	0.00
32	0.04	0.05	0.06	0.06	0.05
33	0.22	0.11	0.16	0.09	0.07
34	0.04	0.03	0.03	0.03	0.03
35	0.00	0.00	0.00	0.00	0.00

表 14　1995～2011 年基于出口总额的墨西哥 RCA 指数

部门	1995 年	1997 年	2002 年	2007 年	2011 年
1	0.96	0.81	0.68	0.82	0.82
2	1.70	1.79	1.37	1.77	1.71
3	0.39	0.45	0.44	0.55	0.60
4	0.82	1.27	1.28	0.68	0.46
5	0.61	0.79	0.41	0.45	0.45
6	0.26	0.31	0.17	0.14	0.11
7	0.31	0.31	0.29	0.32	0.35
8	0.39	0.27	0.27	0.36	0.33
9	0.45	0.36	0.31	0.31	0.33
10	0.83	0.91	0.84	0.86	0.84
11	0.90	0.96	0.95	0.93	0.90
12	0.78	0.82	0.69	0.76	1.09
13	0.24	0.25	0.33	0.35	0.45
14	1.46	1.65	1.77	1.78	1.54
15	1.72	1.79	1.88	1.88	2.53
16	1.73	1.45	1.37	1.34	1.06
17	0.26	0.19	0.15	0.12	0.09
18	0.00	0.00	0.00	0.00	0.00
19	5.55	3.77	3.48	3.07	2.31
20	2.25	1.34	1.55	1.54	1.14
21	14.58	9.17	8.06	8.76	6.22
22	0.03	0.02	0.02	0.01	0.01
23	2.04	1.49	1.63	1.43	1.00
24	0.06	0.05	0.05	0.04	0.04
25	0.49	0.33	0.38	0.41	0.31
26	0.34	0.25	0.29	0.29	0.21
27	1.17	0.75	0.73	0.83	0.66
28	0.50	0.32	0.25	0.24	0.18
29	0.03	0.01	0.01	0.01	0.00
30	0.11	0.08	0.07	0.07	0.05
31	0.00	0.00	0.00	0.00	0.00
32	0.04	0.05	0.05	0.05	0.05
33	0.21	0.10	0.14	0.09	0.06
34	0.04	0.03	0.03	0.03	0.02
35	0.00	0.00	0.00	0.00	0.00

表 15　1995~2011 年基于贸易增加值的俄罗斯 RCA 指数

部门	1995 年	1997 年	2002 年	2007 年	2011 年
1	0.66	0.66	0.88	0.55	1.92
2	4.59	4.29	4.11	3.50	3.14
3	0.12	0.12	0.09	0.08	1.25
4	0.08	0.08	0.06	0.02	1.31
5	0.05	0.04	0.03	0.03	0.82
6	0.62	0.68	0.80	1.01	0.91
7	0.66	0.67	0.74	0.51	0.40
8	1.56	1.39	1.56	1.98	1.96
9	0.64	0.57	0.45	0.42	1.07
10	0.07	0.07	0.05	0.06	0.28
11	0.20	0.16	0.12	0.17	0.56
12	1.98	2.12	1.74	1.54	0.73
13	0.45	0.47	0.61	0.35	0.30
14	0.07	0.07	0.07	0.05	0.48
15	0.14	0.09	0.12	0.08	0.10
16	0.02	0.04	0.04	0.03	1.20
17	1.45	1.75	1.20	0.94	0.86
18	0.27	0.34	0.33	0.28	0.64
19	9.77	6.15	5.82	7.57	0.21
20	3.62	3.66	4.70	3.96	0.46
21	5.89	5.58	4.91	4.30	0.30
22	0.10	0.10	0.10	0.07	0.77
23	10.10	9.99	9.18	7.95	0.72
24	0.20	0.23	0.23	0.15	0.00
25	0.30	0.41	0.39	0.37	0.05
26	1.77	1.46	1.39	1.18	0.02
27	0.59	0.61	0.55	0.55	0.57
28	0.01	0.01	0.01	0.01	0.45
29	0.04	0.03	0.03	0.02	3.64
30	0.08	0.08	0.07	0.06	0.65
31	0.22	0.39	0.35	0.33	0.39
32	0.50	0.51	0.50	0.48	0.56
33	0.10	0.09	0.10	0.06	1.77
34	0.01	0.01	0.01	0.01	0.90
35	0.00	0.00	0.00	0.00	0.53

表 16　1995~2011 年基于出口总额的俄罗斯 RCA 指数

部门	1995 年	1997 年	2002 年	2007 年	2011 年
1	0.73	0.74	1.00	0.66	0.50
2	5.02	4.80	4.72	4.08	3.68
3	0.13	0.13	0.10	0.08	0.10
4	0.10	0.08	0.08	0.02	0.01
5	0.06	0.04	0.04	0.04	0.04
6	0.64	0.70	0.84	1.08	1.20
7	0.68	0.70	0.79	0.55	0.56
8	1.31	1.13	1.16	1.46	1.85
9	0.64	0.57	0.46	0.41	0.55
10	0.08	0.07	0.06	0.07	0.05
11	0.21	0.17	0.13	0.18	0.11
12	1.91	2.03	1.68	1.38	1.05
13	0.50	0.51	0.67	0.38	0.25
14	0.06	0.06	0.06	0.04	0.04
15	0.15	0.09	0.12	0.10	0.06
16	0.03	0.04	0.04	0.03	0.02
17	1.50	1.78	1.24	0.99	1.25
18	0.27	0.34	0.34	0.30	0.34
19	10.42	6.54	6.12	8.59	9.38
20	4.05	4.16	5.32	4.83	4.91
21	6.51	6.26	5.56	5.23	5.84
22	0.11	0.11	0.12	0.09	0.11
23	11.14	11.02	10.37	9.26	8.04
24	0.20	0.23	0.22	0.15	0.20
25	0.31	0.43	0.41	0.40	0.47
26	1.92	1.56	1.52	1.35	1.76
27	0.65	0.67	0.61	0.64	0.79
28	0.01	0.01	0.01	0.01	0.01
29	0.04	0.04	0.03	0.03	0.03
30	0.08	0.08	0.07	0.07	0.09
31	0.25	0.45	0.40	0.40	0.41
32	0.58	0.61	0.60	0.61	0.72
33	0.11	0.11	0.11	0.07	0.09
34	0.01	0.01	0.01	0.01	0.02
35	0.00	0.00	0.00	0.00	0.00

表 17　1995~2011 年基于贸易增加值的中国台湾 RCA 指数

部门	1995 年	1997 年	2002 年	2007 年	2011 年
1	0.53	0.42	0.56	0.30	1.62
2	0.01	0.01	0.00	0.00	0.17
3	0.56	0.23	0.18	0.14	1.31
4	2.15	2.50	1.82	1.35	3.91
5	1.11	0.95	0.80	0.71	0.76
6	0.47	0.41	0.20	0.16	0.86
7	0.25	0.35	0.41	0.47	0.65
8	0.30	0.42	0.63	0.84	1.34
9	0.54	0.65	0.78	1.15	0.47
10	2.65	2.68	1.88	1.56	1.98
11	0.83	0.80	0.54	0.49	3.29
12	1.15	1.28	1.41	1.35	1.93
13	0.99	0.97	1.01	1.07	1.06
14	2.04	2.30	2.79	3.55	0.42
15	0.42	0.41	0.35	0.44	1.26
16	2.95	2.74	1.64	1.23	1.37
17	0.11	0.08	0.03	0.00	1.35
18	0.48	0.38	0.11	0.00	5.87
19	0.13	0.19	0.42	0.23	1.47
20	0.00	0.00	0.00	0.00	0.00
21	0.09	0.06	0.03	0.02	0.06
22	3.41	2.73	3.45	1.68	0.01
23	0.25	0.19	0.21	0.08	1.26
24	2.17	1.98	1.81	1.68	1.36
25	1.08	0.81	1.44	1.25	1.17
26	2.46	1.72	2.11	0.95	2.18
27	1.38	0.90	0.58	0.31	0.35
28	0.25	0.19	0.22	0.20	0.89
29	0.00	0.00	0.00	0.00	0.00
30	0.64	0.47	0.46	0.29	0.07
31	0.03	0.04	0.10	0.50	1.06
32	0.03	0.03	0.10	0.55	0.11
33	0.78	0.55	0.57	0.08	0.16
34	0.48	0.44	0.64	0.64	0.34
35	5.79	-0.12	-2.89	0.15	0.00

表18 1995~2011年基于出口总额的中国台湾RCA指数

部门	1995年	1997年	2002年	2007年	2011年
1	0.47	0.38	0.51	0.25	0.51
2	0.01	0.01	0.00	0.00	0.00
3	0.51	0.21	0.16	0.11	0.12
4	1.93	2.23	1.53	1.13	0.76
5	1.01	0.88	0.67	0.60	0.48
6	0.51	0.43	0.20	0.16	0.10
7	0.25	0.33	0.37	0.41	0.72
8	0.30	0.41	0.73	1.16	1.35
9	0.55	0.66	0.81	1.17	1.31
10	2.48	2.46	1.71	1.41	1.44
11	0.75	0.74	0.52	0.43	0.63
12	1.07	1.16	1.28	1.15	1.29
13	0.98	0.94	0.96	0.93	0.97
14	2.24	2.47	2.78	3.27	3.23
15	0.38	0.36	0.28	0.34	0.38
16	2.67	2.38	1.34	1.02	0.84
17	0.10	0.07	0.03	0.01	0.01
18	0.45	0.34	0.10	0.00	0.00
19	0.11	0.17	0.38	0.22	0.16
20	0.00	0.00	0.00	0.00	0.00
21	0.07	0.05	0.03	0.02	0.01
22	2.70	2.19	2.79	1.21	1.19
23	0.22	0.17	0.19	0.07	0.07
24	2.02	1.75	1.82	1.41	1.24
25	1.03	0.77	1.41	1.30	1.05
26	2.01	1.39	1.71	0.68	0.68
27	1.14	0.73	0.48	0.23	0.23
28	0.19	0.15	0.16	0.13	0.13
29	0.00	0.00	0.00	0.00	0.00
30	0.58	0.42	0.42	0.24	0.24
31	0.02	0.03	0.08	0.35	0.28
32	0.03	0.03	0.09	0.43	0.41
33	0.71	0.50	0.51	0.07	0.07
34	0.42	0.38	0.54	0.47	0.46
35	4.61	-0.10	-2.29	0.10	0.11

附录 8：1995～2011 年 APEC 主要经济体出口显示性比较优势（RCA）

表 19　1995～2011 年基于贸易增加值的美国 RCA 指数

部门	1995 年	1997 年	2002 年	2007 年	2011 年
1	1.08	0.96	0.94	1.03	0.62
2	0.24	0.20	0.10	0.12	0.01
3	0.79	0.77	0.72	0.68	0.14
4	0.36	0.35	0.35	0.26	0.91
5	0.12	0.13	0.11	0.07	0.54
6	0.56	0.54	0.43	0.44	0.11
7	1.18	1.12	1.11	1.32	0.86
8	0.65	0.61	0.49	0.69	0.78
9	0.84	0.83	0.85	0.95	1.36
10	0.60	0.65	0.69	0.64	1.59
11	0.52	0.55	0.56	0.54	0.66
12	0.47	0.48	0.48	0.50	1.39
13	1.01	1.07	1.07	1.11	1.09
14	1.12	1.18	1.10	1.05	3.56
15	0.99	1.07	1.10	1.15	0.48
16	0.76	0.79	0.87	0.92	1.00
17	0.19	0.20	0.14	0.16	0.00
18	0.04	0.04	0.03	0.02	0.00
19	0.06	0.05	0.05	0.04	0.17
20	3.19	2.63	2.70	2.68	0.00
21	0.01	0.01	0.01	0.01	0.02
22	0.10	0.09	0.10	0.07	1.71
23	1.19	1.21	1.25	1.22	0.08
24	0.91	0.92	1.05	0.82	1.34
25	1.87	1.77	1.72	1.73	1.12
26	0.93	1.02	1.43	1.55	0.97
27	2.61	2.30	1.97	1.81	0.33
28	2.87	2.63	2.58	2.82	0.21
29	0.32	0.30	0.30	0.22	0.00
30	1.41	1.32	1.35	1.48	0.31
31	1.91	2.22	2.50	3.43	0.42
32	0.28	0.27	0.39	0.45	0.55
33	0.30	0.26	0.23	0.23	0.09
34	1.18	1.12	1.33	1.67	0.65
35	0.17	0.11	0.10	0.09	0.16

表 20 1995～2011 年基于出口总额的美国 RCA 指数

部门	1995 年	1997 年	2002 年	2007 年	2011 年
1	1.11	0.98	0.99	1.13	1.18
2	0.27	0.23	0.13	0.16	0.19
3	0.75	0.74	0.69	0.69	0.75
4	0.35	0.36	0.38	0.29	0.23
5	0.12	0.14	0.11	0.08	0.06
6	0.58	0.57	0.47	0.48	0.56
7	1.19	1.14	1.13	1.36	1.45
8	0.66	0.63	0.49	0.72	1.27
9	0.83	0.82	0.85	0.94	0.93
10	0.65	0.71	0.78	0.70	0.70
11	0.53	0.57	0.58	0.56	0.62
12	0.50	0.53	0.53	0.52	0.63
13	1.03	1.09	1.07	1.10	1.15
14	1.13	1.17	1.03	0.95	0.90
15	1.08	1.13	1.17	1.21	1.14
16	0.71	0.75	0.83	0.88	0.88
17	0.19	0.19	0.14	0.17	0.10
18	0.03	0.04	0.03	0.02	0.02
19	0.06	0.05	0.05	0.04	0.04
20	3.28	2.70	2.86	2.89	2.43
21	0.01	0.01	0.01	0.01	0.01
22	0.10	0.09	0.10	0.08	0.08
23	1.25	1.26	1.32	1.34	1.28
24	0.87	0.86	0.98	0.79	0.28
25	1.81	1.69	1.65	1.73	1.85
26	0.91	0.99	1.41	1.57	1.32
27	2.69	2.35	2.01	1.90	1.64
28	2.88	2.60	2.54	2.81	3.02
29	0.33	0.32	0.31	0.23	0.16
30	1.43	1.34	1.41	1.56	1.68
31	2.03	2.34	2.69	3.89	4.78
32	0.30	0.29	0.42	0.50	0.61
33	0.30	0.26	0.23	0.23	0.51
34	1.20	1.13	1.36	1.76	1.74
35	0.17	0.11	0.11	0.10	0.12

参考文献

[1] Hummels D., Ishii J., Yi K-M. "The Nature and Growth of Vertical Specialization in World Trade [J]", *Journal of International Economics*, 2001, 54 (1): 75-96.

[2] 北京大学中国经济研究中心课题组:《中国出口贸易中的垂直专门化与中美贸易》,《世界经济》2006 年第 5 期, 第 3~11 页。

[3] Lau L. J., Cheng L. K. 等:《非竞争型投入占用产出模型及其应用——中美贸易顺差透视》,《中国社会科学》2007 年第 5 期, 第 91~103 页。

[4] Koopman R., Wang Z., Wei S., "How Much Chinese in Gross Exports is Really Made in China—Assessing Foreign and Domestic Value", *NBER Working Paper*, No. 14109, 2008.

[5] Daudin G., Rifflart C., Schweisguth D., "Who produces for Whom in the World Economy?" *Canadian Journal of Economics*, 2011, 44 (4): 1403-1437.

[6] Johnson R. C., Noguera G., "Fragmentation and Trade in Value Added over Four Decades", *NBER Working Paper*, No. 18186, 2011.

[7] Johnson R. C., Noguera G., "Accounting for Intermediates: Production Sharing and Trade in Value Added", *Journal of International Economics*, 2012, 86 (2): 224-236.

[8] Koopman R., Wang Z., Wei S. "Give Credit Where Credit Is Due: Tracing Value Added in Global Production Chains", *NBER Working Paper*, No. 16426, 2010.

[9] Wang Z., Wei S., Zhu K., "Quantifying International Production Sharing at the Bilateral and Sector Level", *NBER Working Paper*, No. 19677, 2013.

[10] Koopman R., Wang Z., Wei S. "Tracing Value-Added and Double Counting in Gross Exports", *The American Economic Review*, 2014, 104 (2): 459-494.

[11] 张咏华:《中国制造业增加值出口与中美贸易失衡》,《财经研究》2013年第2期,第15~25页。

[12] 王岚:《融入全球价值链对中国制造业国际分工地位的影响》,《统计研究》2014年第5期,第17~23页。

[13] 蒋庚华、林丽敏:《中日双边贸易分解:基于世界投入产出数据库的研究》,《现代日本经济》2014年第3期,第52~62页。

图书在版编目(CIP)数据

全球价值链：APEC主要经济体产业结构和国际竞争力/张亚雄,袁剑琴,尹伟华著.--北京：社会科学文献出版社,2018.5
 ISBN 978-7-5201-2359-4

Ⅰ.①全… Ⅱ.①张… ②袁… ③尹… Ⅲ.①世界经济-经济结构-研究②国际竞争力-研究 Ⅳ.①F113.1②F11

中国版本图书馆CIP数据核字（2018）第040839号

全球价值链：APEC主要经济体产业结构和国际竞争力

著　　者 / 张亚雄　袁剑琴　尹伟华

出 版 人 / 谢寿光
项目统筹 / 邓泳红
责任编辑 / 陈　雪　毕春梅

出　　版 / 社会科学文献出版社·皮书出版分社（010）59367127
　　　　　　地址：北京市北三环中路甲29号院华龙大厦　邮编：100029
　　　　　　网址：www.ssap.com.cn
发　　行 / 市场营销中心（010）59367081　59367018
印　　装 / 三河市龙林印务有限公司

规　　格 / 开　本：787mm×1092mm　1/16
　　　　　　印　张：19.75　字　数：334千字
版　　次 / 2018年5月第1版　2018年5月第1次印刷
书　　号 / ISBN 978-7-5201-2359-4
定　　价 / 89.00元

本书如有印装质量问题，请与读者服务中心（010-59367028）联系

▲ 版权所有 翻印必究